DIE VERWALTUNGSGERICHTLICHE ASSESSORKLAUSUR

Gerichtliche Entscheidungen
Prozessuale Anwaltsklausuren

2013

Horst Wüstenbecker
Rechtsanwalt

ALPMANN UND SCHMIDT Juristische Lehrgänge Verlagsges. mbH & Co. KG
48149 Münster, Annette-Allee 35, 48001 Postfach 1169, Telefon (0251) 98109-33
AS-Online: www.alpmann-schmidt.de

Liebe Leserin, lieber Leser,

wir sind stets bemüht, unsere Produkte zu verbessern. Fehler lassen sich aber nie ganz ausschließen. Sie helfen uns, wenn Sie uns über Druckfehler in diesem Skript oder anderen Printprodukten unseres Hauses informieren.

E-Mail genügt an „druckfehlerteufel@alpmann-schmidt.de"

Danke
Ihr AS-Autorenteam

Wüstenbecker, Horst
Die verwaltungsgerichtliche Assessorklausur
Gerichtliche Entscheidungen – Prozessuale Anwaltsklausuren
9., völlig neu konzipierte Auflage 2013
ISBN: 978-3-86752-323-3

Verlag Alpmann und Schmidt Juristische Lehrgänge
Verlagsgesellschaft mbH & Co. KG, Münster

INHALTSVERZEICHNIS

LITERATURVERZEICHNIS

Bader/Funke-Kaiser/ Stuhlfauth/von Albedyll	Verwaltungsgerichtsordnung 5. Aufl., Heidelberg 2011
Bader/Ronellenfitsch	Verwaltungsverfahrensgesetz München 2010
Bosch/Schmidt	Praktische Einführung in das verwaltungs- gerichtliche Verfahren 8. Aufl., Stuttgart, Berlin, Köln 2005
Brandt/Sachs (Hrsg.)	Handbuch Verwaltungsverfahren und Verwaltungsprozess 3.Aufl., Heidelberg 2009
Engelhardt/App	Verwaltungs-Vollstreckungsgesetz Verwaltungszustellungsgesetz 9. Aufl., München 2011
Erichsen/Ehlers (Hrsg.)	Allgemeines Verwaltungsrecht 14. Aufl., Berlin, New York 2010
Eyermann	Verwaltungsgerichtsordnung 13. Aufl., München 2010
Fehling/Kastner/Störmer	Verwaltungsrecht VwVfG – VwGO – Nebengesetze 2. Aufl., Baden-Baden 2010
Finkelnburg/Dombert/ Külpmann	Vorläufiger Rechtsschutz im Verwaltungsstreitverfahren 6. Aufl., München 2011
Huck/Müller	Verwaltungsverfahrensgesetz München 2011
Hufen	Verwaltungsprozessrecht 8. Aufl., München 2011
Knack/Henneke	Verwaltungsverfahrensgesetz (VwVfG) 9. Aufl., Köln 2010
Kopp/Ramsauer	Verwaltungsverfahrensgesetz 13. Aufl., München 2012
Kopp/Schenke	Verwaltungsgerichtsordnung 18. Aufl., München 2012
Maurer	Allgemeines Verwaltungsrecht 18. Aufl., München 2011
Pietzner/Ronellenfitsch	Das Assessorexamen im Öffentlichen Recht 12. Aufl., Düsseldorf 2011

Posser/Wolff   Verwaltungsgerichtsordnung
                              München 2008

Redeker/v.Oertzen   Verwaltungsgerichtsordnung
                              15. Aufl., Stuttgart 2010

Sadler   Verwaltungs-Vollstreckungsgesetz
                              Verwaltungszustellungsgesetz
                              7. Aufl., Heidelberg 2010

Schenke   Verwaltungsprozessrecht
                              13. Aufl., Heidelberg 2012

Schoch/Schneider/Bier   Verwaltungsgerichtsordnung
                              München, Loseblatt
                              Stand: Januar 2012

Sodan/Ziekow   Verwaltungsgerichtsordnung
                              3. Aufl., Baden-Baden 2010

Stelkens/Bonk/Sachs   Verwaltungsverfahrensgesetz
                              7. Aufl., München 2008

Wolff/Decker   Verwaltungsgerichtsordnung (VwGO)
                              Verwaltungsverfahrensgesetz (VwVfG)
                              3. Aufl., München 2012

Wysk   Verwaltungsgerichtsordnung
                              München 2011

Einleitung

A. Die Aufgabenstellung in der Assessorklausur

In der verwaltungsgerichtlichen Assessorklausur geht es regelmäßig darum, einen tatsächlich meist einfachen und nicht allzu umfangreichen Aktenfall in **prozessualer und materiell-rechtlicher Hinsicht** zu bearbeiten und das Ergebnis

- in einem **Entscheidungsentwurf** (insbes. einem Urteil oder Beschluss)
- in einem **anwaltlichen Schriftsatz** (Klageschrift, Eilantrag) oder
- in einem **Gutachten** oder einer sonstigen schriftlichen Stellungnahme (Votum, Schreiben an den Mandanten o.Ä.) darzustellen.

1

> **Beachte:** Der Schwerpunkt liegt auch in der Assessorklausur auf der Anwendung des materiellen Rechts, nur angereichert mit prozessualen Problemen. Sie sollten also bei der Vorbereitung auf das Examen das materielle Recht stets wiederholen. Das bedeutet nun aber nicht, dass Sie – wie im Ersten Examen – jede Frage bis in die letzte Verästelung beherrschen müssen. In der Assessorklausur soll eine praktische Entscheidung getroffen werden, die nicht mit für die Praxis unbedeutenden (Streit-)Fragen belastet werden darf.

Gerade im Öffentlichen Recht gibt es immer wieder Examensklausuren aus **abgelegenen Rechtsgebieten**, in denen Einzelwissen nicht vorausgesetzt wird, sondern lediglich Verständnis und Arbeitsmethode überprüft werden sollen. Materiell geht es in diesen Klausuren zumeist darum, das Wissen aus den (bekannten) Kernbereichen auf das unbekannte Rechtsgebiet der Klausur zu übertragen.

2

Beispiele: Der Ihnen bekannte Begriff der Zuverlässigkeit muss statt in der GewO im WaffG oder LuftSiG subsumiert werden. Die allgemeinen Strukturen der Verhältnismäßigkeits- oder Ermessensprüfung sind im Ausländerrecht bei der Ausweisung oder im Umweltrecht bei einer bodenschutzrechtlichen Anordnung ebenso wie im Allgemeinen Verwaltungsrecht anzuwenden.

Die Schwierigkeit dieser Fallgestaltungen liegt zumeist darin zu erkennen, wo die **Besonderheiten** des speziellen Gesetzes liegen, die ggf. eine abweichende Auslegung des – für sich genommen – bekannten Tatbestandsmerkmals erfordern. Besonders wichtig ist bei dieser Art Klausur die **Entschlüsselung des Aufgabentextes**. Die materiellen Fragen lassen sich regelmäßig durch die Angaben im Aktenauszug lösen. Entscheidend ist, dass Sie den Sachverhalt unter das unbekannte Gesetz subsumieren können und damit ihre „Praxistauglichkeit" unter Beweis stellen.

3

> **Beachte:** Die Bearbeitung darf auch auf unbekannten Gebieten oder bei unvorhergesehenen Schwierigkeiten niemals die juristische Arbeitsweise (Subsumtion) vernachlässigen. Nur methodisch einwandfreie Arbeiten lassen den Schluss zu, dass Sie nicht nur zufällig zu dem (richtigen) Ergebnis gelangt sind, sondern dass Ihnen dies auch in anderen Fällen gelingen wird.

Praxistauglich ist eine Klausur darüber hinaus nur, wenn Sie die **Schwerpunkte** richtig setzen. Sie müssen der Versuchung widerstehen, Unproblematisches breit zu erörtern, nur weil es Ihnen bekannt ist, und die entscheidenden Fragen des Falles aber nur beiläufig behandeln. Weiterhin müssen Sie beim Abfassen der Entscheidung die formalen und inhaltlichen Gepflogenheiten der **(Klausur-)Praxis** beachten.

4

So sind z.B. im Rahmen der formellen Rechtmäßigkeit die Punkte Zuständigkeit und Verfahren immer, wenn auch in der gebotenen Kürze, anzusprechen. Auch werden im verwaltungsgerichtlichen Urteil häufig nicht nur die entscheidungserheblichen, sondern alle problematischen Punkte angesprochen, um der Behörde Handlungsanweisungen für künftige Fälle zu geben. Formalfehler der Beteiligten, etwa ein unrichtig oder ungeschickt formulierter Antrag, werden dagegen eher beiläufig richtig gestellt, ohne viel Aufhebens darum zu machen.

B. Klausurtypen

5 Die Assessorskripten von Alpmann Schmidt behandeln die verwaltungsverfahrens- rechtlichen und prozessualen Fragen so, wie sie im Examen und in der Praxis auf- treten. Die **verwaltungsgerichtliche Assessorklausur** stellt Sie hierbei vor folgen- de Situationen:

- Meistens beschränkt sich die Aufgabenstellung auf die Anfertigung eines gericht- lichen **Entscheidungsentwurfs** (Urteil, Beschluss, Gerichtsbescheid).

- **Anwaltsklausuren** bestehen i.d.R. aus einem vorbereitenden Gutachten und ei- nem Schriftsatzentwurf (Klageschrift, Klageerwiderung, Eilantrag).

- In der Prüfungspraxis finden sich zuweilen auch reine **Gutachtenklausuren**, in denen nur ein Gutachten (insbesondere zur Zulässigkeit und Begründetheit einer Klage oder eines sonstigen Rechtsbehelfs) anzufertigen ist und sich der praktische Teil in der Formulierung des Tenors oder des Klageantrags erschöpft.

C. Die Vorbereitung der Klausurlösung

I. Lesen des Aktenauszugs

6 Die Lösung der Klausur steht zumeist im Aktenauszug! Diese Binsenweisheit trifft vor allem auf Klausuren zu, die eher entlegene Gebiete des besonderen Verwal- tungsrechts behandeln. Niemand wird von Ihnen erwarten, dass Sie z.B. Einzelfra- gen aus dem Waffenrecht oder dem beamtenrechtlichen Beihilferecht beherrschen. Entscheidend ist hier, dass Sie die gesetzliche Systematik erfassen und die Aufgabe methodisch sauber einer vertretbaren Lösung zuführen. Das besondere Verwal- tungsrecht ist zumeist nur der **Aufhänger** für die Fallgestaltung. Die Lösung ergibt sich i.d.R. aus den Hinweisen in den abgedruckten Schriftsätzen. Daher ist unab- dingbare Voraussetzung, dass Sie den **Aktenauszug durch mehrfaches Lesen voll- ständig erfassen**.

II. Chronologie und rechtliche Würdigung

7 Durch das **erste Lesen** der (auszugsweise) wiedergegebenen Schriftsätze verschaf- fen Sie sich zunächst einen **groben Überblick** über die Klausur. Versuchen Sie hier- bei, den Sachverhalt zunächst rein tatsächlich im Zusammenhang zu erfassen. Be- lasten Sie sich dabei noch nicht mit rechtlichen Überlegungen. Manchmal hilft es, sich den Sachverhalt als Filmszene vorzustellen.

8 Das dann folgende **Durcharbeiten des Aufgabentextes** dient der Erfassung der Details. Dabei ist es hilfreich, wenn Sie vor Erstellung der Lösungsskizze aus den verstreuten Angaben in der Akte eine Übersicht der zeitlichen Abfolge der Ereig- nisse **(Chronologie)** erstellen. Die Examensklausur wird i.d.R. aus einer oder meh- reren echten Gerichtsakten zusammengestellt. Vor Gericht wird über einen tat- sächlich geschehenen Lebenssachverhalt entschieden. Auch dieser ist chronolo- gisch verlaufen.

9 Die Chronologie können Sie später verwenden, um einen knappen, aber vollstän- digen **Tatbestand** zu schreiben.

Beispiel: K ist seit April 2011 Betreiber der Gaststätte „Rokoko" in der kreisfreien Stadt M. Auf seinen Antrag vom 15.03.2011 erhielt K am 16.04.2011 eine Baugenehmigung für eine Nutzungs- änderung in eine Diskothek. Nachdem sich im Mai 2011 Nachbar N wiederholt erfolglos bei der Behörde über ruhestörenden Lärm beschwert hatte, hat N (vorbehaltlich landesrechtlicher Aus- nahmen) am 25.08.2011 Widerspruch erhoben. Gegen den die Baugenehmigung aufhebenden Widerspruchsbescheid der Bezirksregierung vom 15.10.2011 hat K am 04.12.2011 Klage erhoben.

Chronologie	
Datum	**Ereignis**
15.03.2011	Antrag auf Erteilung einer Baugenehmigung
seit April 2011	K Betreiber der Gaststätte „Rokoko" in M
16.04.2011	Baugenehmigung für Nutzungsänderung in Diskothek
Mai 2011	Nachbarbeschwerden über ruhestörenden Lärm
25.08.2011	Widerspruch des N gegen die Baugenehmigung
15.10.2011	Widerspruchsbescheid: Aufhebung der Baugenehmigung
04.12.2011	Klage des K gegen Widerspruchsbescheid

Die **rechtlichen Argumente** der Beteiligten, die in den Schriftsätzen ausgetauscht   10
werden, sollten Sie separat zusammenstellen. Sie zeigen Ihnen, was aus Sicht des
Prüfungsamtes erörterungswürdig ist. Diese Hinweise sollten Sie auf jeden Fall in
die Lösung aufnehmen. Versuchen Sie schon bei der ersten Zusammenstellung, eine
innere Ordnung herzustellen, die sich am späteren Entscheidungsaufbau orientiert
(z.B Trennung von Hinweisen zur Zulässigkeit und zur Begründetheit).

Rechtliche Argumente			
Standort	**Kläger**	**Beklagter**	**Anmerkungen**
Zulässigkeit	Widerspruch des N verfristet, evtl. verwirkt?	Klage verfristet	RBB ordnungsgemäß?
Begründetheit	keine wesentliche Änderung	erhebliche Ausweitung des Betriebs	
	Vorbelastung durch andere Betriebe	unzumutbarer Lärm durch Besucher	Bindungswirkung der Gaststättenerlaubnis?
	Lärm nicht dem Betrieb zuzurechnen	typische Erscheinungsform einer Gaststätte	
	Sperrzeitverlängerung wäre ausreichend	Sperrzeitverlängerung unzureichend	

Hinweis: Gesichtspunkte, die von den Beteiligten nicht benannt wurden, Ihrer
Ansicht nach aber für die Lösung relevant sind, ebenfalls aufführen, auch wenn
diese später wieder verworfen werden sollten!

III. Die Klausurbearbeitung

11 Die konkrete Aufgabenstellung richtet sich nach dem jeweiligen **Bearbeitungsvermerk**. Der Vermerk muss stets aufmerksam gelesen werden.

> **Beachte:** Auch wenn die Bearbeitungsvermerke i.d.R. gleichlauten, enthalten sie doch häufig wichtige Hinweise für die Klausurlösung und geben Weichenstellungen vor! Notieren Sie deshalb die Besonderheiten, die nicht in jeder Klausur standardmäßig vorkommen und offensichtlich nur den zu entscheidenden Fall betreffen.

12 Neben den Standardformulierungen („*Die Formalien sind in Ordnung*") finden sich im Bearbeitungsvermerk z.B. folgende **Hinweise**:

- Datum der Zustellung des Ausgangs- und/oder des Widerspruchsbescheides,

- Datum des Eingangs der Klage,

- Auszug aus dem Kalender (häufig Hinweis auf Fristprobleme!), ggf. i.V.m. der Ablichtung von mit Poststempel versehenen Briefumschlägen im Aktenauszug (z.B. als Hinweis auf Wiedereinsetzung in den vorigen Stand wegen postalischer Verzögerungen),

- Hinweise auf Zuständigkeiten beteiligter Behörden,

- Hinweise auf Formalien während des Verwaltungs- und Widerspruchsverfahrens (z.B. Anhörung, Beteiligung Dritter),

- Hinweise auf Formalien des Gerichtsverfahrens (z.B. Beiladung, Vollmachten),

- Hinweise auf den Inhalt der beigezogenen Verwaltungsvorgänge,

- Datum der Entscheidung und Zusammensetzung des Spruchkörpers,

- Angabe von Normen, die in den in der Prüfung zugelassenen Gesetzestexten nicht enthalten sind, oder Ausschluss von Gesetzen (z.B. des BImSchG in baurechtlichen Klausuren).

> **Hinweis:** Sind einzelne Teile des Bearbeitungsvermerks nicht auf den ersten Blick verständlich, kann es sich um verdeckte Umschreibungen von prozessualen Sondersituationen handeln!

13 Bei einer Nachbarklage gegen die dem Bauherrn erteilte Baugenehmigung findet sich z.B. der kryptische Satz: „*Das Gericht hat alle erforderlichen Verfahrenshandlungen vorgenommen.*" Da bei der Nachbarklage eine notwendige Beiladung des Bauherrn (§ 65 Abs. 2 VwGO) erfolgen muss (vgl. unten Rdnr. 102), ist dies ein Hinweis auf die **erfolgte Beiladung**, auch wenn der Beiladungsbeschluss im Aktenauszug nicht enthalten ist. Der beigeladene Bauherr muss deshalb als Beteiligter i.S.d. §§ 63 Nr. 3, 117 Abs. 1 Nr. 1 VwGO im Rubrum erscheinen. Dagegen wird der Beiladungsbeschluss weder im Tatbestand noch in den (Entscheidungs-)Gründen erwähnt.

Der Vermerk: „*Das Gericht ist der Auffassung, dass die Sache keine besonderen Schwierigkeiten tatsächlicher oder rechtlicher Art aufweist und der Sachverhalt geklärt ist. Die Entscheidung ergeht am ... ohne mündliche Verhandlung. Notwendige Anhörungen sind durchgeführt*" umschreibt, dass ein **Gerichtsbescheid** nach § 84 VwGO zu fertigen ist (s.u. Rdnr. 302 ff.).

Ein wesentlicher Unterschied zur Klausur im Ersten Examen besteht darin, dass Ihnen in den meisten Ländern im Assessorexamen **Kommentare** als Hilfsmittel zur Verfügung stehen. Sie sollten sich vom Beginn des Referendariats an mit ihnen vertraut machen. Die zugelassenen Kommentare sollten neben dem Gesetzestext ihr ständiges Werkzeug und Begleiter bei der Falllösung sein. Nur dann können Sie vollen Nutzen aus ihnen ziehen.

14

In der öffentlich-rechtlichen Klausur helfen Ihnen vor allem die Kommentare von Kopp/Schenke zur **VwGO** und von Kopp/Ramsauer zum **VwVfG**. Sie werden überrascht sein, wieviele Erläuterungen sich in den Einzelkommentierungen auch zu allgemeine Fragestellungen und anderen Gesetzen finden. Beschränken Sie sich aber nicht nur auf die öffentlich-rechtlichen Kommentare. Oft können Sie in der öffentlich-rechtlichen Klausur auch die anderen Kommentare weiterbringen.

15

Beispiele: Im Kopp/Schenke VwGO finden Sie z.B. Ausführungen zur Fristberechnung,[1] zum Folgenbeseitigungsanspruch und zum öffentlich-rechtlichen Erstattungsanspruch,[2] im Kopp/ Ramsauer VwVfG zum Verwaltungszustellungsgesetz (VwZG).[3] Im Palandt BGB werden u.a. auch kommentiert die öffentlich-rechtliche GoA,[4] der öffentlich-rechtliche Erstattungsanspruch,[5] die Amtshaftung[6] und der enteignende und enteignungsgleiche Eingriff.[7] Fischer StGB hilft Ihnen bei ehrbeeinträchtigenden Äußerungen durch einen Hoheitsträger.[8]

Bedenken Sie allerdings auch die **Kehrseite** der zugelassenen Hilfsmittel. Während eine richtige Definition im Ersten Examen noch als eigene Leistung anerkannt wird, wird der Prüfer im Assessorexamen erwarten und davon ausgehen, dass Sie die Definition nachgeschlagen haben.

---

1   Kopp/Schenke VwGO § 57 Rdnr. 10 u. 10 a.
2   Kopp/Schenke VwGO § 113 Rdnr. 80 ff.
3   Kopp/Ramsauer VwVfG § 41 Rdnr. 46 ff.
4   Palandt BGB Einf. v. § 677 Rdnr. 13 ff.
5   Palandt BGB Einf. v. § 812 Rdnr. 9 ff.
6   Palandt BGB § 839 Rdnr. 1 ff.
7   Palandt BGB vor § 903 Rdnr. 14.
8   Fischer StGB § 193 Rdnr. 16 ff.

1. Teil: Die verwaltungsgerichtliche Entscheidung

Bearbeitungsvermerk: Gerichtliche Entscheidung
Die Entscheidung des Gerichts ist zu entwerfen.

Die Entscheidung des Gerichts ist zu entwerfen.

§ 117 Abs. 5 VwGO ist nicht anzuwenden.

Für die Rechtsbehelfsbelehrung reicht es aus, die Art des Rechtsbehelfs und die zugrunde liegenden Vorschriften anzugeben.

Wird ein rechtlicher Hinweis für erforderlich gehalten, so ist zu unterstellen, dass dieser ordnungsgemäß erfolgt ist. Eine solche Vorgehensweise ist in einer Fußnote kenntlich zu machen.

Wird eine richterliche Aufklärung oder Beweiserhebung für erforderlich gehalten, so ist zu unterstellen, dass diese ordnungsgemäß erfolgt und ohne Ergebnis geblieben ist. Eine solche Vorgehensweise ist ebenfalls in einer Fußnote kenntlich zu machen.

Kommt der Verfasser ganz oder teilweise zur Unzulässigkeit der Klage, so ist zur Begründetheit in einem Hilfsgutachten Stellung zu nehmen.

Die Formalien (Ladungen, Zustellungen, Unterschriften, Vollmachten) sind in Ordnung.

16 Verlangt der Bearbeitungsvermerk – wie zumeist – allgemein den **Entwurf einer Entscheidung** des Verwaltungsgerichts, müssen Sie zunächst die richtige Entscheidungsform festlegen. Denn eine „Entscheidung" kann Vieles sein:

- **Endentscheidungen** (insbes. Urteile einschließlich der Teil- und Zwischenurteile sowie streitentscheidende Beschlüsse),

- **Zwischenentscheidungen** (z.B. Beschluss über die Gewährung von Prozesskostenhilfe oder Beweisbeschluss) oder

- eine **bloße prozessleitende Verfügung** oder eine Aufklärungsanordnung (vgl. § 146 Abs. 2 VwGO).

17 In der Klausur ist i.d.R. eine **Endentscheidung** zu entwerfen, vor allem

- **Urteile** im erstinstanzlichen Verfahren (§ 107 VwGO),

- **Gerichtsbescheide** (§ 84 VwGO) und

- **Beschlüsse** im vorläufigen Rechtsschutzverfahren (§§ 80 Abs. 5, 80 a Abs. 3, 123 VwGO).

18 Eher selten sind **sonstige Beschlüsse**, z.B.

- **Kostenentscheidung** gemäß § 161 Abs. 2 VwGO nach übereinstimmender Erledigungserklärung,

- Beschluss über die Gewährung von **Prozesskostenhilfe** (§ 166 VwGO, § 119 ZPO),

- **Beweisbeschlüsse** (§ 98 VwGO, § 358 ZPO),

- **Streitwertbeschluss** gemäß § 63 GKG, i.d.R. nur in Verbindung mit der Entscheidung in der Hauptsache, z.B. bei Beschlüssen nach §§ 80 Abs. 5, 123 VwGO. Hier reicht es aus, wenn Sie die Grundzüge der gesetzlichen Regelung kennen (vgl. insbes. §§ 52, 53 Abs. 2 GKG).

1. Abschnitt: Das Urteil

Wird in der Klausur der Entwurf einer Entscheidung verlangt, so ist zumeist ein **Urteilsentwurf** zu fertigen. Über die verwaltungsgerichtliche Klage wird, soweit nichts anderes bestimmt ist, durch Urteil entschieden (§ 107 VwGO).

19

Die wichtigste Ausnahme vom Grundsatz der Entscheidung durch Urteil ist der **Gerichtsbescheid** (§ 84 VwGO), wenn die Sache keine besonderen Schwierigkeiten tatsächlicher oder rechtlicher Art aufweist und der Sachverhalt geklärt ist. Über Anträge im Eilverfahren wird dagegen nicht durch Urteil, sondern durch Beschluss entschieden. Im Klageverfahren ergeht ein **Beschluss** nur, wenn eine Sachentscheidung des Gerichts nicht mehr erforderlich ist, z.B. bei Klagerücknahme (§ 92 VwGO) oder bei übereinstimmenden Erledigungserklärungen (§ 161 Abs. 2 VwGO).

A. Inhalt und Aufbau des Urteils

Das Urteil gliedert sich nach § 117 VwGO in folgende Bestandteile:

20

Das verwaltungsgerichtliche Urteil
■ Überschrift
■ Rubrum
■ Tenor
■ Tatbestand
■ Entscheidungsgründe
■ Rechtsmittelbelehrung

I. Überschrift

Das Urteil enthält die **Überschrift** „Im Namen des Volkes" (§ 117 Abs. 1 S. 1 VwGO) und die Bezeichnung „Urteil", ggf. auch „Zwischenurteil" (§ 109 VwGO), „Teilurteil" (§ 110 VwGO) oder „Schlussurteil". Als Eingangsformel schließen sich – je nach Übung des Gerichts – „In dem Verwaltungsrechtsstreit", „In dem Verwaltungsstreitverfahren", „In dem verwaltungsgerichtlichen Verfahren" o.Ä. an. Üblicherweise wird oben links das Aktenzeichen des Gerichts vermerkt.

21

II. Rubrum

Im Anschluss daran folgt das **Rubrum**, d.h. die Bezeichnung der Beteiligten und des Gerichts (§ 117 Abs. 2 Nr. 1 u. 2 VwGO).

22

Rubrum
■ Beteiligte
▪ Kläger
▪ Beklagter
▪ Beigeladener
▪ ggf. VÖI
■ Gericht

1. Die Beteiligten

Die Beteiligten, ggf. ihre gesetzlichen Vertreter oder Bevollmächtigten, sind nach Namen, Beruf, Wohnort und ihrer Stellung im Verfahren (z.B. als Kläger, Beklagter), so genau zu bezeichnen, dass keine Zweifel an der Identität bestehen.

23

a) Kläger

Bei der Bezeichnung des Klägers ergeben sich Probleme nur in prozessualen **Sondersituationen:**

24 ■ **Minderjährige** sind grds. nicht prozessfähig (§ 62 Abs. 1 Nr. 1 VwGO) und werden durch ihre Eltern gesetzlich vertreten, z.B. Klage „des Schülers Peter Müller, gesetzlich vertreten durch seine Eltern Annemarie und Karl-Heinz Müller ...“

Beispiel: Der 10-jährige Schüler S klagt, vertreten durch seine Eltern, gegen die Entscheidung über die Nichtversetzung in die nächste Klasse.

Etwas anderes gilt, soweit Minderjährige **selbst prozessfähig** sind (§ 62 Abs. 1 Nr. 2 VwGO, s.u. Rdnr. 85). In diesem Fall ist der Minderjährige selbst Kläger, seine gesetzlichen Vertreter sind am Verfahren i.d.R. nicht beteiligt.

Beispiel: Der 14-jährige Muslim M klagt persönlich (§ 5 RKEG) auf Feststellung, dass er berechtigt ist, während der Unterrichtspause auf dem Schulgelände das islamische Gebet zu verrichten.[9]

25 ■ **Beteiligte kraft Amtes** sind in ihrer Funktion aufzuführen, z.B. Klage „des Rechtsanwalts Peter Krause, ..., als Insolvenzverwalter über das Vermögen des Kaufmanns Karl-Heinz Müller ...“

26 ■ Bei **Rechtsnachfolge** im Prozess sind Rechtsvorgänger und Rechtsnachfolger anzugeben, z.B. Klage „des verstorbenen Herrn Karl-Heinz Müller, jetzt seiner Erben Annemarie und Karl Müller ...“

b) Beklagter

27 Die Bezeichnung des **Beklagten** richtet sich bei Anfechtungs- und Verpflichtungsklagen nach § 78 Abs. 1 VwGO, bei den übrigen Klagen nach dem Rechtsträgerprinzip. Bei Körperschaften und Behörden ist stets der gesetzliche Vertreter zu benennen („gegen die Stadt Neuenkirchen, vertreten durch den Bürgermeister ...“). Ist für den Beklagten ein Prozessbevollmächtigter vorhanden, so ist dieser mit ladungsfähiger Anschrift aufzuführen.

> **Beachte:** Bei der Behörde ist zwischen dem Terminsvertreter und dem Prozessbevollmächtigten zu unterscheiden. Die eine Behörde vertretenden Bediensteten haben i.d.R. nur eine Terminsvollmacht. In diesem Fall erscheinen sie nicht im Rubrum. Nur Prozessbevollmächtigte (z.B. der Anwalt bzw. die Anwaltskanzlei) sind im Rubrum aufzuführen.

c) Beigeladene

28 Durch die Beiladung (§ 65 VwGO) erlangt auch der **Beigeladene** die prozessuale Stellung eines Beteiligten (§ 63 Nr. 3 VwGO) und ist daher im Rubrum nach den Hauptbeteiligten aufzuführen, und zwar unabhängig davon, ob er sich am Verfahren aktiv beteiligt hat.[10]

> **Beachte:** Eine Unterscheidung, ob eine notwendige Beiladung (§ 65 Abs. 2 VwGO) oder eine einfache Beiladung (§ 65 Abs. 1 VwGO) vorliegt, erfolgt im Rubrum nicht. Wenn überhaupt, erfolgt dies in den Entscheidungsgründen, und auch dort nur, wenn es darauf ankommt (z.B. im Hinblick auf § 66 VwGO).

---

9 BVerwG, Urt. v. 30.11.2011 – BVerwG 6 C 20.10, RÜ 2012, 182, 184.
10 Guckelberger JuS 2007, 436, 441.

d) Vertreter des öffentlichen Interesses

Soweit in den Ländern ausnahmsweise ein **Vertreter des öffentlichen Interesses** 29 (VÖI) existiert (s.u. Rdnr. 78), erlangt er die Rechtsstellung eines Beteiligten nur, wenn er von seiner Beteiligungsbefugnis Gebrauch macht (§ 63 Nr. 4 VwGO). Nur dann ist er im Rubrum aufzuführen. Ob sich der VÖI beteiligt, kann i.d.R. dem Sitzungsprotokoll entnommen werden. Heißt es dort, der VÖI sei am Verfahren beteiligt, habe jedoch auf Ladung verzichtet (sog. beschränkte Beteiligung), so ist er im Rubrum aufzuführen.

2. Streitgegenstand

In den meisten Bundesländern ist es üblich (aber nicht erforderlich), zwischen der 30 Bezeichnung der Beteiligten und der des Gerichts schlagwortartig auf den **Streitgegenstand** hinzuweisen (z.B. „wegen Anfechtung einer Baugenehmigung", „wegen Entziehung der Fahrerlaubnis"). Die Formulierung soll kurz, aber möglichst präzise den Gegenstand des Verfahrens bezeichnen.[11]

3. Das Gericht

Im Anschluss daran folgt die Bezeichnung des **Gerichts**, des **Termins** der letzten 31 mündlichen Verhandlung sowie der mitwirkenden **Richter**. Die namentliche Nennung der Richter erfolgt mit ihrer Amtsbezeichnung, beginnend mit dem Vorsitzenden, den beisitzenden Richtern und schließt mit den ehrenamtlichen Richtern.

Ergeben sich die Namen der mitwirkenden Richter nicht aus der Akte (insbes. aus 32 dem Sitzungsprotokoll), so sind diese nach dem Bearbeitungsvermerk zu fingieren. Dabei ist darauf zu achten, in welcher Besetzung das Gericht zu entscheiden hat: Die Kammern der Verwaltungsgerichte entscheiden grds. in der Besetzung von drei Berufsrichtern und zwei ehrenamtlichen Richtern (§ 5 Abs. 3 S. 1 VwGO), soweit nicht der Einzelrichter (§ 6 VwGO) oder im Einverständnis mit den Beteiligten der Vorsitzende oder der Berichterstatter allein entscheidet (§ 87 a Abs. 2 u. Abs. 3 VwGO).

> „... hat die 3. Kammer des Verwaltungsgerichts ... auf die mündliche Verhandlung vom 30. Juli 2012 durch den Vorsitzenden Richter am Verwaltungsgericht X, den Richter am Verwaltungsgericht Y und die Richterin Z sowie die ehrenamtlichen Richter Frau A und Herrn B für Recht erkannt ..."

Bei einer **Entscheidung ohne mündliche Verhandlung** nach § 101 Abs. 2 VwGO 33 ist im Rubrum der Tag der Urteilsfällung anzugeben:

> „... hat die 3. Kammer des Verwaltungsgerichts ... ohne mündliche Verhandlung in der Sitzung am ... durch ... für Recht erkannt ..."

III. Der Tenor

Nach der Übergangsformel **„für Recht erkannt"** folgt sodann die Urteilsformel 34 (§ 117 Abs. 2 Nr. 3 VwGO), der **Tenor**. Der Tenor gibt das Ergebnis der Entscheidung in Kurzform wieder. Da der Tenor Grundlage der Vollstreckung ist, muss er knapp, aber so präzise und eindeutig wie möglich gefasst werden. Völlig unbrauchbar ist daher z.B. die Formulierung: „Der Klage wird stattgegeben."

---

11 Finger JA 2008, 635, 636; Jansen/Wesseling JuS 2009, 32, 32.

Tenor
■ Entscheidung zur **Hauptsache**
■ **Kostenentscheidung**
■ Entscheidung über die **vorläufige Vollstreckbarkeit**

35   Nach § 124 a Abs. 1 VwGO kann das Verwaltungsgericht **ausnahmsweise** im Urteil die **Zulassung der Berufung** aussprechen. Letzteres gilt allerdings nur bei rechtsgrundsätzlicher Bedeutung (§ 124 Abs. 2 Nr. 3 VwGO) oder Divergenz von einer obergerichtlichen Entscheidung (§ 124 Abs. 2 Nr. 4 VwGO) und scheidet deswegen in Examensklausuren i.d.R. aus.

In den übrigen Fällen des § 124 Abs. 2 Nr. 1, Nr. 2 u. Nr. 5 VwGO ist die Entscheidung über die Zulassung bzw. die Nichtzulassung der Berufung dem OVG vorbehalten (§ 124 a Abs. 5 VwGO). Das VG ist zu einer Nichtzulassung der Berufung nicht befugt (§ 124 a Abs. 1 S. 3 VwGO).

In Ausnahmefällen muss das VG über die **Zulassung der Revision** befinden, z.B. wenn die Berufung ausgeschlossen ist (§ 135 VwGO) oder im Fall der Sprungrevision (§ 134 VwGO).

> **Hinweis:** In der Assessorklausur finden sich i.d.R. keine Ausführungen zur Rechtsmittelzulassung. Etwas anderes gilt nur dann, wenn die Beteiligten ausdrücklich eine positive Zulassungsentscheidung angeregt haben.

36   ■ Hat die Klage **keinen Erfolg**, so lautet der Tenor in der Hauptsache stets:

„Die Klage wird abgewiesen."

Dies gilt für alle erfolglosen Klagen, unabhängig davon, ob sie unzulässig oder unbegründet sind. Hierauf ist lediglich in den Entscheidungsgründen einzugehen.[12]

Nur Klagen werden abgewiesen! Anträge im Eilverfahren werden dagegen durch Beschluss „abgelehnt" (s.u. Rdnr. 695).

37   ■ Wird der Klage **stattgegeben**, dann muss der Sachausspruch so genau gefasst werden, dass er aus sich heraus verständlich und vollstreckbar ist. Die konkrete Formulierung hängt von der jeweiligen Klageart ab. Zu beachten ist, dass der Sachausspruch den Streitgegenstand **erschöpfend** behandeln muss, aber nicht über das Begehren hinausgehen darf (§ 88 VwGO). Wird dem Klagebegehren nicht voll entsprochen (und sei es auch nur geringfügig), ist daher stets zusätzlich zu tenorieren: „Im Übrigen wird die Klage abgewiesen."

38   Im Einzelnen ergeben sich daraus z.B. folgende Formulierungen:

Erfolglose Klage
„Die Klage wird abgewiesen.
Der Kläger trägt die Kosten des Verfahrens.
Das Urteil ist (wegen der Kosten) vorläufig vollstreckbar. Der Kläger darf die Vollstreckung durch Sicherheitsleistung oder Hinterlegung in Höhe des aufgrund des Urteils vollstreckbaren Betrages abwenden, wenn nicht der Beklagte vor der Vollstreckung Sicherheit in gleicher Höhe leistet."

---

12   Mann NWVBl. 1994, 74, 75.

Erfolgreiche Anfechtungsklage

„Der Bescheid des ... vom ... (und der Widerspruchsbescheid des ... vom ...) wird (werden) aufgehoben.

Der Beklagte trägt die Kosten des Verfahrens.

Das Urteil ist wegen der Kosten vorläufig vollstreckbar. Der Beklagte darf die Vollstreckung durch Sicherheitsleistung oder Hinterlegung in Höhe des aufgrund des Urteils vollstreckbaren Betrages abwenden, wenn nicht der Kläger vor der Vollstreckung Sicherheit in gleicher Höhe leistet.“

Teilweise erfolgreiche Anfechtungsklage

„Der Bescheid des ... vom ... (und der Widerspruchsbescheid des ... vom ...) wird (werden) insoweit aufgehoben, als ...

Im Übrigen wird die Klage abgewiesen.

Die Kosten des Verfahrens tragen der Kläger zu 70% und der Beklagte zu 30%.

Das Urteil ist wegen der Kosten vorläufig vollstreckbar. Der jeweilige Vollstreckungsschuldner darf die Vollstreckung durch Sicherheitsleistung oder Hinterlegung in Höhe des jeweiligen Vollstreckungsbetrages abwenden, wenn nicht der jeweilige Vollstreckungsgläubiger vor der Vollstreckung Sicherheit in gleicher Höhe leistet.“

Erfolgreiche Verpflichtungsklage

„Der Bescheid des ... vom ... (und der Widerspruchsbescheid des ... vom ...) wird (werden) aufgehoben.

Der Beklagte wird verpflichtet, dem Kläger die unter dem ... beantragte Baugenehmigung (Az.: ...) für ... zu erteilen.

Der Beklagte trägt die Kosten des Verfahrens.

Das Urteil ist wegen der Kosten vorläufig vollstreckbar. Der Beklagte darf die Vollstreckung durch Sicherheitsleistung oder Hinterlegung in Höhe des aufgrund des Urteils vollstreckbaren Betrages abwenden, wenn nicht der Kläger vor der Vollstreckung Sicherheit in gleicher Höhe leistet.“

Teilweise erfolgreiche Verpflichtungsklage

„Der Bescheid des ... vom ... (und der Widerspruchsbescheid des ... vom ...) wird (werden) aufgehoben.

Der Beklagte wird verpflichtet, den Antrag des Klägers vom ... unter Beachtung der Rechtsauffassung des Gerichts neu zu bescheiden.

Im Übrigen wird die Klage abgewiesen.

Die Kosten des Verfahrens tragen der Kläger zu 1/3 und der Beklagte zu 2/3.

Das Urteil ist wegen der Kosten vorläufig vollstreckbar. Der jeweilige Vollstreckungsschuldner darf die Vollstreckung durch Sicherheitsleistung oder Hinterlegung in Höhe des jeweiligen Vollstreckungsbetrages abwenden, wenn nicht der jeweilige Vollstreckungsgläubiger vor der Vollstreckung Sicherheit in gleicher Höhe leistet.“

Erfolgreiche Leistungsklage

„Der Beklagte wird verurteilt, an den Kläger 5.000 Euro zzgl. Zinsen in Höhe von 5 Prozentpunkten über dem jeweiligen Basiszinssatz ab dem ... zu zahlen.

Der Beklagte trägt die Kosten des Verfahrens.

Das Urteil ist gegen Sicherheitsleistung in Höhe von 6.000 Euro vorläufig vollstreckbar."

Erfolgreiche Feststellungsklage

„Es wird festgestellt, dass die Klägerin nicht mit Wirkung zum 01.01.2012 auf den Beklagten als neuen Dienstherrn übergegangen ist und damit weiterhin in einem Beamtenverhältnis zum Beigeladenen steht.

Der Beklagte trägt die Kosten des Verfahrens mit Ausnahme der außergerichtlichen Kosten des Beigeladenen.

Das Urteil ist (wegen der Kosten) vorläufig vollstreckbar. Der Beklagte darf die Vollstreckung durch Sicherheitsleistung oder Hinterlegung in Höhe des aufgrund des Urteils vollstreckbaren Betrages abwenden, wenn nicht der Kläger vor der Vollstreckung Sicherheit in gleicher Höhe leistet."

Erfolgreiche Fortsetzungsfeststellungsklage

„Es wird festgestellt, dass der Bescheid des ... vom ... rechtswidrig gewesen ist.

Der Beklagte trägt die Kosten des Verfahrens.

Das Urteil ist wegen der Kosten vorläufig vollstreckbar. Der Beklagte darf die Vollstreckung durch Sicherheitsleistung oder Hinterlegung in Höhe des aufgrund des Urteils vollstreckbaren Betrages abwenden, wenn nicht der Kläger vor der Vollstreckung Sicherheit in gleicher Höhe leistet."

IV. Der Tatbestand

39 Im Tatbestand ist nach § 117 Abs. 3 VwGO „der Sach- und Streitstand unter Hervorhebung der gestellten Anträge seinem wesentlichen Inhalt nach gedrängt darzustellen. Wegen der Einzelheiten soll auf Schriftsätze, Protokolle und andere Unterlagen verwiesen werden, soweit sich aus ihnen der Sach- und Streitstand ausreichend ergibt" (ähnlich § 313 Abs. 2 ZPO).

Tatbestand

- ■ **Geschichtserzählung**
- ■ **Vorbringen des Klägers**
  - ■ **Antrag** des **Klägers**
  - ■ **Antrag** des **Beklagten**
- ■ **Vorbringen des Beklagten**
  - ■ **Antrag** des **Beigeladenen** oder anderer Beteiligter
- ■ **Vorbringen des Beigeladenen** oder anderer Beteiligter
- ■ **Prozessgeschichte**

Lassen Sie sich bei der Frage, welche Einzelheiten in den Tatbestand aufgenommen 40
werden sollen, vom „**Spiegelbild-Prinzip**" leiten: Tatbestand und Entscheidungsgründe verhalten sich spiegelbildlich zueinander, d.h. grundsätzlich müssen alle
Rechtsausführungen in den Entscheidungsgründen ihre tatsächliche Entsprechung
im Tatbestand finden.

Beispiele: Ist die Einhaltung der Klagefrist entscheidungserheblich, muss das ihren Lauf auslö-
sende Ereignis (Datum der Bekanntgabe des VA bzw. der Zustellung des Widerspruchsbescheides) im Tatbestand wiedergegeben werden.

1. Geschichtserzählung

Die Geschichtserzählung beinhaltet den „unstreitigen" und den vom Gericht **fest-** 41
gestellten Sachverhalt.

> **Beachte:** Anders als im Zivilprozess ist wegen des Amtsermittlungsgrundsatzes
> (§ 86 VwGO) die Unterscheidung zwischen unstreitigem und streitigem Sachver-
> halt von geringer Bedeutung. Soweit es einer verständlichen Darstellung dient,
> kann auf die Trennung zwischen streitigem und unstreitigem Vorbringen auch
> ganz verzichtet werden.

Der Sachverhalt ist möglichst **chronologisch** (im Imperfekt Indikativ) darzustellen. 42

> *„Der Kläger, ein 1970 geborener irakischer Staatsangehöriger, reiste 2002 in das
> Bundesgebiet ein und betrieb zunächst erfolglos ein Asylverfahren. Im Dezem-
> ber 2005 heiratete er die Zeugin ... und erhielt daraufhin eine Aufenthaltserlaub-
> nis ...“*

In umfangreichen Angelegenheiten ist es üblich, in einem **Einleitungssatz** den Ge- 43
genstand des Rechtsstreits kurz zu bezeichnen („Die Beteiligten streiten um die
Rechtmäßigkeit einer immissionsschutzrechtlichen Genehmigung."). In einfachen
Sachen – und damit regelmäßig in der Klausur – ist ein solcher Einleitungssatz
überflüssig, da sich der Streitgegenstand bereits hinreichend aus dem Betreff des
Rubrums („wegen") ergibt. Soweit es für die Entscheidung von Bedeutung ist, sind
zu Beginn der Geschichtserzählung allgemeine Angaben über bestimmte Personen
oder Sachen angebracht („Der Kläger ist Eigentümer des Grundstücks ...").

> **Beachte:** Der Tatbestand darf nur Tatsachen enthalten, keine Wertungen, also
> z.B. nicht „Der Kläger ist zum Führen von Kraftfahrzeugen ungeeignet", wenn
> es um die Entziehung der Fahrerlaubnis geht.

a) Ausgangsverfahren

Nach der Darstellung des allgemeinen Sachverhalts folgt die Wiedergabe des **Ver-** 44
waltungsverfahrens (und zwar auch im Imperfekt Indikativ). Dabei ist z.B. von
einem Antrag des Klägers oder von dem Ausgangsbescheid der Behörde auszugehen, wobei die tragenden Gründe mitzuteilen sind.

> **Beachte:** Grundsätzlich anzugeben sind in diesem Zusammenhang die Daten der
> Bekanntgabe des VA, ggf. der Erhebung des Widerspruchs und der Zustellung
> des Widerspruchsbescheids, damit die Einhaltung der Fristen (§§ 70, 74 VwGO)
> überprüft werden kann.

45 Bei der Wiedergabe der rechtlichen und tatsächlichen **Begründung** von Anträgen oder **Behördenentscheidungen** bestehen verschiedene Möglichkeiten: Entweder kann man bereits bei der Darstellung des Ausgangs- bzw. Widerspruchsbescheids die wesentliche Begründung wiedergeben. Da sich diese Gründe in der Regel weitgehend mit dem Prozessvortrag decken, empfiehlt sich bei der Verfahrensdarstellung eine Beschränkung auf die tragenden Gründe, auf die im Einzelnen erst beim prozessualen Vorbringen der Beteiligten eingegangen wird:

> *„Mit Bescheid vom … gab der Beklagte dem Kläger auf … Zur Begründung verwies er insb. darauf, dass …"*

46 Vertretbar ist es allerdings auch, die Begründung bei der Behördenentscheidung ausführlich darzustellen und beim Beklagtenvorbringen lediglich auf den ergänzenden Vortrag abzustellen:

> *„Der Beklagte nimmt Bezug auf die Begründung im angefochtenen Bescheid und trägt ergänzend vor, …"*

> **Hinweis:** Wichtig ist vor allem, dass Wiederholungen vermieden werden. Keinesfalls dürfen Sie die Begründung sowohl beim Ausgangsbescheid als auch beim Widerspruchsbescheid und dann nochmals im Rahmen des Beklagtenvorbringens wiedergeben.

b) Widerspruchsverfahren

47 Bei der **Darstellung des Widerspruchsbescheids** sollten Sie sich auf die Wiedergabe der vom Ausgangsbescheid abweichenden Gründe beschränken. Ist der Widerspruch ohne verfahrensrechtliche und materiellrechtliche Besonderheiten zurückgewiesen worden, so reicht folgende Formulierung aus:

> *„Hiergegen hat der Kläger am … Widerspruch erhoben, der mit am … zugestellten Widerspruchsbescheid des … vom … als unbegründet zurückgewiesen wurde."*

Enthält der Widerspruchsbescheid eine **zusätzliche Beschwer**, so müssen die dafür tragenden Gründe angegeben werden. Bei Ermessensentscheidungen sind stets die entscheidungserheblichen **Ermessenserwägungen** darzustellen.

c) Klageerhebung

48 Die Geschichtserzählung endet mit dem ersten Teil der Prozessgeschichte, die sich regelmäßig auf die Angabe der **Klageerhebung** mit Datum beschränkt, und zwar im Perfekt:

> *„Der Kläger hat am … Klage erhoben."* bzw. bei Fristproblemen:
> *„… mit Schriftsatz vom …, bei Gericht am … eingegangen, Klage erhoben."*

2. Klägervorbringen

49 Das Vorbringen des Klägers wird in **indirekter Rede** formuliert. Anders als im Zivilprozess besteht es zumeist aus Rechtsansichten, da streitige Tatsachen im Verwaltungsprozess aufgrund des Amtsermittlungsgrundsatzes regelmäßig keine Rolle spielen. Daher sollte die Formulierung „behaupten" auch nur bei tatsächlich streitigen Tatsachen verwendet werden. Im Übrigen ist es üblich, neutrale Formulierungen wie „trägt vor", „rügt", „macht geltend" o.Ä. zu verwenden.

> **Beachte:** § 117 Abs. 3 S. 1 VwGO fordert eine „gedrängte" Darstellung, es darf daher keinesfalls der gesamte Vortrag des Klägers in allen Einzelheiten wiedergegeben werden. Vor allem völlig neben der Sache liegende Fakten sollten nicht wiedergegeben werden.

3. Anträge der Hauptbeteiligten

Im Anschluss an das Vorbringen des Klägers sind die **Anträge von Kläger und Beklagtem** wiederzugeben. Bei objektiver Klagehäufung sowie bei Vorliegen eines Haupt- und Hilfsantrags sind sämtliche Anträge aufzunehmen. Die von § 117 Abs. 3 S. 1 VwGO geforderte **Hervorhebung** erfolgt üblicherweise durch einen größeren Absatz unter Einrückung. Die Anträge sind grds. wörtlich zu übernehmen. Ist der Antrag unklar oder laienhaft formuliert, empfiehlt sich die Formulierung „Der Kläger beantragt sinngemäß, …". Sind die Anträge nach Klageänderung oder -rücknahme umgestellt worden, so ist auch der ursprüngliche Antrag wiederzugeben:

50

> *„Der Kläger hat beantragt, … Bezüglich des … hat der Kläger die Klage zurückgenommen. Er beantragt nunmehr, … "*

4. Beklagtenvorbringen

Nach den Anträgen der Hauptbeteiligten folgt das **Vorbringen** des **Beklagten**. Auch hier ist darauf zu achten, dass Wiederholungen vermieden werden. Beschränkt sich der Beklagte auf die Begründung, die schon dem Ausgangs- und dem Widerspruchsbescheid zugrunde lag, so reicht es aus, dies kurz anzumerken („Der Beklagte beruft sich auf die Begründung der angefochtenen Bescheide"). In diesem Fall kann es auch zweckmäßig sein, oben im Rahmen der Darstellung des Verwaltungsverfahrens auf die Begründung im Einzelnen zu verzichten und diese erst beim Beklagtenvorbringen wiederzugeben. Macht der Beklagte weitergehende Gesichtspunkte geltend, so ist es üblich, zu formulieren:

51

> *„Der Beklagte verweist auf die Gründe der angefochtenen Verfügung und trägt ergänzend vor, … "*

5. Antrag und Vorbringen sonstiger Beteiligter

Sind am Verfahren Beigeladene oder ein VÖI beteiligt und haben diese einen **Antrag** gestellt, so ist dieser im Anschluss an das Vorbringen des Beklagten wiederzugeben. Hat der **Beigeladene keinen Antrag** gestellt, so sollte auch dies ausdrücklich festgehalten werden („Der Beigeladene hat keinen Antrag gestellt"), da es für die **Kostenentscheidung** von Bedeutung ist (§§ 154 Abs. 3, 162 Abs. 3 VwGO; dazu unten Rdnr. 148 ff.). Nach den Anträgen des Beigeladenen oder anderer Beteiligter ist **deren Vorbringen** – wie bei den Hauptbeteiligten – in gedrängter Form wiederzugeben.

52

6. Prozessgeschichte

Der Tatbestand endet mit der eigentlichen Prozessgeschichte (im Perfekt). Hier sind z.B. der Verzicht der Beteiligten auf eine mündliche Verhandlung (§ 101 Abs. 2 VwGO) oder Beweiserhebungen anzugeben ebenso die hinzugezogenen Behördenakten. Bei einer Beweisaufnahme genügt die Angabe des Beweismittels, wegen der Einzelheiten ist auf die jeweiligen Niederschriften zu verweisen:

53

> *„Das Gericht hat nach Maßgabe des Beweisbeschlusses vom … (Bl. 75 der Gerichtsakten) Beweis erhoben durch Vernehmung der Zeugen … Wegen der Einzelheiten wird auf die Niederschrift Bl. 78–81 der Gerichtsakten Bezug genommen. "*

> **Beachte:** Ein Beiladungsbeschluss ist in der Prozessgeschichte nicht zu erwähnen, da sich die Beiladung bereits aus dem Rubrum ergibt.

V. Die Entscheidungsgründe

54   Nach § 108 Abs. 1 S. 2 VwGO sind in dem Urteil die Gründe anzugeben, die für die richterliche Überzeugung leitend gewesen sind.[13] Die Erleichterung des § 117 Abs. 5 VwGO (Verweis auf die Begründung des VA oder des Widerspruchsbescheides) ist in der Klausur zumeist durch den Bearbeitungsvermerk ausgeschlossen.

Entscheidungsgründe
■ **Prozessuale Sondersituationen**
■ **Rechtliche Würdigung**
■ **Zulässigkeit** der Klage
■ **Begründetheit** der Klage

1. Prozessuale Sondersituationen

55   Vor der eigentlichen rechtlichen Würdigung ist es üblich, ggf. bestimmte **Prozessfragen** darzustellen. Sie stellen sich bei Abweichungen vom Normalfall

- bei Entscheidung durch den **Einzelrichter** (§ 6 Abs. 1 VwGO):

> *„Der Einzelrichter ist zuständig, nachdem ihm die Kammer den Rechtsstreit mit Beschluss vom … zur Entscheidung übertragen hat (§ 6 Abs. 1 S. 1 VwGO). "*

- bei **Verzicht auf mündliche Verhandlung** (§ 101 Abs. 2 VwGO):

> *„Mit Einverständnis der Beteiligten konnte das Gericht gemäß § 101 Abs. 2 VwGO ohne mündliche Verhandlung entscheiden. "*

- bei Entscheidung trotz **Abwesenheit von Beteiligten** (§ 102 Abs. 2 VwGO):

> *„Das Gericht konnte in Abwesenheit des Klägers verhandeln und entscheiden, da dieser in der Ladung ausdrücklich auf diese Möglichkeit hingewiesen worden ist (§ 102 Abs. 2 VwGO). "*

- bei einer **Rubrumsberichtigung von Amts wegen:**

> *„Das Rubrum ist von Amts wegen berichtigt worden. Die Klage ist als Anfechtungsklage i.S.d. § 42 Abs. 1, 1. Fall VwGO nicht, wie in der Klageschrift bezeichnet, gegen den Landrat des Kreises X, sondern gemäß § 78 Abs. 1 Nr. 1 VwGO gegen den Kreis X als Körperschaft zu richten. … "*

---

13   Zu den Entscheidungsgründen allgemein Wahrendorf/Huschens NWVBl. 2005, 197, 200.

- bei **Auslegung bzw. Umdeutung des Klagebegehrens** (§ 88 VwGO):

  „Entgegen der in der Klageschrift gewählten Formulierung ist bei verständiger Würdigung des Vorbringens des Klägers davon auszugehen, dass … Da das Gericht gemäß § 88 VwGO nicht an den Antrag, sondern nur an das Klagebegehren gebunden ist, ist der Antrag des Klägers dahin auszulegen, … Die so verstandene Klage ist zulässig und begründet."

- bei **teilweiser Klagerücknahme** der Hinweis auf die insoweit erfolgte Verfahrenseinstellung (§ 92 Abs. 3 S. 1 VwGO):

  „Soweit der Kläger die Klage zurückgenommen hat, war das Verfahren gemäß § 92 Abs. 3 S. 1 VwGO einzustellen. Im Übrigen …"

- ebenso bei **teilweise übereinstimmender Erledigungserklärung**:

  „Soweit die Beteiligten den Rechtsstreit übereinstimmend teilweise für erledigt erklärt haben, war das Verfahren analog § 92 Abs. 3 S. 1 VwGO einzustellen. Im Übrigen …"

- bei einer zulässigen **Klageänderung** (§ 91 VwGO):

  „Die Klage ist in der geänderten Fassung als Leistungsklage zulässig. Der Übergang von einem Feststellungs- zu einem Leistungsantrag ist als sachdienlich zuzulassen, weil dies zur endgültigen Beilegung des streitigen Rechtsverhältnisses führt und ein sonst zu erwartender weiterer Rechtsstreit vermieden wird."

2. Rechtliche Würdigung

Zu Beginn der Entscheidungsgründe ist das **Gesamtergebnis** zusammenzufassen: 56

„Die Klage ist bereits unzulässig."

„Die Klage ist zulässig, aber unbegründet."

„Die Klage ist zulässig, aber nur in dem aus dem Tenor ersichtlichen Umfang begründet."

a) Zulässigkeit der Klage

Zur Zulässigkeit sind Ausführungen im Entscheidungsentwurf nur angebracht, soweit Bedenken bestehen. In der Praxis erschöpfen sie sich häufig in einem (Halb-)Satz: „Die zulässige Anfechtungsklage ist unbegründet." In der Klausur sollten üblicherweise zumindest die Klageart und die besonderen Sachurteilsvoraussetzungen kurz angegeben werden: 57   ⊖ Verw RW

„Die Klage ist als Anfechtungsklage zulässig. Die Klagebefugnis des Klägers nach § 42 Abs. 2 VwGO folgt daraus, dass er geltend macht, in seinem subjektiven Recht aus § … verletzt zu sein (ggf.: Diese Vorschrift begründet ein subjektives Recht, da sie zumindest auch den Interessen des Klägers zu dienen bestimmt ist. Denn …). Das nach § 68 Abs. 1 S. 1 VwGO erforderliche Vorverfahren ist ordnungsgemäß durchgeführt worden (bzw.: Ein Vorverfahren war nach § 68 Abs. 1 S. 2 VwGO i.V.m. § … nicht erforderlich). Die Klagefrist von einem Monat nach Zustellung des Widerspruchsbescheides, § 74 Abs. 1 S. 1 VwGO ist gewahrt (bzw. im Fall des § 68 Abs. 1 S. 2 VwGO: von einem Monat nach Bekanntgabe des angefochtenen Verwaltungsakts, § 74 Abs. 1 S. 2 VwGO)."

58 Insbesondere erübrigen sich in aller Regel Ausführungen zum **Verwaltungs-rechtsweg**. Nur dann, wenn **ein Beteiligter den Rechtsweg rügt** (§ 173 S. 1 VwGO i.V.m. § 17 a Abs. 3 S. 2 GVG) oder der Verwaltungsrechtsweg **nicht eindeutig zu bejahen** ist, ist eine nähere Prüfung angezeigt (dazu Rdnr. 380 ff.).

Beispiele: Subventionsgewährung im Rahmen der sog. Zwei-Stufen-Theorie, öffentlich-rechtli-che Beseitigungs- und Unterlassungsansprüche in Abgrenzung zu § 1004 BGB, beamtenrechtli-che Klagen nach § 126 BBG bzw. § 54 BeamtStG, präventive und repressive Tätigkeit der Polizei.[14]

> **Hinweis:** Hat der Beklagte die Zulässigkeit des Rechtswegs gerügt, darf das Gericht nicht unmittelbar in der Sache entscheiden, sondern muss gemäß § 173 S. 1 VwGO i.V.m. § 17 a Abs. 3 S. 2 GVG zunächst **vorab** über die Rechtswegfrage befinden. Eine Entscheidung in der Sache darf erst ergehen, nachdem die Entscheidung über den Rechtsweg rechtskräftig geworden ist. In Examensklausuren ist in diesem Fall nach dem Bearbeitungsvermerk i.d.R. die Vorabentscheidung und – für den Fall der (unterstellten) Rechtskraft dieser Entscheidung – (auch) die Entscheidung in der Sache zu entwerfen.

59 Soweit **Sachurteilsvoraussetzungen** in den Entscheidungsgründen angesprochen werden, ist möglichst dieselbe Reihenfolge wie im Gutachten zu wählen.

Also z.B. die besonderen Sachurteilsvoraussetzungen nach Feststellung der Klageart und vor den allgemeinen Sachurteilsvoraussetzungen.

> **Beachte:** Nicht erörtert werden darf im Rahmen der Entscheidungsgründe, ob eine Beiladung zu Recht erfolgt ist. Denn die Beiladung hat keinerlei Bedeutung für die Zulässigkeit oder Begründetheit der Klage (s.u. Rdnr. 100 ff.)!

b) Begründetheit der Klage

60 Im Rahmen der Ausführungen zur Begründetheit der Klage ist von der für die behördliche Entscheidung oder von der für das Begehren des Klägers **einschlägigen Rechtsgrundlage** auszugehen. Diese ist oft im Aktenauszug nicht angegeben (insbes. in Standardfällen) und muss vom Bearbeiter selbst gefunden werden. Deshalb ist es wichtig, dass Sie sich in der Examensvorbereitung das typische behördliche Instrumentarium noch einmal vor Augen führen (insbes. im Besonderen Verwaltungsrecht). Darauf aufbauend sind ausgehend von Obersätzen **im Urteilsstil** die einzelnen Voraussetzungen der Norm darzulegen.

> *„Die angefochtene Verfügung findet ihre Grundlage in § … Danach kann die Behörde anordnen, dass …, wenn … Diese Voraussetzungen sind hier (nicht) erfüllt. …*

61 Bei der Darstellung von **Ermessensentscheidungen** ist von den Erwägungen der Behörde auszugehen und diese auf Ermessensfehler zu überprüfen (§ 114 S. 1 VwGO).

> *„Die Ausländerbehörde hat die Ausweisung des Klägers mit general- und spezialpräventiven Gesichtspunkten begründet. Insoweit hat Sie darauf hingewiesen, dass …“*

62 Sollte es ausnahmsweise auf die **Würdigung von Beweisen** (z.B. einer Zeugenaussage) ankommen, so sind die entsprechenden Ausführungen bei dem Merkmal vorzunehmen, dessen Vorliegen sie betreffen.[15]

---

14 Vgl. dazu unten Rdnr. 386 f.
15 Finger JA 2008, 635, 637.

„Unzuverlässig i.S.d. § 35 Abs. 1 GewO ist ein Gewerbetreibender, der nach dem Gesamteindruck seines Verhaltens nicht die Gewähr dafür bietet, dass er sein Gewerbe künftig ordnungsgemäß betreibt. Dabei ist anerkannt, dass Steuerrückstände grundsätzlich geeignet sind, die Annahme der Unzuverlässigkeit zu rechtfertigen, diese dürfen aus Gründen der Verhältnismäßigkeit aber nicht ganz unerheblich sein. Der Kläger hat zwar behauptet, dass … Die vom Gericht eingeholte Auskunft des … hat jedoch ergeben, dass …"

> **Beachte:** Formelle Fehler i.S.d. § 45 Abs. 1 VwVfG können auch noch im gerichtlichen Verfahren geheilt werden (§ 45 Abs. 2 VwVfG). Sind sie nicht heilungsfähig oder liegen die Voraussetzungen für eine Heilung nicht vor, können bestimmte Fehler nach § 46 VwVfG unbeachtlich sein.

aa) Rechtliche Argumentation

Das Urteil sollte sich mit **allen wesentlichen Einwänden** des Klägers auseinandersetzen, damit nicht der Eindruck erweckt wird, das Gericht habe bestimmte Argumente des Klägers unbeachtet gelassen. Dies bezieht sich aber nur auf das für die Entscheidung Erhebliche. Gesichtspunkte, die völlig neben der Sache liegen, brauchen nicht angesprochen werden. Zwar verlangen Art. 103 Abs. 1 GG und § 108 Abs. 2 VwGO, dass das Gericht den Vortrag der Beteiligten zur Kenntnis nimmt und bei seiner Entscheidung in Erwägung zieht; daraus folgt jedoch keine Pflicht des Gerichts, jedes Vorbringen der Beteiligten zu bescheiden.[16] **63**

In der Klausur sind die **Argumente** der Beteiligten i.d.R. durch den Aufgabensteller ohnehin bereits **gefiltert**. Mit Ausnahme von ganz wenigen Einwänden, an denen der Bearbeiter zeigen soll, dass er fernliegenden Vortrag kurz abhandeln kann, sind die **meisten Argumente** nach der Konzeption der Klausur **entscheidungserheblich** und sind in im Entscheidungsentwurf zu berücksichtigen. Sie sollten deswegen Ihre Lösungsskizze nochmals kritisch prüfen, wenn einige der im Aktenauszug angeführten Argumente für Ihre Lösung rechtlich unerheblich sind. Dasselbe gilt, wenn Sie meinen, Fragen, auf die in den Schriftsätzen ein erkennbarer Schwerpunkt gelegt wird, mit einer scheinbar kurzen Antwort abhandeln zu können. **64**

> **Hinweis:** Verzichten Sie auf langatmige Ausführungen, insb. auf „detailverliebte" Argumentationen, die Erörterung von Randaspekten oder das „Widerlegen" von eher abseitigem Vortrag. Ein guter, den Prüfer überzeugender Entscheidungsentwurf zeichnet sich i.d.R. dadurch aus, dass er sich auf die wirklich wesentlichen Punkte konzentriert. Gerade die Beschränkung auf das Wesentliche verlangt von Ihnen eine straffe Ordnung des Gedankengangs.

Das heißt vor allem: **65**

- **Unproblematische Punkte** können regelmäßig entweder ganz entfallen oder lediglich ergebnishaft dargestellt werden.

- Die **Begründung des Ergebnisses** sollte sich auf das Wesentliche beschränken. Sie muss nicht die gesamte Entscheidungsfindung (mit all ihren Irrwegen) wiedergeben, sondern das Ergebnis **kurz und knapp** darlegen. Wird zwei starken Argumenten ein weiteres schwaches Argument hinzugefügt, wird dadurch i.d.R. die Überzeugungskraft der Entscheidung eher geschmälert als gestärkt.

---

16 Vgl. z.B. BVerwG NVwZ 2003, 995, 996.

■ Entbehrlich sind **längere Erörterungen** zu Fragen, die letztlich offengelassen werden können. Soweit es sich um eine Frage handelt, die von den Beteiligten angesprochen worden ist, sollte das Problem kurz angerissen werden und dann mit der das Ergebnis tragenden Begründung dahin gestellt bleiben.

> **Beachte:** Vor allem juristische Meinungsstreitigkeiten (die im Assessorexamen weit seltener auftreten als im ersten Examen) sind nicht in allen Verästelungen darzustellen. Nur die wesentlichen Aspekte sollten wiedergegeben werden, soweit die Streitfrage überhaupt entscheidungserheblich ist.

bb) Sprachliche Gestaltung

66   Von wesentlicher Bedeutung ist die sprachliche Gestaltung:

■ Vermeiden Sie antiquierte Formulierungen und verunglückte Wortschöpfungen!

■ Verwenden sie möglichst keine Abkürzungen (außer bei Gesetzen)!

■ Formulieren Sie im Aktiv, vermeiden Sie Passiv oder unpersönliche Formen („man")!

■ Verwenden Sie Verben und vermeiden Substantivierungen (Verbal- statt Nominalstil)!

■ Achten Sie auf sorgfältige Rechtschreibung, Grammatik und Zeichensetzung. Verwenden Sie insbes. die richtigen Zeitformen!

■ Vermeiden Sie Bandwurm- und Schachtelsätze. Sprachwissenschaftler sehen als Richtlinie für die Verständlichkeit 10 bis 15 Wörter pro Satz, bei 25 Wörtern liegt die Grenze zur Unverständlichkeit! Schachtelsätze entstehen vor allem dann, wenn Sie versuchen, zu viele Gedanken in einem Satz unterzubringen. Trennen Sie besser die einzelnen Gedanken und Aspekte und stellen diese nacheinander dar!

■ Am besten schreiben Sie in kurzen Hauptsätzen, die ggf. durch einen Nebensatz ergänzt werden („Ein Satz – ein rechtlicher Gedanke."). Der Text wird dadurch i.d.R. nicht länger.

■ Bilden Sie Absätze! Hierdurch erleichtern Sie die Verständlichkeit des Urteils. Verzichten Sie allerdings auf Überschriften (mit Ausnahme von „Tatbestand" und „Entscheidungsgründe") und Nummerierungen!

■ Klare Obersätze sind unabdingbar. Sie sind Grundlage für eine klare Gedankenführung.

■ Gehen Sie bei der Subsumtion vom Wortlaut des Gesetzes aus. Dabei ist es grds. zu empfehlen, die abstrakten Ausführungen zu einer Norm (Voraussetzungen, Auslegung, ggf. Darstellung eines Meinungsstreits) insgesamt „vor die Klammer", also vor die Subsumtion zu ziehen.

■ Vermeiden Sie überzogene, bekräftigende Ausdrücke (z.B. „eindeutig", „keineswegs", „offensichtlich")! Auch Formulierungen wie „Der Kläger verkennt ..." oder die Bezeichnung einer Auffassung als „abwegig" sind zumeist überflüssig und begründen den Verdacht, dass es dem Bearbeiter an wirklichen Argumenten fehlt.

cc) Mehrfachbegründungen

67   Anders als im zivilgerichtlichen Urteil finden sich in verwaltungsgerichtlichen Entscheidungen häufig **Mehrfachbegründungen**. Dies gilt vor allem dann, wenn der angefochtene VA an mehreren Fehlern leidet. Denn das Urteil dient auch dazu, der Verwaltungsbehörde Handlungsanweisungen für künftige Fälle zu geben.

„Unabhängig hiervon hat die Klage auch deshalb Erfolg, weil ... "

Zwingend ist eine Mehrfachbegründung, wenn die verwaltungsbehördliche Entschei-   68
dung auf mehreren **selbstständigen, tragenden Begründungselementen** beruht. Hier
hat die Klage nur Erfolg, wenn jede dieser Begründungen erfolgreich angegriffen wird.

Beispiel: Begründet die Behörde eine Ermessensentscheidung in mehrfacher Weise, so kommt es
für die Frage eines Ermessensfehlers (§ 114 S. 1 VwGO) darauf an, ob die jeweilige Begründung
für die Entscheidung tragend ist (arg. e. § 39 Abs. 1 S. 2 VwVfG). Gibt die Behörde mehrere,
selbstständig tragende Begründungen, so genügt es, dass eine davon ermessensfehlerfrei ist. Etwas anderes gilt nur dann, wenn nach dem Willen der Behörde nur alle Gründe zusammen die
Entscheidung rechtfertigen sollen.[17]

> **Hinweis:** In der Klausur sollten Sie jedenfalls dann zu einer Mehrfachbegrün-
> dung greifen, wenn Sie sonst Teile des Sachverhalts nicht behandeln würden.

dd) Umfang der Darstellung

Der Umfang der Darstellung hängt von der jeweiligen prozessualen Situation ab:

- Bei **abweisendem Anfechtungsurteil** sind zwingend **alle Tatbestandsmerk-   69
  male** zu erörtern, wobei jedoch die unproblematischen möglichst kurz zu halten
  sind.

  Dies gilt insbes. für die Rechtmäßigkeit des VA. Hier sind **alle Voraussetzungen** für die behördliche Maßnahme darzulegen, ebenso das Fehlen von Ermessensfehlern auf der Rechtsfol-
  genseite. Ist der VA rechtswidrig, fehlt es aber an einer Rechtsverletzung (z.B. wenn bei einer
  Drittanfechtungsklage keine nachbarschützenden Vorschriften verletzt sind), so sollten Sie sich
  in der Klausur darauf beschränken, nur den fehlenden Drittschutz darzustellen, ohne auf die
  Rechtmäßigkeit des VA im Übrigen einzugehen.[18]

  > **Beachte:** In Drittbeteiligungsfällen ist der auf drittschützende Normen be-
  > schränkte Prüfungsumfang vielfach ein wesentliches Thema. Der Bearbeiter
  > soll erkennen, dass er Angaben im Aktenauszug zur objektiven Rechtmäßig-
  > keit nicht verwenden darf. Oft fehlen auch alle möglichen Einzelheiten. Hüten
  > sich in diesem Fall davor, mit unzulässigen Unterstellungen zu arbeiten, wenn
  > es darauf wegen des fehlenden Drittschutzes ohnehin nicht ankommt.

- Dasselbe gilt für **stattgebende Verpflichtungsurteile**, denn der Anspruch des   70
  Klägers setzt voraus, dass **alle Voraussetzungen** erfüllt sind, die deshalb im Urteil (wenn auch in der gebotenen Kürze) dargelegt werden müssen.

- Bei einer **erfolgreichen Anfechtungsklage** konzentrieren sich die Entscheidungs-   71
  gründe auf den **tragenden Grund**, der zur Aufhebung der Verwaltungsentscheidung führt.

  Gegenbeispiel: Bei Ermessensentscheidungen reicht es i.d.R. nicht aus, einen Ermessensfehler
  festzustellen und im Übrigen zu unterstellen, dass die Voraussetzungen erfüllt sind. Das gilt
  jedenfalls dann, wenn sich der Aktenauszug mit den Tatbestandsvoraussetzungen befasst.

- Entsprechend ist bei einem **abweisenden Verpflichtungsurteil** das **entschei-   72
  dende Merkmal** vorzuziehen und seine Ablehnung zu begründen. In der Praxis
  ist es jedoch üblich, sämtliche Rechtmäßigkeitsvoraussetzungen durchzuprüfen,
  da es auch Aufgabe der Entscheidungsgründe ist, den Beteiligten, insbes. im
  Hinblick auf Rechtsmittel, zu verdeutlichen, in welchen Punkten das Gericht ihrer Auffassung nicht gefolgt ist.[19]

---

17 BVerwG DVBl. 2001, 726, 729.

18 OVG NRW DVBl. 2009, 728, 729

19 Kopp/Schenke VwGO § 117 Rdnr. 14.

Erfolglose Anfechtungsklage

„Die Klage ist (jedoch) nicht begründet. Die angefochtene Beseitigungsverfügung des Beklagten ist rechtmäßig. Sie findet ihre Grundlage in § ... Danach konnte der Beklagte ..., da ... Soweit der Kläger der Auffassung ist, die Entscheidung des Beklagten, gegen den baurechtswidrigen Zustand einzuschreiten, sei sachwidrig, folgt ihm das Gericht nicht. Denn der Beklagte hat sich zutreffend darauf berufen, dass ...“

Erfolgreiche Anfechtungsklage

„Die Klage ist (auch) begründet. Der Beitragsbescheid des Beklagten ist rechtswidrig und verletzt den Kläger in seinen Rechten (§ 113 Abs. 1 S. 1 VwGO). Als Rechtsgrundlage kommt nur § ... in Betracht. Danach kann ... Diese Voraussetzungen sind hier nicht erfüllt. Denn ... Dadurch wird der Kläger auch in seinem subjektiven Recht aus ... verletzt.“

Teilweise erfolgreiche Anfechtungsklage

„Die (zulässige) Klage ist nur in dem aus dem Tenor ersichtlichen Umfang begründet. Der angefochtene Rückforderungsbescheid ist nur insoweit rechtswidrig, als ein Betrag von mehr als 5.000 Euro zurückgefordert worden ist. Im Übrigen ist der Bescheid rechtmäßig. Er beruht auf § ...“

Erfolglose Verpflichtungsklage

„Die Klage ist nicht begründet. Der Kläger hat keinen Anspruch auf Erteilung der begehrten Gaststättenerlaubnis. Die Erlaubnis kann nach § ... nur erteilt werden, wenn ... Dies scheitert hier daran, dass ...“

Erfolgreiche Verpflichtungsklage

„Die Klage ist auch begründet. Der Ablehnungsbescheid des Beklagten ist rechtswidrig und verletzt den Kläger in seinen Rechten (§ 113 Abs. 5 S. 1 VwGO), da er einen Anspruch auf die von ihm beantragte Genehmigung hat. Nach § ... ist die Genehmigung zu erteilen, wenn ... Diese Voraussetzungen liegen vor ...“

Teilweise erfolgreiche Verpflichtungsklage

„Die (zulässige) Klage ist nur in dem aus dem Tenor ersichtlichen Umfang begründet. Der Ablehnungsbescheid des Beklagten ist zwar rechtswidrig, da ... Für die vom Kläger beantragte Verpflichtung des Beklagten fehlt es jedoch an der erforderlichen Spruchreife (§ 113 Abs. 5 S. 1 VwGO). Denn die begehrte Erlaubnis steht im Ermessen der Behörde. Es ist nicht davon auszugehen, dass aufgrund der Umstände des Einzelfalls alle Entscheidungen bis auf die Erteilung der Erlaubnis fehlerhaft wären. Eine solche Ermessensreduzierung auf Null ist nur anzunehmen, wenn ... Für einen derartigen Ausnahmefall ergeben sich hier keine ausreichenden Anhaltspunkte. ...“

Beachte: In Bayern gilt eine auf die Passivlegitimation hinweisende Formulierung als üblicher Bestandteil des Obersatzes („Die zu Recht gemäß § 78 Abs. 1 Nr. 1 VwGO gegen die Stadt X gerichtete Klage ist unbegründet."). In der norddeutschen Praxis wird dieser Einschub als überflüssig angesehen, es sei denn gerade die Passivlegitimation stellt ein Problem des Falles dar.

c) Begründung der Nebenentscheidungen

Nach der Begründung der Entscheidung in der Hauptsache folgt die Begründung der Nebenentscheidungen. Hier können Sie sich i.d.R. auf die **Wiedergabe der entscheidungserheblichen Vorschriften** beschränken.

73

> *„Die Kostenentscheidung folgt aus § 154 Abs. 1 VwGO. Die Entscheidung über die vorläufige Vollstreckbarkeit ergibt sich aus § 167 VwGO i.V.m. §§ 708 Nr. 11, 711 ZPO.“*

Ist in der Kostenentscheidung über die **Notwendigkeit der Zuziehung eines Bevollmächtigten im Vorverfahren** zu entscheiden (§ 162 Abs. 2 S. 2 VwGO), ist auch dies kurz zu begründen.

74

> *„Die Zuziehung eines Bevollmächtigten im Vorverfahren war notwendig, da es dem Kläger nach seinen persönlichen Verhältnissen nicht zumutbar war, das Vorverfahren selbst zu führen.“*

Dasselbe gilt, wenn über die **Kosten eines Beigeladenen** zu entscheiden ist.

75

> *„Die außergerichtlichen Kosten des Beigeladenen sind vom Kläger gemäß § 162 Abs. 3 VwGO zu tragen. Da der Beigeladene einen Antrag gestellt und dadurch ein Kostenrisiko eingegangen ist (§ 154 Abs. 3 VwGO), entspricht es der Billigkeit, seine Kosten zu erstatten.“*

VI. Rechtsmittelbelehrung

Das Urteil schließt mit der Rechtsmittelbelehrung (§ 117 Abs. 2 Nr. 6 VwGO). In der Klausur wird von Ihnen regelmäßig nicht erwartet, dass Sie die Rechtsmittelbelehrung vollständig ausformulieren. In der Regel genügt ein Hinweis auf das einschlägige Rechtsmittel unter Angabe der jeweiligen Vorschriften. Im Normalfall ist auf den Antrag auf Zulassung der Berufung gemäß § 124 a Abs. 4 VwGO hinzuweisen.

76

> *„Rechtsmittelbelehrung: Antrag auf Zulassung der Berufung gemäß § 124 a Abs. 4 VwGO.“*

VII. Unterschrift

Es folgen sodann die Unterschriften der Richter (§ 117 Abs. 1 S. 2 VwGO). Der Unterschrift der ehrenamtlichen Richter bedarf es nicht (§ 117 Abs. 1 S. 4 VwGO).

77

> **Beachte:** In dem in der Klausur zu fertigenden „Entwurf" werden die Unterschriften nicht wiedergegeben (auch nicht „stilisiert").

Das verwaltungsgerichtliche Urteil

3 K 647/11

IM NAMEN DES VOLKES

URTEIL

In dem Verwaltungsrechtsstreit

der Firma Josef Schmitz & Co. KG, Ulmenstraße 15, 50733 Köln, vertreten durch den persönlich haftenden Gesellschafter Karl Schmitz, ebenda,

Klägerin,

– Prozessbevollmächtigter: Rechtsanwalt Schulte, Georgsweg 117 a, 50733 Köln –

gegen

die Stadt Köln, vertreten durch den Oberbürgermeister, Stadthaus, 50667 Köln,

Beklagte,

Beigeladen: Herr Simon Otterbeck, Ulmenstraße 17, 50733 Köln,

– Prozessbevollmächtigter: Rechtsanwalt Dr. Becker, Domplatz 7, 50667 Köln –

wegen Anfechtung einer Baugenehmigung

hat die 3. Kammer des Verwaltungsgerichts Köln
aufgrund der mündlichen Verhandlung
vom 17. September 2012

durch
den Vizepräsidenten des VG Dr. Pauls,
den Richter am VG Dr. Maier,
die Richterin v. Saalin sowie
den Versicherungskaufmann Hans Becker und
den Handelsvertreter Karl Siemens als
ehrenamtliche Richter

für **R e c h t** erkannt:

- ■ Sachausspruch

- ■ Kostenentscheidung

- ■ vorläufige Vollstreckbarkeit

Tatbestand

■ **Geschichtserzählung**

   ■ feststehender Sachverhalt

     chronologisch, Verweisungen nach § 117 Abs. 3 S. 2 VwGO

   ■ Verwaltungsverfahren

     z.B. Ausgangsbescheid mit kurzer Begründung, Bekanntgabe, ggf. Widerspruchserhebung mit Datum, Widerspruchsbescheid (nur soweit abweichende Gründe) mit Zustellungsdatum, entscheidungserhebliche Ermessenserwägungen

   ■ Klageerhebung mit Datum

- **Vorbringen des Klägers**

  im Wesentlichen Rechtsansichten, „behaupten" nur bei tatsächlich streitigen Tatsachen, i.d.R. „trägt vor", „rügt", „macht geltend" o.Ä.

  - **Antrag des Klägers**

    ggf. Umstellung nach Klageänderung oder -rücknahme: „hat beantragt" und „beantragt nunmehr";

    bei Auslegung: „beantragt sinngemäß"

  - **Antrag des Beklagten**

- **Vorbringen des Beklagten**

  - **Antrag des Beigeladenen** oder anderer Beteiligter

- **Vorbringen des Beigeladenen** oder anderer Beteiligter

- **Prozessgeschichte**

Entscheidungsgründe

- ggf. Vorspann zu **Prozessfragen**

  Entscheidung durch den Einzelrichter (§ 6 VwGO), Verzicht auf mündliche Verhandlung (§ 101 Abs. 2 VwGO), Entscheidung trotz Abwesenheit (§ 102 Abs. 2 VwGO), Rubrumsberichtigung, Auslegung des Klagebegehrens, Klageänderung (§ 91 VwGO), teilweise Klagerücknahme, teilweise übereinstimmende Erledigungserklärung.

- **Zulässigkeit** der Klage (nur soweit problematisch)

- **Begründetheit** der Klage

  ausgehend von der für die behördliche Entscheidung oder von der für das Begehren des Klägers einschlägigen Rechtsgrundlage Prüfung der (formellen und materiellen) Voraussetzungen und der Rechtsfolge (ggf. Ermessensfehler, Ermessensreduzierung auf Null).

- Begründung der **Nebenentscheidungen** (Kosten, Vollstreckbarkeit)

  i.d.R. nur Angabe der entscheidungserheblichen Vorschriften, ggf. kurze Begründung in Sonderfällen, z.B. bei Beiladung §§ 154 Abs. 3, 162 Abs. 3 VwGO.

Rechtsmittelbelehrung

(Unterschriften der Berufsrichter)

B. Einzelheiten zu den Bestandteilen des Urteils

I. Rubrum

1. Die Beteiligten

a) Beteiligtenfähigkeit

78   Beteiligte des verwaltungsgerichtlichen Verfahrens sind nach § 63 VwGO

- der **Kläger,**

- der **Beklagte** und

- der **Beigeladene** (§ 65 VwGO).

Außerdem kann Beteiligter sein der **Vertreter des öffentlichen Interesses** (VÖI), falls er von seiner Beteiligungsbefugnis Gebrauch macht (§ 36 VwGO). Einen VÖI gibt es in Bayern („Landesanwaltschaft"), Rheinland-Pfalz und Thüringen.

79   Beteiligter kann nur sein, wer **beteiligtenfähig** ist (§ 61 VwGO, entspricht der Parteifähigkeit i.S.d. § 50 ZPO).

- Beteiligtenfähig sind nach § 61 Nr. 1 VwGO in erster Linie **natürliche** und **juristische** Personen (des privaten und des öffentlichen Rechts).

Als juristische Personen z.B. die GmbH, die AG, der eingetragene Verein (§ 21 BGB), Gebietskörperschaften (Bund, Länder, Landkreise, Gemeinden), sonstige rechtsfähige Körperschaften, Stiftungen und Anstalten.

80   - Nach § 61 Nr. 2 VwGO sind auch (nicht rechtsfähige) **Vereinigungen** beteiligtenfähig, soweit ihnen ein Recht zustehen kann. Eine „Vereinigung" ist nur gegeben, wenn sie auf gewisse **Dauer** ausgelegt ist und ein Mindestmaß an Organisation aufweist.[20]

Keine Vereinigung i.S.d. § 61 Nr. 2 VwGO ist daher die Erbengemeinschaft, da sie nicht auf Dauer, sondern auf Auseinandersetzung angelegt ist. Beteiligtenfähig sind in diesem Fall nur die einzelnen Miterben gemäß § 61 Nr. 1 VwGO.[21]

81   Für die Beteiligtenfähigkeit reicht es nicht aus, dass der Vereinigung überhaupt irgendwelche Rechte zustehen können. Erforderlich ist vielmehr, dass sich das Recht auf den **konkreten Streitgegenstand** bezieht.[22] Denn die Vereinigung ist nicht generell, sondern nur im konkreten Einzelfall beteiligtenfähig.

Beispiele: BGB-Gesellschaften,[23] nichtrechtsfähige Vereine, Kollegialorgane im Kommunalverfassungsstreitverfahren (z.B. Gemeinderat, Ratsfraktion). Klagt ein einzelnes Ratsmitglied, so gilt § 61 Nr. 2 VwGO analog, da § 61 Nr. 1 VwGO nicht einschlägig ist, wenn ein Verfahrensbeteiligter nicht als natürliche Person, sondern als Organ in seiner organschaftlichen Rechtsstellung betroffen ist.[24]

82   Es müssen **Rechte der Vereinigung** selbst betroffen sein und nicht nur der einzelnen Mitglieder.

Nicht beteiligtenfähig ist danach z.B. ein Bürgerbegehren, sondern nur die Initiatoren bzw. die Vertreter des Begehrens.[25] Ebenso kann nicht die „Familie", sondern es können nur die einzelnen Familienmitglieder klagen.[26]

---

20 BVerwG DVBl. 2004, 713, 714; Wolff/Decker VwGO § 61 Rdnr. 8.

21 Kopp/Schenke VwGO § 61 Rdnr. 10.

22 BVerwG DVBl. 2004, 713, 714; Schoch/Bier VwGO § 61 Rdnr. 6 m.w.N.

23 OVG NRW, Beschl. v. 18.11.2008 – 7 A 103/08, RÜ 2009, 332, 333.

24 OVG NRW NWVBl. 1998, 149, 150; Kopp/Schenke VwGO § 61 Rdnr. 5 m.w.N.

25 OVG NRW NWVBl. 2002, 346, 347; Fleischfresser NWVBl. 2004, 485, 486.

26 OVG Lüneburg NJW 2003, 3503.

Dagegen ist die Wohnungseigentümergemeinschaft abweichend von der früheren Rechtslage nach § 10 Abs. 6 S. 5 WEG teilrechtsfähig und damit nach § 61 Nr. 2 VwGO beteiligtenfähig, soweit es um gemeinschaftliche oder gemeinschaftsbezogene Rechte und Pflichten geht.

■ **Behörden** sind nach § 61 Nr. 3 VwGO nur beteiligtenfähig, soweit das Landesrecht dies bestimmt. Die Behörden handeln dann in **Prozessstandschaft** für die Körperschaft, der sie angehören.

83

So generell in Brandenburg, Mecklenburg-Vorpommern und im Saarland (§ 8 Abs. 1 VwGG Bbg, § 14 Abs. 1 AG GStrG MV, § 19 Abs. 1 Saarl AGVwGO), in Niedersachsen, Sachsen-Anhalt und Schleswig-Holstein nur für Landesbehörden (§ 8 Abs. 1 Nds AGVwGO, § 8 S. 1 AGVwGO LSA, § 6 S. 1 AGVwGO SH), also nicht für Kommunalbehörden,[27] in Rheinland-Pfalz nur für die Aufsichtsbehörde im Falle der sog. Beanstandungsklage (§ 17 Abs. 2 AGVwGO RhPf). In NRW ist die Beteiligtenfähigkeit von Behörden zum 01.01.2011 abgeschafft worden.

Die Ermächtigung bezieht sich nur auf die jeweiligen **Landesbehörden** (bzw. Kommunalbehörden). **Bundesbehörden** sind daher, abgesehen von spezialgesetzlichen Regelungen, grds. **nicht beteiligtenfähig.**[28] Für den Bund gilt das Rechtsträgerprinzip. Beteiligt ist stets die Bundesrepublik Deutschland.

b) Prozessfähigkeit

Während die Beteiligtenfähigkeit die Frage betrifft, wer überhaupt Subjekt eines Prozessrechtsverhältnisses sein kann, regelt die **Prozessfähigkeit** die Möglichkeit, selbst oder durch andere als Bevollmächtigte **wirksam Verfahrenshandlungen** vorzunehmen.

84

Prozessfähig sind nach § 62 Abs. 1 VwGO

85

■ die nach bürgerlichem Recht **Geschäftsfähigen,**

■ die nach bürgerlichem Recht in der **Geschäftsfähigkeit Beschränkten,** soweit sie durch Vorschriften des bürgerlichen Rechts oder des öffentlichen Rechts für den Gegenstand des Verfahrens als geschäftsfähig anerkannt sind.

 ■ Nach **bürgerlichem Recht beschränkt geschäftsfähig** sind Minderjährige z.B. bei selbstständigem Betrieb eines Erwerbsgeschäfts (§ 112 BGB) oder im Rahmen von Dienst- und Arbeitsverhältnissen (§ 113 BGB).

 ■ Nach **öffentlichem Recht beschränkt geschäftsfähig** sind Minderjährige z.B. in Verfahren auf Erteilung der Fahrerlaubnis entsprechend den Altersgrenzen nach § 10 FeV.

Prozessunfähige natürliche oder juristische Personen werden durch gesetzliche Vertreter (Eltern, Vormund) oder durch einen Prozesspfleger (§ 62 Abs. 4 VwGO i.V.m. §§ 53 ff. ZPO) vertreten. Für **Vereinigungen** sowie für Behörden handeln ihre gesetzlichen Vertreter, Vorstände oder besonders Beauftragte (§ 62 Abs. 3 VwGO).

86

Ist der Kläger, der Beklagte oder ein notwendig Beigeladener **prozessunfähig** und wird er auch **nicht ordnungsgemäß vertreten,** so ist die Klage als unzulässig abzuweisen.[29] Wenn der **Beklagte prozessunfähig** ist, hat das Prozessgericht nach § 62 Abs. 4 VwGO i.V.m. § 57 ZPO jedoch einen besonderen Vertreter zu bestellen, wenn Gefahr im Verzug besteht. Der Mangel der Prozessfähigkeit kann im Übrigen dadurch geheilt werden, dass der gesetzliche Vertreter die von oder gegenüber einem Prozessunfähigen vorgenommenen Prozesshandlungen genehmigt.[30]

87

---

27 Wolff/Decker VwGO § 61 Rdnr. 10.

28 BVerwG NVwZ 1986, 555; Kopp/Schenke VwGO § 61 Rdnr. 13.

29 Kopp/Schenke VwGO § 62 Rdnr. 16.

30 Kopp/Schenke VwGO § 62 Rdnr. 17.

c) Postulationsfähigkeit

88   Anders als im Zivilprozess ist vor dem **Verwaltungsgericht** grds. **jeder**, der prozessfähig ist, auch **postulationsfähig**, d.h. er kann **selbst** wirksam Verfahrenshandlungen vornehmen (§ 67 Abs. 1 VwGO) oder sich in jeder Lage des Verfahrens durch einen Bevollmächtigten vertreten lassen (§ 67 Abs. 2 VwGO).

89   In Verfahren vor dem **OVG** (VGH) und vor dem **BVerwG** besteht dagegen – außer im Prozesskostenhilfeverfahren – **Vertretungszwang** (§ 67 Abs. 4 S. 1 VwGO). Der Vertretungszwang gilt damit vor allem für das **Berufungs- und Beschwerdeverfahren** und die **Revision**, und zwar auch dann, wenn mit einer Prozesshandlung vor dem VG ein Verfahren vor dem BVerwG oder dem OVG eingeleitet wird (§ 67 Abs. 4 S. 2 VwGO).

> Deshalb unterfällt z.B. der Antrag auf Zulassung der Berufung dem Vertretungszwang, obwohl der Zulassungsantrag beim VG zu stellen ist (§ 124 a Abs. 4 S. 2 VwGO), ebenso die Beschwerde, auch wenn sie nach § 147 Abs. 1 VwGO beim VG erhoben wird.

90   Ausführungen eines **nicht postulationsfähigen Beteiligten** sind unbeachtlich.[31] Übernimmt ein Rechtsanwalt solche Ausführungen oder nimmt er hierauf Bezug, so ist dem Vertretungszwang nur genügt, wenn dies erkennbar auf einer eigenständigen Prüfung und rechtlichen Durchdringung des Streitstoffs durch den Anwalt beruht.[32]

91   Die **Vollmacht** muss gemäß § 67 Abs. 6 S. 1 VwGO schriftlich erteilt und zu den Gerichtsakten eingereicht werden. Sie kann nachgereicht werden, hierfür kann das Gericht eine Frist setzen (§ 67 Abs. 6 S. 2 VwGO). Der Mangel der Vollmacht kann vom Prozessgegner in jeder Lage des Verfahrens geltend gemacht werden (§ 67 Abs. 6 S. 3 VwGO). Das Gericht hat den Mangel der Vollmacht von Amts wegen zu berücksichtigen, außer wenn als Bevollmächtigter ein Rechtsanwalt auftritt (§ 67 Abs. 6 S. 4 VwGO).

92   Die Vorlage einer schriftlichen Vollmacht ist **Voraussetzung für die Wirksamkeit** der betreffenden Prozesshandlung.[33] Bis zur Vorlage der Vollmacht ist die Klage bzw. das Rechtsmittel daher **schwebend unwirksam**. Wird die Vollmacht nachgereicht, so wird dadurch der Mangel **rückwirkend geheilt**. Das gilt selbst dann, wenn eine Bevollmächtigung ursprünglich ganz fehlte.[34] Deshalb ist es auch unschädlich, wenn die Vollmacht verspätet, nach Ablauf der vom Gericht gesetzten Frist vorgelegt wird.[35] Eine Heilung ist nur dann ausgeschlossen, wenn die ohne ordnungsgemäße Prozessvollmacht erhobene Klage bereits als unzulässig abgewiesen worden ist. In diesem Fall kann die Genehmigung nur für die Zukunft wirken.[36]

93   Für den **Umfang der Vollmacht** gelten gemäß § 173 S. 1 VwGO die §§ 81 ff. ZPO. Die Vollmacht erlischt nach Maßgabe des zugrunde liegenden Rechtsverhältnisses (§ 168 S. 1 BGB) oder durch Widerruf (§ 168 S. 2 BGB). Die Prozessvollmacht erlischt daher insbes. mit Beendigung des Mandats. Allerdings gilt über § 173 S. 1 VwGO die Regelung des § 87 ZPO. Eine dem Gericht vorgelegte Vollmacht bleibt maßgeblich, solange der Beteiligte oder der Anwalt dem Gericht nicht angezeigt hat, dass sie erloschen ist.[37]

---

31   Vgl. BVerwG NJW 2005, 3018; Posser/Wolff VwGO § 67 Rdnr. 51.

32   OVG Lüneburg NJW 2003, 3503, 3504; Andrick ZAP 2002, 1161, 1175.

33   Posser/Wolff VwGO § 67 Rdnr. 68.

34   BVerwG DVBl. 2004, 713, 714; Kopp/Schenke VwGO § 67 Rdnr. 49.

35   Kopp/Schenke VwGO § 67 Rdnr. 49; Schoch/Meissner VwGO § 67 Rdnr. 73.

36   GmS-OGB NJW 1984, 2149, 2150; Kopp/Schenke VwGO § 67 Rdnr. 50.

37   VGH Mannheim NJW 2004, 2916; Schoch/Meissner VwGO § 67 Rdnr. 75 m.w.N.

Ist ein Bevollmächtigter bestellt, sind **Zustellungen** zwingend an den Bevollmächtigten zu richten (§ 67 Abs. 6 S. 5 VwGO). Deshalb bleiben Zustellungen an den Bevollmächtigten auch so lange wirksam, bis das Erlöschen der Vollmacht dem Gericht mitgeteilt worden ist.[38] **94**

> **Beachte:** Zustellungen im gerichtlichen Verfahren erfolgen nicht nach dem VwZG, sondern gemäß § 56 Abs. 2 VwGO nach den §§ 166 ff. ZPO.

2. Die Hauptbeteiligten

a) Der Kläger

Die Frage nach dem **richtigen** Kläger stellt sich im Verwaltungsprozess nur selten **95** im Rahmen der Zulässigkeit der Klage, sondern regelmäßig erst als Frage der sog. Aktivlegitimation bei der **Begründetheit**. Anders als im Zivilprozess ist die **Prozessführungsbefugnis**, d.h. die Befugnis, ein Recht im eigenen Namen geltend zu machen, als Sachurteilsvoraussetzung i.d.R. kein Problem. Dass der Kläger ein eigenes Recht geltend machen muss, ergibt sich bereits aus dem Erfordernis der **Klagebefugnis** (§ 42 Abs. 2 VwGO). Dadurch wird zwar die Möglichkeit einer **Prozessstandschaft**, d.h. ein fremdes Recht im eigenen Namen geltend zu machen, nicht generell ausgeschlossen, jedoch handelt es sich dabei um nur wenig examensrelevante Bereiche (z.B. Klage von Insolvenz- oder Nachlassverwaltern oder des Testamentsvollstreckers).

Beispiel: Mit der Eröffnung des Insolvenzverfahrens wird der Verwaltungsprozess gegen eine Ordnungsverfügung, die ein zur Insolvenzmasse (§§ 35, 36 InsO) gehörendes Grundstück betrifft, gemäß § 173 S. 1 VwGO, § 240 S. 1 ZPO unterbrochen, bis er nach den für das Insolvenzverfahren geltenden Vorschriften (§§ 85 ff. InsO) aufgenommen oder das Insolvenzverfahren beendet wird. Das Verfahren um die Erteilung einer gewerberechtlichen Zulassung oder die Anfechtung einer Gewerbeuntersagung betreffen dagegen nicht die Insolvenzmasse, sondern die berufliche Betätigung des Gewerbetreibenden. Hierauf hat das Insolvenzverfahren prozessual keine Auswirkungen (vgl. aber materiell § 12 GewO).[39]

b) Der Beklagte

Nicht zur Zulässigkeit, sondern zur **Begründetheit** gehört die Frage der **Passivlegitimation**, also danach, ob der Beklagte (materiell) der richtige Anspruchsgegner ist. Bei **Anfechtungs-** und **Verpflichtungsklagen** ist jedoch abweichend bereits in der Zulässigkeit zu prüfen, ob die Klage prozessual gegen den richtigen Beklagten gerichtet worden ist. Dies folgt aus § 78 VwGO, der nach h.M. nicht die Sachlegitimation, sondern die **Prozessführungsbefugnis** auf Beklagtenseite regelt.[40] **96**

Nach der Gegenansicht enthält § 78 VwGO eine Regelung der **Passivlegitimation**, deren Voraussetzungen (erst) im Rahmen der Begründetheit zu prüfen seien.[41] Dagegen spricht jedoch, dass der Bund die Sachbefugnis auf Landesebene nicht regeln darf (vgl. Art. 74 Abs. 1 Nr. 1 GG). § 78 VwGO bestimmt somit nicht, wer materiell Gegner des Anspruchs ist, sondern nur, wer für das Begehren prozessual in Anspruch genommen werden muss.

Richtiger Beklagter ist bei Anfechtungs- und Verpflichtungsklagen nach § 78 Abs. 1 **97** Nr. 1 VwGO der Bund, das Land oder die **Körperschaft**, deren Behörde den angefochtenen VA erlassen oder den beantragten VA unterlassen hat (**Rechtsträgerprinzip**). Sofern das **Landesrecht** dies bestimmt, sind Anfechtungs- und Verpflichtungsklagen gegen die **Ausgangsbehörde** selbst zu richten (§ 78 Abs. 1 Nr. 2 VwGO).

---

38 BVerwG NJW 1983, 2155.

39 OVG NRW NVwZ-RR 2011, 533; OVG Lüneburg NJW 2007, 1224.

40 Schoch/Meissner VwGO § 78 Rdnr. 8 ff.; Kopp/Schenke VwGO § 78 Rdnr. 1; Ehlers Jura 2006, 351, 356.

41 BayVGH BayVBl. 1990, 312; BayVBl. 1988, 628, 630; Müller-Franken JuS 2005, 723, 725 Fn. 24.

Das Behördenprinzip gilt generell in Mecklenburg-Vorpommern und im Saarland (§ 14 Abs. 2 AG GStrG MV, § 19 Abs. 2 Saarl AGVwGO), grds. auch in Brandenburg, jedoch mit Ausnahme von beamtenrechtlichen Klagen (§ 52 Nr. 4 VwGO), die gegen die Anstellungskörperschaft zu richten sind (§ 8 Abs. 2 S. 2 VwGG Bbg). In Niedersachsen, Sachsen-Anhalt und Schleswig-Holstein ist die Regelung auf unmittelbare Landesbehörden beschränkt (§ 8 Abs. 2 Nds AGVwGO, § 8 S. 2 AGVwGO LSA, § 6 S. 2 AGVwGO SH), gilt also insbes. nicht für Kommunalbehörden.[42] In NRW ist die Beklagteneigenschaft der Behörde zum 01.01.2011 abgeschafft worden.

Hat das Land eine entsprechende Regelung getroffen, so gilt sie **nicht für Bundesbehörden**. Verklagt werden muss hier in jedem Fall der **Bund**.

98 § 78 VwGO gilt nur für **Anfechtungs- und Verpflichtungsklagen** (und für etwaige Annexanträge, z.B. nach § 113 Abs. 1 S. 2 VwGO),[43] analog auch für die **Fortsetzungsfeststellungsklage** (§ 113 Abs. 1 S. 4 VwGO).[44]

Bei der isolierten Anfechtung des **Widerspruchsbescheides** (§ 79 Abs. 1 Nr. 2, Abs. 2 S. 1 u. S. 2 VwGO) ist Klagegegner entweder der Rechtsträger, dem die Widerspruchsbehörde angehört, oder – bei entsprechender landesrechtlicher Regelung – die Widerspruchsbehörde (§§ 78 Abs. 2, 79 Abs. 2 S. 3 VwGO).

99 Bei der allgemeinen **Leistungs- und Feststellungsklage** ist § 78 VwGO nicht anwendbar. Hier richtet sich die passive Prozessführungsbefugnis stets nach dem **Rechtsträgerprinzip**. Die Klage ist, sofern sie gegen einen Verwaltungsträger geführt wird, gegen die Körperschaft zu richten, die nach dem materiellen Recht verpflichtet ist, den geltend gemachten Anspruch zu erfüllen.[45]

> **Hinweis:** Da der Rechtsträger auch passivlegitimiert ist, braucht die Prozessführungsbefugnis in der Zulässigkeit der Leistungs- oder Feststellungsklage i.d.R. nicht angesprochen zu werden. Die Passivlegitimation wird – wenn problematisch – in der Begründetheit erörtert.

3. Die Beiladung

a) Beteiligung Dritter am Verfahren

100 Dritte können im Verwaltungsprozess **nur im Wege der Beiladung** in das Verfahren einbezogen werden. Die Vorschriften in §§ 66 ff. ZPO zur Nebenintervention und Streitverkündigung sind nicht anwendbar.[46] Mit der Beiladung sollen zum einen die **Interessen** des Beigeladenen gewahrt werden, zum anderen soll durch die **Rechtskrafterstreckung** nach § 121 VwGO ein weiterer Prozess verhindert werden. Da der Beigeladene „Beteiligter" i.S.d. §§ 121 Nr. 1, 63 Nr. 3 VwGO ist, erstreckt sich die Bindungswirkung des Urteils auch auf ihn, sodass er in einem weiteren Prozess gegen einen der anderen Beteiligten nicht mehr geltend machen kann, die Entscheidung im Erstprozess sei unrichtig.

Beispiel: Bauherr B klagt gegen die Baugenehmigungsbehörde auf Erteilung der Baugenehmigung. Wird Nachbar N in diesem Prozess beigeladen und hat die Klage des B Erfolg, ist N an das Verpflichtungsurteil gebunden. N kann daher gegen die darauf erteilte Baugenehmigung nicht noch einmal klagen.

101 **Beiladungsfähig** ist nur, wer **beteiligtenfähig** i.S.d. § 61 VwGO ist; also natürliche oder juristische Personen, nichtrechtsfähige Vereinigungen, soweit ihnen ein Recht zustehen kann, sowie Behörden, sofern das Landesrecht dies bestimmt.

---

42 Redeker/v.Oertzen § 78 Rdnr. 10.

43 BVerwG NVwZ 2002, 718, 722.

44 Ehlers Jura 2002, 345, 348 m.w.N.

45 BVerwG NVwZ-RR 2004, 84; Schoch/Meissner VwGO § 78 Rdnr. 48.

46 OVG NRW DVBl. 2009, 996.

Regelmäßig nicht beigeladen werden können daher **Bundesbehörden**, da diese nicht nach § 61 Nr. 3 VwGO beteiligtenfähig sind.[47] Beigeladen werden kann in diesem Fall nur der **Bund** selbst.

b) Die Arten der Beiladung

§ 65 VwGO unterscheidet

- die **notwendige Beiladung** (§ 65 Abs. 2 VwGO) und

- die **einfache Beiladung** (§ 65 Abs. 1 VwGO)

aa) Notwendige Beiladung

Nach § 65 Abs. 2 VwGO **sind** Dritte beizuladen, wenn sie an dem streitigen Rechtsverhältnis derart beteiligt sind, dass die Entscheidung auch ihnen gegenüber nur einheitlich ergehen kann (**notwendige Beiladung**). Das setzt voraus, dass die begehrte Sachentscheidung nicht getroffen werden kann, ohne dass dadurch zugleich und unmittelbar in Rechte des Dritten eingegriffen wird, d.h. seine Rechte gestaltet, bestätigt oder festgestellt, verändert oder aufgehoben werden.[48]

Beispiele: Bei der **beamtenrechtlichen Konkurrentenklage** ist der erfolgreiche Bewerber notwendig beizuladen, da sich die zugrundeliegende Auswahlentscheidung unmittelbar auf seine Rechtsstellung auswirkt.[49]

Bei der **Anfechtungsklage des Nachbarn** gegen die dem Bauherrn erteilte Baugenehmigung wird zwangsläufig über den Anspruch des Bauherrn auf Erteilung der Baugenehmigung entschieden. In dem Verfahren kommt es nur darauf an, ob nachbarschützende Vorschriften verletzt sind oder nicht, die Entscheidung muss daher gegenüber dem Bauherrn und dem Nachbarn einheitlich ergehen. Der **Bauherr** muss daher notwendig beigeladen werden (§ 65 Abs. 2 VwGO).

Dasselbe gilt für die **Gemeinde** bei der **Verpflichtungsklage des Bauherrn** auf Erteilung einer Baugenehmigung, soweit nach § 36 Abs. 1 BauGB ihr Einvernehmen erforderlich ist. Da das Einvernehmen unter denselben Voraussetzungen erteilt werden muss wie die gegenüber dem Bürger zu erlassende Genehmigung (kongruente Prüfungskompetenz, § 36 Abs. 2 BauGB), kann die Entscheidung gegenüber dem Bauherrn und der Gemeinde nur einheitlich ergehen.[50]

Gegenbeispiel: Wird ein Ausländer ausgewiesen oder wird ihm ein Aufenthaltstitel versagt, so ist der (deutsche oder ausländische) Ehegatten nicht notwendig beizuladen, da über die Rechte des Ehegatten nicht mitentschieden wird.[51] Der Ehepartner hat vielmehr ein eigenes Klagerecht, da er geltend machen kann, durch die ausländerrechtliche Maßnahme in seinem Grundrecht aus Art. 6 GG verletzt zu sein.[52]

Die notwendige Beiladung ist für das Gericht **zwingend**. Unterbleibt sie, so liegt ein Verfahrensfehler vor, Gestaltungsurteile sind nach h.M. unwirksam.[53]

Beispiel: Wird der Anfechtungsklage des Nachbarn gegen die dem Bauherrn erteilte Baugenehmigung ohne Beiladung des Bauherrn stattgegeben, ist das Anfechtungsurteil, mit der die Baugenehmigung aufgehoben wird, wirkungslos.

bb) Einfache Beiladung

Nach § 65 Abs. 1 VwGO kann das Gericht nach seinem **Ermessen** einen Dritten beiladen (**einfache Beiladung**), wenn dessen **rechtliche Interessen** durch die zu treffende Entscheidung berührt werden (können).[54] Das ist der Fall, wenn sich sei-

102

103

104

---

47 BVerwG NVwZ 1986, 555.

48 BVerwG NVwZ-RR 2011, 382; NVwZ 2008, 788, 799; Guckelberger JuS 2007, 436, 439.

49 Kopp/Schenke VwGO § 65 Rdnr. 19; Guckelberger JuS 2007, 436, 440.

50 Kopp/Schenke VwGO § 65 Rdnr. 18d; Guckelberger JuS 2007, 436, 439.

51 BVerwGE 55, 8, 10; BVerwG NJW 1982, 539; Kopp/Schenke VwGO § 65 Rdnr. 17b m.w.N.

52 BVerwGE 42, 141, 142; BVerwG NVwZ 1996, 1091; Renner AufenthG § 55 Rdnr. 95.

53 Kopp/Schenke VwGO § 65 Rdnr. 43; OVG NRW NWVBl. 1991, 241, 242: Das Urteil erwächst nicht in materielle Rechtskraft und ist jedenfalls dem Dritten gegenüber wirkungslos.

ne Rechtsposition durch die gerichtliche Entscheidung verbessern oder verschlechtern kann. Betroffen sein müssen **rechtliche Interessen**, bloße ideelle oder wirtschaftliche Interessen reichen nicht aus.

Wichtigstes Beispiel ist die Beiladung des **Nachbarn** bei der **Verpflichtungsklage des Bauherrn** auf Erteilung der Baugenehmigung. Anders als bei der Anfechtungsklage des Nachbarn werden hier nicht nur die nachbarschützenden Vorschriften geprüft, sondern die Baugenehmigung darf nur erteilt werden, wenn auch kein Verstoß gegen andere öffentlich-rechtliche (Bau-)Vorschriften vorliegt. Die Entscheidung gegenüber dem Bauherrn und dem Nachbarn muss daher nicht einheitlich i.S.d. § 65 Abs. 2 VwGO ausfallen. In Betracht kommt daher nur eine einfache Beiladung des Nachbarn nach § 65 Abs. 1 VwGO.

105   Liegen die Voraussetzungen des § 65 Abs. 1 VwGO vor, entscheidet das Gericht nach seinem **Ermessen** über die Beiladung. Dabei kann das Gericht z.B. die Intensität der möglichen Beeinträchtigung der rechtlichen Interessen des Dritten sowie den Gesichtspunkt der Verfahrensökonomie berücksichtigen. Der Dritte hat (nur) einen **Anspruch auf ermessensfehlerfreie Entscheidung** über die Beiladung.[55] Unterbleibt die einfache Beiladung, so stellt dies nie einen Verfahrensfehler dar und kann daher ein Urteil auch nicht fehlerhaft machen.[56] Rechtsfolge ist hier allein, dass gegenüber dem nicht beigeladenen Dritten die Rechtskraft des Urteils nicht gemäß § 121 VwGO wirkt.

Wird der **Nachbar bei der Bauherrenklage** nicht beigeladen, so kann er die aufgrund des Verpflichtungsurteils erteilte Baugenehmigung anfechten, soweit er durch die Baugenehmigung in seinen Rechten verletzt wird. Allerdings kann die einfache Beiladung auch noch im Berufungsverfahren nachgeholt werden.

cc) Prozessuale Bedeutung

106   Die Unterscheidung zwischen einfacher und notwendiger Beiladung spielt in der Klausur nur selten eine Rolle. Denn in der Klausursituation findet der Bearbeiter die Beiladung i.d.R. als geschehen vor. Ob die Beiladung zu Recht erfolgt ist oder nicht, ist dann unerheblich. Denn dem einfach wie dem notwendig Beigeladenen stehen als Beteiligtem grundsätzlich **alle prozessualen Rechte** zu. Er kann insbes. Sachanträge stellen und Rechtsmittel einlegen, soweit er durch die Entscheidung materiell beschwert wird. Der einfach Beigeladene muss sich dabei jedoch innerhalb der Anträge eines der Hauptbeteiligten halten. Nur der **notwendig Beigeladene** darf **abweichende Sachanträge** stellen (§ 66 S. 2 VwGO). Nur in diesem Fall muss daher geprüft werden, ob es sich um eine einfache oder eine notwendige Beiladung handelt.

Der Unterschied zwischen einfacher und notwendiger Beiladung kann zudem bei der **unstreitigen Beendigung** des Verfahrens von Bedeutung werden, z.B. bei der Frage, ob der Beigeladene dem Abschluss eines Prozessvergleichs zustimmen muss (s.u. Rdnr. 266).

> **Beachte:** Die Beiladung ist keine Sachentscheidungsvoraussetzung. Die (unterbliebene) Beiladung hat nur Auswirkungen auf die Rechtswirkungen des Urteils, nicht auf die Zulässigkeit der Klage. Im Beschluss und im Urteil ergibt sich die Beiladung unmittelbar aus dem Rubrum und ist in den Entscheidungsgründen daher nicht zu erörtern.

---

54 Vgl. OVG Koblenz NVwZ-RR 2010, 38; Kopp/Schenke VwGO § 65 Rdnr. 8 m.w.N.
55 Guckelberger JuS 2007, 436, 439.
56 Kopp/Schenke VwGO § 65 Rdnr. 42.

II. Der Tenor

Der Tenor ist die „Visitenkarte" Ihrer Klausur. Falsche Formulierungen sind Indiz für ein grundsätzlich fehlerhaftes Verständnis von der praktischen Entscheidung. Ungewöhnliche Formulierungen können zu Irritationen des Prüfers führen. **107**

Tenor
■ Entscheidung zur Hauptsache
■ Kostenentscheidung
■ Entscheidung über die vorläufige Vollstreckbarkeit

1. Der Tenor in der Hauptsache

Der Tenor in der Hauptsache muss so konkret wie nur möglich gefasst werden. Formulierungen wie „Der Klage wird stattgegeben" sind völlig unbrauchbar. Lernen Sie die Formulierung notfalls auswendig. Die nachfolgenden Beispiele sollen hierbei als **Orientierung** dienen. Auch in der Praxis finden sich immer wieder Abweichungen! **108**

a) Anfechtungsklage

aa) Erfolgreiche Anfechtungsklage

Bei erfolgreicher Anfechtungsklage ist der angefochtene **Bescheid aufzuheben**. Der Bescheid ist möglichst präzise unter Angabe der Erlassbehörde und des Datums des Erlasses (ggf. auch mit Aktenzeichen) zu bezeichnen: **109**

„Der Bescheid des … vom … (Az. …) wird aufgehoben."

Soweit ein Widerspruchsverfahren durchgeführt wurde, muss auch der **Widerspruchsbescheid** aufgehoben werden.

„Der Bescheid des … vom … und der Widerspruchsbescheid des … vom … werden aufgehoben."

Die Formulierung „der Bescheid … in der Gestalt des Widerspruchsbescheides" (vgl. § 79 Abs. 1 Nr. 1 VwGO) wird überwiegend nur dann gewählt, wenn der Widerspruchsbescheid den Ausgangsbescheid tatsächlich modifiziert hat.[57] **110**

Beispiele: Änderung der Regelung des AusgangsVA durch den Widerspruchsbescheid, abweichende Begründung des Ausgangsbescheides durch den Widerspruchsbescheid, z.B. ergänzende Ermessenserwägungen.

Zwingend ist dies allerdings nicht. **111**

„Vom Sinn und Zweck der gesetzlichen Regelung her ist es gerechtfertigt, auch dann von einer ‚Gestaltung' des Ausgangsbescheides zu sprechen, wenn dieser von dem Widerspruchsbescheid ohne inhaltliche Änderungen bekräftigt worden ist."[58]

Deswegen wird zum Teil stets die Formulierung gewählt:[59]

„Der Bescheid des … vom … in der Gestalt des Widerspruchsbescheides des … vom … wird aufgehoben."

---

57 Bosch/Schmidt § 37 II 1, S. 289; Pietzner/Ronellenfitsch § 20 Rdnr. 36; Finger JA 2008, 635, 638.

58 BVerwG NVwZ-RR 1997, 132, 133.

59 Vgl. z.B. Schmidt JA 2002, 804, 805; offen Lemke/Wahrendorf JA 1998, 72, 73: nach Wahl des Gerichts.

> **Beachte:** Häufig findet man auch die Formulierung: „Die Verfügung des … vom … und der Widerspruchsbescheid des … vom … werden aufgehoben." Diese Formulierung sollte nur gewählt werden, wenn der AusgangsVA tatsächlich eine **Verfügung** beinhaltet, also einen VA, der ein Gebot oder Verbot ausspricht.

bb) Teilweise erfolgreiche Anfechtungsklage

112 Wird der Anfechtungsklage nur **teilweise** stattgegeben (vgl. § 113 Abs. 1 S. 1 VwGO „soweit"), so muss der Umfang der Aufhebung konkret bestimmt werden. Üblicherweise erfolgt dies durch die Formulierung „… wird **insoweit** aufgehoben, als …" Bezüglich des erfolglosen Teils muss die Klage („im Übrigen") abgewiesen werden:

„Der Bescheid des … vom … (und der Widerspruchsbescheid des … vom …) wird (werden) insoweit aufgehoben, als … Im Übrigen wird die Klage abgewiesen."

cc) Annexantrag

113 Ist die Anfechtungsklage mit einem **Annexantrag** (§ 113 Abs. 1 S. 2, Abs. 4 VwGO) verbunden, so sind Anfechtungs- und Leistungstenor ebenfalls miteinander zu verbinden. Das Gericht ist zur Entscheidung über den Annexantrag **verpflichtet**; die Formulierung „kann" in § 113 Abs. 1 S. 2 VwGO bedeutet nach allgemeiner Auffassung nur die Befugnis des Gerichts über den Antrag zu entscheiden, nicht aber, dass es dem Ermessen des Gerichts überlassen ist.[60]

„Die Baugenehmigung des … vom … (und der Widerspruchsbescheid des … vom …) wird (werden) aufgehoben. Der Beklagte wird verpflichtet, dem Beigeladenen die Beseitigung der auf dem Grundstück … (nähere Bezeichnung) errichteten Garage aufzugeben."

114 Prozessual kann der Annexantrag nur durchgesetzt werden, wenn die Sache **spruchreif** ist (vgl. § 113 Abs. 1 S. 3 VwGO). Besteht ein Ermessensspielraum der Behörde, so ist der Ausspruch über die Folgenbeseitigung (noch) nicht zulässig und muss im Wege einer selbstständigen Klage durchgesetzt werden.[61] Ein Annexbescheidungsantrag ist nach § 113 Abs. 1 S. 3 VwGO unzulässig.

Beispiel: N hat nach erfolglosem Vorverfahren Anfechtungsklage gegen die dem Bauherrn B erteilte Baugenehmigung erhoben und gleichzeitig beantragt, die beklagte Behörde zu verpflichten, dem B die Beseitigung des zwischenzeitlich errichteten Baukörpers aufzugeben. Das Gericht kommt zu dem Ergebnis, dass die Baugenehmigung wegen Verstoßes gegen nachbarschützende Vorschriften rechtswidrig ist, verneint jedoch bezüglich der Beseitigungsanordnung eine Ermessensreduzierung.

Die Verbindung von Anfechtungs- und Verpflichtungsantrag richtet sich hier nach § 113 Abs. 1 S. 2 VwGO und zwar unabhängig davon, ob man als Grundlage für den Beseitigungsanspruch des Nachbarn den Vollzugs-FBA oder die behördliche Ermächtigungsgrundlage annimmt.[62] Dieser Anspruch ist bei Ermessen der Behörde nicht spruchreif und daher nach § 113 Abs. 1 S. 3 VwGO unzulässig (wenn kein Fall der Ermessensreduzierung auf Null vorliegt). Da die Abweisung des Annexantrages nur aus prozessualen Gründen erfolgt, bleibt es N unbenommen, bzgl. des Beseitigungsanspruchs – nach erfolglosem Verwaltungsverfahren – Verpflichtungsklage in Form der Bescheidungsklage zu erheben.

„Die Baugenehmigung des … vom … (und der Widerspruchsbescheid des … vom …) wird (werden) aufgehoben. Im Übrigen wird die Klage abgewiesen."

---

60 Kopp/Schenke VwGO § 113 Rdnr. 93.
61 Kopp/Schenke VwGO § 113 Rdnr. 87 u. 94.
62 Vgl. AS-Skript Verwaltungsrecht AT 2 (2010), Rdnr. 485 ff.

dd) Festsetzungstenor (§ 113 Abs. 2 VwGO)

Bei der Anfechtungsklage darf das Gericht den angefochtenen VA aufheben, ihn aber nicht durch einen anderen ersetzen oder ihm einen anderen Inhalt geben. Eine Ausnahme hiervon gilt nach § 113 Abs. 2 VwGO bei **gebundenen GeldleistungsVAen** 115

> *„Der Bescheid des … vom … wird dahingehend geändert, dass der vom Kläger zu entrichtende Erschließungsbeitrag auf 1.545,00 € festgesetzt wird. Im Übrigen wird die Klage abgewiesen.“*

Macht das Gericht von seiner Befugnis zur Abänderung des VA Gebrauch, so bedarf es nicht etwa noch zusätzlich der (teilweisen) Aufhebung des ursprünglichen VA.[63] Gleichwohl ist nach h.M. neben der Abänderung des VA die Klage „im Übrigen" abzuweisen.[64]

Sind **aufwendige Ermittlungen** erforderlich, so kann das Gericht nach § 113 Abs. 2 S. 2 VwGO von der Errechnung des Betrages absehen und sich damit begnügen, die Fehler in der Berechnung festzustellen und es im Übrigen der Behörde überlassen, den richtigen Betrag zu berechnen.

ee) Zurückverweisung an die Behörde (§ 113 Abs. 3 VwGO)

Ist die Anfechtungsklage begründet, so hebt das Gericht den VA (und den Widerspruchsbescheid) grds. **endgültig** auf. Das Gericht ist verpflichtet, die Sache von Amts wegen, ggf. durch eigene Ermittlungen spruchreif zu machen. § 113 Abs. 3 VwGO macht davon eine **Ausnahme**: Hält das Gericht eine weitere Sachaufklärung für erforderlich, kann es im Interesse einer zügigen Erledigung des Rechtsstreits den angefochtenen VA, ohne in der Sache selbst zu entscheiden, aufheben, soweit die noch erforderlichen Ermittlungen erheblich sind und die Aufhebung auch unter Berücksichtigung der Belange der Beteiligten sachdienlich ist. Die Aufhebung kann also erfolgen, obwohl wegen der Notwendigkeit weiterer Ermittlungen noch gar nicht feststeht, ob und in welchem Umfang der VA rechtswidrig ist. 116

> *„Der Bescheid des … vom … (und der Widerspruchsbescheid des … vom …) wird (werden) aufgehoben. Die Sache wird an den Beklagten zur Entscheidung nach weiterer Sachaufklärung zurückverwiesen.“*

b) Verpflichtungsklage

aa) Vornahmeurteil

Ein **Vornahmeurteil** ergeht nur, wenn die Sache **spruchreif** ist. Bei der Fassung des Tenors ist streitig, ob die vorausgegangenen ablehnenden Bescheide ausdrücklich aufgehoben werden müssen. Dies entspricht der überwiegenden Praxis und dürfte im Interesse der Rechtsklarheit zumindest zweckmäßig sein.[65] 117

> *„Der Bescheid des … vom … (und der Widerspruchsbescheid des … vom …) wird (werden) aufgehoben. Der Beklagte wird verpflichtet, dem Kläger die unter dem … beantragte Baugenehmigung für … zu erteilen.“*

Neben der oben gewählten Formulierung ist es auch gebräuchlich die beiden Hauptaussprüche zu verbinden: „Unter Aufhebung des … und des … wird der Beklagte verpflichtet, …" Die Aufhebung der vorgängigen VAe ist naturgemäß nicht möglich, wenn die Verpflichtungsklage als Untätigkeitsklage gemäß § 75 VwGO erhoben wird.

---

63 BVerwG NVwZ 1982, 619.
64 Geiger JuS 1998, 343, 345; anders ohne Begründung Schmidt JA 2002, 804, 806.
65 Mann NWVBl. 1994, 115, 116; Finger JA 2008, 635, 638.

> **Beachte:** Gemäß dem Wortlaut des § 113 Abs. 5 S. 1 VwGO heißt es: „Der Beklagte wird verpflichtet", und nicht etwa „verurteilt".

bb) Bescheidungsurteil

118   Ist die Sache (noch) **nicht spruchreif**, so ergeht nach § 113 Abs. 5 S. 2 VwGO ein sog. **Bescheidungsurteil.** Das ist insbes. dann der Fall, wenn der begehrte VA im behördlichen Ermessen steht und das Ermessen nicht auf Null reduziert ist. Die Klage ist in diesem Fall nur dann in vollem Umfang erfolgreich, wenn der Kläger sich auf einen Bescheidungsantrag beschränkt hat. Hat der Kläger dagegen ein Verpflichtungsurteil beantragt, so hat er nur teilweise obsiegt, sodass die Klage „im Übrigen" abzuweisen ist und er einen Teil der Kosten tragen muss.[66]

> *„Der Bescheid des ... vom ... (und der Widerspruchsbescheid des ... vom ...) wird (werden) aufgehoben. Der Beklagte wird verpflichtet, den Antrag des Klägers vom ... unter Beachtung der Rechtsauffassung des Gerichts neu zu bescheiden.*
>
> *Im Übrigen wird die Klage abgewiesen."*

Gegenbeispiel: Hält der Kläger den Ablehnungsbescheid für rechtswidrig und vertritt hierzu eine bestimmte Rechtsauffassung, gibt das Gericht der Klage aber aus anderen Gründen statt, so stellt dies kein Teilunterliegen dar.[67]

> **Beachte:** Auch bei Bescheidungsurteilen ist genau auf den Wortlaut des § 113 Abs. 5 S. 2 VwGO zu achten: Die Vorschrift spricht von der Verpflichtung der Behörde zur „Beachtung" der Rechtsauffassung des Gerichts, und nicht nur, wie häufig in Klausuren formuliert, von „Berücksichtigung". Die Verpflichtung geht im Übrigen auf „bescheiden", nicht „entscheiden", da ja ein VA erlassen werden soll.

c) Leistungsklage

119   Der Tenor eines Leistungsurteils muss ergeben, welche **konkrete Leistung** der Beklagte an den Kläger (oder einen Dritten) zu erbringen hat. Hierbei ist es abweichend von der Verpflichtungsklage üblich, das Wort „verurteilen" zu verwenden.

> *„Der Beklagte wird verurteilt, an den Kläger 1.600 € zu zahlen."*

120   Bei der **beamtenrechtlichen Leistungsklage** ist i.d.R. ein vorgängiger Widerspruchsbescheid aufzuheben, da im Beamtenrecht das Widerspruchsverfahren gemäß § 126 Abs. 2 S. 1 BBG, § 54 Abs. 2 S. 1 BeamtStG – vorbehaltlich landesrechtlicher Ausnahmen (§ 54 Abs. 2 S. 3 BeamtStG) – auch bei der Leistungsklage erforderlich ist. Soweit vorhanden sollte bei beamtenrechtlichen Leistungsklagen aus Klarstellungsgründen auch ein etwaiger Ausgangsbescheid aufgehoben werden (auch wenn es sich dabei nicht um einen Verwaltungsakt handelt).[68]

> *„Der Widerspruchsbescheid des ... vom ... wird aufgehoben. Der Beklagte wird verurteilt, die Umsetzung des Klägers vom ... rückgängig zu machen."*
>
> *„Der Bescheid des ... vom ... und der Widerspruchsbescheid des ... vom ... werden aufgehoben. Das beklagte Land wird verurteilt, an den Kläger 500 € zu zahlen."*

---

66   Kopp/Schenke VwGO § 113 Rdnr. 185; Finger JA 2008, 635, 638.
67   Mann NWVBl. 1994, 115, 116 m.w.N.
68   Mann NWVBl. 1994, 115, 117.

Liegt der Leistungsklage ein **Unterlassungsbegehren** zugrunde, so muss der Tenor   121
die konkret zu unterlassende Handlung präzise beschreiben:

> *„Der Beklagte wird verurteilt, die Behauptung zu unterlassen, der Kläger habe*
> *…"*

> *„Dem Beklagten wird untersagt, den Beigeladenen unter Einweisung in die am*
> *… ausgeschriebene Planstelle zum Regierungsdirektor zu ernennen."*

d) Feststellungsklage

Bei der Feststellungsklage muss das **streitige Rechtsverhältnis** (bzw. bei der Nich-   122
tigkeitsfeststellungsklage der betroffene VA) eindeutig bezeichnet werden.

> *„Es wird festgestellt, dass der Kläger nicht Mitglied der Beklagten ist."*

> *„Es wird festgestellt, dass der Ausschluss des Klägers aus der Sitzung des Rates der*
> *Gemeinde … vom … rechtswidrig war."*

> *„Es wird festgestellt, dass der Bescheid des … vom … (Az …) nichtig ist."*

Wie bei der Leistungsklage ist bei der **beamtenrechtlichen** Feststellungsklage ggf.
ein negativer (Widerspruchs-)Bescheid (deklaratorisch) aufzuheben.

e) Fortsetzungsfeststellungsklage

Der Tenor bei der Fortsetzungsfeststellungsklage ergeht üblicherweise in Form ei-   123
nes **Feststellungsurteils**:[69]

> *„Es wird festgestellt, dass die Verfügung des … vom … rechtswidrig gewesen ist."*

Einer besonderen Feststellung, dass auch ein (etwaiger) **Widerspruchsbescheid** rechtswidrig war,
bedarf es nach h.M. nicht. Denn im Gegensatz zu § 113 Abs. 1 S. 1 VwGO wird der Widerspruchsbescheid in § 113 Abs. 1 S. 4 VwGO nicht erwähnt.[70] Zumeist ist bei der Fortsetzungsfeststellungsklage ohnehin kein Widerspruchsbescheid vorhanden, weil ein Vorverfahren nicht
stattgefunden hat (s.u. Rdnr. 464).

Liegt der Fortsetzungsfeststellungsklage ein **Verpflichtungsbegehren** zugrunde,   124
so bieten sich zwei Möglichkeiten an:[71]

> *„Es wird festgestellt, dass der Bescheid des … vom … rechtswidrig gewesen ist."*

> *„Es wird festgestellt, dass der Beklagte verpflichtet gewesen ist, … zu erteilen."*

Bei **nicht spruchreifen** Sachen erfolgt eine entsprechend eingeschränkte Feststel-   125
lung:

> *„Es wird festgestellt, dass der Beklagte verpflichtet gewesen ist, den Kläger unter*
> *Beachtung der Rechtsauffassung des Gerichts erneut zu bescheiden."*

---

69 Schmidt JA 2002, 972, 973; Finger JA 2008, 635, 639; abweichend Geiger JuS 1998, 643, 646.
70 Mann NWVBl. 1995, 115, 117; Kment JuS 2005, 517, 529; a.A. Bosch/Schmidt § 37 II, S. 291; Lemke/Wahren-
    dorf JA 1998, 72, 73: Feststellung der Rechtswidrigkeit von Ausgangs- und Widerspruchsbescheid.
71 Vgl. einerseits BVerwG DVBl. 1994, 168; Geiger JuS 1998, 343, 346; Schmidt JA 2002, 972, 973; andererseits
    Lemke/Wahrendorf JA 1998, 72, 73.

f) Besondere Fallgestaltungen

aa) Haupt- und Hilfsantrag

126   Hat der Kläger neben dem Hauptantrag einen Hilfsantrag gestellt und hat bereits der **Hauptantrag Erfolg**, so ist auf den Hilfsantrag nicht einzugehen, insb. ist dieser nicht zu bescheiden.

127   Ist der Hauptantrag unzulässig bzw. unbegründet, und hat **nur der Hilfsantrag Erfolg**, so ist die Klage bzgl. des Hauptantrages („im Übrigen") abzuweisen.

> *„Der Beklagte wird verurteilt (bzw. verpflichtet), ... Im Übrigen wird die Klage abgewiesen."*
>
> oder klarstellend:
>
> *„Auf den Hilfsantrag des Klägers wird ... Im Übrigen wird die Klage abgewiesen."*

bb) Zinsen

Werden neben dem Hauptanspruch Zinsen begehrt, so können sich diese entweder aus **Verzug** oder als **Prozesszinsen** ergeben.

128   Die Vorschriften der §§ 286, 288 BGB über den Verzug sind im öffentlichen Recht grds. nicht anwendbar. **Verzugszinsen** gibt es nur dort, wo sie ausdrücklich vorgesehen sind.[72]

Beispiel: Verzugszinsen bei Leistungspflichten aus einem öffentlich-rechtlichen Vertrag (§ 62 S. 2 VwVfG), wobei dies nach h.M. allerdings nur für Leistungspflichten gilt, die im Gegenseitigkeitsverhältnis stehen.[73]

Gegenbeispiele: Werden Beamtenbezüge verspätet gezahlt, so besteht kein Anspruch auf Verzugszinsen (vgl. z.B. § 3 Abs. 5 BBesG);[74] keine Verzugszinsen bei verspäteter Erfüllung eines Schadensersatzanspruchs des Dienstherrn gegen den Beamten wegen schuldhafter Pflichtverletzung;[75] keine Verzugszinsen beim ör Erstattungsanspruch, auch wenn der Leistung ein nichtiger öffentlich-rechtlicher Vertrag zugrunde liegt, da sich hierauf der Verweis in § 62 S. 2 VwVfG nicht bezieht.[76]

129   Für **Prozesszinsen** gilt § 291 BGB analog, wenn das einschlägige Fachrecht keine abweichende Regelung trifft. Allerdings ist bzgl. der unterschiedlichen Klagearten zu differenzieren. Die **Höhe des Prozesszinssatzes** richtet sich gemäß § 291 S. 2 BGB nach § 288 BGB und beträgt grds. fünf Prozentpunkte über dem Basiszinssatz nach § 247 BGB (§ 288 Abs. 1 BGB), es sei denn der Gläubiger kann aus einem anderen Rechtsgrund höhere Zinsen verlangen (§§ 291 S. 2, 288 Abs. 3 BGB). Der Basiszinssatz wird jeweils zum 01.01. und 01.07. eines Jahres festgelegt (§ 247 Abs. 1 BGB).

130   ■ Unproblematisch gilt § 291 BGB analog bei einer allgemeinen **Leistungsklage**, die unmittelbar auf eine bezifferte **Geldforderung** gerichtet ist.[77]

> *„Der Beklagte wird verurteilt, an den Kläger 2.500 € zzgl. Zinsen in Höhe von 5 Prozentpunkten über dem jeweiligen Basiszinssatz ab dem 25.04.2011 zu zahlen."*

---

72   BVerwG NVwZ 2003, 481, 484; DVBl. 1990, 870, 871; ausführlich Heintschel v. Heinegg NVwZ 1992, 522 m.w.N. auf die Gegenauffassung.

73   Knack/Henneke VwVfG § 62 Rdnr. 13; Stelkens/Bonk/Sachs VwVfG § 62 Rdnr. 34.

74   Vgl. dazu BVerwG NVwZ 2006, 605, 606.

75   BVerwG DVBl. 1988, 347.

76   Vgl. OVG Koblenz NVwZ 1992, 796, 798.

77   BVerwG LKV 2012, 272; NVwZ 2004, 1372, 1375; OVG Greifswald NJW 2011, 3083.

Häufig liest man auch die Formulierung: „5% über dem jeweiligen Basiszinssatz". Das ist zwar nicht falsch, sondern grds. im Sinne der gesetzlichen Regelung des § 288 Abs. 1 S. 2 BGB auszulegen,[78] aber ungenau und sollte daher vermieden werden.

■ Bei der **Verpflichtungsklage** werden Prozesszinsen gewährt, wenn die Klage einen VA betrifft, der **unmittelbar** eine Geldleistung zum Gegenstand hat. Zwar ist die Geldschuld hier nicht unmittelbar Streitgegenstand, bei einem gebundenen VA steht sie jedoch der Höhe nach fest.   **131**

Beispiel: Verpflichtungsklage, mit der ein die Zahlung unmittelbar auslösender (gebundener) VA begehrt wird.[79] Erforderlich ist allerdings stets, dass die Höhe der Geldschuld eindeutig bestimmt ist, zumindest rechnerisch unzweifelhaft ermittelt werden kann. Deshalb gibt es auch bei einem gebundenen Anspruch keine Prozesszinsen, wenn die exakte Höhe durch eine weitere Rechtsanwendung zu ermitteln ist, die nicht Gegenstand des Prozesses ist.[80]

§ 291 BGB ist dagegen **nicht analog** anwendbar, wenn mit der Verpflichtungsklage nur ein **Bescheidungsanspruch** verfolgt wird. Denn hier führt erst der begehrte VA zur Konkretisierung der Zahlungspflicht und ist Voraussetzung dafür, dass der Zahlungsanspruch überhaupt entsteht und fällig wird.[81] Deshalb besteht keine Grundlage für Prozesszinsen.

■ Bei der **Anfechtungsklage** werden Prozesszinsen grds. nicht gewährt. Das gilt auch dann, wenn die Aufhebung des angefochtenen VA unmittelbar eine Geldleistung zur Folge hat.   **132**

Beispiele: Keine Prozesszinsen bei erfolgloser Anfechtungsklage, z.B. gegen einen Leistungsbescheid, da der Bescheid allein keinen Zinsanspruch auslöst;[82] keine Prozesszinsen für nachzuzahlende Besoldung bei erfolgreicher Anfechtung einer beamtenrechtlichen Versetzung in den Ruhestand.[83]

Etwas anderes gilt dann, wenn mit der Anfechtungsklage ein **Leistungsannexantrag** (§ 113 Abs. 1 S. 2 u. Abs. 4 VwGO) verbunden ist.[84]

Beispiel: Anfechtungsklage gegen einen Leistungsbescheid verbunden mit einem Erstattungsanspruch hinsichtlich des bereits gezahlten Betrages. Prozesszinsen stehen dem Kläger hier aber nicht bereits ab Erhebung der Anfechtungsklage zu, sondern erst ab Rechtshängigkeit des bezifferten Zahlungsanspruchs.[85]

■ Bei der allgemeinen **Feststellungsklage** (§ 43 Abs. 1 VwGO) fehlt es i.d.R. an der von § 291 BGB vorausgesetzten Geldschuld, sodass keine Prozesszinsen anfallen.   **133**

Eine Ausnahme lässt die Rspr. dann zu, wenn eine nicht der Höhe, sondern nur dem Grunde nach streitige Geldschuld festgestellt werden soll. In diesem Fall steht die Feststellungsklage der Leistungsklage gleich, sodass die Rechtshängigkeit auch die Höhe der Geldschuld erfasse und analog § 291 BGB Prozesszinsen zu gewähren sind.[86]

---

78 OLG Hamm NJW 2005, 2238; a.A. Hartmann NJW 2004, 1358 ff.
79 BVerwG NVwZ 2002, 718, 722.
80 BVerwG NJW 1998, 3368, 3369.
81 BVerwGE 51, 287, 288; BVerwG DVBl. 1996, 104, 105 m.w.N.
82 BVerwG NVwZ 1988, 440.
83 BVerwG NVwZ 1988, 441; a.A. Kopp/Schenke VwGO § 90 Rdnr. 23.
84 BVerwG NVwZ 2002, 718, 722; DVBl. 2000, 1062, 1063; Kopp/Schenke VwGO Anh § 90 Rdnr. 23.
85 BVerwG DVBl. 1999, 1650, 1652.
86 BVerwG NVwZ 2006, 605, 606; OVG Greifswald NJW 2011, 3383

2. Die Kostenentscheidung

Über die Kosten des Verfahrens hat das Gericht nach § 161 Abs. 1 VwGO von **Amts wegen** zu entscheiden.

a) Umfang der Kostenentscheidung

134 Kosten sind die Gerichtskosten und die zur zweckentsprechenden Rechtsverfolgung oder Rechtsverteidigung notwendigen Aufwendungen der Beteiligten **einschließlich der Kosten des Vorverfahrens** (§ 162 Abs. 1 VwGO).

135 Über die **Kosten des Vorverfahrens** wird in der Praxis also zweimal entschieden: Im Abhilfe- bzw. Widerspruchsbescheid nach § 80 VwVfG und im gerichtlichen Verfahren nach § 162 Abs. 1 VwGO.

- Die Entscheidung im **Abhilfe- bzw. Widerspruchsbescheid** ist Grundlage für die Kostenerstattung, wenn das Verfahren mit der behördlichen Entscheidung endet.

- Wird Klage erhoben, so umfasst die **gerichtliche Kostenentscheidung** nach § 162 Abs. 1, 2. Halbs. VwGO auch das Vorverfahren („einschließlich der Kosten des Vorverfahrens"). Grundlage für die Kostenerstattung ist dann nur die gerichtliche Entscheidung.[87]

136 Im **gerichtlichen Verfahren** sind die Gebühren und Auslagen eines Rechtsanwalts oder eines Rechtsbeistands stets erstattungsfähig (§ 162 Abs. 2 S. 1 VwGO). Eine **Ausnahme** gilt nur für treuwidriges Verhalten, da dann die Aufwendungen nicht „notwendig" i.S.d. § 162 Abs. 1 VwGO sind.[88]

Ist die anwaltliche Vertretung im Klageverfahren offensichtlich nutzlos und nur dazu angetan, dem Prozessgegner Kosten zu verursachen, so sind die Anwaltskosten ausnahmsweise nicht erstattungsfähig.[89] Das hat die Rspr. z.B. angenommen, wenn eine Behörde auf eine ersichtlich unzulässige oder aus sonstigen Gründen offensichtlich aussichtslose Klage mit anwaltlicher Hilfe reagiert.[90]

137 Gebühren und Auslagen eines im **Vorverfahren** zugezogenen Bevollmächtigten sind dagegen nur erstattungsfähig, wenn das Gericht die Zuziehung für das Vorverfahren für **notwendig** erklärt (§ 162 Abs. 2 S. 2 VwGO). Hierbei gelten dieselben Grundsätze wie zu § 80 VwVfG.[91]

Die Zuziehung ist dann **notwendig,** wenn die Bevollmächtigung vom Standpunkt eines verständigen, nicht rechtskundigen Beteiligten für erforderlich gehalten werden durfte und es ihm nach seiner Vorbildung und Erfahrung nicht zumutbar war, das Vorverfahren selbst zu führen. Sie ist **nicht nur in schwierigen und umfangreichen Verfahren** zu bejahen, sondern entspricht nach überwiegend vertretener Auffassung der **Regel,** da der Bürger nur in Ausnahmefällen in der Lage ist, selbst seine Rechte gegenüber der Verwaltung ausreichend zu wahren.[92] Die Rspr. des BVerwG tendiert zunehmend dahin, dass die Zuziehung in der Regel **nicht notwendig** ist, zumindest dann, wenn es weniger um die Beurteilung von Rechtsfragen als vielmehr um die tatsächliche Situation des Widerspruchsführers geht.[93]

---

87 BVerwG NVwZ 2008, 324, 325; DVBl. 2006, 1243, 1244.
88 VGH Mannheim NVwZ 2006, 1300; NVwZ 2005, 838; OVG Berlin DVBl. 2001, 919.
89 VGH Mannheim DVBl. 2009, 467; NVwZ 1992, 388; OVG Berlin-Brandenburg NVwZ 2006, 713, 714.
90 OVG Berlin-Brandenburg NVwZ 2006, 713, 714; OVG Lüneburg NVwZ-RR 2004, 155.
91 Vgl. dazu Kopp/Ramsauer VwVfG 80 Rdnr. 34 ff.
92 OVG NRW NWVBl. 2007, 30; VGH Mannheim VBlBW 2006, 69; Kopp/Schenke VwGO § 162 Rdnr. 18.
93 BVerwG NVwZ 1992, 669, 670; Wolff/Decker VwVfG § 80 Rdnr. 27.

Ist die Zuziehung eines Bevollmächtigten notwendig, so kann nach h.M. auch der sich im Vorverfahren **selbst vertretende Rechtsanwalt** Erstattung seiner Kosten verlangen (arg. e § 91 Abs. 2 S. 3 ZPO).[94] Die Zuziehung eines Rechtsanwalts durch die **Ausgangsbehörde** im Widerspruchsverfahren ist dagegen in aller Regel nicht notwendig, da die Behörde grds. über ausreichenden Sachverstand verfügt.[95]

138

Die Entscheidung nach § 162 Abs. 2 S. 2 VwGO ergeht üblicherweise im **Urteil**, kann aber auch in einem **besonderen Beschluss** erfolgen.[96] Da es sich nicht unmittelbar um einen Teil der (von Amts wegen zu treffenden) Kostengrundentscheidung, sondern um einen (vorweggenommenen) Teil der Kostenfestsetzung handelt, wird überwiegend angenommen, dass die Entscheidung nach § 162 Abs. 2 S. 2 VwGO (anders als im Rahmen des § 80 VwVfG) einen **Antrag des Kostengläubigers** voraussetzt.[97]

139

Über den Antrag ist **stets im Tenor** der Entscheidung zu befinden.[98] Als (vorweggenommener) Teil der Kostenfestsetzung ist die Entscheidung nach § 162 Abs. 2 S. 2 VwGO abweichend von § 158 VwGO nach h.M. mit der Beschwerde anfechtbar.[99] Über die Notwendigkeit der Kosten im Einzelnen wird dagegen erst im **Kostenfestsetzungsverfahren** entschieden (§ 164 VwGO).

140

§ 162 Abs. 2 S. 2 VwGO gilt nur für die Hinzuziehung eines Anwalts im **Vorverfahren**. Findet ein Vorverfahren nicht statt (z.B. bei landesrechtlicher Ausnahme nach § 68 Abs. 1 S. 2 VwGO), so sind die Gebühren und Auslagen eines Rechtsanwalts, die im **Ausgangsverfahren** entstanden sind, weder in unmittelbarer noch in analoger Anwendung des § 162 Abs. 2 S. 2 VwGO erstattungsfähig.[100]

b) Vollständiges Obsiegen

Bei vollständigem Obsiegen eines Beteiligten trägt der unterliegende Teil die Kosten des Verfahrens nach § 154 Abs. 1 VwGO in vollem Umfang:

141

„Der Kläger trägt die Kosten des Verfahrens."

„Der Beklagte trägt die Kosten des Verfahrens."

Andere formulieren: „Der Beklagte hat die Kosten des Verfahrens zu tragen." Dies entspricht zwar der teilweise geübten Praxis im Zivilprozess (vgl. auch den Wortlaut des § 91 Abs. 1 ZPO), weicht aber vom Wortlaut des § 154 Abs. 1 VwGO ab und ist daher in der verwaltungsgerichtlichen Entscheidung eher unüblich.

> **Beachte:** Es heißt nicht „die Kosten des Rechtsstreits", da auch über die Kosten des Vorverfahrens entschieden wird (§ 162 Abs. 1 VwGO a.E.). Dies gilt unabhängig davon, ob ein Vorverfahren tatsächlich durchgeführt worden ist.

Hat die Klage Erfolg, so muss der Beklagte die **gesamten Verfahrenskosten** einschließlich der dem Kläger entstandenen und erstattungsfähigen Kosten tragen. Umgekehrt muss der Kläger neben seinen eigenen Kosten auch die Gerichtskosten und die erstattungsfähigen Kosten des Beklagten tragen, wenn die Klage insgesamt erfolglos bleibt. Das gleiche gilt, wenn der Kläger die Klage, den Antrag auf Gewährung vorläufigen Rechtsschutzes oder einen sonstigen Rechtsbehelf zurücknimmt (§ 155 Abs. 2 VwGO).

142

---

94 OVG Greifswald NVwZ 2002, 1129, 1130; Stelkens/Bonk/Sachs VwVfG § 80 Rdnr. 61.

95 VGH Mannheim VBlBW 1992, 470; Kopp/Ramsauer VwVfG § 80 Rdnr. 42.

96 SächsOVG NVwZ 2007, 116, 117; Kopp/Schenke VwGO § 162 Rdnr. 17.

97 HessVGH DVBl. 1996, 113, 114; Mann NWVBl. 1994, 115, 117; Finger JA 2008, 635, 639.

98 Schoch/Olbertz VwGO § 162 Rdnr. 83; Posser/Wolff VwGO § 162 Rdnr. 85.

99 OVG NRW NWVBl. 2007, 30; VGH Kassel NJW 2006, 460; a.A. BayVGH NVwZ-RR 1993, 221.

100 VGH Mannheim NJW 2006, 2937; Kopp/Schenke VwGO § 162 Rdnr. 16.

Sonderfälle:

143   ■ Hat der Beklagte durch sein Verhalten **keine Veranlassung zur Klageerhebung** gegeben und erkennt er den Anspruch im Verfahren sofort an, so fallen dem Kläger die Prozesskosten zur Last (§ 156 VwGO). Nach § 173 S. 1 VwGO i.V.m. § 307 ZPO ist auch im Verwaltungsprozess ein Anerkenntnisurteil grds. möglich (vgl. auch § 87 a Abs. 1 Nr. 2 VwGO).[101]

144   ■ Erledigt sich eine **Untätigkeitsklage** (§ 75 VwGO) durch nachträgliche Bescheidung, so fallen die Kosten dem Beklagten stets zur Last, wenn der Kläger mit einer Bescheidung vor Klageerhebung rechnen durfte (§ 161 Abs. 3 VwGO).

Aus dem Zusammenhang des § 161 Abs. 3 VwGO mit dem vorangehenden § 161 Abs. 2 VwGO folgt, dass die Vorschrift nur die Fälle erfasst, in denen das gerichtliche Verfahren nach – wenn auch verspäteter – behördlicher Entscheidung **nicht weitergeführt** wird.[102] Endet das Verfahren dagegen durch streitige Entscheidung (weil der Kläger seine Klage fortführt), so verbleibt es bei den allgemeinen Kostenregelungen der §§ 154 ff. VwGO.[103]

Beispiel: B hat gegen die Ablehnung der beantragten Genehmigung Widerspruch erhoben, der auch nach vier Monaten noch nicht beschieden ist. Daraufhin erhebt B Verpflichtungsklage (§ 75 VwGO). Während des Klageverfahrens ergeht ein negativer Widerspruchsbescheid, sodass B seine Klage in der Hauptsache weiterverfolgt. Die Klage bleibt erfolglos. B trägt die Kosten des Verfahrens nach § 154 Abs. 1 VwGO, auch wenn er mit einer Bescheidung vor Klageerhebung rechnen durfte. § 161 Abs. 3 VwGO gilt in diesem Fall nicht!

c) Teilweises Obsiegen

Bei teilweisem Obsiegen und teilweisem Unterliegen ist zu unterscheiden:

145   ■ Grds. sind die Kosten nach § 155 Abs. 1 S. 1 VwGO gegeneinander **aufzuheben** oder **verhältnismäßig zu teilen**. Die Angabe der Kostenquote kann als Bruch oder als Prozentzahl erfolgen.

> *„Die Kosten des Verfahrens tragen der Kläger zu 3/5 und der Beklagte zu 2/5."*
>
> *„Die Kosten des Verfahrens tragen der Kläger zu 60% und der Beklagte zu 40%."*

Sind die Kosten gegeneinander aufgehoben, so trägt jeder Beteiligte seine außergerichtlichen Kosten selbst, die Gerichtskosten fallen jedem Teil zur Hälfte zur Last (§ 155 Abs. 1 S. 2 VwGO). Eine **Kostenaufhebung** sollte daher nur gewählt werden, wenn die außergerichtlichen Kosten der Beteiligten annähernd gleich sind. Dies ist im Verwaltungsprozess regelmäßig nicht der Fall, da die beklagte Behörde im Normalfall nicht anwaltlich vertreten ist. Eine Kostenaufhebung ist daher i.d.R. nur sachgerecht, wenn **beide Beteiligte** anwaltlich vertreten sind oder beide Seiten keinen Anwalt haben.[104]

146   Ergeht anstelle des beantragten Verpflichtungsurteils mangels Spruchreife lediglich ein **Bescheidungsurteil**, so handelt es sich um ein Teilunterliegen. In der Praxis wird die Kostenquote hierfür auf 1/4 bis 1/2 festgesetzt. Etwas anderes gilt gemäß § 155 Abs. 4 VwGO dann, wenn es nur deshalb nicht zu einem Verpflichtungsurteil kommt, weil die Sache aus tatsächlichen Gründen nicht spruchreif ist, z.B. weil die Behörde die erforderlichen Ermittlungen unterlassen hat.[105]

---

101 BVerwG DÖV 1997, 376; Bethge/Detterbeck JuS 1993, 402, 404.

102 Vgl. BVerwG NVwZ 1991, 1180; Schoch/Clausing VwGO § 161 Rdnr. 39.

103 Kopp/Schenke VwGO § 161 Rdnr. 42.

104 Kopp/Schenke VwGO § 155 Rdnr. 3.

105 Kopp/Schenke VwGO § 155 Rdnr. 2.

■ **Ausnahmen:**   147

- Ist einer der Beteiligten nur zu einem **geringen Teil** unterlegen, können die Kosten dem anderen Teil ganz auferlegt werden, § 155 Abs. 1 S. 3 VwGO.

- Kosten, die durch einen Antrag auf **Wiedereinsetzung** in den vorigen Stand entstehen, fallen dem Antragsteller zur Last, § 155 Abs. 3 VwGO.

- Nach § 155 Abs. 4 VwGO können Kosten, die durch das **Verschulden** eines Beteiligten entstanden sind, diesem auch dann auferlegt werden, wenn er obsiegt.

  Beispiele: Kostenpflicht der Behörde bei Heilung von Verstößen gegen das Verwaltungsverfahrensrecht, insb. gegen die Anhörungs- oder Begründungspflicht (§§ 28, 39 VwVfG), bei Nachschieben von Ermessenserwägungen (§ 114 S. 2 VwGO) oder bei rückwirkender Ersetzung einer nichtigen durch eine wirksame Rechtsgrundlage.[106]

- Beim **Prozessvergleich** richtet sich die Kostenpflicht nach § 160 VwGO, wenn die Beteiligten im Vergleich hierzu keine Regelung getroffen haben. In diesem Fall fallen die Gerichtskosten nach § 160 S. 1 VwGO jedem Teil zur Hälfte zur Last. Die außergerichtlichen Kosten trägt jeder Beteiligte selbst (§ 160 S. 2 VwGO).

d) Kosten bei Beiladung

Ist ein Beigeladener am Verfahren beteiligt, muss von Amts wegen **stets** über dessen Kostenbeteiligung entschieden werden.

aa) Kostenlast des Beigeladenen

Dem **Beigeladenen** können nach § 154 Abs. 3 VwGO **Kosten** nur **auferlegt** wer-   148
den, wenn er Anträge gestellt oder Rechtsmittel eingelegt hat. Begibt sich der Beigeladene durch einen Antrag in die Aktivrolle, so muss er, wenn der Antrag erfolglos bleibt, gemäß § 154 Abs. 3 VwGO wie ein unterliegender Hauptbeteiligter behandelt werden. Das Gericht hat nach h.M. **kein Ermessen**, bei Stellung eines Sachantrags sind auch dem unterliegenden Beigeladenen die Kosten aufzuerlegen.[107] Die Gegenansicht verweist auf den Wortlaut „können" und nimmt eine Ermessensentscheidung an.[108]

Beispiel: Bauherr B hat gegen die Baubehörde Verpflichtungsklage auf Erteilung der abgelehnten Baugenehmigung erhoben. Die Behörde und der beigeladene Nachbar N haben Klageabweisung beantragt. Die Klage des B hat Erfolg. Kostenpflichtig ist der Beklagte und der beigeladene Nachbar zu je 50% (§ 159 S. 1 VwGO, § 100 Abs. 1 ZPO), dazu unten Rdnr. 161.

Häufig findet sich in diesen Fällen die pauschale Formulierung: „Die Kosten des   149
Verfahrens tragen der Beklagte und der Beigeladene zu je 1/2."[109] Diese Formulierung ist jedoch **ungenau**, da sie den Eindruck erweckt, als ob der Beklagte auch die Hälfte der außergerichtlichen Kosten des Beigeladenen trägt und umgekehrt. Präziser ist es, nach Gerichtskosten und außergerichtlichen Kosten des Klägers zu unterscheiden:

„Der Beklagte und der Beigeladene tragen die Gerichtskosten und die außergerichtlichen Kosten des Klägers zu je 1/2 (ggf. klarstellend: Im Übrigen tragen die Beteiligten ihre außergerichtlichen Kosten selbst)."

---

106 Vgl. Bader VwGO § 155 Rdnr. 12 m.w.N.
107 OVG Berlin NVwZ 1990, 681, 682; Schoch/Olbertz VwGO § 154 Rdnr. 15; Guckelberger JuS 2007, 436, 441.
108 BayVGH NVwZ 2003, 236, 237; Bracher DVBl. 2002, 309, 311.
109 Vgl. z.B. Fahl NVwZ 1996, 1189.

In der Praxis findet sich teilweise auch folgende abweichende, inhaltlich jedoch identische Formulierung:

> *„Die Kosten des Verfahrens tragen der Beklagte und der Beigeladene zu je 1/2, jedoch mit der Maßgabe, dass zwischen ihnen eine Kostenerstattung nicht erfolgt."*

150 Mit **Kosten des Vorverfahrens** (§ 162 Abs. 2 S. 2 VwGO), an dem der Beigeladene nicht beteiligt war, darf er nicht belastet werden. Dies folgt unmittelbar aus § 154 Abs. 3 VwGO, der nur an die Antragstellung im gerichtlichen Verfahren knüpft.[110] Über die Kosten des Vorverfahrens muss dann gesondert entschieden werden.[111]

Beispiel: Nachbar N hat gegen die dem Anlagenbetreiber B erteilte immissionsschutzrechtliche Genehmigung nach erfolglosem Vorverfahren Klage erhoben. B ist im Klageverfahren beigeladen worden und hat Klageabweisung beantragt. Die Klage des N hat Erfolg.

> *„Die Genehmigung des ... vom ... und der Widerspruchsbescheid des ... vom ... werden aufgehoben.*
>
> *Der Beklagte und der Beigeladene tragen die Gerichtskosten und die außergerichtlichen Kosten des Klägers zu je 1/2. Die Kosten des Vorverfahrens trägt der Beklagte.*
>
> *Das Urteil ist wegen der Kosten vorläufig vollstreckbar. Der jeweilige Vollstreckungsschuldner darf die Vollstreckung durch Sicherheitsleistung oder Hinterlegung in Höhe des jeweiligen Vollstreckungsbetrages abwenden, wenn nicht der Kläger vor der Vollstreckung Sicherheit in gleicher Höhe leistet."*

151 § 154 Abs. 3, 2. Halbs. VwGO stellt durch Verweis auf § 155 Abs. 4 VwGO klar, dass dem Beigeladenen **schuldhaft verursachte Kosten** auch dann auferlegt werden können, wenn er keinen Antrag gestellt hat.

Beispiel: Der Gemeinde, die sich rechtswidrig geweigert hat, ihr Einvernehmen zu einer Baugenehmigung (§ 36 BauGB) zu erklären, können die Kosten des dadurch verursachten Prozesses auch dann auferlegt werden, wenn sie im gerichtlichen Verfahren als Beigeladene keinen Antrag gestellt hat.[112]

bb) Kostenerstattungsanspruch des Beigeladenen

152 Hat der Beigeladene in der Sache Erfolg, sind seine **außergerichtlichen Kosten** nur **erstattungsfähig**, wenn sie das Gericht aus **Billigkeit** der unterliegenden Partei oder der Staatskasse auferlegt (§ 162 Abs. 3 VwGO). Der Staatskasse werden die außergerichtlichen Kosten z.B. dann auferlegt, wenn die Beiladung zu Unrecht erfolgt ist.[113]

153 Nach h.M. entspricht die Kostenerstattung jedenfalls dann der Billigkeit, wenn der Beigeladene einen **Antrag gestellt** oder ein Rechtsmittel eingelegt hat, da er dann nach § 154 Abs. 3 VwGO auch ein **Kostenrisiko** getragen hat.[114]

Die bloße Antragstellung führt allerdings dann nicht zur Kostenerstattung, wenn diese als rechtsmissbräuchlich anzusehen ist.[115]

Der Billigkeit entspricht die Kostenerstattung im Übrigen, wenn der Beigeladene zwar keine Anträge gestellt, aber das Verfahren **in besonderer Weise gefördert** hat.[116]

---

110 BVerwG NVwZ 1988, 53 f.; Finger JA 2008, 635, 639; Just NVwZ 2011, 202, 206.

111 Just NVwZ 2011, 202, 206.

112 Kopp/Schenke VwGO § 154 Rdnr. 8.

113 Kopp/Schenke VwGO § 162 Rdnr. 24; Finger JA 2008, 635, 639.

114 VGH Mannheim VBlBW 2011, 279; Kopp/Schenke VwGO § 162 Rdnr. 23; Guckelberger JuS 2007, 436, 441.

115 BVerwG NJW 1995, 2867; NVwZ-RR 2001, 276.

Zunehmend wird eine Kostenerstattung auch dann befürwortet, wenn es im **154**
Rechtsstreit **primär um die Rechte des Beigeladenen** geht, also praktisch in den
Fällen der notwendigen Beiladung gemäß § 65 Abs. 2 VwGO. Sei der Beigeladene
materiell der Hauptbeteiligte des Rechtsstreits, so setze eine Erstattung seiner
außergerichtlichen Kosten eine Antragstellung nicht voraus.[117]

Beispiel: Bei der Klage des Nachbarn gegen die dem Bauherrn erteilte Baugenehmigung entspricht es regelmäßig der Billigkeit, dem unterliegenden Nachbarn die Kosten des notwendig beigeladenen Bauherrn auch dann aufzuerlegen, wenn der Bauherr im Prozess keinen Antrag gestellt
hat. Denn er ist als notwendig Beigeladener zwangsweise in den Prozess einbezogen worden. Die
Gegenansicht verweist darauf, dass die Stellung als notwendig Beigeladener allein nicht ausreiche,
da § 162 Abs. 3 VwGO nicht zwischen den verschiedenen Arten der Beiladung unterscheide.[118]

Sind die außergerichtlichen Kosten des Beigeladenen **erstattungsfähig**, so lautet **155**
der Kostentenor:

> *„Die Kosten des Verfahrens einschließlich der außergerichtlichen Kosten des Bei-*
> *geladenen trägt der Kläger (bzw. Beklagte)."*

Sind die Kosten des Beigeladenen **nicht erstattungsfähig**, dann ist z.B. wie folgt
zu formulieren:

> *„Der Kläger (bzw. Beklagte) trägt die Kosten des Verfahrens mit Ausnahme der*
> *außergerichtlichen Kosten des Beigeladenen."* (ggf. klarstellend, aber überflüssig:
> *„..., die dieser selbst trägt"*).

War der Beigeladene bereits **am Vorverfahren beteiligt**, so können zu den erstat- **156**
tungsfähigen Kosten auch seine **Kosten im Vorverfahren** gehören.[119] Daher kann
auch die Zuziehung eines Bevollmächtigten durch den Beigeladenen im Widerspruchsverfahren für notwendig erklärt werden (§ 162 Abs. 2 S. 2 VwGO).[120]

Beispiel: Nachbar N hat anwaltlich vertreten gegen eine dem Anlagenbetreiber B erteilte immissionsschutzrechtliche Genehmigung Widerspruch erhoben. Die Genehmigung wurde durch Widerspruchsbescheid aufgehoben. Im Anfechtungsprozess des B gegen den Widerspruchsbescheid
wird N beigeladen, der erfolgreich Klageabweisung beantragt. Im Rahmen der Kostenentscheidung sind auch die Kosten des Beigeladenen N aus dem von ihm betriebenen Widerspruchsverfahren zu berücksichtigen. Dabei entspricht es im Regelfall der Billigkeit i.S.d. § 162 Abs. 3 VwGO,
die einem notwendig beigeladenen Widerspruchsführer entstandenen Kosten für die Zuziehung
eines Bevollmächtigten im Vorverfahren dem unterliegenden Beteiligten aufzuerlegen.[121]

> *„Die Klage wird abgewiesen.*
>
> *Der Kläger trägt die Kosten des Verfahrens einschließlich der außergerichtlichen*
> *Kosten des Beigeladenen. Die Hinzuziehung eines Bevollmächtigten durch den*
> *Beigeladenen im Vorverfahren war notwendig.*
>
> *Das Urteil ist wegen der Kosten gegen Sicherheitsleistung in Höhe des jeweils zu*
> *vollstreckenden Betrages vorläufig vollstreckbar."*

Problematisch ist die Tenorierung, wenn der Antrag des Beigeladenen **nur teil- 157**
weise Erfolg hat.

Beispiel: Der Beigeladene hat neben dem Beklagten Klageabweisung beantragt, die Klage hat zur
Hälfte Erfolg.

---

116 Just NVwZ 2011, 202, 203 m.w.N.
117 BayVGH DVBl. 2002, 345; DVBl. 2000, 433; VGH Mannheim VBlBW 1996, 437; Emde JuS 1997, 258, 260.
118 VGH Mannheim VBlBW 2011, 279; Kopp/Schenke VwGO § 162 Rdnr. 23
119 SächsOVG NVwZ-RR 2005, 291; Kopp/Schenke VwGO § 162 Rdnr. 23.
120 BVerwG NVwZ 1986, 303; BayVBl. 1986, 567 OVG Hamburg NVwZ 1991, 180, 183 m.w.N.
121 BVerwG DVBl. 2006, 1243, 1245.

158 Hier wird überwiegend gemäß §§ 155 Abs. 1, 159 S. 1 VwGO eine **Aufteilung nach Erfolgsquoten** vertreten (z.B. Kläger 1/2, Beklagter und Beigeladener je 1/4), nach a.A. erfolgt die Aufteilung nach Kopfteilen (also jeder 1/3).[122] Allerdings darf im Kostentenor in diesem Fall nicht einfach formuliert werden: „Von den Kosten des Verfahrens einschließlich der außergerichtlichen Kosten des Beigeladenen tragen der Kläger 1/2 und der Beklagte sowie der Beigeladene jeweils 1/4.", denn dann würde der Beklagte auch an den Kosten des Beigeladenen beteiligt, zu dem kein Streitverhältnis bestand (s.o. Rdnr. 149). Dementsprechend ist auch hier nach den jeweiligen Kosten zu differenzieren:[123]

> *„Von den Kosten des Verfahrens tragen der Kläger je 1/2 der Gerichtskosten und der außergerichtlichen Kosten des Beklagten sowie des Beigeladenen, der Beklagte und der Beigeladene je 1/4 der Gerichtskosten und der außergerichtlichen Kosten des Klägers." (ggf. klarstellend: „Im Übrigen tragen die Beteiligten ihre außergerichtlichen Kosten selbst.")*

e) Mehrere Kostenpflichtige

aa) Grundsatz: Haftung nach Kopfteilen

159 Mehrere Kostenschuldner haften gemäß § 159 S. 1 VwGO i.V.m. § 100 Abs. 1 ZPO grds. nach **Kopfteilen**,

Beispiel bei zwei unterliegenden Klägern:

> *„Die Kosten des Verfahrens tragen die Kläger zu je 1/2."*

Nach § 159 S. 1 VwGO i.V.m. § 100 Abs. 2 ZPO kann das Gericht (Ermessen!) bei einer erheblichen Verschiedenheit der Beteiligung am Rechtsstreit die einzelne Beteiligung zum Maßstab nehmen.

Beispiel: Der Kläger zu 1. hat ein Verpflichtungsurteil und der Kläger zu 2. lediglich ein Bescheidungsurteil beantragt.

bb) Ausnahme: Haftung als Gesamtschuldner

160 Eine Haftung als **Gesamtschuldner** kommt gemäß § 159 S. 1 VwGO i.V.m. § 100 Abs. 4 ZPO zum einen in Betracht, wenn die Kostenschuldner auch in der **Hauptsache als Gesamtschuldner** verurteilt worden sind. Zum anderen gilt gemäß § 159 S. 2 VwGO eine gesamtschuldnerische Haftung, wenn das Streitverhältnis dem kostenpflichtigen Teil gegenüber nur **einheitlich** entschieden werden kann (also bei notwendiger Streitgenossenschaft i.S.d. § 64 VwGO i.V.m. § 62 ZPO). Liegt ausnahmsweise ein Fall gesamtschuldnerischer Haftung für die Kosten vor, so ist es zweckmäßig, dies im Kostentenor ausdrücklich klarzustellen:

> *„Die Kosten des Verfahrens tragen die Kläger als Gesamtschuldner."*

Beachte: § 159 S. 2 VwGO bezieht sich trotz seines mit § 65 Abs. 2 VwGO vergleichbaren Wortlauts nicht auf die notwendige Beiladung, sondern nur auf die notwendige Streitgenossenschaft. Bei der notwendigen Beiladung bleibt es bei der Verteilung nach Kopfteilen.

---

122 Vgl. dazu Fahl NVwZ 1996, 1189 ff.
123 Vgl. Bosch/Schmidt § 37 II 2, S. 294; a.A. Fahl NVwZ 1996, 1189.

Zwar sollte nach dem Regierungsentwurf zur VwGO durch Hinweis auf § 154 **161**
Abs. 3 VwGO die Regelung des § 159 S. 2 VwGO auch die notwendige Beiladung
erfassen.[124] Dieser Verweis ist jedoch nicht in das Gesetz aufgenommen worden.
Zwischen Kläger und notwendig Beigeladenem besteht zwangsläufig ein Gegensatz (z.B. Bauherr – Nachbar), sodass beide nicht zusammen kostenpflichtiger Teil
sein können. Zwischen notwendig Beigeladenem und beklagter Behörde kann ohnehin kein einheitliches Verhältnis i.S.d. § 159 S. 2 VwGO bestehen. Daher müssen
die Kosten zwischen dem Beklagten und dem Beigeladenen nach Kopfteilen verteilt werden.[125]

> *„Der Beklagte und der Beigeladene tragen die Gerichtskosten und die außerge-*
> *richtlichen Kosten des Klägers zu je 1/2.“*

cc) Unterschiedlich erfolgreiche Streitgenossen

Obsiegen **Streitgenossen** in unterschiedlicher Weise, so ist es geboten, zwischen **162**
den Gerichtskosten und den außergerichtlichen Kosten der Beteiligten zu unterscheiden (sog. Baumbachsche Formel).[126] § 155 Abs. 1 VwGO ist hier jeweils in
den verschiedenen Streitverhältnissen anzuwenden.

Beispiel: Von zwei Klägern obsiegt der Kläger zu 2) voll, der Kläger zu 1) unterliegt. Der Streitwert in beiden Streitverhältnissen ist identisch. § 155 Abs. 1 VwGO ist hier jeweils in den verschiedenen Streitverhältnissen anzuwenden. Danach ergeben sich aus dem Grad des Obsiegens
und Unterliegens folgende Kostenquoten:

- Im **Verhältnis Kläger zu 1) – Beklagter** obsiegt der Beklagte (muss also in diesem Streitverhältnis von den Kosten freigestellt werden) und der Kläger zu 1) unterliegt voll (trägt also in
  diesem Streitverhältnis die Kosten allein) und damit im Gesamtstreit zu 1/2.

- Im **Verhältnis Kläger zu 2) – Beklagter** obsiegt der Kläger zu 2) (sodass ihn keine Kostenlast
  trifft) und der Beklagte unterliegt voll und damit im Gesamtstreit ebenfalls zu 1/2.

Bezüglich der einzelnen Kostenpositionen heißt das: **163**

- **Gerichtskosten:** der Kläger zu 1) zu 50% (wegen seines Unterliegens) und der Beklagte zu
  50% (wegen seines Unterliegens im Verhältnis zum Kläger zu 2),

- außergerichtliche Kosten **Kläger zu 1):** trägt der Kläger zu 1) selbst (da unterlegen),

- außergerichtliche Kosten **Kläger zu 2):** trägt der Beklagte zu 100% (da in diesem Streitverhältnis unterlegen),

- außergerichtliche Kosten des **Beklagten:** der Kläger zu 1) zu 50% (wegen seines Unterliegens)
  und der Beklagte zu 50% (wegen seines Unterliegens im Verhältnis zum Kläger zu 2).

> *„Die Gerichtskosten tragen der Kläger zu 1) und der Beklagte zu je 1/2. Von den*
> *außergerichtlichen Kosten trägt der Beklagte die des Klägers zu 2) voll und die*
> *Hälfte seiner eigenen, der Kläger zu 1) seine eigenen voll und die Hälfte der au-*
> *ßergerichtlichen Kosten des Beklagten. (ggf. klarstellend: Im Übrigen tragen die*
> *Beteiligten ihre außergerichtlichen Kosten selbst.)“*

---

124 BT-Drucks. III/55 zu § 155.

125 Kopp/Schenke VwGO § 159 Rdnr. 5; Redeker/v.Oertzen § 159 Rdnr. 6; abweichend Just NVwZ 2011, 202,
204: bzgl. der Gerichtskosten als Gesamtschuldner.

126 Zur Baumbachschen Formel vgl. AS-Skript, Zivilrechtliche Assessorklausur (2012).

3. Vorläufige Vollstreckbarkeit

164 Gemäß § 167 Abs. 1 S. 1 VwGO i.V.m. §§ 708 ff. ZPO sind verwaltungsgerichtliche Urteile **von Amts wegen** für vorläufig vollstreckbar zu erklären. Gegenüber dem zivilgerichtlichen Urteil ergeben sich folgende Besonderheiten:

165 ■ Urteile auf **Anfechtungs- und Verpflichtungsklagen** können gemäß § 167 Abs. 2 VwGO **nur wegen der Kosten** für vorläufig vollstreckbar erklärt werden. Dadurch soll sichergestellt werden, dass in die hoheitliche Verwaltung nur aufgrund rechtskräftiger Entscheidungen eingegriffen wird.

„Das Urteil ist wegen der Kosten vorläufig vollstreckbar. …“

Umstritten ist, ob § 167 Abs. 2 VwGO („können“) dem Gericht Ermessen bzgl. der Vollstreckbarkeitsentscheidung einräumt[127] oder ob die Regelung „können nur“ als „dürfen nur“ aufgefasst werden muss.[128] In Klausuren sollte unabhängig von dieser Streitfrage stets eine Vollstreckbarkeitsentscheidung getroffen werden.[129]

166 ■ § 167 Abs. 2 VwGO gilt **analog** bei **Fortsetzungsfeststellungsurteilen** sowie für **Annexanträge** nach § 113 Abs. 1 S. 2 u. Abs. 4 VwGO.[130]

Würde man den Annexausspruch in der Sache für vorläufig vollstreckbar erklären, würde der Kläger so gestellt, als wenn auch der auf die Anfechtungsklage ergangene Teil des Urteils in der Hauptsache vorläufig vollstreckbar wäre. Deshalb ist auch die Entscheidung über den Annexantrag nur „wegen der Kosten“ für vorläufig vollstreckbar zu erklären.

167 ■ Uneinheitlich ist die Praxis, ob bei **klageabweisenden** (Anfechtungs- und Verpflichtungs-)**Urteilen**, die ja ohnehin nur wegen der Kosten vollstreckt werden können, dies im Hinblick auf § 167 Abs. 2 VwGO ausdrücklich tenoriert werden muss. Jedenfalls ist es unschädlich, dies auch hier klarzustellen.

168 ■ **Feststellungsurteile** haben in der Sache generell keinen vollstreckungsfähigen Inhalt. Gleichwohl wird in der Praxis die Vollstreckbarkeitsentscheidung überwiegend ausdrücklich auf die Kosten beschränkt.[131]

169 ■ Für **Leistungsurteile** gilt § 167 Abs. 2 VwGO jedenfalls dann nicht, wenn es um die Verurteilung zu einer **Geldleistung** geht. Hier erfasst die vorläufige Vollstreckbarkeit auch die Sachentscheidung.[132]

„Der Beklagte wird verurteilt, an den Kläger 5.000 € zu zahlen.

Der Beklagte trägt die Kosten des Verfahrens.

Das Urteil ist gegen Sicherheitsleistung in Höhe von … vorläufig vollstreckbar.“

170 Umstritten ist, ob Leistungsurteile, die auf eine **schlichthoheitliche Maßnahme** gerichtet sind (z.B. auf Folgenbeseitigung), nur wegen der Kosten oder auch in der Hauptsache für vorläufig vollstreckbar erklärt werden dürfen. Für die analoge Anwendung des § 167 Abs. 2 VwGO spricht der Grundsatz der Gewaltenteilung (s.o.).[133] Die Gegenansicht verweist darauf, dass § 167 Abs. 2 VwGO lediglich der Rechtssicherheit bei der Aufhebung bzw. beim Erlass von Verwaltungsakten diene, nicht jedoch eine vollstreckungsrechtliche Privilegierung des Staates bezwecke.[134]

---

127 So Schmidt, Assessorklausuren, S. 70; nach Kintz, S. 16 Fn 46 wohl vorherrschend in Baden-Württemberg.
128 Vgl. ausführlich OVG NRW OVGE 19, 202 f.; Kopp/Schenke VwGO § 167 Rdnr. 11.
129 Vgl. Birk VBlBW 1982, 146.
130 Mann NWVBl. 1994, 115, 117; Kopp/Schenke VwGO § 167 Rdnr. 11.
131 Pietzner/Ronellenfitsch § 20 Rdnr. 29; Geiger JuS 1998, 343, 348 m.w.N.
132 Kopp/Schenke VwGO § 167 Rdnr. 11.
133 VGH Mannheim NVwZ-RR 2012, 165; OVG Lüneburg NVwZ 2000, 578.

Unstreitig gilt § 167 Abs. 2 VwGO analog bei Urteilen auf **Unterlassung eines VA**,[135] da dort — wie bei stattgebender Anfechtungsklage — ein bestimmter (zukünftiger) VA für rechtswidrig erklärt wird.

171

a) Vollstreckbarkeit ohne Sicherheitsleistung

Ob das Urteil mit oder ohne Sicherheitsleistung für vorläufig vollstreckbar zu erklären ist, richtet sich i.d.R. nach § 167 Abs. 1 S. 1 VwGO, § 708 Nr. 11 ZPO. Danach ist das Urteil ohne Sicherheitsleistung für vorläufig vollstreckbar zu erklären, wenn

172

- der Gegenstand der Verurteilung in der **Hauptsache** 1.250 € nicht übersteigt

- oder die Entscheidung **nur wegen der Kosten** vollstreckbar ist und eine Vollstreckung im Wert von nicht mehr als 1.500 € ermöglicht.

Da Anfechtungs- und Verpflichtungsurteile nur **wegen der Kosten** für vorläufig vollstreckbar erklärt werden dürfen (§ 167 Abs. 2 VwGO), fallen diese (ebenso wie Feststellungsurteile und klageabweisende Urteile) zumeist unter § 167 Abs. 1 S. 1 VwGO, § 708 Nr. 11, 2. Halbs. ZPO. Zwar gilt § 708 Nr. 11 ZPO nur für „vermögensrechtliche Streitigkeiten", erfasst also eigentlich nicht Klagen auf Aufhebung oder Erlass von Verwaltungsakten. Soweit es, wie hier, allein um die Vollstreckung der Kosten geht, kommt es im Verwaltungsprozess indes nicht darauf an, ob auch in der Hauptsache eine vermögensrechtliche Streitigkeit vorliegt oder nicht.[136]

173

In der Klausur findet sich im **Bearbeitungsvermerk** häufig der Hinweis, dass die vollstreckbaren Kosten der Beteiligten jeweils 1.500 € nicht überschreiten, sodass ohne Weiteres von § 708 Nr. 11 ZPO auszugehen ist. Dabei gilt die Wertgrenze für jeden Vollstreckungsschuldner separat. § 708 Nr. 11 ZPO ist daher auch dann einschlägig, wenn die jeweiligen Vollstreckungsbeträge zusammengerechnet mehr als 1.500 € betragen.

Eine Überschreitung des Schwellenwertes von 1.500 € bei der **Kostenvollstreckung** kommt praktisch nur bei **anwaltlicher Vertretung** in Betracht. Dabei ist allerdings zu beachten, dass Gegenstand der Vollstreckung des Klägers neben den **Anwaltskosten** auch die auf der Grundlage der vorläufigen Streitwertfestsetzung (§ 63 GKG) bereits verauslagten **Gerichtskosten** (§ 6 Abs. 1 Nr. 4 GKG) sind.

174

Exkurs:

- Die Höhe der **Gerichtskosten** richtet sich nach § 3 Abs. 2 GKG i.V.m. Teil 5 des Kostenverzeichnisses (KV) der Anlage 1 zum GKG. Im Klageverfahren erster Instanz vor dem Verwaltungsgericht fallen **3,0 Gebührensätze** für das Verfahren im Allgemeinen an (KV 5110). Der konkret zu entrichtende Betrag ergibt sich aus Multiplikation mit dem aus der Anlage 2 zu § 34 GKG für den jeweiligen **Streitwert** festgelegten Betrag. Die Festlegung des Streitwerts im verwaltungsgerichtlichen Verfahren richtet sich nach §§ 52, 53 Abs. 2 GKG.[137]

175

- Die Höhe der zu erstattenden **Anwaltskosten** bestimmt sich gem. § 2 Abs. 2 RVG nach dem Vergütungsverzeichnis (VV) der Anlage 1 zum RVG. Im erstinstanzlichen Verfahren vor dem Verwaltungsgericht entsteht eine **Verfahrensgebühr** mit einem Gebührensatz von 1,3 (Nr. 3100 VV) und ggf. die **Terminsgebühr** mit einem Gebührensatz von 1,2 (Nr. 3104 VV). Die Höhe des Gebührensatzes richtet sich nach dem Gegenstandswert (vgl. Anlage 2 zu § 13 Abs. 1 RVG). Dieser bestimmt sich i.d.R. nach dem Streitwert des gerichtlichen Verfahrens (§§ 23 Abs. 1 S. 1, 32 Abs. 1 RVG).

176

---

134 VGH Kassel NVwZ 1990, 272, 273; VG Berlin NVwZ 2002, 1018, 1023.

135 Kopp/Schenke VwGO § 167 Rdnr. 11.

136 Kopp/Schenke VwGO § 167 Rdnr. 13.

137 Vgl. dazu den (unverbindlichen) Streitwertkatalog für die Verwaltungsgerichtsbarkeit, abgedruckt im Kopp/Schenke VwGO Anh § 164 Rdnr. 14.

Beispiel: K hat anwaltlich vertreten Klage gegen einen Erschließungsbeitragsbescheid über 5.000 € erhoben. Die Klage hat Erfolg. Die Hinzuziehung eines Bevollmächtigten im Vorverfahren wird für notwendig erklärt (§ 162 Abs. 2 S. 2 VwGO).

Gemäß § 162 Abs. 1 VwGO sind die Kosten des Vorverfahrens **Teil der Gesamtverfahrenskosten.** Zwar ist in kommunalabgabenrechtlichen Verfahren § 80 VwVfG in einigen Ländern nicht anwendbar.[138] Die Notwendigkeit der Hinzuziehung eines Bevollmächtigten beurteilt sich im gerichtlichen Verfahren aber nicht nach § 80 Abs. 2 VwVfG, sondern nach § 162 Abs. 2 S. 2 VwGO, der einen Ausschlusstatbestand für abgabenrechtliche Streitigkeiten nicht kennt.[139]

Im obigen **Beispiel** gilt daher Folgendes:[140]

177 ■ Hinsichtlich der **Gerichtskosten** kann der Kläger die von ihm verauslagte Gebühr für das Verfahren im Allgemeinen (KV 5110 der Anlage 1 zum GKG) in Höhe von 3,0 x 121,00 € = 363,00 € erstattet verlangen (Streitwert 5.000 € gemäß § 52 Abs. 3 GKG).

178 ■ Gegenstand der Vollstreckung sind weiterhin die **Anwaltskosten.** Im obigen Beispiel fallen insgesamt 3,15 Gebühren an:

■ 1,3 **Geschäftsgebühr** für die Tätigkeit im Vorverfahren (Nr. 2300 VV zum RVG)

Anm.: Für die Vertretung im Vorverfahren entsteht nach dem RVG die Geschäftsgebühr nach Nr. 2300 VV zum RVG mit einem Gebührensatz von 0,5 bis 2,5, mehr als 1,3 aber nur, wenn die Tätigkeit umfangreich oder schwierig war.

■ 1,3 **Verfahrensgebühr** für das gerichtliche Verfahren (Nr. 3100 VV zum RVG)

Anm.: Nach Vorbem. 3 Abs. 4 VV sind 50% der Geschäftsgebühr aus dem Vorverfahren auf die Verfahrensgebühr im gerichtlichen Verfahren anzurechnen, d.h. hier 50% von 1,3 = 0,65, sodass eine **Verfahrensgebühr von 0,65** verbleibt. Nach § 15 a Abs. 2, 3. Fall RVG ist die Anrechnung ausnahmsweise auch im Außenverhältnis zum Kostenschuldner zu berücksichtigen, da beide Gebühren in demselben Verfahren geltend gemacht werden.[141]

■ 1,2 **Terminsgebühr** im gerichtlichen Verfahren (Nr. 3104 VV RVG)

■ zzgl. Post- und Telekommunikationspauschale nach Nr. 7002 VV RVG

■ zzgl. der gesetzlichen Umsatzsteuer nach Nr. 7008 VV RVG.

179 Bei einem **Gegenstandswert** von 5.000 € (§ 52 Abs. 3 GKG, § 23 RVG) beträgt der einfache anwaltliche Gebührensatz 301,00 € (Anlage 2 zu § 13 Abs. 1 RVG), d.h. bei 3,15 Gebühren insgesamt 948,15 €.

Daraus ergibt sich für den Kläger im obigen Beispiel folgender **Vollstreckungsbetrag:**

Kosten	Betrag	
verauslagte Gerichtsgebühren		363,00 €
Anwaltskosten	Gebühren	948,15 €
	Auslagenpauschale	20,00 €
	Mehrwertsteuer (19%)	183,95 €
Summe		**1.515,10 €**

Beachte: Der Schwellenwert von 1.500 € nach § 708 Nr. 11, 2. Halbs. ZPO bei der Kostenvollstreckung wird daher (wenn Gegenstand der Vollstreckung auch die Anwaltskosten im Vorverfahren sind) bereits beim Auffangstreitwert von 5.000 € gemäß § 52 Abs. 2 GKG überschritten.

---

138 Vgl. AS-Skript Die behördliche Assessorklausur (2013) in Vorbereitung.
139 VGH Kassel NVwZ-RR 2005, 582; ThürOVG NVwZ-RR 2001, 487, 488.
140 Zur geplanten Anpassung der kostenrechtlichen Vorschriften zum 01.07.2013 vgl. den Regierungsentwurf zum 2. Kostenrechtsmodernisierungsgesetz (2. KostRMoG) unter www.bmj.de.
141 Müller-Rabe NJW 2009, 2913, 2914.

b) Abwendungsbefugnis

Greift § 708 Nr. 11 ZPO ein, so ist das Urteil ohne Sicherheitsleistung vorläufig **180** vollstreckbar, **von Amts wegen** ist dann zugleich über die Abwendungsbefugnis des jeweiligen Vollstreckungsschuldners mitzuentscheiden (§ 711 ZPO).

> *„Das Urteil ist wegen der Kosten vorläufig vollstreckbar. Der Beklagte darf die Vollstreckung durch Sicherheitsleistung oder Hinterlegung in Höhe des aufgrund des Urteils vollstreckbaren Betrages abwenden, wenn nicht der Kläger vor der Vollstreckung Sicherheit in gleicher Höhe leistet."*

Obsiegt der **Hoheitsträger**, soll die Abwendungsbefugnis nach teilweise vertrete- **181** ner Ansicht entbehrlich sein, weil es aufgrund der Leistungsfähigkeit des Staates der Sicherheitsleistung nicht bedürfe.[142] Dies widerspricht jedoch dem eindeutigen Wortlaut des Gesetzes.[143]

Wie im Zivilurteil kann gemäß § 167 Abs. 1 S. 1 VwGO i.V.m. § 713 ZPO von der **182** Abwendungsbefugnis **abgesehen** werden, wenn ein Rechtsmittel nicht gegeben ist. Teilweise wird hiervon in der Praxis bereits dann Gebrauch gemacht, wenn die Berufung nicht zugelassen wird. Im Hinblick auf den möglichen Antrag auf Zulassung der Berufung (§ 124 a Abs. 4 VwGO) sollte hier indes grds. die Abwendungsbefugnis ausgesprochen werden.

Bei der Vollstreckung wegen einer **Geldforderung** (z.B. wegen der Kosten) genügt **183** die Angabe, dass Sicherheit in einem bestimmten Verhältnis zur Höhe des aufgrund des Urteils vollstreckbaren Betrages zu leisten ist (§ 711 S. 2 i.V.m. § 709 S. 2 ZPO). Im Zivilprozess wird hier i.d.R. mit einem Sicherheitszuschlag auf 110% des Vollstreckungsbetrages abgestellt.[144] Im Verwaltungsprozess wird eine solche Erhöhung überwiegend nicht für erforderlich gehalten, insb. wenn (wie häufig) lediglich eine Vollstreckung wegen der Kosten erfolgt (§ 167 Abs. 2 VwGO). Hier genügt die Bezugnahme auf den jeweils vollstreckbaren Betrag.[145] Eine Erhöhung auf 110% ist jedoch auch hier durchaus **vertretbar** und insb. dann geboten, wenn neben der Hauptforderung auch Zinsen vollstreckt werden, deren Höhe noch nicht definitiv feststeht (z.B. hinsichtlich der Anwaltskosten, § 104 Abs. 1 S. 2 ZPO).[146]

c) Vollstreckbarkeit gegen Sicherheitsleistung

Werden die Schwellenwerte des § 708 Nr. 11 ZPO **überschritten** (in der Hauptsa- **184** che mehr als 1.250 € oder Kostenvollstreckung über 1.500 €), so ist das Urteil nur gegen eine der Höhe nach zu bestimmende Sicherheit für vorläufig vollstreckbar zu erklären (§ 167 Abs. 1 VwGO i.V.m. § 709 S. 1 ZPO). Soweit wegen einer Geldforderung zu vollstrecken ist, genügt es auch hier, wenn die Höhe der Sicherheitsleistung in einem bestimmten Verhältnis zur Höhe des jeweils zu vollstreckenden Betrages angegeben wird (§ 709 S. 2 ZPO).

> *„Das Urteil ist (wegen der Kosten) gegen Sicherheitsleistung in Höhe des jeweils zu vollstreckenden Betrages vorläufig vollstreckbar."*

---

142 Geiger JuS 1998, 343, 348.
143 Schoch/Pietzner VwGO § 167 Rdnr. 143 m.w.N.
144 Jansen/Wesseling JuS 2009, 32, 33.
145 So Schmidt JA 2002, 804, 805; König JuS 2004, 119, 121; Finger JA 2008, 635, 638; Kintz Rdnr. 21.
146 Generell ablehnend Kintz Rdnr. 21.

185   Hinsichtlich der konkreten Formulierung sollte sich der Vollstreckbarkeitstenor am Wortlaut des § 709 S. 2 ZPO bzw. § 711 S. 2 ZPO orientieren: Im Fall der Sicherheitsleistung heißt es: „in Höhe des jeweils zu vollstreckenden Betrages" (§ 709 S. 2 ZPO), im Fall der Abwendungsbefugnis: „in Höhe des aufgrund des Urteils vollstreckbaren Betrages" (§ 711 S. 2 ZPO).

In der Praxis finden sich allerdings unterschiedliche, auch abweichende Formulierungen, z.B. „in Höhe des (jeweiligen) Vollstreckungsbetrages", „in Höhe des beizutreibenden Betrages" oder „in Höhe der noch festzusetzenden Kosten".[147]

> **Hinweis:** Die §§ 709 S. 2, 711 S. 2 ZPO begründen lediglich eine Befugnis des Gerichts, zwingend ist die verkürzte Entscheidung nicht. Allerdings ist es im Verwaltungsprozess schon seit jeher unüblich die Höhe der Sicherheitsleistung oder der Abwendungsbefugnis konkret zu berechnen.

d) Mehrere Vollstreckungsschuldner

186   Wird der Klage nur teilweise stattgegeben, so muss die Vollstreckbarkeitsentscheidung und damit auch die Abwendungsbefugnis grundsätzlich **für beide Beteiligten** erfolgen (unabhängig von einer im Kostenfestsetzungsverfahren ggf. erfolgenden Kostenausgleichung):

> *„Das Urteil ist wegen der Kosten vorläufig vollstreckbar. Der jeweilige Vollstreckungsschuldner darf die Vollstreckung durch Sicherheitsleistung oder Hinterlegung in Höhe des jeweils vollstreckbaren Betrages abwenden, wenn nicht der jeweilige Vollstreckungsgläubiger vor der Vollstreckung Sicherheit in gleicher Höhe leistet."*

187   Werden die Kosten **gegeneinander aufgehoben,** so fallen die Gerichtskosten jedem Teil zur Hälfte zur Last (§ 155 Abs. 1 S. 2 VwGO). Da auch im verwaltungsgerichtlichen Verfahren die Gerichtskosten sofort fällig und vom Kläger einzuzahlen sind (§ 6 Abs. 1 Nr. 4 GKG), hat er einen **hälftigen Erstattungsanspruch** gegen den Beklagten.

Früher war dies anders, da die Gerichtskosten erst nach Abschluss des Verfahrens anfielen und der Kläger bei Kostenaufhebung keinen Erstattungsanspruch gegen den Beklagten hatte. Heute muss der Kläger die Gebühr für das Verfahren im Allgemeinen im Voraus bezahlen und hat daher bei Kostenaufhebung einen Erstattungsanspruch i.H.v. 50 % gegen den Beklagten. Dieser ist dann Gegenstand der Kostenvollstreckung und damit der Vollstreckbarkeitsentscheidung.

> **Beachte:** Der Beklagte hat bei Kostenaufhebung dagegen keinen Erstattungsanspruch, da er seine außergerichtlichen Kosten selbst zu tragen hat. Die Vollstreckbarkeitsentscheidung ergeht daher in diesem Fall **nur zugunsten des Klägers.**

---

147   Vgl. Schmidt JA 2002, 804, 805.

2. Abschnitt: Besondere prozessuale Situationen

Besondere prozessuale Situationen
■ Klagehäufung
■ Klagerücknahme
■ Klageänderung
■ Erledigung des Rechtsstreits
■ **übereinstimmende** Erledigungserklärung
■ **einseitige** Erledigungserklärung
■ Prozessvergleich
■ Prozessaufrechnung
■ Prozesskostenhilfe

A. Klagehäufung

Der Kläger kann in einer Klage **mehrere Klagebegehren** zusammen verfolgen (§ 44 VwGO). Eine solche **objektive Klagehäufung** liegt vor, wenn Gegenstand der Klage **mehrere Streitgegenstände** sind.

188

Beispiele: K hat Anfechtungsklage gegen die dem Bauherrn erteilte Baugenehmigung erhoben verbunden mit einem Verpflichtungsantrag auf Erlass einer Beseitigungsverfügung hinsichtlich der bereits errichteten baulichen Anlage (§ 113 Abs. 1 S. 2 VwGO). Der unterlegene Bewerber B hat Anfechtungsklage gegen die Ernennung des Konkurrenten K erhoben verbunden mit einer Verpflichtungsklage auf erneute Bescheidung seiner Bewerbung.

Gegenbeispiel: K beantragt, die Behörde zu verpflichten, ihm die begehrte Baugenehmigung für ein Mehrfamilienhaus zu erteilen und außerdem den Ablehnungsbescheid aufzuheben. Bei letzterem handelt es sich nicht um eine zusätzliche Anfechtungsklage, da der Aufhebungsantrag bzgl. der ablehnenden Bescheide im Verpflichtungsantrag mitenthalten ist (s.o. Rdnr. 117).

> **Beachte:** Von der objektiven Klagehäufung i.S.d. § 44 VwGO zu unterscheiden ist die **subjektive Klagehäufung** (Streitgenossenschaft). Für die **Streitgenossenschaft** gelten nach § 64 VwGO die §§ 59 ff. ZPO. Sie ist kein Fall des § 44 VwGO, kann aber zusammen mit einer objektiven Klagehäufung vorliegen.

Die Voraussetzungen des § 44 VwGO gelten auch für die **Eventualklagehäufung**, d.h. beim Zusammentreffen von Haupt- und Hilfsantrag.[148]

189

Beispiel: K klagt auf Feststellung, dass das Aufstellen von Tischen und Stühlen vor seiner Gaststätte nicht erlaubnispflichtig ist, hilfsweise beantragt er die Behörde zu verpflichten, ihm eine Sondernutzungserlaubnis zu erteilen.

Denkbar ist auch eine **alternative Klagehäufung**, die indes nach allgemeiner Auffassung **unzulässig** ist. Denn der Streitgegenstand würde abweichend von § 82 VwGO in das Belieben des Gerichts gestellt, wenn der Kläger gegen einen Beklagten diesen oder jenen Anspruch geltend machen könnte.

Die **(objektive) Klagehäufung** ist nach § 44 VwGO nur **zulässig**, wenn

190

■ sich die Klagebegehren gegen **denselben Beklagten** richten,

■ im **Zusammenhang** stehen und

■ **dasselbe Gericht** zuständig ist, d.h. sowohl sachlich als auch örtlich (§ 52 VwGO).

---

148 Kopp/Schenke VwGO § 44 Rdnr. 1.

191 Im **Entscheidungsentwurf** ist es i.d.R. angebracht, die Darstellung der verschiedenen Klagebegehren zu **trennen**. Liegen die Voraussetzungen des § 44 VwGO unzweifelhaft vor, kann es zweckmäßig sein, die Zulässigkeit der Anträge zusammen zu prüfen, wenn die Begehren sich ähneln und dadurch Wiederholungen vermieden werden.

> *„Die Anträge sind zulässig. ... Der Kläger kann die von ihm verfolgten Begehren nach § 44 VwGO in einer einheitlichen Klage verfolgen. Die Anträge richten sich gegen denselben Beklagten, stehen im Zusammenhang, für beide Begehren ist gemäß § ... VwGO das erkennende Gericht zuständig.“*

> **Beachte:** Eine Zusammenprüfung der Zulässigkeit **verbietet** sich in jedem Fall bei Haupt- und Hilfsanträgen. Hier darf auf den Hilfsantrag (auch auf dessen Zulässigkeit) erst eingegangen werden, wenn der Hauptantrag vollständig auf Zulässigkeit und Begründetheit überprüft worden ist.

192 Liegen die Voraussetzungen des § 44 VwGO nicht vor, bleiben die Klagebegehren für sich gesehen zulässig, nur die Klageverbindung ist unzulässig. Die Verfahren werden nach § 93 VwGO **getrennt**.

B. Klagerücknahme

I. Wirksamkeit der Klagerücknahme

193 Der Kläger kann seine Klage bis zur **Rechtskraft** des Urteils (also auch noch nach Erlass des Urteils) zurücknehmen (§ 92 Abs. 1 S. 1 VwGO). Nach Antragstellung in der mündlichen Verhandlung kann die Klagerücknahme nur wirksam erfolgen, wenn der Beklagte und ggf. der VÖI **einwilligen** (§ 92 Abs. 1 S. 2 VwGO).

Die Einwilligung ist **Wirksamkeitsvoraussetzung** für die Klagerücknahme.[149] Durch das Einwilligungserfordernis soll verhindert werden, dass sich der Kläger in einem fortgeschrittenen Verfahrensstadium einer rechtskraftfähigen Entscheidung entzieht.

194 Die Einwilligung kann **ausdrücklich** oder **konkludent** erteilt werden, z.B. durch Stellung eines Kostenantrags nach § 155 Abs. 2 VwGO. Die Einwilligung gilt als erteilt, wenn der Klagerücknahme nicht innerhalb von zwei Wochen seit Zustellung des die Rücknahme enthaltenden Schriftsatzes widersprochen wird (§ 92 Abs. 1 S. 3 VwGO).

> **Beachte:** Eine Zustimmung des Beigeladenen, auch des notwendig Beigeladenen, sieht das Gesetz bei der Klagerücknahme nicht vor!

195 Bei Anträgen im **einstweiligen Rechtsschutzverfahren** ist § 92 Abs. 1 S. 2 VwGO nicht entsprechend anwendbar, die Anträge können daher in jedem Verfahrensstadium auch ohne Einwilligung des Gegners zurückgenommen werden. Anders als im Hauptsacheverfahren ist der Antragsgegner wegen der nur beschränkten Rechtskraftwirkung nicht besonders schutzbedürftig.[150]

196 Nach § 92 Abs. 2 VwGO **gilt** die Klage **als zurückgenommen**, wenn der Kläger das Verfahren trotz Aufforderung des Gerichts länger als zwei Monate nicht betreibt. In der Aufforderung hat das Gericht auf diese Rechtsfolge sowie auf die Kostenfolge des § 155 Abs. 2 VwGO hinzuweisen (§ 92 Abs. 2 S. 3 VwGO). Im Zeitpunkt der Betreibensaufforderung müssen sachlich begründete Anhaltspunkt für einen Wegfall des Rechtsschutzinteresses bestehen.[151]

---

149 BVerwG DVBl. 1989, 874, 875.
150 Schoch/Clausing VwGO § 92 Rdnr. 83 m.w.N.
151 BVerwG NVwZ 2001, 918; NVwZ 2000, 1297.

Der Kläger kann sich **außergerichtlich** verpflichten, die Klage zurückzunehmen.   197

Beispiel: Nachbar N hat gegen die dem Bauherrn B erteilte Baugenehmigung Anfechtungsklage erhoben. Außergerichtlich einigen sich B und N, dass N die Klage gegen Zahlung von 10.000 € zurücknimmt.

Ein **außergerichtlicher Vergleich** gestaltet als materiellrechtlicher Vertrag die Rechtslage nur in materieller Hinsicht und hat **keine unmittelbaren Auswirkungen auf den Prozess** (anders der Prozessvergleich, dazu unten Rdnr. 265 ff.). Kommt der Kläger seiner Verpflichtung nicht nach und erhält die Klage aufrecht, stellt dies ein treuwidriges Verhalten dar, das analog § 242 BGB den Einwand der Treuwidrigkeit begründet. Nach h.M. wird daher eine Klage unzulässig, wenn sich der Kläger außergerichtlich (wirksam) zur Rücknahme der Klage verpflichtet hat.[152]

II. Rechtsfolge der Klagerücknahme

Die Klagerücknahme hat **unmittelbar verfahrensgestaltende Wirkung**, d.h. sie bewirkt **automatisch** die Beendigung des Verfahrens. Sie ist als **Prozesshandlung** bedingungsfeindlich, unwiderruflich und unanfechtbar.[153]   198

Die Rücknahme darf aber von **innerprozessualen Vorgängen** abhängig gemacht werden (z.B. vom Erfolg oder Misserfolg einer eigenen oder vom Gegner unbedingt vollzogenen anderweitigen Prozesshandlung).[154]

Die Rücknahme wirkt **ex tunc**, das Verfahren gilt als nicht rechtshängig geworden, bereits ergangene Entscheidungen werden wirkungslos, ohne dass es einer ausdrücklichen Aufhebung bedarf (§ 173 S. 1 VwGO, § 269 Abs. 3 S. 1, 2. Halbs. ZPO).

Ist die Klage wirksam zurückgenommen oder gilt sie nach § 92 Abs. 2 VwGO als zurückgenommen, so **stellt** das Gericht das Verfahren nach § 92 Abs. 3 S. 1 VwGO durch Beschluss (deklaratorisch) **ein** und entscheidet über die **Kosten**, die nach § 155 Abs. 2 VwGO i.d.R. vom Kläger zu tragen sind. Beruht die Klageerhebung auf einem Verschulden des Beklagten, so bleibt § 155 Abs. 4 VwGO anwendbar.[155]   199

„Das Verfahren wird eingestellt.

Der Kläger trägt die Kosten des Verfahrens.

Der Streitwert beträgt 5.000 €."

Im Fall des § 92 Abs. 2 VwGO **(Rücknahmefiktion)** ist zusätzlich festzustellen, dass die Klage als zurückgenommen gilt (§ 92 Abs. 2 S. 4 VwGO). In der Rechtsmittelinstanz ist auf Antrag (deklaratorisch) auszusprechen, dass die vorinstanzlichen Entscheidungen gegenstandslos sind (§ 173 S. 1 VwGO, § 269 Abs. 4 ZPO).

Der Beschluss ist **unanfechtbar** – bzgl. der Einstellung nach § 92 Abs. 3 S. 2 VwGO, bzgl. der Kosten nach § 158 Abs. 2 VwGO. Entsteht im nachhinein **Streit**, ob eine wirksame Klagerücknahme vorliegt, so ist ein Antrag auf **Fortsetzung** des Verfahrens möglich. Das Gericht entscheidet sodann durch Urteil, ob das Verfahren tatsächlich beendet ist.[156]   200

III. Die teilweise Klagerücknahme

In der Klausur spielt die Klagerücknahme vor allem dann eine Rolle, wenn sie sich nur auf einen **Teil des Streitgegenstandes** bezieht.

---

152 BVerwG DVBl. 1994, 211, 213; BayVGH NJW 2009, 247, 248.
153 OVG NRW NWVBl. 2008, 75; OVG Lüneburg NVwZ-RR 2010, 862.
154 BVerwG NVwZ 2002, 990.
155 Kopp/Schenke VwGO § 155 Rdnr. 11 m.w.N.
156 Kopp/Schenke VwGO § 92 Rdnr. 28.

201 Bei **teilweiser Klagerücknahme** ist über den rechtshängig bleibenden Teil streitig zu entscheiden, bzgl. des zurückgenommenen Teils wird das Verfahren gemäß § 92 Abs. 3 S. 1 VwGO eingestellt. Beide Entscheidungen erfolgen **einheitlich durch Urteil** (also kein gesonderter Beschluss).

> *„Soweit der Kläger die Klage zurückgenommen hat, wird das Verfahren eingestellt.*
>
> *Im Übrigen wird die Klage abgewiesen.*
>
> *Der Kläger trägt die Kosten des Verfahrens.*
>
> *Das Urteil ist (wegen der Kosten) vorläufig vollstreckbar. Der Kläger darf die Vollstreckung durch Sicherheitsleistung ...“*

Die **Vollstreckbarkeitsentscheidung** bezieht sich in diesem Fall **nur auf den streitig entschiedenen Teil**. Wäre nämlich über die Kosten nach § 155 Abs. 2 VwGO nach § 92 Abs. 3 S. 1 VwGO durch Beschluss entschieden worden, so wäre dieser – wie jeder Beschluss – für den obsiegenden Teil ohne Weiteres vollstreckbar gewesen (s.u. Rdnr. 316). Daran ändert sich nichts durch die einheitliche Entscheidung im Urteil. In den Fällen des § 708 Nr. 11 ZPO führt das dann dazu, dass die Abwendungsbefugnis nur bzgl. des streitigen Teils anzuordnen ist.

202 Im **Tatbestand** des Urteils ist die teilweise Klagerücknahme im Rahmen der Anträge darzustellen.

> *„Ursprünglich hat der Kläger beantragt, ... Mit Schriftsatz vom ... hat der Kläger die Klage bzgl. ... (in Höhe von ...) zurückgenommen. Er beantragt nunmehr, ...“*

203 Zu Beginn der **Entscheidungsgründe** ist zunächst die Einstellungsentscheidung zu begründen. Anschließend folgen die Ausführungen zur streitigen Entscheidung.

> *„Soweit der Kläger die Klage zurückgenommen hat, war das Verfahren gemäß § 92 Abs. 3 S. 1 VwGO einzustellen. Im Übrigen ist die Klage ...“*

204 Bei der **Kostenentscheidung** reicht es aus, auf die entscheidungserheblichen Vorschriften zu verweisen.

> *„Soweit der Kläger die Klage zurückgenommen hat, folgt die Kostenentscheidung aus § 155 Abs. 2 VwGO, im Übrigen aus § 154 Abs. 1 VwGO.*

205 Bei der **Rechtsmittelbelehrung** ist § 92 Abs. 3 S. 2 VwGO zu beachten. Die Einstellung des Verfahrens ist, auch wenn sie im Urteil erfolgt, unanfechtbar. Dies gilt auch für die Kostenentscheidung, soweit diese auf § 155 Abs. 2 VwGO beruht (§ 158 Abs. 2 VwGO). Bezüglich des **streitigen Teils** bleibt es bei den allgemeinen Regeln, d.h. grds. Anfechtung der Kostenentscheidung nur durch Rechtsmittel in der Hauptsache, nicht durch isolierte Kostenbeschwerde (§ 158 Abs. 1 VwGO).

> *„Soweit das Verfahren eingestellt worden ist, ist die Entscheidung unanfechtbar. Im Übrigen kann ... (Hinweis auf den Antrag auf Zulassung der Berufung gemäß § 124 a Abs. 4 VwGO).“*

C. Klageänderung

I. Fälle der Klageänderung

Aufgrund der Dispositionsmaxime ist der Kläger auch nach Eintritt der Rechtshängigkeit berechtigt, den Streitgegenstand zu ändern (§ 91 VwGO). Nach dem herrschenden **zweigliedrigen** Streitgegenstandsbegriff kann die Klage geändert werden durch Änderung des **Antrags** oder durch Änderung des **Klagegrundes**.   206

Eine Klageänderung durch **Änderung des Antrags** liegt vor, wenn der Kläger nunmehr entweder etwas anderes oder etwas zusätzlich begehrt (nachträgliche Klagehäufung). **Nicht als Klageänderung** anzusehen ist gemäß § 173 S. 1 VwGO i.V.m. § 264 ZPO, wenn ohne Änderung des Klagegrundes   207

- die tatsächlichen oder rechtlichen Ausführungen ergänzt oder berichtigt werden,

- der Klageantrag in der Hauptsache oder in Bezug auf Nebenforderungen erweitert oder beschränkt wird oder

- statt des ursprünglich geforderten Gegenstandes wegen einer später eingetretenen Veränderung ein anderer Gegenstand oder das Interesse gefordert wird.

Eine Klageänderung liegt daher z.B. **nicht** vor, wenn der Kläger von der Anfechtungsklage zur Fortsetzungsfeststellungsklage übergeht oder zusätzlich einen Annexantrag nach § 113 Abs. 1 S. 2 VwGO stellt, ebenso beim Übergang von einer Leistungs- oder Verpflichtungsklage zur allgemeinen Feststellungsklage.

Eine Klageänderung durch **Änderung des Klagegrundes** ist äußerst selten, da das Nachschieben von tatsächlichen Gründen aus demselben Sachverhalt gemäß § 173 S. 1 VwGO, § 264 Nr. 1 ZPO gerade keine Klageänderung darstellt. Sie ist nur ausnahmsweise anzunehmen, wenn dem Begehren ein **völlig neuer Sachverhalt** zugrunde gelegt wird.   208

Eine Klageänderung liegt deshalb auch nicht vor, wenn der Kläger, der einen vertraglichen Anspruch geltend macht, sich nachträglich hilfsweise auf gesetzliche Anspruchsgrundlagen beruft. Denn Streitgegenstand ist der prozessuale Anspruch, auf die materiell-rechtliche Begründung und die jeweiligen Anspruchsgrundlagen kommt es nicht an, auch wenn die konkurrierenden Anspruchsgrundlagen mehr oder weniger Tatbestandsvoraussetzungen haben. Wegen der umfassenden Entscheidungskompetenz nach § 17 Abs. 2 S. 1 GVG ist es auch irrelevant, ob es sich um öffentlich-rechtliche oder privatrechtliche Anspruchsgrundlagen handelt.[157]

Auch das **Auswechseln eines Hauptbeteiligten** (Kläger oder Beklagter) stellt nach h.M. einen Fall der Klageänderung i.S.d. § 91 VwGO dar **(gewillkürter Beteiligtenwechsel)**.[158]   209

Beispiele: Der Kläger hat die Klage gegen Ausgangs-VA und Widerspruchsbescheid (§ 79 Abs. 1 Nr. 1 VwGO) zunächst gegen den Kreis gerichtet, da der Landrat den Widerspruchsbescheid erlassen hat. Im Nachhinein richtet er die Klage gegen die Gemeinde, deren Bürgermeister den Ausgangsbescheid erlassen. Das Auswechseln des Beklagten ist unter den Voraussetzungen des § 91 VwGO zulässig. – Der Kläger hat zunächst Klage gegen den Bürgermeister erhoben, während des Klageverfahrens verklagt er zusätzlich die Gemeinde. Auch eine solche Klageerweiterung ist unter den Voraussetzungen des § 91 VwGO zulässig.[159]

Gegenbeispiel: Der Kläger hat zunächst Ausgangs-VA und Widerspruchsbescheid als Einheit (§ 79 Abs. 1 Nr. 1 VwGO) angefochten und später die Klage auf eine Verböserung im Widerspruchsbescheid beschränkt. Hier bleibt der Träger der Ausgangsbehörde richtiger Beklagter, da der Träger der Widerspruchsbehörde nach § 79 Abs. 2 S. 3 i.V.m. § 78 Abs. 2 VwGO nur dann richtiger Klagegegner ist, wenn der Widerspruchsbescheid von Anfang an alleiniger Klagegegenstand ist.[160]

---

157 BGH NVwZ 2002, 1535, 1536.
158 BVerwG DVBl. 1993, 562, 563; Kopp/Schenke VwGO § 91 Rdnr. 7.
159 OVG NRW, Urt. v. 24.04.2009 – 15 A 981/06, RÜ 2009, 604, 606.
160 BVerwG DVBl. 1987, 238.

> **Beachte:** Von der subjektiven Klageänderung zu unterscheiden sind die Fälle, in denen der Beklagte nur **unrichtig oder unvollständig** bezeichnet ist. Hier erfolgt die Änderung durch Berichtigung des Rubrums von Amts wegen (s.o. Rdnr. 55).

210 Ebenso stellt auch der Beteiligtenwechsel **kraft Gesetzes**, insbes. im Fall der Erbfolge oder bei Funktionsnachfolge (z.B. Änderung der Behördenzuständigkeit), **keine subjektive Klageänderung** dar. Der Prozess wird, ggf. nach Unterbrechung, unmittelbar mit den neuen Beteiligten fortgesetzt.

Beispiel: Während des Prozesses wird die Zuständigkeit zur Erteilung der erstrebten Baugenehmigung vom beklagten Kreis auf die Gemeinde übertragen. Es erfolgt keine Klageänderung, sondern der Beteiligtenwechsel tritt kraft Gesetzes gemäß § 173 S. 1 VwGO, § 239 ZPO analog ein.[161]

II. Zulässigkeit der Klageänderung

211 Die Klageänderung ist nach § 91 VwGO **zulässig**, wenn

- die **übrigen Beteiligten einwilligen** oder

- das **Gericht** die Änderung für **sachdienlich** hält.

212 Die Einwilligung kann ausdrücklich oder konkludent erfolgen, insbes. durch **rügelose Einlassung** (§ 91 Abs. 2 VwGO, der über seinen Wortlaut hinaus nicht nur für den Beklagten, sondern auch für die übrigen Beteiligten gilt).[162] Erforderlich ist die Einwilligung aller Beteiligter, also insbes. auch der Beigeladenen.

Bei **subjektiver** Klageänderung ist indes die Zustimmung des **neuen Beklagten** nicht erforderlich, da der Beklagte auch sonst keine Möglichkeit hat, auf die Klageerhebung Einfluss zu nehmen. Der neue Beklagte kann jedoch verlangen, dass die bisherige Verhandlung wiederholt wird.[163]

Die Zustimmung des Eintretenden ist nur dann erforderlich, wenn der Beteiligtenwechsel erst in der Rechtsmittelinstanz erfolgt, da der Betroffene sonst gegen seinen Willen eine Instanz verlieren würde.

213 Stimmen die übrigen Beteiligten der Klageänderung nicht zu, so ist sie nur zulässig, wenn sie das Gericht für **sachdienlich** erachtet. Dies ist aus Gründen der **Prozessökonomie** dann der Fall, wenn der Streitstoff im Wesentlichen derselbe ist und die Klageänderung zu einer endgültigen Beilegung des Streits zwischen den Beteiligten führt und einen neuen Rechtsstreit überflüssig macht.[164]

Sachdienlich ist die Klageänderung z.B., wenn es bei Änderung oder Auswechslung eines angefochtenen VA im Wesentlichen um **dieselben Sach- und Rechtsfragen** geht.[165] Die Sachdienlichkeit ist dagegen i.d.R. zu **verneinen**, wenn durch die Klageänderung ein **gänzlich neuer Prozessstoff** in das Verfahren eingeführt wird, der das Ergebnis des bisherigen Verfahrens unverwertbar macht.[166]

> **Beachte:** Bei der Sachdienlichkeit spielt die Zulässigkeit der geänderten Klage keine Rolle! Eine Klageänderung kann auch dann sachdienlich sein, wenn die geänderte Klage als unzulässig abgewiesen werden muss.

---

161 BVerwGE 44, 148, 150; differenzierend Redeker NVwZ 2000, 1223 ff.

162 Vgl. Kopp/Schenke VwGO § 91 Rdnr. 17.

163 Kopp/Schenke VwGO § 91 Rdnr. 16 m.w.N.

164 OVG NRW, Urt. v. 24.04.2009 – 15 A 981/06, RÜ 2009, 604, 605; NWVBl. 2010, 191.

165 Kopp/Schenke VwGO § 91 Rdnr. 19.

166 BVerwG DVBl. 1980, 598; Kopp/Schenke VwGO § 91 Rdnr. 19.

III. Zulässigkeit der geänderten Klage

Ist die **Klageänderung zulässig**, heißt das nicht automatisch, dass damit die Klage per se zulässig ist. Vielmehr muss stets geprüft werden, ob die **geänderte Klage ihrerseits zulässig** ist. Insbesondere muss bei Anfechtungs- und Verpflichtungsklagen die **Klagefrist** für den neuen Antrag bzw. die Erweiterung gewahrt sein. 214

Beispiel: Gegen einen am 31.03. zugestellten Widerspruchsbescheid hat K am 21.04. Klage gegen die Gemeinde als Trägerin der Ausgangsbehörde erhoben. Im Termin zur mündlichen Verhandlung am 02.06. erklärt K mit Zustimmung der übrigen Beteiligten, dass sich die Klage nunmehr gegen den Kreis richten soll, dessen Landrat als Widerspruchsbehörde entschieden hat.

Ist ein gewillkürter Beteiligtenwechsel auf **Beklagtenseite** erfolgt, so kommt es für die Einhaltung der Klagefrist nicht auf den Zeitpunkt der Klageänderung, sondern auf den **Zeitpunkt der Klageerhebung** an. Entscheidend für die Wahrung der Klagefrist ist die Rechtshängigkeit, die nach § 90 VwGO mit Erhebung der Klage eintritt. Die spätere (subjektive) Klageänderung hat **keinen Einfluss** auf die bereits eingetretene Rechtshängigkeit. Denn Streitgegenstand bleibt nach wie vor der angefochtene Verwaltungsakt.[167] 215

> **Hinweis:** Die Klage gegen den falschen Beklagten wahrt daher auch die Klagefrist gegen den richtigen Beklagten!

Wird dagegen der **Kläger** ausgewechselt, ist erforderlich, dass auch in der Person des neuen Klägers die Sachurteilsvoraussetzungen, insbes. das Vorverfahren und die Klagefrist eingehalten sind.[168] 216

Beispiel: Die Klage der Gesellschafter einer BGB-Gesellschaft gegen einen die Gesellschaft betreffenden Bescheid wird geändert in eine Klage der Gesellschaft. – Maßgeblich für die Wahrung der Klagefrist ist der Zeitpunkt des Eintritts der neuen Klagepartei.

Bei der **objektiven Klageänderung** wird der neue Antrag nach § 173 S. 1 VwGO, § 261 Abs. 2 ZPO erst im Zeitpunkt der Klageänderung (ex nunc) rechtshängig. 217

Beispiel: K hat gegen einen am 21.04. zugestellten Bescheid fristgemäß Klage erhoben. Am 25.05. geht ihm ein mit ordnungsgemäßer Rechtsbehelfsbelehrung versehener Änderungsbescheid zu, den er nicht gesondert anficht. Im Termin zur mündlichen Verhandlung am 10.07. erklärt K, seine Klage solle sich nunmehr gegen den Änderungsbescheid vom 25.05. richten. Die geänderte Klage ist nach h.M. unzulässig, da der Änderungsbescheid unanfechtbar geworden ist.

Anders als § 68 FGO und § 96 SGG enthält die VwGO keine Regelung über die **Einbeziehung nachträglich ergangener Bescheide** in ein anhängiges Verfahren. Da die objektive Klageänderung nicht auf den Zeitpunkt der ursprünglichen Klage zurückwirkt, ist der neue Antrag nach h.M. verfristet, wenn der Änderungsbescheid bestandskräftig geworden ist.[169] Bedenklich hieran ist allerdings, dass die Behörde durch den Erlass eines neuen fristensetzenden Verwaltungsakts den Kläger, der bereits durch die Klage gegen den ersten Verwaltungsakt seine Abwehr dokumentiert hat, erneut zum Handeln zwingen kann.[170] 218

> **Beachte:** Das Vorverfahren ist zwar entbehrlich, wenn ein angefochtener VA durch einen anderen VA ersetzt oder abgeändert wird und der neue VA im Wesentlichen dieselben Sach- und Rechtsfragen betrifft (s.u. Rdnr. 506). Der Kläger muss daher nicht erneut Widerspruch erheben, muss aber (bei ordnungsgemäßer Rechtsbehelfsbelehrung) innerhalb von einem Monat nach Bekanntgabe des Änderungsbescheides diesen zum Gegenstand des laufenden Verfahrens machen.

---

167 BVerwG DVBl. 1993, 562, 563; Kopp/Schenke VwGO § 91 Rdnr. 32.

168 BVerwG NVwZ 2002, 80; Kopp/Schenke VwGO § 91 Rdnr. 32 m.w.N.

169 Kopp/Schenke VwGO § 91 Rdnr. 32; Redeker/v.Oertzen VwGO § 91 Rdnr. 26.

170 Vgl. dazu BVerwG NVwZ 1998, 1292, 1294.

219   Ebenso gilt die ursprüngliche Klagefrist des § 74 Abs. 2 VwGO für ein neues **Verpflichtungsbegehren**, wenn dieses sich tatsächlich und rechtlich grundlegend von dem ursprünglich geltend gemachten Anspruch unterscheidet.[171] Etwas anderes gilt nur, wenn sich die Klage im Wesentlichen im Rahmen der ursprünglichen Klagegründe hält.[172] Allerdings wird der zulässigerweise erweiterte Antrag in jedem Fall gemäß § 173 S. 1 VwGO, § 261 Abs. 2 ZPO erst mit dem Zeitpunkt der Klageänderung rechtshängig.

> **Beispiel:** B hat fristgerecht Verpflichtungsklage gegen die Ablehnung eines Bauvorbescheides erhoben. Während des gerichtlichen Verfahrens erweitert er seinen Antrag auf Erteilung der Baugenehmigung. Da sich die geänderte Klage im Wesentlichen im Rahmen der ursprünglichen Klagegründe hält, ist es unerheblich, wenn die Klageänderung erst nach Ablauf der Klagefrist erfolgt. Im Übrigen könnte B ohnehin jederzeit erneut eine Baugenehmigung beantragen und gegen deren Ablehnung klagen.[173]

IV. Darstellung der Klageänderung im Urteil

220   Die **Zulässigkeit** der Klageänderung ist im Urteil in den Entscheidungsgründen **vorab**, also vor der Zulässigkeits- und Begründetheitsprüfung darzustellen. Ist die Änderung nämlich **zulässig**, so untersucht das Gericht nur noch das **neue Begehren** auf Zulässigkeit und Begründetheit, unabhängig davon, ob das ursprüngliche Begehren zulässig und/oder begründet war.

> *„Der Entscheidung war der vom Kläger in der mündlichen Verhandlung gestellte Leistungsantrag zugrunde zu legen. Zwar hat der Beklagte der Klageänderung von dem ursprünglich gestellten Feststellungsantrag in einen Leistungsantrag widersprochen. Die Klageänderung ist jedoch gemäß § 91 Abs. 1, 2. Halbs. VwGO als sachdienlich zuzulassen, weil der Prozessstoff im Wesentlichen identisch bleibt und das Verfahren zur endgültigen Beilegung des streitigen Rechtsverhältnisses führt. ...“*

> *„Die Klage ist zulässig, insbes. richtet sie sich gegen den richtigen Beklagten. Zwar hat der Kläger die Klage zunächst gegen das Land L erhoben und erst später gegen den Kreis K. Das Auswechseln des Beklagten ist als Klageänderung i.S.d. § 91 Abs. 1 VwGO anzusehen und zulässig, weil sich die Beteiligten rügelos auf die geänderte Klage eingelassen haben (§ 91 Abs. 2 VwGO). Die geänderte Klage ist zulässig, denn ...“*

221   Ist die **Klageänderung unzulässig**, so ist der **neue Antrag** durch **Prozessurteil** als unzulässig abzuweisen. Nach h.M. ist dann allerdings noch über den **ursprünglichen Antrag** zu entscheiden, da dieser nicht wirksam ersetzt worden ist, sodass er weiter anhängig bleibt und darüber entschieden werden muss.[174]

> *„Der Entscheidung war der ursprünglich von der Klägerin gestellte Leistungsantrag zugrunde zu legen. Die von der Klägerin in der mündlichen Verhandlung vorgenommene Klageänderung in einen Anfechtungsantrag ist gemäß § 91 Abs. 1 VwGO unzulässig. Der Beklagte hat der Klageänderung widersprochen, sie ist auch nicht sachdienlich. Denn durch die Änderung würde ein gänzlich neuer Prozessstoff in das Verfahren eingeführt. ... Da der ursprüngliche Antrag nicht wirksam ersetzt worden ist, war über den ursprünglichen Klageantrag zu entscheiden. Dieser ist als Leistungsklage zulässig, aber unbegründet ...“*

---

171 BVerwG NVwZ 1998, 1292, 1294.

172 Kopp/Schenke VwGO § 91 Rdnr. 32; ebenso in einem Spezialfall BVerwG NVwZ 2010, 63.

173 BVerwG NJW 1976, 340, 341; VGH Mannheim NVwZ-RR 2002, 6; Kopp/Ramsauer VwVfG § 51 Rdnr. 7 b.

Falls in der Klageänderung zugleich eine **Ermäßigung des bisherigen Klagean-** **trags** liegt, ist umstritten, ob insoweit (auch) eine teilweise Klagerücknahme anzunehmen ist, sodass neben § 91 VwGO auch die Regeln des § 92 VwGO gelten.[175] Im Verwaltungsprozess wird überwiegend angenommen, dass sich Klagerücknahme und Klageänderung **gegenseitig ausschließen**, sodass in der Umstellung des Klagebegehrens **nur eine Klageänderung** zu sehen ist.[176]

222

> **Beachte:** Große Bedeutung hat diese Streitfrage nicht, da § 264 Nr. 2 ZPO diesen Fall privilegiert und auch nach § 92 Abs. 1 S. 2 VwGO die Einwilligung des Beklagten nur ausnahmsweise erforderlich ist.

D. Erledigung des Rechtsstreits

Erledigt sich der Rechtsstreit in der Hauptsache, so muss der Kläger – soll die Klage nicht als unzulässig abgewiesen werden – sein Begehren umstellen:

223

- Er kann die **Klage zurücknehmen** (§ 92 VwGO), trägt dann allerdings zwingend die Kosten des Verfahrens (§ 155 Abs. 2 VwGO), und zwar unabhängig davon, ob seine Klage bis zum erledigenden Ereignis Erfolg gehabt hätte oder nicht.

- Er kann seine Klage als **Fortsetzungsfeststellungsklage** fortführen, bedarf dafür aber eines besonderen Feststellungsinteresses (§ 113 Abs. 1 S. 4 VwGO).

- Im Übrigen ist anerkannt, dass der Kläger aufgrund der Dispositionsmaxime (Verfügungsgrundsatz) die Hauptsache für **erledigt erklären** kann. Die gerichtliche Entscheidung hängt dann von der Reaktion des Beklagten ab. Dementsprechend unterscheidet man

  - die **übereinstimmende Erledigungserklärung** und

  - die **einseitige Erledigungserklärung**.

I. Übereinstimmende Erledigungserklärungen

Schließt sich der Beklagte der Erledigungserklärung des Klägers an (übereinstimmende Erledigungserklärung), so trifft das Gericht **keine Sachentscheidung** mehr, sondern hat nach § 161 Abs. 2 VwGO nur noch über die **Kosten** des Verfahrens zu entscheiden.

224

Dabei wird die Zustimmung des Beklagten fingiert, wenn er der Erledigungserklärung des Klägers nicht innerhalb von zwei Wochen seit Zustellung des die Erledigungserklärung enthaltenden Schriftsatzes widerspricht und er vom Gericht auf diese Folge hingewiesen worden ist (§ 161 Abs. 2 S. 2 VwGO, ebenso im Zivilprozess § 91 a Abs. 1 S. 2 ZPO und ähnlich der Einwilligungsfiktion bei der Klagerücknahme nach § 92 Abs. 1 S. 3 VwGO, s.o. Rdnr. 194).

> **Beachte:** Trotz des von § 91 a ZPO („haben die Parteien den Rechtsstreit ... für erledigt erklärt") abweichenden Wortlauts kommt es auch im Rahmen des § 161 Abs. 2 VwGO („ist der Rechtsstreit in der Hauptsache erledigt") nicht auf die objektive Erledigung an, sondern allein auf die **Erledigungserklärungen** der Beteiligten. Denn aufgrund der Dispositionsmaxime ist das Gericht an die Erklärungen der Beteiligten gebunden.

---

174 Redeker/v.Oertzen VwGO § 91 Rdnr. 24; einschränkend Kopp/Schenke VwGO § 91 Rdnr. 24: nur wenn der ursprüngliche Antrag hilfsweise aufrechterhalten bleibt, was allerdings im Zweifel immer anzunehmen sei.

175 Vgl. Kuntze in Bader VwGO § 91 Rdnr. 5 und die h.M. im Zivilprozess.

176 Kopp/Schenke VwGO § 91 Rdnr. 30.

1. Voraussetzungen

225   Die Bindung des Gerichts an die Erklärung der Beteiligten bewirkt, dass es für die gerichtliche Prüfung nicht darauf ankommt, ob die Klage vorher zulässig oder begründet war und ob und wann ein den Rechtsstreit erledigendes Ereignis eingetreten ist, sondern **entscheidend sind allein die Erklärungen der Beteiligten.**[177]

Daher ist § 161 Abs. 2 VwGO auch dann anwendbar, wenn die tatsächliche Erledigung schon vor Klageerhebung eingetreten ist, sodass sich auch eine Fortsetzungsfeststellungsklage im Rechtssinne erledigen kann. Die Ausnahme in § 161 Abs. 2 VwGO („außer in den Fällen des § 113 Abs. 1 S. 4") erfasst nur die streitig geführte Fortsetzungsfeststellungsklage, nicht dagegen den Fall, dass eine Fortsetzungsfeststellungsklage übereinstimmend für erledigt erklärt wird.[178]

Umgekehrt darf das Gericht bei Vorliegen eines objektiv erledigenden Ereignisses **ohne Erledigungserklärungen** auch nicht nach § 161 Abs. 2 VwGO vorgehen, sondern muss die Klage als unzulässig abweisen.[179]

226   Es müssen nur Erledigungserklärungen der **Hauptbeteiligten** (Kläger, Beklagter) vorliegen. Eine entsprechende Erklärung bzw. Zustimmung sonstiger Beteiligter, z.B. des Beigeladenen, ist nicht erforderlich. Denn bei der Erledigungserklärung handelt es sich um eine **rein prozessuale** Erklärung ohne materiellrechtliche Wirkung, sodass ein Dritter dadurch nicht in seinen Rechten betroffen sein kann.[180]

Die Erledigungserklärungen können nach h.Rspr. auch noch **nach Ergehen der erstinstanzlichen Entscheidung bis zum Eintritt der Rechtskraft** gegenüber dem Verwaltungsgericht abgegeben werden. Dies folgt aus der Dispositionsmaxime und dem Rechtsgedanken des § 92 Abs. 1 S. 1 VwGO.[181] Die Beteiligten können aber auch wahlweise gegen die Entscheidung des VG Rechtsmittel einlegen, ggf. mit dem Ziel, die Verfahrensbeendigung durch übereinstimmende Erledigungserklärungen im nächsten Rechtszug herbeizuführen.[182]

2. Die gerichtliche Entscheidung

227   Durch die übereinstimmenden Erledigungserklärungen **entfällt die Rechtshängigkeit.** Nach § 161 Abs. 2 VwGO entscheidet das Gericht (nur) über die **Kosten** des Verfahrens durch Beschluss nach **billigem Ermessen** unter Berücksichtigung des bisherigen Sach- und Streitstandes. Billigem Ermessen entspricht es in der Regel, dem Beteiligten die Kosten aufzuerlegen, der im Verfahren **voraussichtlich unterlegen** wäre.[183]

> **Hinweis:** Im Rahmen der Kostenentscheidung erfolgt daher i.d.R. eine **Inzidentprüfung** der Zulässigkeit und Begründetheit des ursprünglichen Antrags.

228   Bei **offenen Erfolgsaussichten** kann die Kostenentscheidung zum Nachteil des Beteiligten getroffen werden, der die Erledigung herbeigeführt hat (z.B. wenn der begehrte VA von der Behörde nach Klageerhebung erlassen oder der angefochtene VA aufgehoben wird), oder aus dessen **Sphäre** das erledigende Ereignis resultiert.[184] Auch kann der **Rechtsgedanke des § 155 Abs. 4 VwGO** herangezogen werden, wonach Kosten, die durch Verschulden eines Beteiligten entstanden sind, diesem auferlegt werden können (z.B. der Behörde, wenn sie den angefochtenen VA erst im Prozess ausreichend begründet hat).

---

177 Kopp/Schenke VwGO § 161 Rdnr. 10 ff.

178 Lüke JuS 1986, 553, 554.

179 Deckenbrock/Dötsch JuS 2004, 489, 491 m.w.N.; vgl. dazu auch Kopp/Schenke VwGO § 75 Rdnr. 19.

180 BVerwG DVBl. 1992, 777, 778; Kopp/Schenke VwGO § 161 Rdnr. 14.

181 Kopp/Schenke VwGO § 161 Rdnr. 12.

182 OVG NRW NWVBl. 2003, 398.

183 Exner JuS 2012, 607, 608 m.w.N.

184 Vgl. Kopp/Schenke VwGO § 161 Rdnr. 16 ff.

Bei **völlig offenem Ausgang** ist es oftmals billig, die Kosten des Verfahrens hälftig zu teilen oder gegeneinander aufzuheben (§ 155 Abs. 1 VwGO).

Aus Gründen der Rechtsklarheit ist das Verfahren (wie bei Klagerücknahme) auch bei übereinstimmenden Erledigungserklärungen **analog § 92 Abs. 3 VwGO durch Beschluss einzustellen.**[185] Der Beschluss hat allerdings nur **deklaratorische** Bedeutung, da der Rechtsstreit bereits durch die Erledigungserklärungen automatisch endet.[186]

> *„Das Verfahren wird eingestellt.*
>
> *Der Kläger trägt die Kosten des Verfahrens."*

In der Rechtsmittelinstanz sind darüber hinaus die vorinstanzlichen Entscheidungen, ebenfalls deklaratorisch, für unwirksam zu erklären.[187]

Der **Beschluss** wird wie üblich aufgebaut (s.u. Rdnr. 312 ff.). Die Entscheidung erfolgt i.d.R. durch den Vorsitzenden (§ 87 a Abs. 1 Nr. 3 VwGO) oder den Berichterstatter (§ 87 a Abs. 3 VwGO), sodass nur dieser als Spruchkörper im Rubrum anzugeben ist.

Gemäß § 122 Abs. 2 S. 2 VwGO ist der Beschluss stets zu **begründen**. In den Gründen wird unter I. kurz der **Sachverhalt** dargestellt. Üblicherweise wird bereits im Einleitungssatz klargestellt, dass die Beteiligten den Rechtsstreit übereinstimmend für erledigt erklärt haben. Es folgt der (unstreitige) Sachverhalt und das Vorbringen des Klägers sowie dessen ursprünglich gestellter Antrag. Im Anschluss daran werden die Erledigungserklärungen der Beteiligten und etwaige streitige Kostenanträge erwähnt.

> *„Der Kläger ist Eigentümer des Grundstücks … Mit Verfügung vom … ordnete der Beklagte die Beseitigung des auf dem Grundstück vom Rechtsvorgänger des Klägers im Jahre 2005 errichteten Wochenendhauses an. Den hiergegen erhobenen Widerspruch des Klägers vom … hat die Bezirksregierung durch Widerspruchsbescheid vom … zurückgewiesen. Der Kläger hat am … Klage erhoben und hat beantragt,*
>
> > *den Bescheid des Beklagten vom … und den Widerspruchsbescheid der Bezirksregierung … vom … aufzuheben.*
>
> *Mit Schriftsatz vom … hat der Kläger die Hauptsache für erledigt erklärt, da …*
>
> *Der Beklagte hat sich der Erledigungserklärung angeschlossen und verweist darauf, dass die Klage des Klägers unbegründet gewesen sei, da …"*

Unter II. folgt die **rechtliche Würdigung**, die sich auf die Kostenentscheidung unter Berücksichtigung des bisherigen Sach- und Streitstandes beschränkt. Die Gründe enden mit dem Hinweis darauf, dass der Beschluss **unanfechtbar** ist. Deshalb enthält der Beschluss auch **keine Rechtsmittelbelehrung**. Für die Kostenentscheidung folgt dies aus § 158 Abs. 2 VwGO, hinsichtlich der Einstellung des Verfahrens gilt § 92 Abs. 3 S. 2 VwGO.

229

230

231

232

---

185 BVerwG DVBl. 2001, 1861; OVG NRW NJW 2004, 3730, 3731; Deckenbrock/Dötsch JuS 2004, 589, 589.
186 OVG NRW NVwZ 2006, 649.
187 OVG NRW NJW 2004, 3730, 3731.

> *„Nachdem die Beteiligten den Rechtsstreit in der Hauptsache übereinstimmend für erledigt erklärt haben, ist das Verfahren in entsprechender Anwendung des § 92 Abs. 3 S. 1 VwGO einzustellen. Über die Kosten des Verfahrens hat das Gericht gemäß § 161 Abs. 2 VwGO nach billigem Ermessen unter Berücksichtigung des bisherigen Sach- und Streitstandes zu entscheiden. Billigem Ermessen entspricht es vorliegend, dem Kläger die Kosten des Verfahrens aufzuerlegen, denn er wäre mit seinem ursprünglichen Begehren voraussichtlich unterlegen.*
>
> *Rechtsgrundlage für die Beseitigungsanordnung in dem angefochtenen Bescheid des Beklagten vom ... ist § ... . Dessen Voraussetzungen waren hier gegeben. ...*
>
> *Der Beschluss ist unanfechtbar (§ 92 Abs. 3 S. 2, § 158 Abs. 2 VwGO).“*

In der Praxis findet sich in Beschlüssen nach § 161 Abs. 2 VwGO außerdem häufig die (endgültige) **Streitwertfestsetzung**. In diesem Fall ist auf die entscheidungserheblichen Vorschriften (§§ 52, 53 Abs. 2 Nr. 2 GKG) und auf die Beschwerdemöglichkeit gegen die Streitwertfestsetzung (§ 68 GKG) hinzuweisen.

3. Teilweise übereinstimmende Erledigungserklärung

233   Haben die Beteiligten den Rechtsstreit nur zu einem **Teil übereinstimmend für erledigt erklärt**, im Übrigen aber streitige Sachanträge gestellt, ist es üblich, beide Entscheidungen im **Urteil** zu verbinden und dabei **einheitlich** über die Kosten zu entscheiden.[188]

Beispiel: E hat eine Baugenehmigung für ein gewerbliches Vorhaben und die Errichtung einer Betriebsleiterwohnung beantragt, die versagt worden ist. Im gerichtlichen Verfahren erklären die Beteiligten den Rechtsstreit bzgl. des gewerblichen Vorhabens für erledigt, weil die Behörde die Genehmigung zwischenzeitlich erteilt hat. Hinsichtlich der Betriebsleiterwohnung sind nach Auffassung des Gerichts die Voraussetzungen für die Erteilung der Baugenehmigung nicht gegeben.

234   Soweit die Beteiligten den Rechtsstreit in der Hauptsache übereinstimmend für erledigt erklärt haben, wird das **Verfahren analog § 92 Abs. 3 VwGO eingestellt**. Im Übrigen ergeht eine streitige Entscheidung:

> *„Soweit die Beteiligten die Hauptsache übereinstimmend für erledigt erklärt haben, wird das Verfahren eingestellt. Im Übrigen wird die Klage abgewiesen.“*

235   Umstritten ist, ob die **Kostenentscheidung** in diesem Fall einheitlich, unter Umständen durch Quotelung nach § 155 Abs. 1 VwGO, zu treffen ist oder ob auch bei der Kostenentscheidung im Urteilstenor nach der Entscheidung aus § 161 Abs. 2 VwGO (erledigter Teil) und aus §§ 154, 155 VwGO (streitiger Teil) unterschieden werden darf.

> *„Von den Kosten des Verfahrens tragen der Kläger 1/4 und der Beklagte 3/4.“*

> *„Hinsichtlich des erledigten Teils trägt der Beklagte die Kosten des Verfahrens, im Übrigen trägt der Kläger die Kosten des Verfahrens.“*

Die erste Möglichkeit entspricht der Praxis im Zivilprozess und wird teilweise auch im Verwaltungsprozess herangezogen,[189] während die verwaltungsgerichtliche Praxis aus Vereinfachungsgründen überwiegend von der zweiten Möglichkeit Gebrauch macht.[190]

---

188   Kopp/Schenke VwGO § 161 Rdnr. 5; Exner JuS 2012, 607, 609.

189   Bosch/Schmidt § 44 V 4, S. 336.

190   BVerwG DÖV 1982, 161; ebenso Schmidt JA 2002, 972, 973; Deckenbrock/Dötsch JuS 2004, 589, 591; Messmer JA 2005, 300, 302.

Hinsichtlich der **Kostenentscheidung** bei Teilerledigung kann der auf § 161 Abs. 2 VwGO entfallende Teil gemäß § 158 Abs. 2 VwGO **nicht angefochten** werden.[191] Bezüglich des streitigen Teils bleibt es bei den **allgemeinen Regeln**, d.h. grds. Anfechtung der Kostenentscheidung nur durch Rechtsmittel in der Hauptsache, nicht durch isolierte Kostenbeschwerde (§ 158 Abs. 1 VwGO). **236**

Bezüglich der **Vollstreckbarkeitsentscheidung** bei Teilerledigung ist zu beachten, dass sich diese **nur auf den streitig entschiedenen Teil** bezieht, nicht dagegen auf den erledigten Teil (ebenso wie bei der Teilrücknahme, s.o. Rdnr. 201). Denn wäre über die Kosten des erledigten Teils isoliert nach § 161 Abs. 2 VwGO durch Beschluss entschieden worden, so wäre dieser – wie jeder Beschluss (s.u. Rdnr. 316) – für den obsiegenden Teil ohne Weiteres vollstreckbar gewesen. Entscheidet das Gericht einheitlich durch Urteil über die Kosten gemäß § 161 Abs. 2 VwGO und §§ 154, 155 VwGO, so darf dadurch der bzgl. des erledigten Teils kostenmäßig obsiegende Beteiligte nicht schlechter gestellt werden. Folglich muss der darauf entfallende Teil ohne Sicherheitsleistung bzw. ohne Abwendungsbefugnis vollstreckbar sein.[192] In den Fällen des § 708 Nr. 11 ZPO führt das dann dazu, dass nur bzgl. des streitigen Teils die Abwendungsbefugnis anzuordnen ist. **237**

Im obigen **Beispiel** hätte der Kläger bzgl. des übereinstimmend für erledigt erklärten Teils obsiegt, bzgl. des streitigen Teils unterliegt er. Die Vollstreckbarkeitsentscheidung bezieht sich nur auf den streitigen Teil. Der Kläger kann daher seine Kosten bzgl. des für erledigt erklärten Teils – ebenso wie bei einem Beschluss nach § 161 Abs. 2 VwGO – vollstrecken, ohne dass der Beklagte die Vollstreckung durch Sicherheitsleistung abwenden kann. Der Beklagte muss bzgl. des streitigen Teils, wie auch sonst, zunächst Sicherheit leisten bzw. der Kläger kann die Kostenvollstreckung des Beklagten durch Sicherheitsleistung abwenden. Daraus ergibt sich beispielhaft bei teilweiser Erledigung folgender **Tenor**:

> *„Soweit die Beteiligten den Rechtsstreit in der Hauptsache für erledigt erklärt haben, wird das Verfahren eingestellt. Im Übrigen wird die Klage abgewiesen.*
>
> *Die Kosten des Verfahrens tragen der Kläger zu 3/4 und der Beklagte zu 1/4.*
>
> *Das Urteil ist wegen der Kosten vorläufig vollstreckbar. Der Kläger darf die Vollstreckung durch Sicherheitsleistung oder Hinterlegung in Höhe des aufgrund des Urteils vollstreckbaren Betrages abwenden, wenn nicht der Beklagte vor der Vollstreckung Sicherheit in gleicher Höhe leistet.“*

Für die **Darstellung** der teilweise übereinstimmenden Erledigungserklärung im Urteil gelten die Ausführungen zur teilweisen Klagerücknahme (oben Rdnr. 202) entsprechend. Die Erledigungserklärungen sind **vor den Anträgen** wiederzugeben. In der Einleitung zu den Entscheidungsgründen erfolgt zunächst die Begründung der Verfahrenseinstellung. Im Anschluss daran folgt die Begründung der streitigen Entscheidung. **238**

> *„Das Verfahren war analog § 92 Abs. 3 S. 1 VwGO einzustellen, soweit die Beteiligten den Rechtsstreit in der Hauptsache übereinstimmend für erledigt erklärt haben. Im Übrigen ist die Klage …“*

Bei der **Kostenentscheidung** ist darauf hinzuweisen, dass diese bzgl. des übereinstimmend für erledigt erklärten Teils auf § 161 Abs. 2 VwGO beruht. Wie bei vollständiger Erledigungserklärung ist (kurz) darzulegen, warum es der Billigkeit entsprach, dem Kläger bzw. dem Beklagten insoweit die Kosten des Verfahrens aufzuerlegen (s.o. Rdnr. 228). **239**

---

191 BVerwG DÖV 1982, 161; Deckenbrock/Dötsch JuS 2004, 589, 591.
192 Deckenbrock/Dötsch JuS 2004, 589, 591.

> *„Bzgl. des erledigten Teils beruht die Kostenentscheidung auf § 161 Abs. 2 VwGO. Der Billigkeit entsprach es, insoweit dem Beklagten die Kosten des Verfahrens aufzuerlegen. Denn er wäre bzgl. dieses Teils des Klagebegehrens voraussichtlich unterlegen. ... Bzgl. des streitig entschiedenen Teils hat der Kläger als unterliegender Teil nach § 154 Abs. 1 VwGO die Kosten des Verfahrens zu tragen. "*

240 Für die **Rechtsmittelbelehrung** gilt das zur teilweisen Klagerücknahme gesagte entsprechend (s.o. Rdnr. 205). Die Einstellung des Verfahrens ist, auch wenn sie im Urteil erfolgt, analog § 92 Abs. 3 S. 2 VwGO unanfechtbar. Dies gilt auch für die Kostenentscheidung, soweit diese auf § 161 Abs. 2 VwGO beruht (§ 158 Abs. 2 VwGO). Bezüglich des streitigen Teils bleibt es bei den allgemeinen Regeln (§§ 124, 124 a, 158 Abs. 1 VwGO).

II. Einseitige Erledigungserklärung

Beispiel: K hat Klage gegen eine baurechtliche Beseitigungsverfügung erhoben. Während des gerichtlichen Verfahrens brennt das Gebäude ab. K erklärt daraufhin die Hauptsache für erledigt, die Behörde widerspricht, da sie der Auffassung ist, dass kein erledigendes Ereignis vorliegt. Außerdem sei die Klage von Anfang an unzulässig und unbegründet gewesen.

241 **Widerspricht** der Beklagte der Erledigungserklärung des Klägers, so ist der Rechtsstreit - anders als im Fall des § 161 Abs. 2 VwGO – nicht automatisch beendet, dazu bedarf es vielmehr einer Entscheidung des Gerichts. Streitgegenstand ist dann das Begehren des Klägers auf **Feststellung**, dass der Rechtsstreit sich in der Hauptsache erledigt hat. Dies führt zu einer Änderung des Streitgegenstandes, sodass eine **Klageänderung** vorliegt.[193] Diese ist jedoch „privilegiert" und unterliegt nicht den Einschränkungen der §§ 91, 142 VwGO, bedarf also insbes. nicht der Einwilligung des Beklagten.[194]

Während die Lit. überwiegend auf § 173 S. 1 VwGO i.V.m. § 264 Nr. 2 ZPO (Beschränkung des Klageantrages) bzw. § 264 Nr. 3 ZPO (später eingetretene Veränderung) verweist, stellt das BVerwG nicht auf § 264 ZPO ab, sondern spricht von einer „Klageänderung eigener Art".

> **Beachte:** Der Eintritt des erledigenden Ereignisses allein hat **unmittelbar keine Auswirkungen** auf das gerichtliche Verfahren. Deshalb ist auch die einseitige Erledigungserklärung des **Beklagten** prozessual irrelevant. Sie ist lediglich als Hinweis darauf zu verstehen, dass das ursprüngliche Begehren durch das erledigende Ereignis unzulässig geworden ist. Erst die Erledigungserklärung des Klägers führt zu einer Änderung des Klagebegehrens.

Nach überwiegender Auffassung in der Lit. entfällt mit dem Übergang zum Erledigungsfeststellungsantrag die Rechtshängigkeit des ursprünglichen Antrags,[195] während das BVerwG davon ausgeht, dass bei einseitiger Erledigungserklärung die Rechtshängigkeit des ursprünglichen Sachbegehrens (hilfsweise) bestehen bleibt.[196]

1. Zulässigkeit des Erledigungsfeststellungsantrags

a) Umstellung des Antrags

242 Eine ausdrückliche Umstellung des bisherigen Antrags in einen **Feststellungsantrag** ist nicht erforderlich.[197] Gemäß § 88 VwGO ist ausreichend, dass der Kläger den

---

193 OVG NRW DVBl. 2009, 331; Kremer NVwZ 2003, 797, 800; Messmer JA 2005, 300, 302.

194 Vgl. BVerwG DVBl. 2001, 1680; Kopp/Schenke VwGO § 161 Rdnr. 20.

195 Kopp/Schenke VwGO § 161 Rdnr. 20; Kremer NVwZ 2003, 797, 803 f.; Niedzwicki JA 2011, 543, 546.

196 BVerwG NVwZ 1999, 404 f.; zustimmend Messmer JA 2005, 300, 302.

197 Vgl. Kopp/Schenke VwGO § 161 Rdnr. 20.

Rechtsstreit für **erledigt erklärt** und der Beklagte widerspricht. Der Kläger kann die Erledigung zu jedem Zeitpunkt erklären, in dem er dies für angezeigt hält. Die Erklärung ist bis zum **Schluss der mündlichen Verhandlung** möglich, auch wenn der Kläger zunächst an seinem ursprünglichen Begehren festgehalten hat. Er kann sogar das Urteil abwarten und die Erklärung erst in der nächsten Instanz abgeben.[198]

Zulässig ist auch eine **teilweise einseitige Erledigungserklärung.** Hierbei handelt es sich in Bezug auf den für erledigt erklärten Teil um eine (privilegierte) Klageänderung unter Aufrechterhaltung der Klage im Übrigen, sodass eine **objektive Klagehäufung** i.S.d. § 44 VwGO vorliegt.[199] **243**

Die Erledigungserklärung kann schließlich auch unter **hilfsweiser** Beibehaltung des ursprünglichen **Sachantrags** erfolgen.[200] **244**

Beispiel: K hat zunächst Anfechtungsklage gegen einen Abgabenbescheid erhoben. Im Nachhinein ändert sich die Rechtslage, weswegen der Prozess aussichtslos erscheint. K erklärt deshalb unter Widerspruch des Beklagten den Rechtsstreit in der Hauptsache für erledigt und beantragt, das Verwaltungsgericht möge die Erledigung feststellen. Für den Fall, dass aufgrund der Rechtsänderung keine Erledigung eingetreten ist, beantragt K hilfsweise, den Abgabenbescheid aufzuheben.

Dasselbe gilt für den Fall, dass der Hilfsantrag erst **nachträglich** gestellt wird. Denn gemäß § 173 S. 1 VwGO i.V.m. § 264 Nr. 2 ZPO gilt es nicht als Klageänderung, wenn ohne Änderung des Klagegrundes der Klageantrag in der Hauptsache erweitert wird. **245**

Der Kläger, der zunächst den Rechtsstreit in der Hauptsache für erledigt erklärt hat, kann daher bei bleibender Einseitigkeit dieser Erklärung ohne Klageänderung zu seinem ursprünglichen Klageantrag zurückkehren[201] oder dies auch von vornherein hilfsweise beantragen.[202] Im Zweifel ist davon auszugehen, dass der Kläger sein ursprüngliches Klagebegehren zumindest hilfsweise aufrechterhält.

Deswegen kann die Erledigungserklärung des Klägers auch bis zu dem Zeitpunkt **zurückgenommen** werden, zu dem der Beklagte noch nicht zugestimmt hat.[203] **246**

Der Kläger kann zunächst die Feststellung der Erledigung beantragen, um die Berechtigung seiner Erledigungserklärung überprüfen zu lassen, und sodann – wenn sich seine Auffassung, der Rechtsstreit habe sich in der Hauptsache erledigt, als unzutreffend erweist – sein ursprüngliches Sachbegehren erneut zur Entscheidung stellen oder zu einem Fortsetzungsfeststellungsantrag gemäß § 113 Abs. 1 S. 4 VwGO übergehen.[204]

Eine **hilfsweise Erledigungserklärung** ist dagegen nach h.Rspr. **unzulässig.** Würde das Gericht nach Abweisung des Hauptantrags die Erledigung feststellen, ließe dies die Rechtshängigkeit des Hauptantrags entfallen und dem klageabweisenden Urteil würde die Grundlage entzogen. Deshalb ist eine hilfsweise Erledigungserklärung ebenso wie der Hilfsantrag, die Erledigung festzustellen, unzulässig.[205] **247**

b) Zulässigkeit der geänderten Klage

Liegt ein **wirksamer** Erledigungsfeststellungsantrag vor, ist sodann zu prüfen, ob die **geänderte Klage** zulässig ist.[206] Der **Klageart** nach handelt es sich bei der einseitigen Erledigungserklärung um einen Antrag auf Feststellung der Erledigung, also um eine **allgemeine Feststellungsklage** nach § 43 Abs. 1 VwGO. **248**

---

198 BVerwG DVBl. 2001, 1680; NVwZ 1993, 979, 980.

199 Finger JA 2008, 635, 643.

200 BVerwGE 73, 312, 313; Kopp/Schenke VwGO § 161 Rdnr. 29 b m.w.N.

201 OVG Bremen NVwZ-RR 2003, 700; Messmer JA 2005, 300, 302.

202 BVerwG NVwZ 1999, 404; DVBl. 1987, 224; NVwZ-RR 1988, 56.

203 OVG NRW NWVBl. 2008, 75, 76.

204 BVerwG NVwZ 1999, 404 f.; Messmer JA 2005, 300, 302.

205 Exner JuS 2012, 607, 610.

206 VGH Mannheim NVwZ-RR 1989, 443, 444; Schoch/Clausing VwGO § 161 Rdnr. 33.

- Das erforderliche **Rechtsverhältnis** ergibt sich aus dem ursprünglichen Rechtsstreit, dessen Beendigung nunmehr festgestellt werden soll.[207]

- Die **Subsidiarität** (§ 43 Abs. 2 VwGO) steht nicht entgegen, weil eine andere Klageart zur Geltendmachung der Erledigung nicht zur Verfügung steht.

  Mit dem ursprünglichen Begehren kann der Kläger seine Auffassung, die Hauptsache sei erledigt, nicht durchsetzen. Zur Fortsetzungsfeststellungsklage besteht ein Wahlrecht des Klägers, da die Erledigungsfeststellung einen anderen Streitgegenstand betrifft (nämlich die Frage der Erledigung als solche und nicht den ursprünglichen Sachantrag).[208]

249 - Das **Feststellungsinteresse** ergibt sich unmittelbar aus prozessualen Gründen: Nur mit dem Erledigungsfeststellungsantrag kann der Kläger die Kostenlast durch ein klageabweisendes Urteil vermeiden.[209]

  Deshalb bedarf es bei einseitiger Erledigungserklärung zum Feststellungsinteresse i.d.R. auch keiner näheren Ausführung in den Urteilsgründen.[210]

250 Für die Zulässigkeit des Erledigungsfeststellungsantrags ist die **Zulässigkeit des ursprünglichen Antrags irrelevant.** Denn das ursprüngliche Klagebegehren hat sich geändert und an dessen Stelle ist der Feststellungsantrag getreten.[211]

Die vereinzelt vertretene Gegenansicht verweist darauf, dass allein die Erledigung – wie bei der Fortsetzungsfeststellungsklage – eine unzulässige Klage nicht zulässig machen könne.[212] Dagegen spricht jedoch, dass die Klageänderung nur eine rechtshängige Klage voraussetzt, rechtshängig ist aber auch die unzulässige Klage. Der Vergleich mit der Fortsetzungsfeststellungsklage überzeugt nicht, denn dort wird weiter über das ursprüngliche, erledigte Klagebegehren gestritten, während es bei der einseitigen Erledigungserklärung nur noch um die Frage der Erledigung geht.[213]

> *„Mit der Erledigungserklärung, der der Beklagte widersprochen hat, hat der Kläger seinen ursprünglichen Klageantrag in einen Feststellungsantrag geändert. Darin liegt eine zulässige Klageänderung in einen Antrag auf gerichtliche Feststellung der Erledigung, der nicht den Einschränkungen des § 91 VwGO unterliegt. Der Erledigungsfeststellungsantrag ist als allgemeine Feststellungsklage (§ 43 Abs. 1 VwGO) zulässig und in der Sache auch begründet. Der Rechtsstreit mit dem ursprünglichen Begehren des Klägers auf Erteilung der von ihm am ... beantragten Baugenehmigung hat sich durch das Inkrafttreten des Bebauungsplans Nr. 113 der Gemeinde ... erledigt. Hierdurch ist der Kläger klaglos gestellt worden, weil sein Bauvorhaben nunmehr nicht mehr genehmigungsfähig ist, da es den Festsetzungen des neuen Bebauungsplans widerspricht.“*

2. Begründetheit des Erledigungsfeststellungsantrags

a) Eintritt eines erledigenden Ereignisses

251 Unstreitig hat das Gericht zu prüfen, ob tatsächlich ein **erledigendes Ereignis** eingetreten ist. Erledigung in diesem Sinne heißt, dass durch ein **nach Rechtshängigkeit** (also nach Klageerhebung, § 90 VwGO) eingetretenes Ereignis das Begehren des Klägers **gegenstandslos** geworden ist. Wesentlich ist dabei der Wegfall der mit der Klage angegriffenen beschwerenden Regelung.

---

207 Burgi DVBl. 1991, 193, 198 m.w.N.

208 BVerwG DVBl. 1991, 214; Deckenbrock/Dötsch JuS 2004, 689, 690; Niedzwicki JA 2011, 543, 545.

209 Dietrich DVBl. 2002, 745, 746 f.; Kopp/Schenke VwGO § 161 Rdnr. 20.

210 Kopp/Schenke VwGO § 161 Rdnr. 20.

211 BVerwG NVwZ 1989, 862; DVBl. 1991, 214; Niedzwicki JA 2011, 543, 545.

212 Bosch/Schmidt § 46 II 1, S. 343.

213 Kremer NVwZ 2003, 797, 802.

Beispiele: Aufhebung des angefochtenen VA, Zeitablauf, Wegfall des Regelungsobjektes sowie Tod bei höchstpersönlichen VAen, nicht dagegen der Vollzug des VA. Zwar entfällt durch den Vollzug z.B. das Handlungsgebot. Jedoch bleibt der VA Rechtsgrund für den Vollzug (s.u. Rdnr. 453).[214]

Erledigung kann auch durch eine **Änderung der Sach- und/oder Rechtslage** eintreten, wenn die Änderung so beschaffen ist, dass die Aufrechterhaltung des Begehrens offensichtlich sinnlos ist und der Kläger dadurch **klaglos** gestellt wird.[215]   252

Beispiel: Dem B ist zu Unrecht die beantragte Baugenehmigung versagt worden. Während des Verpflichtungsprozesses erlässt die Gemeinde einen neuen Bebauungsplan, mit dessen Festsetzungen das Bauvorhaben nunmehr offensichtlich nicht vereinbar ist. Da im Baurecht „alte" Genehmigungsansprüche nicht eigentumskräftig geschützt sind, kann B die Baugenehmigung nicht mehr erlangen. Die Klaglosstellung bewirkt eine Erledigung des Verfahrens.[216]

> **Beachte:** Der Umstand, dass der Kläger selbst das erledigende Ereignis herbeigeführt hat (z.B. indem er nach Erhebung einer Verpflichtungsklage auf Erteilung der Baugenehmigung den Baugenehmigungsantrag zurücknimmt), ändert nichts daran, dass eine Erledigungssituation vorliegt.

Nach Auffassung der Rspr. kann auch eine **wesentliche Verschlechterung der Prozessaussichten** zur Erledigung führen, wenn der Kläger dadurch in die Lage versetzt wird, die der Klaglosstellung sehr ähnlich ist.[217]   253

Beispiel: Der Kläger hat gegen einen Erschließungsbeitragsbescheid Anfechtungsklage erhoben mit der Begründung, die zugrunde liegende Satzung der Stadt S sei unwirksam, im Übrigen sei sein Grundstück gar nicht erschlossen. Während des Prozesses erlässt die Stadt mit Rückwirkung eine neue wirksame Satzung. An sich liegt kein Fall der Erledigung vor. Durch die „nachgeschobene" gültige Rechtsgrundlage wird lediglich der ursprüngliche „Schein" der Rechtswidrigkeit beseitigt, sodass der VA nunmehr von Anfang an als rechtmäßig gilt. Auch wenn die belastenden Wirkungen des VA unverändert bestehen bleiben, wird der Kläger durch die rückwirkende Rechtsänderung praktisch klaglos gestellt. Nach Auffassung des BVerwG kann bereits der Wegfall nur eines Klagegrundes für die Erledigung ausreichen,[218] während die Gegenansicht Erledigung nur annimmt, wenn durch die Rechtsänderung die Klagegründe insgesamt wegfallen.[219]

Erledigung

- **Wegfall der Beschwer**

   Aufhebung des angefochtenen VA, Zeitablauf, Wegfall des Regelungsobjektes etc.

- **Klaglosstellung**

   insbes. durch Änderung der Sach- und/oder Rechtslage

- **wesentliche Verschlechterung der Prozessaussichten** (str.)

---

b) Verhältnis zum ursprünglichen Antrag

Während im Zivilprozess überwiegend davon ausgegangen wird, dass das Gericht die Erledigung nur feststellen darf, wenn die **bisherige Klage zulässig und begründet** war,[220] ist im Verwaltungsprozess folgende Besonderheit zu berücksichtigen: Nach § 113 Abs. 1 S. 4 VwGO darf das Gericht in eine Prüfung des erledigten Klagebegehrens nur auf **besonderen Antrag des Klägers** eintreten. Daraus zieht die h.Rspr. den Schluss, dass das Gericht das ursprüngliche Begehren nicht prüfen darf,   254

---

214 BVerwG, Urt. v. 25.09.2008 – BVerwG 7 C 5.08, RÜ 2009, 47, 48; OVG NRW NWVBl. 2007, 26, 27; SächsOVG NVwZ 2009, 1053; VGH Mannheim VBlBW 2008, 305; Kopp/Schenke VwGO § 113 Rdnr. 102.

215 BVerwG DVBl. 1994, 1192, 1193; OVG NRW, Beschl. v. 18.12.2008 – 13 A 1066/06.

216 OVG NRW NWVBl. 1992, 325; VGH Mannheim NVwZ 1997, 198, 199.

217 BVerwG NVwZ 1993, 979.

218 BVerwG NVwZ 1993, 979.

219 BayVGH NVwZ 1986, 1032, 1033; Kopp/Schenke VwGO § 161 Rdnr. 22.

220 Vgl. BGH NJW 1999, 2520, 2522; NJW 1991, 1116.

wenn der Kläger diesen Antrag nicht stellt, sondern den Rechtsstreit in der Hauptsache für erledigt erklärt. Das Gericht hat daher bei einseitiger Erledigungserklärung grundsätzlich nur zu prüfen, ob die Hauptsache **tatsächlich erledigt** ist. Die **Zulässigkeit und Begründetheit der ursprünglichen Klage** ist dagegen **irrelevant.**[221]

Im Einzelnen werden hier die unterschiedlichsten Auffassungen vertreten. Teilweise wird auch im Verwaltungsprozess generell verlangt, dass die bisherige Klage zulässig und begründet gewesen sein muss. Aus § 92 Abs. 1 S. 2 VwGO ergebe sich, dass der Beklagte nach Stellung der Anträge in der mündlichen Verhandlung einen Anspruch darauf habe, dass das Verfahren gegen seinen Willen nicht ohne Sachentscheidung beendet werde.[222] Andere beschränken die Prüfung darauf, ob die ursprüngliche Klage zulässig gewesen ist (s.o. Rdnr. 250). [223]

> **Hinweis:** In der Klausur sollten sie den Anforderungen der Praxis entsprechend in jedem Fall von der h.Rspr. ausgehen und die Gegenansichten eher beiläufig erwähnen.

255 Für die h.Rspr. spricht, dass im Falle einer vollzogenen Klageänderung **Streitgegenstand allein der neue Antrag** ist, sodass dem Gericht eine Entscheidung über den ursprünglichen Klageantrag grds. verwehrt ist. Mit dem Erledigungsfeststellungsantrag behauptet der Kläger nur, dass **Erledigung** eingetreten ist, nicht jedoch, dass sein ursprünglicher Antrag zulässig und begründet war.

Von einer Auswechslung des Streitgegenstands gehen auch die Gegenmeinungen aus. Zwar meint das BVerwG, dass mit der Erledigungserklärung das Sachbegehren nicht endgültig aufgegeben werde. Nach einseitig gebliebener Erledigungserklärung sei die Rechtshängigkeit des ursprünglichen Begehrens daher nicht entfallen.[224] Das heißt aber nur, dass der Kläger nach erfolglos gebliebenem Erledigungsfeststellungsantrag auf den ursprünglichen Sachantrag zurückgreifen oder dies sogar von Anfang an hilfsweise beantragen kann. Der Prüfungsrahmen wird dadurch nicht verändert.[225]

256 Zwar wird dem Kläger hierdurch in gewisser Weise eine „**Flucht in die Erledigungserklärung**" ermöglicht. Dem begegnet die Rspr. dadurch, dass **ausnahmsweise** neben der Erledigung auch der ursprüngliche Antrag auf seine Zulässigkeit und Begründetheit zu prüfen ist, wenn der Beklagte ein **berechtigtes Interesse an einer Sachentscheidung** hat.[226]

Dies folge aus der Parallele zur Fortsetzungsfeststellungsklage, wo § 113 Abs. 1 S. 4 VwGO dem Kläger auch nach Erledigung die Weiterverfolgung seines ursprünglichen Begehrens ermögliche, sofern er ein berechtigtes Interesse an der Feststellung hat. Entsprechendes müsse aufgrund der vergleichbaren Interessenlage und aus Gründen der „Waffengleichheit" für den Beklagten bei einseitiger Erledigungserklärung des Klägers gelten.

257 Hat der **Beklagte** ein **berechtigtes Interesse an der Sachentscheidung,** darf das Gericht die Erledigung der Hauptsache daher nur festzustellen, wenn die Klage im Zeitpunkt des Eintritts des erledigenden Ereignisses **zulässig und begründet** war.

Die Gegenansicht verweist darauf, dass der beklagte Hoheitsträger nicht schutzwürdig sei, da er den Verwaltungsakt selbst zu verantworten hat. Eine analoge Anwendung des § 113 Abs. 1 S. 4 VwGO auf den Beklagten widerspreche dem Zweck der Vorschrift.[227]

Schutzwürdige Interessen des Beklagten können sich analog § 113 Abs. 1 S. 4 VwGO – wie beim Kläger – insbes. ergeben aus dem Gesichtspunkt der **Wiederholungsgefahr** (wenn gleiche oder ähnliche Klagen zu erwarten sind) oder daraus, Schadensersatz- bzw. Entschädigungsansprüche abzuwehren (s.u. Rdnr. 461 ff.).[228]

---

221 BVerwG DVBl. 2001, 1680; VGH Mannheim VBlBW 2011, 33; Kopp/Schenke VwGO § 161 Rdnr. 24 m.w.N.
222 Manssen NVwZ 1990, 1018 ff. m.w.N.
223 Schmitt-Glaeser/Horn Rdnr. 517; ebenso vereinzelt die Rspr., vgl. z.B. BVerwG NVwZ 1989, 862, 863.
224 BVerwG NVwZ 1999, 404 gegen VGH Mannheim VBlBW 1997, 176.
225 BVerwG NVwZ 1999, 404.
226 BVerwG DVBl. 1991, 214, 215; VGH Mannheim VBlBW 2011, 33; Kopp/Schenke VwGO § 161 Rdnr. 25.
227 Kremer NVwZ 2003, 797, 802; Dietrich DVBl. 2002, 745, 750; Ziekow JZ 1999, 90, 92.

Unklar ist, welche **prozessualen Auswirkungen** das berechtigte Interesse des Beklagten hat. Einerseits verweist das BVerwG darauf, dass in diesen Fällen der Streitgegenstand des Erledigungsfeststellungsantrags ausnahmsweise um die Erfolgsaussichten der Klage „erweitert" wird,[229] andererseits heißt es, dass der Beklagte bei einem berechtigten Interesse auf seinem Abweisungsantrag „beharren" bzw. „einer Erledigung des Rechtsstreits widersprechen" dürfe,[230] was dahin verstanden wird, dass die Klageänderung (ohne seine hier ausnahmsweise erforderliche Zustimmung) nicht zulässig ist. Das Gericht hätte demnach bei einem berechtigten Interesse des Beklagten **über den ursprünglichen Antrag** des Klägers zu entscheiden.[231]

258

3. Gerichtliche Entscheidung

a) Gelangt das Gericht zu dem Ergebnis, dass Erledigung eingetreten ist, so stellt es dies im Urteil fest:

259

> *„Es wird festgestellt, dass der Rechtsstreit in der Hauptsache erledigt ist."*

Entsprechendes gilt bei **einseitiger Teilerledigungserklärung**:

260

> *„Der Bescheid des ... vom ... (und der Widerspruchsbescheid des ... vom ...) wird (werden) insoweit aufgehoben, als ...*
>
> *Im Übrigen ist der Rechtsstreit in der Hauptsache erledigt."*

Da es sich beim Erledigungsstreit um eine kontradiktorische Feststellungsklage handelt, ist die **Kostenentscheidung** nicht nach § 161 Abs. 2 VwGO, sondern nach den §§ 154, 155 VwGO zu treffen.[232]

261

Andere verweisen auf den Wortlaut des § 161 Abs. 2 VwGO, der allein an die objektive Erledigung anknüpfe („ist der Rechtsstreit in der Hauptsache erledigt") und daher auch bei einseitiger Erledigungserklärung anwendbar sei.[233] Wieder andere befürworten eine gemischte Kostenentscheidung, wobei die Kosten des Erledigungsstreits nach § 154 VwGO, die im ursprünglichen Verfahren angefallenen Kosten nach § 161 Abs. 2 VwGO verteilt werden.[234]

b) In den **Entscheidungsgründen** ist nach den Ausführungen zur Zulässigkeit des Feststellungsantrags (s.o. Rdnr. 248 ff.) im Rahmen der Begründetheit zunächst die Erledigung und sodann der **Entscheidungsrahmen** darzulegen.

262

> *„Die Klage ist auch begründet. Der Rechtsstreit ist in der Hauptsache erledigt ...*
>
> *Für die Feststellung, dass sich die Hauptsache erledigt hat, ist es ohne Bedeutung, ob die Klage ursprünglich zulässig und begründet gewesen ist. Zwar wird teilweise angenommen, dass sich nur eine zulässige und begründete Klage im Rechtssinne erledigen könne. Diese im Zivilprozess vertretene Auffassung ist wegen der Sonderregelung in § 113 Abs. 1 S. 4 VwGO nicht auf den Verwaltungsprozess übertragbar. Das Verwaltungsgericht tritt nach Erledigung nur dann in eine Sachprüfung ein, wenn der Kläger dies ausdrücklich beantragt. Stellt der Kläger einen solchen Antrag nicht, sondern erklärt er den Rechtsstreit für erledigt, hat das Gericht nur zu prüfen, ob sich die Hauptsache tatsächlich erledigt hat. Soweit teilweise verlangt wird, dass die ursprüngliche Klage zumindest zulässig gewesen sein müsse, widerspricht dies der Annahme einer privilegierten Klageänderung. Nach vollzogener Klageänderung ist Verfahrensgegenstand allein der neue Antrag, sodass dem Gericht eine Entscheidung über das ursprüngliche Klagebegehren verwehrt ist.*

228 OVG NRW, Beschl. v. 18.12.2008 – 13 A 1066/06.

229 BVerwG NVwZ 1989, 862, 863; in diesem Sinne auch Messmer JA 2005, 300, 302.

230 BVerwG NVwZ-RR 2002, 152.

231 Schoch/Clausing VwGO § 161 Rdnr. 28; Deckenbrock/Dötsch JuS 2004, 689, 691.

232 BVerwGE 73, 312, 314; Exner JuS 2012, 607, 609.

233 Redeker/v.Oertzen § 161 Rdnr. 4.

234 Kopp/Schenke VwGO § 161 Rdnr. 31.

Eine Entscheidung über den Feststellungsantrag des Klägers ist auch nicht deshalb ausgeschlossen, weil der Beklagte analog § 113 Abs. 1 S. 4 VwGO ein berechtigtes Interesse an einer Abweisung der ursprünglichen Klage hat. Zwar kann der Beklagte der Erledigungserklärung widersprechen, wenn er ein schutzwürdiges Interesse an der Sachentscheidung hat. Für die Geltendmachung oder Abwehr von Schadensersatzansprüchen oder sonstigen Forderungen ist indes nichts ersichtlich. Eine ein schutzwürdiges Interesse begründende Wiederholungsgefahr ist nur ausreichend, wenn sie sich aus den Rechtsbeziehungen der Verfahrensbeteiligten ergibt. Allein das allgemeine Interesse des Beklagten an der Klärung einer Rechtsfrage – hier, ob die Festsetzung in der Satzung vom … wirksam war oder nicht – vermag den Anspruch auf eine sachliche Entscheidung über das ursprüngliche Klagebegehren nicht zu rechtfertigen. Soweit hierfür zum Teil auch ein Interesse im Verhältnis zu Dritten für ausreichend erachtet wird, kann dies nicht überzeugen. Der Streitgegenstand des Verfahrens kann nur durch das Verhältnis zwischen Kläger und Beklagten bestimmt werden.

Die Kostenentscheidung beruht auf § 154 Abs. 1 VwGO. Da über das Feststellungsbegehren durch Sachurteil zu entscheiden war, kommt eine nur für übereinstimmende Erledigungserklärungen gebotene Billigkeitsentscheidung nach § 161 Abs. 2 VwGO nicht in Betracht. Daher kam es auch hierfür auf die Erfolgsaussichten des ursprünglichen Antrags des Klägers nicht an."

263   Besteht ausnahmsweise ein **berechtigtes Interesse des Beklagten** an einer Sachprüfung, ist umstritten, ob in diesem Fall über den ursprünglichen Antrag des Klägers oder über den Erledigungsfeststellungsantrag zu entscheiden ist (s.o. Rdnr. 258). Stellt man sich mit der hier vertretenen Ansicht auf den Standpunkt, dass in diesem Fall die **Klageänderung unzulässig** ist, lebt der i.d.R. hilfsweise aufrechterhaltene Sachantrag wieder auf. Gelangt das Gericht z.B. zu dem Ergebnis, dass der angefochtene VA rechtmäßig gewesen ist, wird die **ursprüngliche Klage** abgewiesen, um so den Beklagten davor zu schützen, dass der Kläger eine neue Klage gleichen Inhalts erhebt oder sich sonst in einem späteren Prozess des früheren Anspruchs berühmt.[235]

264   Nach der Gegenansicht entscheidet das Gericht stets über den **neuen Feststellungsantrag**, kann die Erledigung aber nur feststellen, wenn die Klage im Zeitpunkt des Eintritts des erledigenden Ereignisses zulässig und begründet war.[236] Beide Auffassungen sind angreifbar. Wird der Kläger an seinem ursprünglichen Antrag festgehalten, müsste die Klage eigentlich allein schon wegen des erledigenden Ereignisses abgewiesen werden, weil dieses i.d.R. das Rechtsschutzbedürfnis entfallen lässt. Die Gegenansicht steht im Widerspruch zum Antragsgrundsatz, weil hier nicht der Kläger, sondern der Beklagte den Streitgegenstand bestimmt.[237] Auch würde die Abweisung des Erledigungsfeststellungsantrags den falschen Eindruck erwecken, als fehle es objektiv an einem erledigenden Ereignis.

> **Hinweis:** In der Klausur braucht auf diese Frage zumeist nicht eingegangen zu werden. Denn war die ursprüngliche Klage unzulässig oder unbegründet, wird „die Klage" abgewiesen (ohne nähere Konkretisierung). Die Ausführungen zur Prüfung des ursprünglichen Klageantrags finden sich ohnehin erst in den Entscheidungsgründen, die zur Auslegung und näheren Bestimmung der Urteilsformel heranzuziehen sind.

---

235 Vgl. BVerwG NVwZ 1999, 404, 405; ebenso BGH NJW 1992, 2235, 2236.

236 BVerwG NVwZ 1989, 862; ebenso Zöller/Vollkommer ZPO § 91 a Rdnr. 46.

237 So zutreffend Kopp/Schenke VwGO § 161 Rdnr. 28.

„Die danach zulässige Klage ist jedoch unbegründet. Zwar stellt entgegen der Ansicht des Beklagten das Inkrafttreten des Bebauungsplans Nr. 113 der Gemeinde ... ein nach Klageerhebung eingetretenes erledigendes Ereignis dar. Denn hierdurch ist der Kläger klaglos gestellt worden, weil sein Bauvorhaben nunmehr nicht mehr genehmigungsfähig ist, da es den Festsetzungen des neuen Bebauungsplans widerspricht.

Das Vorliegen eines erledigenden Ereignisses allein reicht hier aber nicht aus, um auf einseitigen Antrag des Klägers hin die Hauptsacheerledigung durch Urteil festzustellen. Dafür wäre vielmehr zusätzlich Voraussetzung gewesen, dass die Klage bis zum erledigenden Ereignis zulässig und begründet war. Zwar kommt es für die Feststellung der Erledigung grundsätzlich nicht auf den Erfolg der ursprünglichen Klage an. Jedoch ist ausnahmsweise der ursprüngliche Antrag auf seine Zulässigkeit und Begründetheit hin zu überprüfen, wenn der Beklagte ein berechtigtes Interesse an einer Sachentscheidung hat. Kann gemäß § 113 Abs. 1 S. 4 VwGO der Kläger im Falle der Erledigung eine Überprüfung der Rechtmäßigkeit des angefochtenen Verwaltungsaktes (bzw. der Ablehnung des beantragten Verwaltungsaktes) verlangen, wenn er ein berechtigtes Interesse daran hat, so gilt dies in der umgekehrten Situation auch für den Beklagten.

Im vorliegenden Fall hat der Beklagte ein solches berechtigtes Interesse an einer Sachentscheidung. Der Klägervertreter hat nämlich in der mündlichen Verhandlung Schadensersatzansprüche wegen der Genehmigungsversagung angekündigt. Daraufhin hat der Beklagtenvertreter zu erkennen gegeben, dass er im Hinblick darauf geklärt wissen will, dass die ursprüngliche Klage von vornherein unbegründet gewesen sei und somit Amtshaftungsansprüche nicht bestehen können. Ebenso wie der Kläger ein berechtigtes Interesse an der Feststellung der Rechtswidrigkeit des erledigten Verwaltungsaktes dann hat, wenn er damit die Geltendmachung von Amtshaftungsansprüchen einleiten kann, ist dem Beklagten ein solches Feststellungsinteresse zuzugestehen, wenn er Amtshaftungsansprüche abwehren will.

Der danach für die Erledigungsfeststellung notwendige Erfolg der ursprünglichen Klage ist nicht gegeben. Denn die zulässige Verpflichtungsklage war von Anfang an unbegründet. Dem Antrag des Klägers auf Erteilung der beantragten Baugenehmigung konnte auch vor Erlass des neuen Bebauungsplans nicht entsprochen werden. Dem Vorhaben stand § 34 Abs. 1 BauGB entgegen, denn es fügte sich nach Art und Maß der baulichen Nutzung nicht in die Eigenart der näheren Umgebung ein. Einfügen kann sich ein Vorhaben nur, wenn ...“

E. Prozessvergleich

265 Nach § 106 VwGO können die Beteiligten das Verfahren jederzeit ganz oder zum Teil durch Prozessvergleich beenden, soweit sie über den Gegenstand des Vergleichs verfügen können. Der Prozessvergleich hat wie im Zivilprozess eine **Doppelnatur:** Er ist **Prozesshandlung,** zugleich aber auch **materiellrechtlicher Vertrag.** Die Wirksamkeit als Prozesshandlung beurteilt sich nach § 106 VwGO, die materielle Wirksamkeit richtet sich nach §§ 54 ff. VwVfG.[238]

266 Zu den **Beteiligten** i.S.d. § 106 VwGO zählt auch der **notwendig Beigeladene,** nicht dagegen der einfach Beigeladene, da dieser von den Anträgen der Hauptbeteiligten nicht abweichen kann (§ 66 S. 2 VwGO). Ein Prozessvergleich zwischen den Hauptbeteiligten (Kläger und Beklagter) bedarf daher der **Zustimmung des notwendig Beigeladenen.** Denn durch den Vergleich wird, anders als bei Klagerücknahme oder bei übereinstimmenden Erledigungserklärungen, nicht nur der Prozess beendet, sondern es werden – wegen der Doppelnatur des Vergleichs – auch die materiellen Rechte der Beteiligten gestaltet.[239]

267 Etwas anderes gilt, wenn der Dritte zwar nach § 65 Abs. 2 VwGO notwendig hätte beigeladen werden müssen, die **Beiladung** aber **unterblieben** ist. **Beispiel:** Der Nachbar und die Bauaufsichtsbehörde schließen im Rahmen der Nachbarklage einen Vergleich, obwohl der Bauherr noch nicht (notwendig) beigeladen worden ist (s.o. Rdnr. 102).

Nach § 106 VwGO müssen nur Erklärungen der tatsächlich „**Beteiligten**" vorliegen. Die Hauptbeteiligten (Nachbar und Behörde) sind daher nicht am Abschluss eines Prozessvergleichs gehindert, weil ein Dritter zum Rechtsstreit nach § 65 Abs. 2 VwGO hätte beigeladen werden müssen, aber nicht beigeladen worden ist und deswegen nicht an dem Vergleich mitgewirkt hat. Die Notwendigkeit der Beiladung allein bewirkt – wenn sie nicht erfolgt ist – nicht, dass der Prozessvergleich als Prozesshandlung unwirksam ist.[240] Die Wirksamkeit bestimmt sich in diesem Fall vielmehr allein nach dem **materiellen Recht** (insbes. §§ 57 ff. VwVfG). Greift z.B. der Vergleich zwischen Behörde und Nachbar in die Rechte des Bauherrn ein, wird er erst wirksam, wenn der Bauherr zustimmt (§ 58 Abs. 1 VwVfG). Ist der Vergleich indes als materielles Rechtsgeschäft unwirksam, so erfasst die Unwirksamkeit i.d.R. auch seinen prozessualen Teil mit der Folge, dass der Vergleich das Verfahren vor dem VG nicht beenden kann (s.u. Rdnr. 272).

268 Der Vergleich muss grds. zur **Niederschrift des Gerichts** (gemäß § 87 Abs. 1 S. 2 Nr. 1 bzw. Abs. 3 VwGO auch des Vorsitzenden oder Berichterstatters) erklärt werden. Dabei ist der Vergleich zu protokollieren, vorzulesen und von den Beteiligten zu genehmigen (§ 105 VwGO i.V.m. §§ 160 Abs. 3 Nr. 1, 162 Abs. 1 ZPO). Nach § 106 S. 2 VwGO kann der Vergleich auch dadurch geschlossen werden, dass die Beteiligten einen durch **gerichtlichen Beschluss** ergangenen **Vergleichsvorschlag** gegenüber dem Gericht schriftlich annehmen.

269 Der wirksame Prozessvergleich hat **unmittelbar verfahrensbeendende Wirkung.** Eine Verfahrenseinstellung (z.B. analog § 92 Abs. 3 VwGO) ist nicht erforderlich. Als Prozesshandlung ist der Vergleich grds. **unwiderruflich,** in der Praxis wird jedoch häufig der Widerruf innerhalb einer bestimmten Frist ausdrücklich vorbehalten, wobei der Widerruf dann i.d.R. gegenüber dem Gericht zu erklären ist.[241]

Wird der Vergleich widerrufen, so ist das bisherige Verfahren durch erneute mündliche Verhandlung, Beratung und Entscheidung fortzusetzen. Die teilweise praktizierte Übung, im Anschluss an die mündliche Verhandlung, in der der Widerrufsvergleich geschlossen wurde, eine **Entscheidung auf Vorrat** zu beraten und diese im Fall des Widerrufs zu verkünden, ist unzulässig, weil der Abschluss des Widerrufsvergleichs die Entscheidungsbefugnis des Gerichts suspendiert.[242] In der Praxis ist es allerdings üblich, für den Fall des Widerrufs auf eine erneute mündliche Verhandlung zu verzichten (§ 101 Abs. 2 VwGO).

---

238 BVerwG NJW 2010, 3048; DVBl. 1994, 211, 212.
239 OVG Lüneburg NVwZ 1987, 234; Kopp/Schenke VwGO § 66 Rdnr. 10.
240 BVerwG NJW 1988, 662, 663.
241 BVerwG NJW 1993, 2193; Budach/Johlen JuS 2002, 371, 372; abweichend BGH NJW 2005, 3576.
242 OVG NRW NVwZ 1982, 378; Budach/Johlen JuS 2002, 371, 372; a.A. Kopp/Schenke VwGO § 106 Rdnr. 17.

Entsteht im Nachhinein Streit über die Wirksamkeit des Vergleichs (z.B. wegen anfänglicher Nichtigkeit), so ist das **ursprüngliche Verfahren** fortzusetzen.[243] Nachträgliche Unwirksamkeitsgründe (z.B. Wegfall der Geschäftsgrundlage, Kündigung nach § 60 VwVfG) sind dagegen in einem **neuen Prozess** geltend zu machen.[244]

270

Sind beim Vergleichsschluss die **prozessualen Voraussetzungen** des § 106 VwGO nicht eingehalten worden (z.B. Formfehler oder Nichtmitwirkung des notwendig Beigeladenen), so ist der Vergleich als **Prozesshandlung unwirksam**, d.h. er hat keine unmittelbar verfahrensbeendende Wirkung. Wegen seiner Doppelnatur kann er aber materiell als außergerichtlicher Vergleich wirksam sein. Dies beurteilt sich, da i.d.R. ein verwaltungsrechtlicher Vertrag vorliegt, nach §§ 54 ff. VwVfG.[245] Ist der Vergleich als **materieller Vertrag wirksam**, so führt dies grds. zur **Erledigung** des Rechtsstreits in der Hauptsache. Geht es den Beteiligten nämlich entscheidend um eine verbindliche Regelung ihrer Rechtsbeziehungen, so lässt die Unwirksamkeit der Prozesshandlung die Gültigkeit der materiellen Vereinbarung i.d.R. unberührt.[246]

271

Ist umgekehrt der Prozessvergleich (nur) als **materielles Rechtsgeschäft unwirksam**, so erfasst die Unwirksamkeit i.d.R. auch seinen prozessualen Teil. Denn die Beteiligten wollten den Prozess nur beenden, weil sie von einer wirksamen materiellen Regelung ausgegangen sind. Wird diese nicht erreicht, so verliert auch die Prozesshandlung ihre Wirksamkeit, da sie nur die Begleitform für den materiell-rechtlichen Vergleich ist.[247]

272

Damit lassen sich folgende **Fälle** unterscheiden:

273

Prozessuale Voraussetzungen gemäß § 106 VwGO	Materielle Voraussetzungen gemäß §§ 54 ff. VwVfG	Rechtsfolge
(+)	(+)	▪ automatische Prozessbeendigung ▪ materielle Rechtslage richtet sich nach dem Vergleich
(–)	(+)	▪ keine automatische Prozessbeendigung, aber i.d.R. Erledigung ▪ materielle Rechtslage richtet sich nach dem Vergleich
(–)	(–)	▪ keine Prozessbeendigung, Fortsetzung des bisherigen Verfahrens ▪ materielle Rechtslage richtet sich nach dem Gesetz
(+)	(–)	▪ i.d.R. Gesamtnichtigkeit, Unwirksamkeit des materiellen Rechtsgeschäfts schlägt auf Prozesshandlung durch ▪ deshalb keine Prozessbeendigung ▪ materielle Rechtslage richtet sich nach dem Gesetz

---

243 BVerwG NJW 2010, 3048; OVG Lüneburg NVwZ 2000, 1309; Kopp/Schenke VwGO § 106 Rdnr. 18.

244 BVerwG DVBl. 1994, 211, 213; BayVGH NVwZ 2000, 1310; Kopp/Schenke VwGO § 106 Rdnr. 18.

245 BVerwG DVBl. 1994, 211, 212; OVG Lüneburg NVwZ 2000, 1309; Budach/Johlen JuS 2002, 371, 372.

246 Vgl. BVerwG DVBl. 1994, 211, 212; NVwZ 2010, 3048.

247 BVerwG NJW 2010, 3048; DVBl. 1994, 211, 212; OVG NRW NVwZ 1988, 370, 371.

F. Prozessaufrechnung

I. Analoge Anwendung der §§ 387 ff. BGB

274   Die Vorschriften in **§§ 387 ff. BGB gelten analog**, wenn mit einer öffentlich-rechtlichen Forderung aufgerechnet wird. Das gilt auch dann, wenn Forderung und Gegenforderung in verschiedenen Rechtswegen geltend zu machen sind.[248] Der abweichende Rechtsweg hat keine materiellen, sondern nur prozessuale Auswirkungen.

> **Beispiel:** Gegen den Erstattungsanspruch der Behörde wegen Abschleppens eines Kfz (Verwaltungsrechtsweg gemäß § 40 Abs. 1 S. 1 VwGO) rechnet der Bürger mit einem Gegenanspruch aus Amtshaftung gemäß Art. 34 S. 1 GG, § 839 BGB (Zivilrechtsweg gemäß Art. 34 S. 3 GG) auf, da das Fahrzeug angeblich während des Abschleppvorgangs beschädigt worden ist.

275   Beruft sich der Beklagte gegenüber der Klageforderung auf eine (wirksame) Aufrechnung, so liegt darin der **Erfüllungseinwand** (§ 389 BGB analog), was zur Unbegründetheit der Klage und zur Klageabweisung führt. Dabei ist unerheblich, ob die Aufrechnungserklärung im Prozess oder außerhalb des Prozesses abgegeben wird. Eine während des Rechtsstreits erklärte Aufrechnung (sog. **Prozessaufrechnung**) enthält sowohl die Ausübung des materiellen Gestaltungsrechts als auch deren prozessuale Geltendmachung (**Doppeltatbestand**).[249]

> **Beachte:** Unerheblich ist, ob die Gegenforderung unter Umständen schon in einem anderen Verfahren eingeklagt oder dort zur Aufrechnung gestellt ist. Denn die Prozessaufrechnung begründet keine Rechtshängigkeit der Gegenforderung. Die Gegenforderung ist erst verbraucht, wenn über diese rechtskräftig entschieden ist (§§ 389 BGB, § 322 Abs. 2 ZPO).

276   **Voraussetzung** für eine wirksame Aufrechnung ist das Bestehen einer **Aufrechnungslage**:

- erfüllbare **Hauptforderung**,
- fällige **Gegenforderung**,
- **Gleichartigkeit** der Forderungen und
- **Gegenseitigkeit** der Forderungen.

II. Prozessuale Besonderheiten

277   Prozessuale Besonderheiten ergeben sich dann, wenn – wie im obigen Beispiel – für die **Gegenforderung** nicht der Verwaltungsrechtsweg, sondern der **Zivilrechtsweg** eröffnet ist (vgl. z.B. Art. 34 S. 3 GG, § 40 Abs. 2 S. 1 VwGO). Hier ist zweifelhaft, ob das Verwaltungsgericht die Aufrechnung überhaupt berücksichtigen darf. Denn nach § 322 Abs. 2 ZPO (i.V.m. § 173 S. 1 VwGO) ist auch die Entscheidung, dass die Gegenforderung nicht besteht, bis zur Höhe des Betrags, für den die Aufrechnung geltend gemacht wird, der **Rechtskraft fähig**.

278   **1.** Unproblematisch und ohne Weiteres zu berücksichtigen ist die Prozessaufrechnung mit einer rechtswegfremden Forderung, wenn die Gegenforderung **rechtskräftig** oder bestandskräftig **festgestellt** ist oder wenn sie vom Schuldner anerkannt wird.[250]

---

248 BVerwG NJW 1987, 2530, 2531; OVG Lüneburg NVwZ 2004, 1513, 1514; Kopp/Schenke VwGO § 40 Rdnr. 45.

249 Prechtel ZAP 2006, 667.

250 BVerwG NJW 1987, 2530, 2532; OVG Lüneburg NVwZ 2004, 1513, 1514; BFH NJW 2002, 3226, 3127.

2. Im Übrigen ergibt sich die **Kompetenz des Verwaltungsgerichts** zur Prüfung   279
rechtswegfremder Gegenansprüche nach teilweise vertretener Ansicht aus § 17
Abs. 2 GVG. Danach hat das Gericht des zulässigen Rechtsweges den Rechtsstreit
unter allen in Betracht kommenden „rechtlichen Gesichtspunkten" zu entscheiden.
Hierdurch habe der Gesetzgeber zu erkennen gegeben, dass die Entscheidung
durch ein an sich unzuständiges Gericht eher hinzunehmen sei als eine erhebliche
Verzögerung des Verfahrens. Im Interesse der Prozessökonomie und der Effektivität des Rechtsschutzes sei die Aufrechnung mit einer rechtswegfremden Forderung
daher grds. auch vom unzuständigen Gericht zu berücksichtigen.[251]

> **Beachte:** Dies gilt allerdings unstreitig nicht für Ansprüche aus **Amtshaftung**
> (Art. 34 S. 1 GG, § 839 BGB), da hier gemäß § 17 Abs. 2 S. 2 GVG die Prüfungs-
> kompetenz des Verwaltungsgerichts zwingend ausgeschlossen ist.

Die Gegenansicht verweist darauf, dass es sich bei der Aufrechnung nicht um einen   280
„rechtlichen Gesichtspunkt" i.S.d. § 17 Abs. 2 GVG, sondern um ein **selbstständiges Gegenrecht** handelt, für das bei rechtswegfremden Ansprüchen ebenso wie in
den Fällen der objektiven Klagehäufung und der Widerklage mit rechtsfremden Ansprüchen keine Entscheidungsbefugnis des Verwaltungsgerichts besteht.[252] Für
diese Auffassung spricht, dass die aufzurechnende Forderung einen **anderen
Streitgegenstand** als die Hauptforderung betrifft. § 17 Abs. 2 GVG gilt aber nur
bei Identität des Streitgegenstandes und dürfte daher auf die Prozessaufrechnung
nicht anwendbar sein, da es sich um zwei selbstständige Forderungen handelt.[253]

3. Umstritten ist, welche **Konsequenzen** sich ergeben, wenn das Verwaltungsge-   281
richt den **rechtswegfremden Gegenanspruch nicht prüfen** darf.

a) Teilweise wird angenommen, dass die Aufrechnung mit einer rechtswegfremden
Forderung, die weder rechtskräftig festgestellt noch unbestritten ist, im Verwaltungsrechtsstreit **unbeachtlich** sei.[254] Das Gericht könne die Aufrechnung als unzulässig zurückweisen, weil hiermit keine rechtskräftige Aberkennung nach § 322
Abs. 2 ZPO verbunden sei.[255]

b) Die h.Rspr. verweist zutreffend darauf, dass das VG das Bestehen der Schadens-   282
ersatzforderung zwar nicht prüfen, aber die ggf. eingetretene **materiellrechtliche
Erfüllungswirkung berücksichtigen** müsse. Dies habe zur Folge, dass das VG die
Entscheidung über die Hauptforderung zunächst nur unter dem Vorbehalt der
Aufrechnung treffen dürfe (**Vorbehaltsurteil** gemäß § 173 S. 1 VwGO, § 302
ZPO).[256] Die Prüfung der Wirksamkeit der Aufrechnung erfolgt dann im sog. Nach-
verfahren.

Das **Nachverfahren** kann das Gericht gemäß § 94 VwGO **aussetzen**, wenn die   283
Gegenforderung, mit der aufgerechnet worden ist, den Gegenstand eines anderen
Rechtsstreits bildet oder wenn darüber eine Verwaltungsbehörde zu entscheiden
hat. Entsprechendes gilt, wenn über die Frage des Bestehens oder Nichtbestehens
der Gegenforderung (noch) kein Rechtsstreit oder Verwaltungsverfahren anhängig
ist. In diesem Fall gilt **§ 94 VwGO analog**.[257]

---

251 VGH Kassel DVBl. 1994, 806, 807; Kopp/Schenke VwGO § 40 Rdnr. 45.
252 OVG Lüneburg NVwZ 2004, 1513, 1515; Schoch/Ehlers VwGO § 41 GVG § 17 Rdnr. 28; Zöller/Gummer
     GVG § 17 Rdnr. 10; offengelassen von BVerwG NJW 1994, 2968, 2969.
253 OVG Lüneburg NVwZ 2004, 1513, 1515.
254 OVG Lüneburg NVwZ 2004, 1513; Fehling/Kastner/Wahrendorf VwGO § 41 Anhang Rdnr. 13.
255 Kopp/Schenke VwGO § 40 Rdnr. 45.
256 BVerwG NJW 1999, 160, 161.
257 BVerwG NJW 1987, 2530, 2532; NJW 1999, 160, 161; VG Neustadt NVwZ 2003, 1544, 1546; abweichend BAG
     NJW 2008, 1020, 1021.

284   Allerdings darf durch die Aussetzung **keine dauernde Rechtsverweigerung** gegenüber dem Kläger eintreten. Das Gericht ist daher gehalten, dem Beklagten eine **Frist** zu setzen, den Schadensersatzprozess vor dem zuständigen (Zivil-)Gericht anhängig zu machen.[258]

285   Aufgrund des **Vorbehaltsurteils** bleibt der Rechtsstreit hinsichtlich der Aufrechnung anhängig (vgl. § 302 Abs. 4 ZPO). Erhebt der Aufrechnende die Klage vor dem anderen Gericht nicht innerhalb der ihm gesetzten Frist, so kann das Gericht in dem anhängigen Verfahren das Bestehen der Gegenforderung nach den Grundsätzen der objektiven Beweislast als nicht erwiesen behandeln und ohne Berücksichtigung der Aufrechnung entscheiden.[259] Das Vorbehaltsurteil wird dann für **vorbehaltlos** erklärt. Durch diese Entscheidung, die keine Rechtskraftwirkung nach § 322 Abs. 2 ZPO hat, ist der aufrechnende Gläubiger nicht gehindert, die behauptete Gegenforderungen später doch noch im zuständigen Rechtsweg einzuklagen.[260]

III. Aufrechnung durch den Kläger

286   Im Verwaltungsprozess kann sich auch die Situation ergeben, dass nicht der Beklagte, sondern der **Kläger** die Aufrechnung erklärt.

> **Beispiel:** K hat Anfechtungsklage gegen einen Leistungsbescheid erhoben. Zur Begründung weist er darauf hin, dass die zugrunde liegende Vollstreckungsmaßnahme rechtswidrig gewesen sei, hilfsweise erklärt er die Aufrechnung mit Schadensersatzansprüchen.

287   Die Aufrechnung hat hier keine unmittelbare Auswirkungen auf die **Rechtmäßigkeit** des angefochtenen Leistungsbescheids. Auch wenn die Aufrechnung materiell analog § 389 BGB den Kostenerstattungsanspruch der Behörde ex tunc zum Erlöschen bringt, bleibt der Kostenbescheid Rechtsgrund für die Leistung.[261] Insoweit ist die Aufrechnung daher im Anfechtungsprozess unbeachtlich.

288   Das bedeutet jedoch nur, dass die Aufrechnung die Rechtmäßigkeit der **Kostenfestsetzung** nicht berührt. Enthält der angefochtene VA neben der Festsetzung eine **Zahlungsaufforderung** (Leistungsgebot), so handelt es sich hierbei um einen selbstständigen VA. Insoweit bewirkt § 389 BGB analog aber die Fiktion, dass die aufrechenbaren Forderungen gleichsam rückwirkend im Zeitpunkt des erstmaligen Gegenübertretens erloschen sind. Infolge der Aufrechnung gilt die Forderung daher **bereits bei Erlass des Leistungsbescheides als nicht mehr existent**, sodass das darin enthaltene Leistungsgebot nachträglich rechtswidrig wird, wenn die Gegenforderung besteht.[262] Insoweit hat die Aufrechnung dann auch im Anfechtungsprozess **entscheidungserhebliche Bedeutung**.

289   Das VG muss daher auch im Anfechtungsprozess gegen das Leistungsgebot die **Aufrechnung berücksichtigen**, darf aber rechtswegfremde Gegenansprüche nach der oben vertretenen Ansicht nicht prüfen (unstreitig bei Amtshaftungsansprüchen). Es gilt also das oben Gesagte entsprechend: Kommt das Gericht zu dem Ergebnis, dass der angefochtene VA rechtmäßig ist, erfolgt die Entscheidung über den VA (Klageabweisung) **unter dem Vorbehalt der Aufrechnung**. Das Nachverfahren wird (analog) § 94 VwGO ausgesetzt und ggf. eine Frist zur Schadensersatzklage gesetzt.

---

258   BVerwG NJW 1987, 2530, 2532; BFH NJW 2002, 3126, 3128; VGH Mannheim NJW 1997, 3394, 3395.

259   BFH NJW 2002, 3126, 3128.

260   BFH NJW 2002, 3126, 3128.

261   BVerwG NJW 1987, 2530, 2531; Schoch/Pietzner VwGO § 167 Rdnr. 65.

262   BVerwG NJW 1987, 2530, 2531; VGH Mannheim NJW 1997, 3394, 3395.

> *„Die Klage wird abgewiesen, hinsichtlich der Zahlungsaufforderung in dem Bescheid des ... vom ... jedoch unter dem Vorbehalt, dass die zur Aufrechnung gestellte Forderung nicht besteht.*
>
> *Das Nachverfahren wird ausgesetzt.*
>
> *Dem Kläger wird eine Frist zur klageweisen Geltendmachung der von ihm zur Aufrechnung gestellten Forderung bis zum ... gesetzt. "*

G. Prozesskostenhilfe

Im Verwaltungsprozess haben die Beteiligten unter denselben Voraussetzungen wie im Zivilprozess Anspruch auf Bewilligung von **Prozesskostenhilfe** (§ 166 VwGO i.V.m. §§ 114 ff. ZPO). Auf Antrag wird vom Gericht Prozesskostenhilfe bewilligt, wenn
290

■ die Rechtsverfolgung oder -verteidigung **hinreichende Aussicht auf Erfolg** bietet und **nicht mutwillig** erscheint und

■ der Betroffene nach seinen **persönlichen und wirtschaftlichen Verhältnissen** die Kosten nicht, nur zum Teil oder nur in Raten aufbringen kann.

Im **außerprozessualen Bereich** – und damit u.U. auch im Vorstadium eines Prozesses – kann der mittellose Bürger die kostenlose Beratung durch einen Anwalt nach dem **Beratungshilfegesetz** in Anspruch nehmen (Schönfelder EB 98 b).

Fragen der Prozesskostenhilfe haben im verwaltungsgerichtlichen Verfahren (und im Examen) lange Zeit eine nur untergeordnete Rolle gespielt. Dies hat sich in den letzten Jahren indes geändert.[263]

I. Voraussetzungen

Prozesskostenhilfe
■ **objektive Voraussetzungen** (§ 166 VwGO, § 114 ZPO)
■ Antrag (§ 117 ZPO)
■ Erfolgsaussichten in der Hauptsache
■ fehlende Mutwilligkeit
■ **subjektive Voraussetzung:** Bedürftigkeit (§ 166 VwGO, § 115 ZPO)
■ Berücksichtigung des Einkommens (§ 115 Abs. 1 u. 2 ZPO)
■ Einsatz des Vermögens (§ 115 Abs. 3 ZPO i.V.m. § 90 SGB XII)

1. Antrag

Prozesskostenhilfe (PKH) wird nur **auf Antrag** gewährt. Der Antrag ist beim Prozessgericht zu stellen und kann auch zu Protokoll der Geschäftsstelle erklärt werden (§ 117 Abs. 1 ZPO). Bei der Antragstellung sind die in der ProzesskostenhilfevordruckVO (PKHVV) vorgesehenen **Formulare** zu verwenden (§ 117 Abs. 3 u. 4 ZPO).[264]
291

---

263 Vgl. Bader JuS 2005, 126, 129.
264 Vgl. Niebling JA 2009, 630, 631.

In dem Antrag ist das Streitverhältnis darzustellen (§ 117 Abs. 1 S. 2 ZPO). Der Antrag kann in jedem Verfahrensstadium gestellt werden, zweckmäßigerweise bereits vor Erhebung der Klage bzw. des Antrags.

Durch den PKH-Antrag wird die **Klagefrist** nicht gewahrt, jedoch kommt Wiedereinsetzung in den vorigen Stand (§ 60 VwGO) in Betracht, wenn der PKH-Antrag mit ausreichenden Unterlagen zur Glaubhaftmachung innerhalb der Klagefrist gestellt wird und die Frist versäumt wird, weil die Prozesskostenhilfe noch nicht bewilligt wurde (s.o. Rdnr. 557). Denn der bedürftigen Partei ist grds. nicht zuzumuten, eine Klage oder ein Rechtsmittel einzulegen, wenn sie sich damit einem Kostenrisiko aussetzt, das sie nicht zu tragen vermag.[265]

2. Erfolgsaussichten

292   Die Rechtsverfolgung oder -verteidigung muss **hinreichende Aussicht auf Erfolg** bieten (§ 114 S. 1 ZPO). Im PKH-Verfahren prüft das VG daher inzident, ob der Antragsteller mit seinem Begehren voraussichtlich Erfolg haben wird (also z.B. die Zulässigkeit und Begründetheit einer Klage). Die Beurteilung der Erfolgsaussichten bestimmt sich grds. nach dem Zeitpunkt der **Entscheidungsreife des PKH-Antrags.**[266]

> **Hinweis:** In PKH-Sachen liegt der Schwerpunkt der Examensklausur daher auf bekanntem Terrain. Nur der Anknüpfungspunkt ist ungewöhnlich.

Bislang erfolgt in der Praxis lediglich eine **summarische Prüfung**, d.h. eine überschlägige Würdigung der Sach- und Rechtslage. Die Anforderungen an die Erfolgsaussichten dürfen dabei nicht überspannt werden.[267] Insbes. sind im PKH-Verfahren weder schwierige Rechts- noch Tatsachenfragen zu klären. Im Zweifel ist Prozesskostenhilfe zu bewilligen.[268] Nach einem im August 2012 beschlossenen Gesetzentwurf der Bundesregierung soll der Prüfungsumfang künftig allerdings erweitert werden.

3. Keine Mutwilligkeit

293   Die Rechtsverfolgung oder -verteidigung darf **nicht mutwillig** erscheinen (§ 114 S. 1 ZPO). Das ist dann der Fall, wenn eine verständige Partei auch ohne Prozesskostenhilfe ihr Recht in gleicher Weise verfolgen würde.[269]

Mutwilligkeit ist z.B. anzunehmen, wenn keine Veranlassung zur Klage besteht, weil die Behörde zu erkennen gegeben hat, dass sie dem Begehren des Klägers entsprechen wird. I.d.R. fehlt dann aber auch schon das Rechtsschutzbedürfnis.

4. Bedürftigkeit

294   Wesentliche Voraussetzung ist, dass der Betroffene nach seinen **persönlichen und wirtschaftlichen Verhältnissen** die Kosten nicht, nur zum Teil oder nur in Raten aufbringen kann. Zur Feststellung der **Bedürftigkeit** hat der Antragsteller seinem Antrag eine Erklärung über seine persönlichen und wirtschaftlichen Verhältnisse sowie entsprechende Belege beizufügen (§ 117 Abs. 2 ZPO).

In Examensklausuren findet sich i.d.R. der Bearbeitungsvermerk, dass die Angaben zur Bedürftigkeit des Antragstellers zutreffen und davon auszugehen ist, dass er die Kosten des Verfahrens nicht selbst tragen kann.[270] Die Darstellung in der Klausur beschränkt sich dann im Wesentlichen auf die Inzidentprüfung der Erfolgsaussichten in der Hauptsache.

---

265 BVerfG DVBl. 2003, 130, 131; BVerwG NVwZ 2004, 888.

266 Kopp/Schenke VwGO § 166 Rdnr. 14 a.

267 BVerfG NJW 2012, 2722; NVwZ 2006, 1156, 1157; NJW 2005, 3489, 3490; NJW 2003, 3190, 3191.

268 BVerfG NJW 2005, 3489 f.

269 Kopp/Schenke VwGO § 166 Rdnr. 9.

270 Vgl. z.B. Beaucamp JuS 2004, 706, 708.

Auf der Grundlage der Angaben des Antragstellers und der beigefügten Belege ent- 295
scheidet das Gericht, ob die **wirtschaftlichen Voraussetzungen** für die Bewilligung von PKH vorliegen.

Nach dem Gesetzentwurf der Bundesregierung vom August 2012 soll hierbei künftig eine um-
fassendere Prüfung der persönlichen und wirtschaftlichen Voraussetzungen erfolgen.

II. Rechtsfolge

1. Anspruch auf PKH

Sind die Voraussetzungen erfüllt, so **muss** das Gericht PKH gewähren. Es besteht 296
ein **Anspruch** des Antragstellers. Allerdings hängt die Entscheidung von den wirtschaftlichen Verhältnissen des Antragstellers ab (§§ 114, 120 ZPO):

- Gelangt das Gericht zu dem Ergebnis, dass der Antragsteller keinerlei Prozesskosten tragen kann, wird **uneingeschränkt PKH** bewilligt.

- Kann der Antragsteller einen Teil der Prozesskosten aus seinem **Vermögen** aufbringen, wird PKH bewilligt und dem Antragsteller aufgegeben, den zumutba-
  ren Teil des Vermögens für die Prozesskosten einzusetzen (§ 115 Abs. 3 ZPO).

- Ist der Antragsteller in der Lage, einen Teil der Kosten aus seinem **Einkommen**
  aufzubringen, so wird PKH bewilligt mit der Auflage, monatliche Raten zu zahlen (§ 115 Abs. 2 ZPO).

Wie das Einkommen und Vermögen des Antragstellers im Einzelnen zu berücksichtigen sind, ergibt sich aus § 115 ZPO. Dieser enthält in Abs. 2 auch eine Tabelle über die Höhe der monatlichen
Raten (maximal 48).

2. Entscheidung durch Beschluss

Die Bewilligung erfolgt durch **Beschluss** ohne mündliche Verhandlung (§ 127 297
ZPO). Sie gilt immer nur für einen Rechtszug (§ 119 Abs. 1 ZPO). Für die Form
gelten die allgemeinen Regeln über Beschlüsse (s.u. Rdnr. 313).

Gegen die (vollständige oder teilweise) **Ablehnung** durch das VG kann **Beschwer-** 298
de (§ 146 Abs. 1 VwGO) beim OVG erhoben werden, die nicht dem Anwalts-
zwang unterliegt (§ 67 Abs. 4 S. 1, 2. Halbs. VwGO). Die Entscheidung des OVG
ist unanfechtbar (§ 152 VwGO).

Der Prozessgegner kann gegen die Bewilligung der PKH kein Rechtsmittel einlegen (vgl. § 127
Abs. 2 u. Abs. 3 ZPO). Denn er ist nicht unmittelbar Beteiligter des PKH-Verfahrens, sondern
gemäß § 118 ZPO lediglich anzuhören.

In der Praxis wird der Beschluss üblicherweise mit einem **vollem Rubrum** verse- 299
hen. Erforderlich ist dies nicht, da die Entscheidung kein Vollstreckungstitel ist.[271]

Eingeleitet wird üblicherweise mit der Formulierung „In dem verwaltungsgerichtlichen Verfahren ..." o.Ä., teilweise findet sich auch die Formulierung: „In dem Prozesskostenhilfeverfahren
..." Die Beteiligten werden als „Antragsteller" bzw. „Antragsgegner" bezeichnet, unabhängig von
ihrer Verfahrensrolle im Hauptsacheverfahren. Teilweise wird auf die Nennung des Gegners verzichtet, da dieser nicht Verfahrensbeteiligter ist (s.o.). Dies widerspricht jedoch der Regelung des
§ 118 ZPO, der ausdrücklich vom „Gegner" spricht.

Eine **Kostenentscheidung** ist **nicht erforderlich**, da das PKH-Verfahren gerichts- 300
kostenfrei ist und auch keine Kostenerstattung erfolgt. Eine **Begründung** des Beschlusses ist nur erforderlich, wenn das Verwaltungsgericht PKH ganz oder teilweise ablehnt (§§ 122 Abs. 2, 166 VwGO, § 127 Abs. 2 S. 2 ZPO).

---

271 Fischer JuS 2004, 1068, 1070.

Im Hinblick auf die nach § 127 Abs. 3 ZPO denkbare Beschwerde der Staatskasse, ist in der Praxis allerdings eine Begründung unter Darlegung der Voraussetzungen des § 115 ZPO auch üblich, wenn PKH ohne Ratenzahlung bewilligt worden ist.[272] Soweit die Gründe der Entscheidung Angaben über die persönlichen und wirtschaftlichen Verhältnisse der Partei enthalten, dürfen sie dem Gegner nur mit Zustimmung des Antragstellers zugänglich gemacht werden (§ 127 Abs. 1 S. 3 ZPO, vgl. auch § 117 Abs. 2 S. 2 ZPO).

301   Ist im Hauptsacheverfahren eine **Vertretung durch Anwälte** vorgeschrieben (z.B. vor dem OVG, § 67 Abs. 4 VwGO), wird dem Beteiligten ein Rechtsanwalt seiner Wahl beigeordnet (§ 121 Abs. 1 ZPO). Ist eine Vertretung – wie im erstinstanzlichen Verfahren vor dem VG – nicht vorgeschrieben, wird ein Anwalt nur beigeordnet, wenn die Vertretung durch einen Anwalt erforderlich erscheint oder der Gegner durch einen Rechtsanwalt vertreten ist (§ 121 Abs. 2 ZPO). Erforderlich ist die Beiordnung eines Anwalts insb. dann, wenn im Kenntnisstand und in den Fähigkeiten der Prozessparteien ein deutliches Ungleichgewicht besteht.[273] Bezüglich der Beiordnung eines Anwalts bedarf es eines **besonderen Antrags**.[274]

Ob die Vertretung durch einen Rechtsanwalt erforderlich erscheint, ist im Einzelfall unter Berücksichtigung der Schwierigkeit der Sach- und Rechtslage und der persönlichen Verhältnisse des Antragstellers zu beurteilen. Im Falle der Beiordnung hat der Anwalt **keinen eigenen Vergütungsanspruch** gegen den Mandanten (§ 122 Abs. 1 Nr. 3 ZPO). Er erhält lediglich eine Entschädigung aus der Staatskasse (§§ 45 ff. RVG) nach besonderen Gebührensätzen (§ 49 RVG). Soweit die Staatskasse zahlt, geht ein evtl. Kostenerstattungsanspruch gegen den Gegner auf den Staat über (§ 59 RVG).

Beachte: Keinen Einfluss hat die PKH-Bewilligung auf das Verhältnis zum **Prozessgegner** (§ 123 ZPO), d.h. wenn und soweit der PKH-Berechtigte den Prozess verliert, muss er die Kosten des Gegners selbst tragen. Insoweit bleibt daher auch bei Bewilligung von PKH ein Kostenrisiko.

---

7 M 453/12

Beschluss

In dem verwaltungsgerichtlichen Verfahren

des ...

Antragstellers,

gegen

den ...

Antragsgegner,

hat die 7. Kammer des Verwaltungsgerichts ...

am 18. August 2012

durch ...

beschlossen:

> *Dem Antragsteller wird Prozesskostenhilfe bewilligt. (ggf.: Zur Wahrnehmung seiner Rechte wird ihm Rechtsanwalt ... beigeordnet.)*

> *Der Antragsteller hat ab dem ... insgesamt ... Raten in Höhe von ... Euro monatlich an die Staatskasse zu zahlen*

---

272 Fischer JuS 2004, 1068, 1071.
273 BVerfG, Beschl. v. 06.05.2009 – 1 BvR 439/08.
274 BVerwG NVwZ 2004, 888, 889.

Gründe

I.

(Darstellung des Sachverhalts)

II.

Der Antrag des Antragstellers ist in dem aus dem Tenor ersichtlichen Umfang begründet. Gemäß § 166 VwGO i.V.m. § 114 ZPO erhält ein Beteiligter, der nach seinen persönlichen und wirtschaftlichen Verhältnissen die Kosten der Prozessführung nicht, nur zum Teil oder nur in Raten aufbringen kann, auf Antrag Prozesskostenhilfe, wenn die beabsichtigte Rechtsverfolgung oder -verteidigung hinreichende Aussicht auf Erfolg bietet und nicht mutwillig erscheint.

Diese Voraussetzungen sind erfüllt. Der Antragsteller hat durch Vorlage von Erklärungen über seine persönlichen und wirtschaftlichen Verhältnisse und von entsprechenden Nachweisen seine Bedürftigkeit dargetan. ...

Die beabsichtigte Rechtsverfolgung bietet unter Berücksichtigung des Vorbringens des Antragstellers auch hinreichende Aussicht auf Erfolg. Hierbei muss der Erfolg nicht gewiss sein, sondern nach den Gegebenheiten eine gewisse Wahrscheinlichkeit für sich haben. Dies ist schon dann der Fall, wenn ein Obsiegen ebenso wahrscheinlich ist wie ein Unterliegen. Auf dieser Grundlage bestehen vorliegend hinreichende Erfolgsaussichten.

Die zu erhebende Klage des Antragstellers wäre voraussichtlich zulässig und begründet. ...

Mit der Bewilligung von Prozesskostenhilfe war dem Antragsteller auf seinen Antrag gemäß § 166 VwGO i.V.m. § 121 Abs. 2 S. 1 ZPO sein Rechtsanwalt beizuordnen, da die Vertretung durch einen Rechtsanwalt erforderlich erscheint. Unter Berücksichtigung der Schwierigkeit der Sach- und Rechtslage und der persönlichen Verhältnisse des Antragstellers ist diesem nicht zumutbar, das Verfahren selbst zu führen.

Abweichend vom Antrag des Antragstellers war Prozesskostenhilfe nur unter gleichzeitiger Auferlegung von Ratenzahlungen zu gewähren. Denn dem Antragsteller ist zumutbar, monatliche Raten in Höhe von ... Euro aus seinem Einkommen aufzubringen. Der Antragsteller verfügt über ein nach § 115 ZPO einzusetzendes Einkommen von monatlich ... Euro. ...

Rechtsmittelbelehrung:
Soweit dem Antragsteller Prozesskostenhilfe bewilligt wurde, ist der Beschluss unanfechtbar. Im Übrigen kann gegen diesen Beschluss Beschwerde eingelegt werden. Die Beschwerde ist innerhalb von zwei Wochen nach Bekanntgabe des Beschlusses beim Verwaltungsgericht in ... schriftlich oder zur Niederschrift des Urkundsbeamten der Geschäftsstelle einzulegen."

3. Abschnitt: Der Gerichtsbescheid

302 § 84 VwGO eröffnet dem Gericht die Möglichkeit, in einfach gelagerten Fällen **ohne mündliche Verhandlung** durch Gerichtsbescheid zu entscheiden. In der Sache handelt es sich um ein „vereinfachtes Urteil", vor allem hat der Gerichtsbescheid dieselben Wirkungen wie ein Urteil (§ 84 Abs. 3 VwGO).

A. Voraussetzungen

303 Der Gerichtsbescheid ist nur im **Klageverfahren** in der Hauptsache zulässig, nicht dagegen im einstweiligen Rechtsschutzverfahren. Auch im Berufungsverfahren ist die Entscheidung durch Gerichtsbescheid ausgeschlossen (§ 125 Abs. 1 S. 2 VwGO).

Allerdings kann das OVG nach § 130 a S. 1 VwGO über die Berufung generell ohne mündliche Verhandlung durch Beschluss entscheiden, wenn es sie einstimmig für begründet oder einstimmig für unbegründet hält und eine mündliche Verhandlung nicht für erforderlich hält.

304 § 84 Abs. 1 S. 1 VwGO macht den Erlass eines Gerichtsbescheides davon abhängig, dass die Sache **keine besonderen Schwierigkeiten** tatsächlicher oder rechtlicher Art aufweist und dass der **Sachverhalt geklärt** ist.

- **Geklärt** ist der Sachverhalt, wenn Zweifel vernünftigerweise ausgeschlossen sind. Das Merkmal ist daher zugleich Voraussetzung dafür, dass keine Schwierigkeiten tatsächlicher Art vorliegen.

- **Besondere Schwierigkeiten** sind z.B. anzunehmen bei außergewöhnlichem Umfang der Sache, schwer überschaubaren wirtschaftlichen, politischen oder technischen Hintergründen des Falls, höchstrichterlich noch nicht geklärten Rechtsfragen, Abweichen der Kammer von der Rspr. eines OVG oder des BVerwG, i.d.R. auch bei grundsätzlicher Bedeutung der Rechtssache.

  „Besondere" Schwierigkeiten sind nur solche, die das Normalmaß nicht unerheblich überschreiten. Ein Gerichtsbescheid kann daher nicht nur in einfachen Fällen, sondern auch in solchen mit normaler oder durchschnittlicher Schwierigkeit ergehen.[275]

305 Vor Erlass des Gerichtsbescheides sind die **Beteiligten** nach § 84 Abs. 1 S. 2 VwGO anzuhören.

B. Form des Gerichtsbescheides

306 Nach § 84 Abs. 1 S. 3 VwGO gelten für den Gerichtsbescheid die Vorschriften über **Urteile entsprechend**, also insb. § 117 VwGO. Damit hat sich die Streitfrage, ob Gerichtsbescheide in Beschlussform oder inhaltlich wie ein Urteil abzufassen sind, im letzteren Sinne erledigt. Deshalb ergehen Gerichtsbescheide auch „Im Namen des Volkes".[276]

307 Bzgl. des **Rubrums** ist zu beachten, dass die ehrenamtlichen Richter nicht mitwirken (§ 5 Abs. 3 S. 2 VwGO). Bei Übertragung auf den Einzelrichter gilt § 6 Abs. 1 VwGO. Wegen der Rechtswirkungen sollte als Überleitung zum Tenor wie beim Urteil die Formulierung „ ... *für Recht erkannt* ... " gewählt werden.[277]

Teilweise wird abweichend vorgeschlagen: „ ... *folgenden Gerichtsbescheid erlassen: ...* " oder „*hat ... entschieden*".[278]

---

275 Kopp/Schenke VwGO § 84 Rdnr. 7.
276 Schoch/Clausing VwGO § 84 Rdnr. 32; Pietzner/Ronellenfitsch § 22 Rdnr. 9; Morgenstern JA 2001, 319, 321.
277 Morgenstern JA 2001, 319, 321.
278 Vgl. die Nachweise bei Morgenstern JA 2001, 319, 321.

Der **Tenor** wird wie beim Urteil gefasst. Da der Gerichtsbescheid Vollstreckungs- 308
titel ist (§§ 84 Abs. 1 S. 3, 168 Abs. 1 Nr. 1 VwGO), ist auch über die vorläufige
Vollstreckbarkeit des Gerichtsbescheids zu befinden.

> *„Die Klage wird abgewiesen.*
>
> *Der Kläger trägt die Kosten des Verfahrens.*
>
> *Der Gerichtsbescheid ist wegen der Kosten vorläufig vollstreckbar. Der Kläger*
> *darf die Vollstreckung durch Sicherheitsleistung ...“*

Auch der Aufbau des **Tatbestands** erfolgt wie beim Urteil (s.o. Rdnr. 39 ff.). Im 309
Rahmen der Prozessgeschichte ist aufzunehmen, dass den Beteiligten nach § 84
Abs. 1 S. 2 VwGO Gelegenheit zur Stellungnahme gegeben wurde.[279]

> *„Mit Verfügung des Gerichts vom ... ist den Beteiligten Gelegenheit gegeben*
> *worden, zur beabsichtigten Entscheidung durch Gerichtsbescheid Stellung zu*
> *nehmen. ...“*

Zu Beginn der **Entscheidungsgründe** sind kurz die Voraussetzungen des § 84 Abs. 1 310
VwGO zu subsumieren. Im Übrigen gilt das zum Urteil Gesagte entsprechend.
Das VG kann in der Entscheidung von einer weiteren Darstellung der Entscheidungsgründe absehen, soweit es der Begründung des VA oder des Widerspruchsbescheids folgt und dies in der Entscheidung feststellt (§ 117 Abs. 5 VwGO).

> *„Gemäß § 84 Abs. 1 VwGO kann die Kammer ohne mündliche Verhandlung*
> *durch Gerichtsbescheid entscheiden, da die Sache keine besonderen Schwierig-*
> *keiten tatsächlicher oder rechtlicher Art aufweist; der Sachverhalt ist geklärt.*
>
> *Die Klage ist zulässig, aber unbegründet. ...“*

C. Rechtsbehelfe und Rechtswirkungen

Nach § 84 Abs. 3, 1. Halbs. VwGO hat der Gerichtsbescheid die Wirkung eines Ur- 311
teils, jedoch bestehen nach § 84 Abs. 2 VwGO **spezifische Rechtsbehelfsmöglich-
keiten**, insb. die Möglichkeit, einen Antrag auf mündliche Verhandlung zu stellen.
Wird rechtzeitig **mündliche Verhandlung** beantragt, so gilt der Gerichtsbescheid
als nicht ergangen (§ 84 Abs. 3, 2. Halbs. VwGO). Er entfaltet dann keine Rechtswirkungen. Das Gericht entscheidet sodann nach mündlicher Verhandlung durch
Urteil, bei dem keinerlei Bindung an den vorherigen Gerichtsbescheid besteht.
Folgt das Gericht im Urteil der Begründung des Gerichtsbescheides, so kann es
nach § 84 Abs. 4 VwGO von einer weiteren Darstellung des Tatbestands und der
Entscheidungsgründe absehen.

> **Hinweis:** Der Gerichtsbescheid beendet das Verfahren daher nur **vorläufig**. Des-
> halb wird in der Praxis vom Gerichtsbescheid nur in geringem Umfang Gebrauch
> gemacht. In der Examensklausur findet sich die Aufgabenstellung dagegen immer
> wieder.

---

279 Andere weisen hierauf zu Beginn der Entscheidungsgründe hin: vgl. Morgenstern JA 2001, 319, 322.

Muster: Gerichtsbescheid

4 K 459/12

IM NAMEN DES VOLKES

Gerichtsbescheid

In dem Verwaltungsrechtsstreit

des Herrn Franz-Josef Müller, Marktallee 48, 48163 Münster,

Klägers,

– Prozessbevollmächtigter: Rechtsanwalt Dr. Rolfs, Parkstr. 10, 48153 Münster –

gegen

das Land Nordrhein-Westfalen, vertreten durch die Bezirksregierung Münster, Domplatz 1–5, 48143 Münster,

Beklagte,

wegen Erteilung einer immissionsschutzrechtlichen Genehmigung

hat die 4. Kammer des Verwaltungsgerichts Münster

am 12. September 2012

durch den

Vorsitzenden Richter am Verwaltungsgericht Dr. Heckert,
Richter am Verwaltungsgericht Meier und
Richterin am Verwaltungsgericht Müller

für R e c h t erkannt:

Die Klage wird abgewiesen.

Der Kläger trägt die Kosten des Verfahrens.

Der Gerichtsbescheid ist wegen der Kosten vorläufig vollstreckbar. Der Kläger darf die Vollstreckung durch Sicherheitsleistung oder Hinterlegung in Höhe des aufgrund des Gerichtsbescheids vollstreckbaren Betrages abwenden, wenn nicht der Beklagte vor der Vollstreckung Sicherheit in gleicher Höhe leistet.

Tatbestand

…

Entscheidungsgründe

Gemäß § 84 Abs. 1 VwGO kann die Kammer ohne mündliche Verhandlung durch Gerichtsbescheid entscheiden, da die Sache keine besonderen Schwierigkeiten tatsächlicher oder rechtlicher Art aufweist; der Sachverhalt ist geklärt.

Die Klage hat keinen Erfolg. …

Rechtsmittelbelehrung: § 84 Abs. 2 VwGO

4. Abschnitt: Der Beschluss

A. Gestaltung

Beschlüsse sind alle gerichtlichen Entscheidungen, die nicht Urteile oder Gerichtsbescheide sind.

312

Beispiele: Beweisbeschluss, Einstellungsbeschluss nach § 92 Abs. 3 VwGO, Kostenentscheidung nach § 161 Abs. 2 VwGO, vor allem aber **streitentscheidende Beschlüsse** im vorläufigen Rechtsschutzverfahren nach §§ 80 Abs. 5, 80 a Abs. 3, 123 VwGO.

Nach § 122 Abs. 1 VwGO gelten für Beschlüsse die §§ 88, 108 Abs. 1 S. 1, 118, 119 und 120 VwGO entsprechend. Die Regelung ist jedoch nicht abschließend. Insbesondere bei **streitentscheidenden Beschlüssen** ist anerkannt, dass grds. alle für das Urteilsverfahren geltenden Vorschriften entsprechend anzuwenden sind. Für die **Form** wird bei streitentscheidenden Beschlüssen, insbes. im vorläufigen Rechtsschutzverfahren, überwiegend auf § 117 VwGO zurückgegriffen, auch wenn diese Vorschrift in § 122 Abs. 1 VwGO nicht zitiert ist.[280]

313

Der verwaltungsgerichtliche Beschluss
■ **Rubrum**
■ **Tenor**
■ Hauptsache
■ Kostenentscheidung
■ keine Vollstreckbarkeitsentscheidung
■ ggf. Streitwertfestsetzung
■ **Gründe**
■ **Rechtsmittelbelehrung**

B. Besonderheiten

Allerdings sind folgende **Besonderheiten** zu berücksichtigen:

314

■ Beschlüsse ergehen anders als Urteile **nicht** „Im Namen des Volkes", die Einleitungsformel lautet üblicherweise „In dem verwaltungsgerichtlichen Verfahren".

■ Streitentscheidende Beschlüsse (z.B. nach §§ 80 Abs. 5, 80 a Abs. 3, 123 VwGO) enthalten ein volles **Rubrum**. Die Beteiligten sind als Antragsteller(in) und Antragsgegner(in) zu bezeichnen, bei anwaltlicher Vertretung sind auch ihre Verfahrensbevollmächtigten aufzuführen.

■ Im Eilverfahren wird die Kurzbezeichnung des **Streitgegenstandes** („wegen") überlicherweise um einen das vorläufige Rechtsschutzverfahren konkretisierenden Zusatz ergänzt (z.B. „wegen Baurecht, hier: Regelung der Vollziehung").

■ Beschlüsse ergehen i.d.R. **ohne mündliche Verhandlung**, eine solche kann jedoch fakultativ durchgeführt werden (§ 101 Abs. 3 VwGO). Entscheidet die Kammer aufgrund mündlicher Verhandlung gilt die allgemeine Besetzung nach § 5 Abs. 3 S. 1 VwGO. Bei Beschlüssen ohne mündliche Verhandlung wirken die **ehrenamtlichen Richter nicht** mit (§ 5 Abs. 3 S. 2 VwGO).

315

Die Beschlussformel lautet daher i.d.R.: „...*hat die ... Kammer des Verwaltungsgerichts ... am ... durch ... beschlossen*", im Fall der mündlichen Verhandlung wie beim Urteil: „*... hat die ... auf die mündliche Verhandlung vom ... durch ... beschlossen.*"

---

280 Kopp/Schenke VwGO § 122 Rdnr. 3 m.w.N.

Bestimmte Beschlüsse können durch den Vorsitzenden bzw. den Berichterstatter allein gefasst werden (§ 87 a Abs. 1 u. Abs. 3 VwGO). Im Einverständnis der Beteiligten besteht die Möglichkeit der Entscheidung durch den Vorsitzenden bzw. den Berichterstatter auch bei streitentscheidenden Beschlüssen, insbes. im Eilverfahren (§ 87 a Abs. 2 u. Abs. 3 VwGO). Im Eilverfahren kann überdies der Vorsitzende in dringenden Fällen auch ohne Einverständnis allein entscheiden (§§ 80 Abs. 8, 123 Abs. 2 S. 3 VwGO).

316   ■   Der **Beschlusstenor** setzt sich zusammen aus

    ■   der **Entscheidung zur Hauptsache,**

    ■   der **Kostenentscheidung** und

    ■   ggf. der **Streitwertfestsetzung.**

> **Beachte:** Eine **Vollstreckbarkeitsentscheidung** gibt es bei Beschlüssen nicht. Aus § 149 VwGO folgt, dass die Beschwerde grds. keine aufschiebende Wirkung entfaltet und der Beschluss daher unmittelbar vollstreckt werden kann.

317   ■   Im Anschluss daran folgen unter der einheitlichen Überschrift die „**Gründe**", ohne formale Trennung zwischen Tatbestand und Entscheidungsgründen.[281] Üblich ist es jedoch, die Gründe in I. und II. zu gliedern, wobei unter **I.** die Darstellung des Sach- und Streitstands ähnlich dem Tatbestand des Urteils erfolgt und unter **II.** die rechtlichen Erwägungen ähnlich den Entscheidungsgründen im Urteil dargelegt werden.[282]

Beschlüsse sind nach § 122 Abs. 2 S. 1 VwGO grds. nur zu **begründen**, wenn sie durch Rechtsmittel angefochten werden können oder über ein Rechtsmittel entscheiden.

Keiner Begründung bedürfen daher z.B. stattgebende Beiladungsbeschlüsse (wegen § 65 Abs. 4 S. 3 VwGO).

318   Hiervon gibt es jedoch wichtige **Ausnahmen:** Beschlüsse über die Aussetzung der Vollziehung (§ 80 Abs. 5 und Abs. 7, § 80 a Abs. 3 VwGO), über einstweilige Anordnungen (§ 123 VwGO) sowie (Kosten-) Beschlüsse nach Erledigung des Rechtsstreits in der Hauptsache (§ 161 Abs. 2 VwGO) sind stets zu begründen (§ 122 Abs. 2 S. 2 VwGO).

Das OVG kann nach § 122 Abs. 2 S. 3 VwGO bei Beschlüssen, die über ein Rechtsmittel entscheiden, von einer weiteren Begründung absehen, soweit das Gericht das Rechtsmittel aus den Gründen der angefochtenen Entscheidung als unbegründet zurückweist.

319   ■   Soweit Beschlüsse anfechtbar sind, müssen sie eine **Rechtsmittelbelehrung** enthalten.

Keine Rechtsmittelbelehrung, da unanfechtbar, enthalten z.B. der Beiladungsbeschluss (§ 65 Abs. 4 S. 2 VwGO), der Einstellungsbeschluss nach Klagerücknahme (§ 92 Abs. 3 S. 2 VwGO) und die Kostenentscheidung nach § 161 Abs. 2 VwGO (§ 158 Abs. 2 VwGO).

Statthaftes Rechtsmittel ist die **Beschwerde** gemäß § 146 Abs. 1 VwGO. Die **Beschwerdefrist** beträgt gemäß § 147 Abs. 1 VwGO zwei Wochen nach Bekanntgabe der Entscheidung, bei Beschlüssen nach §§ 80 Abs. 5, 80 a Abs. 3, 123 VwGO besteht gemäß § 146 Abs. 4 VwGO eine **Begründungsfrist** von einem Monat nach Bekanntgabe.

Bei **Streitwertbeschlüssen** gilt die besondere Streitwertbeschwerde nach § 68 GKG mit einer Frist von sechs Monaten nach Rechtskraft der Entscheidung in der Hauptsache oder anderweitiger Erledigung (§§ 68 Abs. 1 S. 3, 63 Abs. 3 S. 2 GKG).

---

281   Vgl. BVerwG NJW 2009, 2322: Trennung nicht zwingend.
282   Finger JA 2008, 635, 642.

Muster: Beschluss nach § 80 Abs. 5 VwGO

7 L 1318/12

Beschluss

In dem verwaltungsgerichtlichen Verfahren

des Kaufmanns Ludger Bosse, Wiesenstr. 51, 40629 Düsseldorf,

Antragstellers,

– Verfahrensbevollmächtigte: Rechtsanwälte Müller und Schneider, Hermann-Löns-Weg 36, 40235 Düsseldorf –

gegen

die Stadt Düsseldorf, vertreten durch den Oberbürgermeister, 40210 Düsseldorf,

Antragsgegner,

wegen Beseitigungsverfügung
         hier: Aussetzung der Vollziehung

hat die 7. Kammer des Verwaltungsgerichts Düsseldorf

am 27. August 2012

durch

Vizepräsidenten des Verwaltungsgerichts Schmitz
Richter am Verwaltungsgericht Meier und
Richterin Müller

beschlossen:

1. Die aufschiebende Wirkung der Klage des Antragstellers vom ... gegen die Verfügung des Antragsgegners vom ... wird wiederhergestellt.

2. Der Antragsgegner trägt die Kosten des Verfahrens

3. Der Streitwert wird auf 2.500 EUR festgesetzt.

Gründe

I.

(Darstellung des Sach- und Streitstandes ähnlich dem Tatbestand eines Urteils)

■ Geschichtserzählung

  ■ feststehender Sachverhalt

  ■ Verwaltungsverfahren

■ Verfahrensgeschichte

■ Vorbringen des Antragstellers

  ■ **Antrag des Antragstellers**

  ■ **Antrag des Antragsgegners**

■ Vorbringen des Antragsgegners

  ■ ggf. **Antrag des/der Beigeladenen**

■ Vorbringen des/der Beigeladenen

II.

(Darstellung der rechtlichen Erwägungen, ähnlich den Entscheidungsgründen im Urteil)

- ggf. Auslegung/Umdeutung des Antragsbegehrens, Präzisierung des Verfahrensgegenstandes

- **Zulässigkeit des Antrags**, nur soweit problematisch, insbes.

  - Statthaftigkeit

  - Antragsbefugnis (insbes. bei Drittbeteiligung)

  - ggf. Rechtsschutzbedürfnis

- **Begründetheit des Antrags**

  - **formelle Gesichtspunkte** im Fall des § 80 Abs. 2 S. 1 Nr. 4 VwGO

    insbes. ordnungsgemäße Begründung gemäß § 80 Abs. 3 VwGO

  - **materiell:** Abwägung zwischen Suspensiv- und Vollzugsinteresse

    – bei gesetzlichem Ausschluss der aufschiebenden Wirkung
    (§ 80 Abs. 2 S.1 Nr. 1– 3, S. 2 VwGO):
    ernstliche Zweifel an der Rechtmäßigkeit oder unbillige Härte
    (Rechtsgedanke des § 80 Abs. 4 S. 3 VwGO)

    – bei Anordnung der sofortigen Vollziehung (§ 80 Abs. 2 S. 1 Nr. 4 VwGO):
    offensichtliche Rechtswidrigkeit/Rechtmäßigkeit des VA oder
    allgemeine Interessenabwägung

- Begründung der **Kostenentscheidung**

- ggf. Begründung der **Streitwertfestsetzung**

Rechtsmittelbelehrung

- bzgl. Sachentscheidung: Beschwerde gemäß §§ 146 Abs. 1 u. 4, 147 VwGO

- bzgl. Streitwertfestsetzung: Beschwerde gemäß §§ 68 Abs. 1, 63 Abs. 3 GKG

Zu den Einzelheiten des Beschlusses im vorläufigen Rechtsschutzverfahren nach § 80 Abs. 5, 80 a Abs. 3, 123 VwGO unten im 4. Teil, S. 181 ff.

2. Teil: Die Anwaltsklausur

Bearbeitungsvermerk: Anwaltsklausur

Die Angelegenheit ist aus anwaltlicher Sicht nach Maßgabe des Mandantenbegehrens zu begutachten. Auf alle im Aktenauszug angesprochenen Probleme ist – ggf. in einem Hilfsgutachten – einzugehen.

Das Gutachten soll auch Überlegungen zur Zweckmäßigkeit des Vorgehens enthalten. Es soll mit einem zusammenfassenden Vorschlag enden.

Es ist zudem ein Schriftsatz, ggf. mehrere Schriftsätze an das Gericht oder ein Mandantenschreiben zu entwerfen. Wenn ein bzw. mehrere Schriftsätze an das Gericht für erforderlich gehalten wird bzw. werden, ist dieser bzw. sind diese mit den gegebenenfalls erforderlichen Anträgen auszuformulieren.

Es ist davon auszugehen, dass die tatsächlichen Angaben zutreffend sind, soweit sich nicht aus dem Sachverhalt etwas anderes ergibt. Nicht abgedruckte Schriftstücke haben den angegebenen Inhalt.

Sollte eine Frage für beweiserheblich gehalten werden, so ist eine Prognose zu der Beweislage (z.B. Beweislast, Qualität der Beweismittel etc.) zu erstellen.

Die Formalien (Ladungen, Zustellungen, Vollmachten) sind in Ordnung, soweit sich nicht aus dem Sachverhalt etwas anderes ergibt.

Die Anwaltsklausur im verwaltungsgerichtlichen Verfahren betrifft zumeist die Anfertigung einer **Klageschrift** oder – im Eilverfahren – einer **Antragsschrift** (bzw. aus Behördensicht einer Klage- oder Antragserwiderung). Hierfür gelten im Grundsatz dieselben Überlegungen wie für gerichtliche Entscheidungen. Anwaltliche Schriftsätze folgen in tatsächlicher und rechtlicher Hinsicht im Wesentlichen dem Gedankengang des Urteils bzw. Beschlusses, denn sie dienen der Vorbereitung dieser Entscheidungen. **Die Klageschrift ist nichts anderes als ein verkapptes Urteil, die Antragsschrift ein verkappter Beschluss!**

320

1. Abschnitt: Das Gutachten in der Anwaltsklausur

Die öffentlich-rechtliche Anwaltsklausur betrifft zumeist die Frage, ob und mit welchen Erfolgsaussichten **Abwehr- oder Leistungsansprüche gegen die Verwaltung** durchgesetzt werden können. Im Rahmen der Klausur sind dann i.d.R. folgende Schritte zu prüfen und später in einem Gutachten und/oder in einem Schriftsatzentwurf darzustellen.

321

Grundschema: Anwaltsklausur

- Ermittlung des **Sachverhalts**
- Feststellung des **Begehrens** des Mandanten
- Prüfung der **Erfolgsaussichten**, und zwar
  - der **materiellen Berechtigung** des Begehrens und
  - der **prozessualen Durchsetzbarkeit** des Begehrens
    - Klage in der Hauptsache
    - ggf. Eilantrag
- **Zweckmäßigkeits- und taktische Überlegungen**
  - **Prozess- und Kostenrisiko**
    - ggf. Beweisfragen
    - ggf. Prozesskostenhilfe
  - **Folgenrisiken**

A. Ermittlung des Sachverhalts

322 Die **Sachverhaltsaufklärung** zählt zu den wesentlichen Pflichten des Anwalts. Auch wenn im Verwaltungsverfahren und im Verwaltungsprozess der **Amtsermittlungsgrundsatz** gilt (§ 24 VwVfG, § 86 VwGO), entlastet dies den Anwalt nur formal. Denn zum einen sollen die Beteiligten bei der Ermittlung des Sachverhalts mitwirken und insb. ihnen bekannte Tatsachen und Beweismittel angeben (§ 26 Abs. 2 VwVfG, §§ 82 Abs. 1 S. 3, 87 Abs. 1 S. 2 Nr. 2 VwGO). Zum anderen lassen sich – im Vorfeld der behördlichen oder gerichtlichen Sachverhaltsaufklärung – die Erfolgsaussichten des Begehrens des Mandanten nur dann abschließend beurteilen, wenn der Anwalt (im Gespräch mit dem Mandanten) die relevanten Tatsachen und Beweismittel selbst ermittelt hat.

> **Hinweis:** In der Praxis ist wesentlicher Teil der anwaltlichen Tätigkeit die Arbeit am Sachverhalt, die in der Klausur kaum abgebildet werden kann (Ausnahme: Antrag stellen, Einrede erheben, Aufrechnung erklären usw.).

323 Bei der **Sachverhaltsdarstellung** in einem anwaltlichen Schriftsatz kommt es in der Praxis regelmäßig nicht auf deren Vollständigkeit an. Auch wenn der Anwalt „unabhängiges Organ der Rechtspflege" ist (§ 1 BRAO), hat er – unter Beachtung der gesetzlichen Grenzen – die Interessen seines Mandanten zu verfolgen. Die Darstellung des Sachverhalts beschränkt sich daher in Anwaltsschreiben regelmäßig auf das zum Verständnis zwingend Notwendige.

324 In der **Anwaltsklausur** entscheidet der Bearbeitungsvermerk. Hier wird häufig gefordert, dass der Bearbeitung eine **Sachverhaltsdarstellung analog § 117 Abs. 3 VwGO** voranzustellen ist. Das gilt nicht, soweit eine umfassende Darstellung bereits im Schriftsatz an das Gericht (z.B. in der Klageschrift) oder in dem Schreiben an den Mandanten enthalten ist. Teilweise wird lediglich ein anwaltlicher Vermerk ohne Sachverhaltswiedergabe gefordert.

B. Feststellung des Begehrens des Mandanten

325 Der Umfang der Prüfung wird durch das Begehren des Mandanten bestimmt. Hierbei ist grds. jedes **sinnvolle und effektive Vorgehen** zu berücksichtigen. Häufig stellt das unmittelbare Begehren des Mandanten nur einen Ausschnitt aus den bestehenden Problemen dar. Hier gilt es, das Begehren zu konkretisieren und umfassend zu würdigen.

Beispiel: Oberstudienrat S sucht am 02.11. den Anwalt R auf und teilt ihm folgenden Sachverhalt mit: „Ich habe mich im Mai diesen Jahres auf eine an unserer Schule ausgeschriebene Stelle eines Studiendirektors (A 15) beworben. Mein Dienstherr hat mir nunmehr mit Schreiben vom 25.10. mitgeteilt, dass nicht ich, sondern ein Mitbewerber, Oberstudienrat X, auf die Stelle befördert werden soll. Damit bin ich nicht einverstanden, da X und ich gleich beurteilt worden sind, X aber ein wesentlich geringeres Dienstalter als ich aufweist. Daher möchte ich befördert werden."

Das unmittelbare Begehren des Mandanten ist die eigene Beförderung, das er ggf. durch Widerspruch gegen den Bescheid vom 25.10. und (Bescheidungs-) Verpflichtungsklage verfolgen kann. Dieses Begehren erledigt sich allerdings, wenn der Mitbewerber befördert wird. Denn eine einmal vollzogene beamtenrechtliche Ernennung kann nach den beamtenrechtlichen Vorschriften nicht mehr rückgängig gemacht werden, wenn der unterlegene Bevor zuvor ordnungsgemäß informiert worden ist (s.u. Rdnr. 451). Also darf sich die anwaltliche Prüfung nicht nur auf das Verpflichtungsbegehren des Mandanten beschränken, sondern muss sich auch darauf erstrecken, ob und wie die Ernennung des Konkurrenten verhindert werden kann (z.B. durch einstweilige Anordnung gemäß § 123 VwGO) und ob, sollte die Ernennung bereits vollzogen sein, dem Mandanten möglicherweise Schadensersatzansprüche zustehen (z.B. analog 280 BGB aus Art. 33 Abs. 2 GG oder aus Amtshaftung gemäß Art. 34 GG. § 839 BGB).

Unklare Begehren sind auszulegen, wobei dieselben Grundsätze gelten wie für die   326
Auslegung nicht eindeutiger Prozess- oder Verfahrenserklärungen. Dabei kommt
es nicht auf den Wortlaut, sondern auf die Gesamtumstände an. Bei der analog
§ 133 BGB gebotenen Ermittlung des wirklichen Willens kommt es entscheidend
auf die **Effektivität des Rechtsschutzes** (Art. 19 Abs. 4 GG) an.

Beispiele: Ein Antrag auf Wiederaufgreifen des Verfahrens (§ 51 VwVfG) scheidet aus, wenn
mangels Bestandskraft noch eine Anfechtung des VA möglich ist. Ist die Klagefrist versäumt,
kommt ggf. eine Wiedereinsetzung in den vorigen Stand in Betracht.

Nachbar N wehrt sich gegen eine dem Bauherrn B erteilte Baugenehmigung. Ein Verstoß gegen
nachbarschützende Vorschriften lässt sich nicht feststellen. Ein Widerspruch bzw. eine Anfechtungsklage bliebe mangels Rechtsverletzung (§ 113 Abs. 1 S. 1 VwGO) erfolglos. Denkbar ist allerdings, durch eine Anregung an die Ausgangsbehörde eine Aufhebung außerhalb des Rechtsbe-
helfsverfahrens nach § 48 VwVfG zu bewirken. Auch kommt ein Einschreiten der Fachaufsichts-
behörde in Betracht (z.B. eine Weisung zur Rücknahme der rechtswidrigen Baugenehmigung).

> **Hinweis:** Denken Sie deshalb in der Anwaltsklausur nicht nur an die förmlichen
> Rechtsbehelfe (wie Widerspruch und Klage), sondern auch an formlose Rechts-
> behelfe (z.B. Gegenvorstellung, Dienstaufsichtsbeschwerde oder Fachaufsichts-
> beschwerde)!

C. Rechtliche Würdigung

I. Materieller Aufbau

Die Prüfung der **Erfolgsaussichten des Begehrens** erfolgt in materieller und ver-   327
fahrensrechtlicher (prozessualer) Hinsicht. Dabei ist es i.d.R. angebracht, mit der
materiellen Rechtslage zu beginnen, da sich daraus Auswirkungen auf die prozessuale Durchsetzbarkeit ergeben können.

So hängt z.B. der zu wählende Rechtsweg oft von den einschlägigen Anspruchsgrundlagen ab
(Abgrenzung § 1004 BGB zum öffentlich-rechtlichen Abwehr- und Unterlassungsanspruch).
Die Durchführung eines Vorverfahrens ist regelmäßig nur erforderlich, wenn die angegriffene
Maßnahme einen VA darstellt (Ausnahme § 126 Abs. 2 BBG, § 54 Abs. 2 BeamtStG). Eine Ver-
pflichtungsklage in Form der Vornahmeklage ist bei Ermessensentscheidungen nur sinnvoll,
wenn eine Ermessensreduzierung auf Null in Betracht kommt.

> **Aufbauhinweis:** Bei offener Fragestellung in der Anwaltsklausur kein prozessu-
> aler Einstieg, sondern i.d.R. mit der materiellen Prüfung beginnen!

II. Prozessualer Aufbau

Soll der Anwalt die **Erfolgsaussichten** eines an das Gericht zu stellenden Antrages   328
(Klage, Eilantrag) beurteilen, muss gutachtlich dessen Zulässigkeit und Begründetheit geprüft werden (vgl. unten 3. Teil). Zwar kann auch hier die Begründetheit des
Rechtsbehelfs vorgezogen werden, da es für die Erfolgsaussichten des Rechtsbehelfs unerheblich ist, ob das Begehren unzulässig oder unbegründet ist. Da sich die
Beurteilung der Rechtslage aber zumeist an der prozessualen Situation orientiert,
empfiehlt es sich, auch bei der anwaltlichen Prüfung die **herkömmliche Reihenfolge** einzuhalten und zunächst die Zulässigkeit und erst dann die Begründetheit zu
prüfen.[283] Ist das Begehren dagegen offensichtlich unbegründet, sollte man darauf
sogleich hinweisen und sich nicht mit Zulässigkeitsfragen aufhalten.

> **Aufbauhinweis:** Bei prozessualer Fragestellung – wie bei der Klage – üblicher-
> weise zunächst die Zulässigkeit, dann die Begründetheit prüfen!

---

[283] Proppe JA 2002, 701, 712.

III. Begründungselemente

329 Für die materielle wie für die prozessuale Prüfung gelten dieselben Grundsätze wie bei der **gerichtlichen Entscheidung**. Für den Schriftsatzentwurf gilt allerdings umso mehr, dass die Erörterung unproblematischer Fragen (z.B. ausführliche Darlegung der Voraussetzungen des § 40 VwGO oder des § 35 VwVfG, wenn eine eindeutig hoheitliche Maßnahme vorliegt) zu unterbleiben hat. Vor allem gilt dies für **Mandantenschreiben**, da diese für einen juristischen Laien bestimmt sind, der mit rein theoretischen Ausführungen nichts anfangen kann.

1. Rechtswidrigkeit und Rechtsverletzung

330 Ist in der Klausur ein **Gutachten** zur materiellen (und prozessualen) Rechtslage gefordert, so halten Sie sich am besten an die Ihnen aus dem Ersten Examen bekannte Reihenfolge.

Beispiele: Bei der Rechtmäßigkeit eines Verwaltungsakt ausgehend von der einschlägigen Rechtsgrundlage Prüfung der formellen und materiellen Rechtmäßigkeit. Bei der Zulässigkeit eines Rechtsbehelfs ausgehend von der statthaften Klage- bzw. Antragsart die besonderen und allgemeinen Sachentscheidungsvoraussetzungen.

331 Für das Gutachten gilt auch im Zweiten Examen der **Gutachtenstil**, allerdings i.d.R. in der verkürzten Form. Den klassischen Gutachtenstil wie im Ersten Examen sollten Sie nur an den wirklich problematischen Stellen verwenden. Vor allem dann, wenn als Prüfungsleistung ein Gutachten **und** ein Schriftsatzentwurf verlangt werden, müssen Sie zeigen, dass Sie in der Lage sind, das gutachtenmäßig gewonnene Ergebnis in eine urteilsmäßige Darstellung umzusetzen.

Beispiel: Verhältnismäßigkeitsprüfung bei der Ausweisung eines Ausländers

Gutachtenstil: *„Die Ausweisung müsste verhältnismäßig sein. Fraglich ist allein deren Angemessenheit. Unangemessen ist die Ausweisung, wenn sie zu Nachteilen führt, die zu dem erstrebten Zweck erkennbar außer Verhältnis stehen. Hierbei hat eine umfassende Güter- und Interessenabwägung zwischen dem öffentlichen Interesse an der Ausweisung und den privaten Interessen des Ausländers an einem weiteren Verbleib im Bundesgebiet zu erfolgen. Zugunsten des A wirkt sich hierbei vor allem aus, dass ... Zulasten des A ist demgegenüber zu berücksichtigen, dass er ... Erschwerend kommt zwar hinzu, dass ... Bei der gebotenen Abwägung ergibt sich jedoch, dass ... Die Ausweisung erweist sich damit als unverhältnismäßig.“*

Urteilsstil: *„Die Ausweisung ist (überdies) unverhältnismäßig. Denn aufgrund einer umfassenden Güter- und Interessenabwägung ist davon auszugehen, dass das private Interesse des Klägers an einem weiteren Verbleib im Bundesgebiet das öffentliche Interesse an der Ausweisung überwiegt. Zugunsten des Klägers ist vor allem zu berücksichtigen, dass ... Zu seinen Lasten wirkt sich zwar aus, dass ... Dieser Gesichtspunkt muss unter den gegebenen Umständen jedoch hinter den privaten Interessen des Klägers zurücktreten. Denn ...*

Beachte: Beim Urteil wie in der Klageschrift immer mit den Gründen beginnen, die **Ihr Ergebnis tragen**! Wenn die Maßnahme verhältnismäßig ist, beginnen Sie also mit den Gesichtspunkten, die bei der Abwägung überwiegen und stellen anschließend die Gesichtspunkte dar, die zurücktreten.

Bei der Beurteilung der Erfolgsaussichten von Anfechtungsklagen und Verpflichtungsklagen wird oft die Bedeutung von **Verfahrensfehlern** überschätzt. Hier sind
zum einen die §§ 45, 46 VwVfG zu beachten, zum anderen kommt es in der Verpflichtungssituation nur darauf an, ob der Mandant jetzt einen **Anspruch** hat, wofür
Verfahrensfehler bei der Ablehnung regelmäßig ohnehin keine Rolle spielen.

332

Beispiel: So ist umstritten, ob der Bürger vor Ablehnung einer Begünstigung (z.B. einer Baugenehmigung) gemäß § 28 Abs. 1 VwVfG anzuhören ist (was die h.M. verneint).[284] Diese Frage ist im
Ergebnis jedoch unerheblich, wenn es darum geht, ob der Mandant einen Anspruch auf den begünstigenden VA hat.

Materiell-rechtlich wird häufig übersehen, dass nicht jeder Pflicht der Behörde
auch ein Recht des Bürgers gegenübersteht. Der Bürger hat **keinen allgemeinen
Gesetzesvollziehungsanspruch**, sondern kann nur die Verletzung eigener subjektiver Rechte geltend machen (vgl. § 42 Abs. 2 VwGO, § 113 Abs. 1 S. 1, Abs. 5 S. 1
VwGO). Anders als im Ersten Examen müssen Sie beim Gutachten im Zweiten Examen **prozessökonomische Gesichtspunkte** berücksichtigen. Dies gilt vor allem in
Drittbeteiligungsfällen. Die Rechtswidrigkeit darf hier nicht im Einzelnen geprüft
werden, wenn die betroffene Norm kein subjektives Recht beinhaltet. Die Prüfung
hat sich daher auf die drittschützenden Vorschriften zu beschränken.

333

Beispiel: Nachbar N wehrt sich gegen die dem A erteilte immissionsschutzrechtliche Genehmigung (§ 4 BImSchG). Die Genehmigungsvoraussetzungen ergeben sich aus § 6 BImSchG. Der
Nachbar kann daher z.B. eine Verletzung des drittschützenden Schutzgrundsatzes (§ 6 Abs. 1
Nr. 1 i.V.m. § 5 Abs. 1 Nr. 1 BImSchG) geltend machen oder die Verletzung des baurechtlichen
Rücksichtnahmegebotes (§ 6 Abs. 1 Nr. 2 BImSchG z.B. i.V.m. § 34 Abs. 1 BauGB). Unerheblich
für die Rechte des Nachbarn ist dagegen, ob die weiteren nicht nachbarschützenden Betreiber-
pflichten des § 5 Abs. 1 Nr. 2 BImSchG erfüllt werden oder ob der Anlagenbetreiber die wasser-
rechtlichen Vorschriften einhält (§ 6 Abs. 1 Nr. 2 BImSchG i.V.m. LWG).

2. Eilverfahren

Ist die Sache eilbedürftig, ist neben der Klage in der Hauptsache **vorläufiger
Rechtsschutz** in Erwägung zu ziehen. Das gilt vor allem dann, wenn Widerspruch
bzw. Anfechtungsklage keine aufschiebende Wirkung entfalten (§ 80 Abs. 2 VwGO)
oder wenn dem Aktenauszug bei Verpflichtungs- oder allgemeinen Leistungsbegehren eine besondere Dringlichkeit zu entnehmen ist. Auch hier haben Sie durch
eine vorgezogene materielle Prüfung die erforderliche Vorarbeit geleistet, sodass
nur die prozessualen Besonderheiten anzusprechen sind.

334

Beispiel: Die im Rahmen eines Antrags nach § 80 Abs. 5 VwGO vorzunehmende Interessenabwägung richtet sich in erster Linie nach den Erfolgsaussichten des Rechtsbehelfs in der Hauptsache (s.u. Rdnr. 671 ff.). Bei der einstweiligen Anordnung nach § 123 VwGO ist der Anordnungsanspruch identisch mit dem im Hauptsacheverfahren geltend zu machenden Anspruch (dazu unten
Rdnr. 755).

> *„Wegen der Eilbedürftigkeit der Angelegenheit ist vorläufiger Rechtsschutz in
> Erwägung zu ziehen. In Betracht kommt insoweit allein ein Antrag auf Erlass ei-
> ner einstweiligen Anordnung nach § 123 Abs. 1 S. 2 VwGO. Dem Mandanten
> geht es um die Durchsetzung eines Verpflichtungsbegehrens, sodass kein Fall der
> §§ 80, 80 a VwGO vorliegt (§ 123 Abs. 5 VwGO). Aus den oben dargelegten
> Gründen fehlt es jedoch an dem erforderlichen Anspruch auf die begehrte Leis-
> tung und damit am Anordnungsanspruch. Vorläufiger Rechtsschutz ist daher nicht
> geboten.“*

---

284 Vgl. AS-Skript Verwaltungsrecht AT 1 (2011), Rdnr. 316.

D. Zweckmäßigkeitsüberlegungen

335   Der Vermerk bzw. die gutachtliche Stellungnahme in der Anwaltsklausur soll i.d.R. auch Erwägungen zur Taktik des anwaltlichen Vorgehens enthalten. Dem Mandanten sollte der **sicherste**, aber zugleich auch **effektivste und schnellste Weg** der Rechtsverfolgung aufgezeigt werden.

Beispiel: Bei der Anfechtungsklage kann es zweckmäßig sein, sofort einen Annexantrag (§ 113 Abs. 1 S. 2 VwGO) mit zu stellen, um einen weiteren Prozess zu vermeiden. Wird der Anwalt erst eingeschaltet, nachdem der Mandant bereits Klage erhoben hat, kann aufgrund des Ergebnisses des Gutachtens eine Klageänderung (§ 91 VwGO) oder teilweise Klagerücknahme (§ 92 VwGO) zweckmäßig sein.

336   Besondere Bedeutung hat die realistische Abschätzung des **Prozess- und Kostenrisikos**. Auch hierbei sind rechtliche wie tatsächliche Umstände zu berücksichtigen.

Beispiel: Ist eine Ermessensentscheidung fehlerhaft, so ist ein Bescheidungsurteil zwar ohne Weiteres erreichbar. Allerdings spricht die Lebenserfahrung dafür, dass die Behörde auch unter Beachtung der Rechtsauffassung des Gerichts häufig die beanstandete Regelung aufrecht erhalten wird. Besteht daher z.B. eine ständige Verwaltungspraxis, die auch bei fehlerfreier Ermessensausübung zum selben Ergebnis führen wird, so ist mit dem Bescheidungsurteil letztlich nichts gewonnen. Auch hierüber sollte der Mandant zur Vermeidung von Enttäuschungen belehrt werden.

I. Prozessrisiko

337   Bei der Bewertung des **Prozessrisikos** kann neben den (bereits geprüften) **Erfolgsaussichten** des klägerischen Begehrens die Beurteilung der **Beweislage** von Bedeutung sein. Auch wenn es aufgrund des Untersuchungsgrundsatzes (§ 24 VwVfG, § 86 VwGO) keine formelle Darlegungs- und Beweisführungslast gibt, sind gleichwohl die allgemeinen Grundsätze der **materiellen Beweislast** zu berücksichtigen, also die Frage, wen die Nachteile der Nichterweislichkeit einer Tatsache treffen. Ausgangspunkt für die Verteilung der Beweislast ist hierbei das sog. **Normbegünstigungsprinzip:**

Jeder Beteiligte trägt die Feststellungslast für die tatsächlichen Voraussetzungen der ihm günstigen Normen.[285]

Faustformel: Wer ein Recht in Anspruch nimmt, trägt die Feststellungslast für die rechtsbegründenden Tatsachen. Wer ein Recht leugnet, trägt die Feststellungslast für die rechtshindernden, rechtsvernichtenden und rechtshemmenden Tatsachen.

Bezogen auf die **wichtigsten Situationen** im Verwaltungsprozess heißt das:

338   ■   Bei der **Anfechtungsklage** trifft grundsätzlich die Behörde die Feststellungslast dafür, dass die Voraussetzungen für den angefochten VA vorliegen.

Beispiele: Bei einer Ordnungsverfügung muss die Behörde die Tatsachen nachweisen, aus denen sich eine Gefahr für die öffentliche Sicherheit oder Ordnung ergibt und dass der Adressat Störer oder Notstandspflichtiger ist. Bei einem Abgabenbescheid muss die Behörde den die Abgabenpflicht begründenden Sachverhalt nachweisen (z.B. das Erschlossensein des Grundstücks bei einem Erschließungsbeitragsbescheid), ebenso die Rücknahmevoraussetzungen bei der Rücknahme eines begünstigenden VA.[286]

339   Macht der Kläger dagegen geltend, der VA sei rechtswidrig, weil eine **Ausnahmevorschrift** entgegensteht, so trägt er die Beweislast dafür, dass der Tatbestand dieser Vorschrift erfüllt ist.[287]

Beispiel: Bei einem Abgabenbescheid beruft sich der Kläger auf eine Gebührenbefreiung.

---

285   BVerwG NJW 1994, 2633, 2635; Kopp/Schenke VwGO § 108 Rdnr. 13 m.w.N.
286   Vgl. VGH Mannheim NVwZ 1990, 482, 484; Kopp/Schenke VwGO § 108 Rdnr. 15.
287   Kopp/Schenke VwGO § 108 Rdnr. 13 a.

Bei **Ermessensakten** ist zu differenzieren: Die **Behörde** trägt die Beweislast dafür, dass die **Tatsachen** vorliegen, auf die sie ihre Ermessensentscheidung gestützt hat. Der Kläger trägt demgegenüber die Beweislast für das Vorliegen eines **Ermessensfehlers**.[288]   **340**

■ Bei der **Verpflichtungsklage** ist nach h.M. zu differenzieren:

■ Grundsätzlich hat der **Kläger** die Beweislast für die Tatsachen, aus denen er den Anspruch auf Erlass eines VA ableitet. Dies gilt jedenfalls für solche Ansprüche, die sich aus dem einfachen Verwaltungsrecht ergeben, z.B. Ansprüche auf eine Sondernutzungserlaubnis, Subvention o.Ä.[289]   **341**

■ Umstritten ist die Beweislastverteilung, wenn sich der vom Kläger geltend gemachte Anspruch aus einer **grundrechtlich** gewährten Rechtsposition ergibt, die nur durch ein sog. präventives Verbot mit Erlaubnisvorbehalt eingeschränkt wird. Nach h.M. muss der Bürger die Voraussetzungen für die Erlangung der Erlaubnis nachweisen, die Behörde trägt die Beweislast für die die Versagung rechtfertigenden Gründe.[290]   **342**

Beispiele: Bei der Fahrerlaubnis muss der Bürger den Nachweis der Befähigung zum Führen eines Kraftfahrzeuges erbringen. – Die Baubehörde muss beweisen, dass dem Bauvorhaben des Klägers öffentlich-rechtliche Vorschriften entgegenstehen (wegen Art. 14 GG). – Die Behörde hat die Beweislast dafür, dass ein Gewerbetreibender unzuverlässig ist (wegen Art. 12 GG).

■ Bei sog. **repressiven Verboten** mit Befreiungsvorbehalt (z.B. § 19 WaffG) trägt dagegen der Kläger die volle Beweislast, da es sich hier um Tätigkeiten handelt, die nicht mehr von der grundrechtlichen Gewährleistung erfasst werden.[291]   **343**

■ Bei der **allgemeinen Leistungsklage** und der **allgemeinen Feststellungsklage** (§ 43 VwGO) gelten die Grundsätze der Anfechtungs- bzw. Verpflichtungsklage entsprechend. Ist Gegenstand der Klage die Abwehr eines hoheitlichen Eingriffs, so trägt die Behörde die Beweislast für die den Eingriff rechtfertigenden Tatsachen. Macht der Kläger einen Leistungsanspruch geltend oder behauptet er ein für ihn günstiges Rechtsverhältnis, so trägt er die Feststellungslast. Die Behörde trägt die materielle Beweislast für die dem Anspruch als rechtshindernde Ausnahme entgegenstehenden Umstände.[292]   **344**

Beispiel: Der Kläger trägt die Beweislast dafür, dass er einen Rückerstattungsanspruch gegen die Behörde hat. Liegt der Zahlung jedoch ein (angefochtener bzw. noch anfechtbarer) VA zugrunde (z.B. Kostenbescheid nach Ersatzvornahme), so trägt die Behörde die Beweislast für die Rechtmäßigkeit der Maßnahme, da es sich insoweit um einen Eingriff in die Rechtssphäre des Bürgers handelt.

Die **Beweislast** kann sich **umkehren**, wenn das Gesetz die Beweislast ausdrücklich anders verteilt.[293]   **345**

So sind z.B. die Beweislastregeln der §§ 280 Abs. 1 S. 2, 286 Abs. 4 BGB analog anwendbar, wenn der Kläger einen Anspruch auf Schadensersatz aus einer öffentlich-rechtlichen Sonderbeziehung geltend macht (Beamtenverhältnis, öffentlich-rechtliche Verwahrung u.Ä.).

Eine Beweislastumkehr bzw. -verkürzung kann sich auch daraus ergeben, dass eine **rechtliche Vermutung** für das Vorliegen eines bestimmten Sachverhalts spricht.   **346**

---

288 Redeker/v.Oertzen § 108 Rdnr. 13; a.A. Kopp/Schenke VwGO § 108 Rdnr. 15.
289 Kopp/Schenke VwGO § 108 Rdnr. 14.
290 Kopp/Schenke VwGO § 108 Rdnr. 14; a.A. Redeker/v.Oertzen § 108 Rdnr. 13a.
291 Vgl. Kopp/Schenke VwGO § 108 Rdnr. 14 m.w.N.
292 Posser/Wolff VwGO § 108 Rdnr. 18.
293 Kopp/Schenke VwGO § 108 Rdnr. 16.

Beispiel: Bei der Rücknahme eines begünstigenden VA ist eine Beweislastumkehr anerkannt, wenn der Begünstigte den VA mit unlauteren Mitteln, insbes. arglistig erwirkt hat.[294] Im Einzelfall kann aufgrund von Verstößen der Behörde gegen die Pflicht zur ordnungsgemäßen Aktenführung eine Umkehr der Beweislast gerechtfertigt sein.[295]

347   Kein Fall der Umkehr der Beweislast sind die **tatsächlichen Vermutungen**, bei denen nach der Lebenserfahrung ein bestimmter typischer Geschehensablauf anzunehmen ist **(Beweis des ersten Anscheins)**. Zwar muss der Gegner die Vermutung entkräften, anders als bei der Beweislastumkehr braucht er aber keinen vollen (Gegen-)Beweis führen, sondern es reicht aus, wenn er die **ernsthafte Möglichkeit eines anderen Geschehensablaufs** darlegt und ggf. nachweist. Gelingt ihm dies, so ist die Vermutung entkräftet, und die allgemeinen Regeln der Beweislast greifen ein.[296]

Beispiel: Der Aufgabevermerk in der Behördenakte (§ 4 Abs. 2 S. 4 VwZG) begründet den Beweis des ersten Anscheins für die Absendung und den Zugang des Bescheids innerhalb von drei Tagen (§ 4 Abs. 2 S. 2 VwZG). Um die Zugangsvermutung zu entkräften und „Zweifel" i.S.d. § 4 Abs. 2 S. 3 VwZG zu begründen, ist daher ein qualifiziertes Bestreiten des Betroffenen erforderlich.[297] D.h. aber andererseits nicht, dass der Empfänger nachzuweisen hätte, dass der Bescheid **verspätet** zugegangen ist. Er braucht vielmehr nur die Vermutung zu entkräften, d.h. sein Vorbringen nach Lage des Einzelfalls derart glaubhaft machen, dass zumindest „Zweifel" am rechtzeitigen Zugang begründet werden,[298] z.B. durch den Vortrag, dass regelmäßig Postsendungen eingegangen seien und es Zugangsprobleme nur bei Bescheiden der Behörde gegeben habe.[299]

Wer einen Bescheid dagegen **nicht erhalten** hat, hat keinerlei Möglichkeiten, über das Bestreiten des Zugangs hinaus darzutun, warum er ihn nicht erhalten hat. In diesem Fall reicht einfaches Bestreiten aus, um „Zweifel" und damit die Beweislast der Behörde zu begründen.[300]

II. Kostenrisiko

348   Für das **Kostenrisiko** gelten die allgemeinen Vorschriften des GKG und des RVG (s.o. Rdnr. 175 ff.). Auch in der Anwaltsklausur reicht die Kenntnis der oben dargestellten Grundsätze i.d.R. aus, allerdings kann es hier zu einigen **speziellen Fallkonstellationen** kommen.

- **Feststellungsklagen** sind kostenmäßig i.d.R. ebenso zu bewerten wie eine auf das vergleichbare Ziel gerichtete Anfechtungs- bzw. Verpflichtungsklage.[301] Das gilt allerdings nur, wenn das maßgebliche Interesse des Klägers (§ 52 Abs. 1 GKG) in beiden Fällen vergleichbar ist.[302] Dient die Feststellungsklage einer umfassenden Klärung des Rechtsverhältnisses, kann sie daher kostenintensiver als eine Anfechtungsklage sein, mit der nur ein einzelner Aspekt des Rechtsverhältnisses geklärt werden soll (vgl. unten Rdnr. 481).

- Im Fall einer **objektiven Klagehäufung** (§ 44 VwGO) werden die Streitwerte analog § 5 ZPO addiert.[303] Etwas anderes gilt bei wirtschaftlicher Identität, was bei der Anfechtungsklage mit **Annexantrag** nach § 113 Abs. 1 S. 2 VwGO bejaht wird. Der Annexantrag bewirkt daher keine Erhöhung des Streitwerts und damit kein zusätzliches Kostenrisiko.[304]

- **Hilfsanträge** und Hilfsaufrechnung wirken sich nur dann werterhöhend aus, wenn darüber entschieden wird (§ 45 Abs. 1 S. 2 u. Abs. 3 GKG).

- Bei **Ermessensakten** ist zu entscheiden, ob eine Vornahmeklage erhoben werden soll oder ob sich der Kläger auf eine Bescheidungsklage beschränkt. Wird lediglich Bescheidung beantragt, so beträgt der Streitwert i.d.R. nur 50 % des Wertes der entsprechenden Verpflichtungsklage.[305] Außerdem kann dadurch einer teilweisen Klageabweisung begegnet werden (s.o. Rdnr. 118).

---

294 Vgl. VGH Mannheim NVwZ 1990, 482, 484; enger Kopp/Schenke VwGO § 108 Rdnr. 15.

295 OVG Greifswald NVwZ 2002, 104.

296 Kopp/Schenke VwGO § 108 Rdnr. 18; Redeker/v.Oertzen § 108 Rdnr. 14.

297 OVG NRW DVBl. 1995, 1148; a.A. Knack/Henneke VwVfG § 41 Rdnr. 43.

298 BFH NVwZ 2000, 359; OVG NRW DVBl. 1995, 1148; Kopp/Ramsauer VwVfG § 41 Rdnr. 45.

299 Vgl. VG Bremen NVwZ 1994, 1231; OVG NRW NWVBl. 1996, 233.

300 OVG NRW NVwZ 2004, 120; NVwZ 1995, 1228, 1229: BFH NVwZ 200, 359.

301 Vgl. 1.3 des Streitwertkatalogs, abgedruckt in Kopp/Schenke VwGO Anh § 164 Rdnr. 14.

302 Kopp/Schenke VwGO Anh § 164 Rdnr. 11.

303 Vgl. 1.1 des Streitwertkatalogs.

304 BayVGH BayVBl. 1998, 444; Kopp/Schenke VwGO Anh § 164 Rdnr. 11.

Insb. in **Drittbeteiligungsfällen** wird das Kostenrisiko häufig unterschätzt. 349

Beispiel: Bauherr B will Verpflichtungsklage auf Erteilung der abgelehnten Baugenehmigung erheben. Da das geplante Vorhaben mehrere seiner Nachbarn beeinträchtigen könnte, die bereits im Vorfeld Einwendungen erhoben haben, ist zu berücksichtigen, dass die Nachbarn im verwaltungsgerichtlichen Verfahren möglicherweise beigeladen werden (§ 65 Abs. 1 VwGO). Werden sie anwaltlich vertreten und beantragen Klageabweisung, so muss der Kläger auch deren Kosten nach § 162 Abs. 3 VwGO erstatten, wenn die Klage erfolglos bleibt.

Ergeben sich aus dem Aktenauszug Anhaltspunkte für eine wirtschaftliche **Bedürftigkeit** des Mandanten ist in diesem Zusammenhang auch zu **erörtern**, ob und unter welchen Voraussetzungen ein Antrag auf **Prozesskostenhilfe** in Betracht kommt (§ 166 VwGO i.V.m. §§ 114 ff. ZPO). Hat man die Erfolgsaussichten im Gutachten bereits vorab erörtert, kann man sich hier auf einen allgemeinen Hinweis beschränken (vgl. oben Rdnr. 290 ff.). 350

„Aufgrund der Angaben des Mandanten zu seinen persönlichen und wirtschaftlichen Verhältnissen ist ein Antrag auf Prozesskostenhilfe in Erwägung zu ziehen. Nach § 166 VwGO i.V.m. §§ 114 ff. ZPO wird vom Gericht auf Antrag Prozesskostenhilfe bewilligt, wenn die Rechtsverfolgung oder -verteidigung hinreichende Aussicht auf Erfolg bietet und nicht mutwillig erscheint und der Beteiligte nach seinen persönlichen und wirtschaftlichen Verhältnissen die Kosten nicht, nur zum Teil oder nur in Raten aufbringen kann.

Diese Voraussetzungen sind hier erfüllt. Die beabsichtigte Rechtsverfolgung bietet unter Berücksichtigung des Vorbringens des Mandanten hinreichende Aussicht auf Erfolg. Die zu erhebende Klage wäre voraussichtlich zulässig und begründet. ... Die Klageerhebung ist deshalb auch nicht mutwillig.

Der Mandant hat allerdings durch Vorlage von Erklärungen über seine persönlichen und wirtschaftlichen Verhältnisse und von entsprechenden Nachweisen seine Bedürftigkeit noch im Einzelnen darzulegen."

III. Folgerisiken

Zur anwaltlichen Beratung gehört schließlich auch die Aufklärung über mögliche **Folgerisiken** oder sonstige Gefährdungen der Rechte des Mandanten. So ist bei festgestellter Rechtswidrigkeit einer gewährten Begünstigung ggf. mit einer Rücknahme des VA nach § 48 VwVfG zu rechnen, auch wenn die Klage des Nachbarn bzw. dessen Widerspruch mangels Rechtsverletzung unbegründet bleibt. Bei Begünstigungen muss der Mandant z.B. darauf hingewiesen werden, dass die Wirkungen u.U. nach einer bestimmten Zeit verfallen (z.B. die Geltungsdauer einer Baugenehmigung nach der LBauO) oder dass die Behörde nachträglich Nebenbestimmungen oder Anordnungen (z.B. nach § 17 BImSchG) treffen kann. Im Rahmen des Widerspruchsverfahrens muss auf die Möglichkeit der **Verböserung** hingewiesen und die Rücknahme des Widerspruchs erwogen werden. 351

Beispiel: B hat die von ihm begehrte Baugenehmigung nur mit der Auflage erhalten, drei Stellplätze einzurichten. B hat gegen die Auflage Widerspruch erhoben. Bei der rechtlichen Prüfung durch den Anwalt ergibt sich, dass der Stellplatzbedarf von der Behörde zu niedrig angesetzt worden ist und tatsächlich fünf Plätze beträgt. Um eine Verböserung durch den Widerspruchsbescheid zu verhindern, sollte hier der Widerspruch – wenn sonst keine rechtlichen Bedenken bestehen – zurückgenommen werden. Allerdings ist die Behörde auch außerhalb des Widerspruchsverfahrens berechtigt, die insoweit rechtswidrige Auflage nach § 48 VwVfG zurückzunehmen und durch eine neue rechtmäßige Auflage zu ersetzen. Auch hierauf ist der Mandant hinzuweisen.

---

305 Vgl. 1.4 des Streitwertkatalogs.

2. Abschnitt: Praktischer Teil

Wesentlicher Teil der Prüfungsleistung ist zumeist die Fertigung eines Mandantenschreibens oder eines Schriftsatzes im gerichtlichen Verfahren.

A. Mandantenschreiben

352   Ein Mandantenschreiben ist i.d.R. dann anzufertigen, wenn die Erfolgsaussichten der Rechtsverfolgung **verneint** werden oder die Rechtsverfolgung mit erheblichen Risiken verbunden ist. Das Schreiben muss in einer auch für Nicht-Juristen verständlichen Sprache abgefasst werden, fachspezifische Erwägungen sind daher stets zu erläutern.

353   Der **Aufbau** des Mandantenschreibens folgt den Regeln des Anwaltsgutachtens. Es muss umfassend zu allen aufgeworfenen Fragen Stellung nehmen und einen Vorschlag zum weiteren Vorgehen enthalten.

> **Beachte:** Der Mandant erwartet zu Recht eine Auseinandersetzung mit seinem Vorbringen, nicht aber eine Begründung, die sich mit jeder noch so fern liegenden Literaturmeinung oder jedem (schwachem) Argument auseinandersetzt. Der Mandant (und auch der Prüfer) ist regelmäßig nicht „überzeugter", wenn ihm lange wissenschaftliche Ausführungen geboten werden.

354   Ausgehend von einer kurzen **Sachverhaltsdarstellung** (wenn eine solche nach dem Bearbeitungsvermerk nicht ohnehin analog § 117 Abs. 3 VwGO vorgeschaltet ist), ist auch im Mandantenschreiben eine **saubere Subsumtion** unerlässlich. Dass sich das Schreiben i.d.R. nicht an einen Juristen richtet, entbindet Sie nicht von der juristischen Arbeitsweise. Gehen Sie – wie in den Entscheidungsgründen des Urteils – von der **einschlägigen Rechtsgrundlage** aus und schlüsseln die einzelnen **Tatbestandsvoraussetzungen** auf. Bei Ermessensentscheidungen prüfen Sie wie gewohnt die Begründung der Behörde auf **Ermessensfehler** (Ermessensüberschreitung, Ermessensfehlgebrauch, Ermessensnichtgebrauch).

> *Sehr geehrter Herr ...*
>
> *wir nehmen Bezug auf unser Gespräch vom ... und bedanken uns für die Übertragung des Mandats.*
>
> *Sie hatten uns gebeten, Ihre rechtlichen Interessen im Hinblick auf die Veranlagung zu Abwassergebühren durch die Stadt S. wahrzunehmen. Sie sind Eigentümer des Grundstücks ... in ... Ihr Grundstück ist seit 1975 an die öffentliche Kanalisationsanlage angeschlossen. Mit Bescheid des ... vom ... sind Sie für das Jahr 2011 zu Gebühren für die Abwasserbeseitigung in Höhe von insgesamt ... herangezogen worden. Dabei ergab sich eine Erhöhung der Abwassergebühren von über 50% gegenüber dem Vorjahr. Sie haben deshalb bereits selbst fristwahrend Klage erhoben und uns gebeten, die Erfolgsaussichten der Klage zu überprüfen.*
>
> *Wir haben zwischenzeitlich Einsicht in die Verwaltungsvorgänge nehmen können. Dabei hat sich ergeben, dass die Erhöhung insb. darauf beruht, dass ... Nach § ... Kommunalabgabengesetz (KAG) soll das Gebührenaufkommen die voraussichtlichen Kosten der Einrichtung oder Anlage nicht übersteigen und in der Regel auch decken (sog. Kostendeckungsprinzip). Dabei wird nach allgemeiner Auffassung nicht auf das tatsächliche Gebührenaufkommen abgestellt, sondern die Regelung des § ... KAG begründet insoweit lediglich Anforderungen an die Zielsetzung der Gebührenerhebung. Das bedeutet, dass ...*

Bedenken haben wir allenfalls wegen der von Ihnen behaupteten Überdimensionierung der Anlage. In diesem Fall müssten Kosten bei der Gebührenkalkulation außer Betracht bleiben, die eindeutig über die erforderliche Kapazität hinausgehen (sog. Leerkosten). Allerdings haben wir den Verwaltungsvorgängen die von Ihnen behauptete Kapazitätsüberhöhung nicht entnehmen können. Soweit Sie dargelegt haben, dass ... haben wir hierfür keine Anhaltspunkte gefunden. Vor allem ist zu berücksichtigen, dass ...

Im Ergebnis regen wir daher aus Kostengründen die Rücknahme der Klage an. Bitte bedenken Sie bei Ihrer Entscheidung, ob das Klageverfahren durchgeführt werden soll, dass ... (Kostenrisiko etc.).

Mit freundlichen Grüßen

...

Beachte: Allgemeinplätze, wie das Anfordern einer Vollmacht oder eines Gebührenvorschusses sind in der Examensklausur überflüssig!

B. Schriftsätze im gerichtlichen Verfahren

Werden die Erfolgsaussichten des Mandantenbegehrens **bejaht**, so ist regelmäßig eine Klageschrift zu entwerfen. Ein gesondertes Mandantenschreiben entfällt dann in der Regel. Allerdings kann es nach dem Bearbeitungsvermerk auch hier erforderlich sein, ein Gutachten oder ein Anschreiben an den Mandanten zu entwerfen. In der Klageschrift bzw. in dem Schreiben an den Mandanten sind alle im Aktenauszug aufgeworfenen Rechtsfragen zu erörtern, auch wenn dies nicht immer den Gepflogenheiten der Praxis entspricht. Zu prüfen sind allerdings nur die Fragen, die für die Wahrnehmung der Interessen des Mandanten **erheblich** sind. Wichtig ist, dass das Ergebnis des Vermerks bzw. Gutachtens konsequent im Schriftsatz umgesetzt wird. **355**

I. Klageschrift

1. Obligatorischer Inhalt

Die Klageschrift muss den Anforderungen des § 82 VwGO entsprechen, also zumindest den **Kläger**, den **Beklagten** und den **Gegenstand des Klagebegehrens** bezeichnen (§ 82 Abs. 1 S. 1 VwGO). Die Darstellung entspricht der des Rubrums im Urteil („Klage des ... Klägers, gegen den ... Beklagten, wegen ..."). Die **Bezeichnung der Beteiligten** (Name, Vorname, ladungsfähige Anschrift und Angabe des/der Prozessbevollmächtigten) muss so eindeutig sein, dass sich deren Identität ohne weiteres feststellen lässt. **356**

Beispiele: Die ladungsfähige Anschrift ist i.d.R. dem Aktenauszug zu entnehmen. Erforderlich ist die Anschrift, unter der der Beteiligte tatsächlich zu erreichen ist. Nicht ausreichend ist daher grds. die Angabe eines Postfachs.[306]

Der **Gegenstand des Klagebegehrens** dient zur Feststellung, in welcher Angelegenheit die Klage erhoben wird. Auch wenn hieran in der Praxis keine strengen Anforderungen gestellt werden, sollten Sie in der Klausur eine möglichst konkrete Formulierung wählen (z.B. Angabe der angefochtenen Entscheidung oder der begehrten Begünstigung).[307]

---

306 Kopp/Schenke VwGO § 82 Rdnr. 4.
307 Vgl. Kopp/Schenke VwGO § 82 Rdnr. 7.

357 Kommt eine **Beiladung** in Betracht (z.B. des Bauherrn bei der Nachbarklage), ist die Angabe in der Klageschrift zwar nicht erforderlich (über die Beiladung entscheidet das Gericht von Amts wegen), wird aber in der Klausur üblicherweise erwartet. Üblich, aber nicht zwingend, ist auch die Angabe des **Streitwerts**. Hierfür gelten im verwaltungsgerichtlichen Verfahren insbes. die §§ 52, 53 Abs. 2 GKG. Den unverbindlichen Streitwertkatalog finden Sie in der VwGO-Kommentierung.[308]

2. Antrag

358 Die Klageschrift „soll" einen bestimmten Antrag enthalten (§ 82 Abs. 1 S. 2 VwGO), was im Examen selbstverständlich erwartet wird. Die Antragstellung ist ausgehend vom Begehren des Mandanten an der **späteren Urteilsformel** auszurichten (vgl. oben Rdnr. 107 ff.). Für die wichtigsten prozessuale Situationen heißt das:

Anfechtungsklage
„Wir beantragen,
den Bescheid des ... vom ... (und den Widerspruchsbescheid des ... vom ...) aufzuheben."

Verpflichtungsklage
„Wir beantragen,
den Bescheid des ... vom ... (und den Widerspruchsbescheid des ... vom ...) aufzuheben und den Beklagten zu verpflichten, dem Kläger auf seinen Antrag vom ... die ... zu erteilen." bzw.
„ ... den Beklagten unter Aufhebung des Bescheides des ... vom ... (und des Widerspruchsbescheides des ... vom ...) zu verpflichten, über den Antrag des Klägers vom ... auf ... unter Beachtung der Rechtsauffassung des Gerichts neu zu entscheiden.

Leistungsklage
„Wir beantragen,
den Beklagten zu verurteilen, an den Kläger 3000 Euro nebst Zinsen i.H.v. ... seit ... zu zahlen."

Feststellungsklage
„Wir beantragen,
festzustellen, dass das auf dem Grundstück ... (Flur ... Flurstück ...) zu errichtende Mehrfamilienhaus gemäß Planung des ... vom ... nicht genehmigungspflichtig ist."

Fortsetzungsfeststellungsklage
„Wir beantragen,
festzustellen, dass der Bescheid des ... vom ... rechtswidrig gewesen ist."
„ ... festzustellen, dass der Beklagte verpflichtet gewesen ist, ... zu erteilen."

---

308 Vgl. z.B. Kopp/Schenke VwGO Anh § 164 Rdnr. 14.

Ein **Kostenantrag** ist grds. nicht erforderlich, da das Gericht über die Kosten nach   **359**
§§ 154 ff. VwGO von Amts wegen entscheidet (§ 161 Abs. 1 VwGO). Der Aus-
spruch nach § 162 Abs. 2 S. 2 VwGO über die Notwendigkeit der Hinzuziehung
eines Bevollmächtigten im Vorverfahren setzt dagegen nach h.M. einen Antrag voraus, da es sich hierbei sachlich um eine (vorweggenommene) Frage der Kostenfestsetzung handelt.[309] Zur Vermeidung von Unklarheiten ist es in der Praxis üblich
und zumindest zweckmäßig, ausdrücklich zu beantragen, „die Hinzuziehung eines
Bevollmächtigten im Vorverfahren für notwendig zu erklären".

Muster: Klageschrift

Rechtsanwälte ...

Verwaltungsgericht
.....

Klage

des .....

Klägers,

– Prozessbevollmächtigte: .....

gegen

den .....

Beklagten,

wegen Beihilfe

Streitwert: .....

Namens des Klägers und kraft beiliegender Vollmacht erheben wir Klage gegen
den Beklagten und werden beantragen,

1. den Beklagten zu verpflichten, dem Kläger auf seinen Antrag vom ... zu
   gewähren,

2. den Bescheid des ... vom ... und den Widerspruchsbescheid vom ... aufzuheben, soweit die Bescheide der Verpflichtung zu 1. entgegenstehen,

3. dem Beklagten die Kosten des Verfahrens aufzuerlegen und die Zuziehung eines Bevollmächtigten im Vorverfahren für notwendig zu erklären.

Begründung:

I.

Der Kläger ist Beamter des Landes ... im höheren Justiz- und Verwaltungsdienst.
Mit Antrag vom ... beantragte er ... Mit Bescheid vom ... (Anlage 1) erkannte der
... Hiergegen hat der Kläger mit anwaltlichem Schreiben vom ... Widerspruch erhoben, der mit Widerspruchsbescheid des ... vom ... (Anlage 2) als unbegründet
zurückgewiesen wurde.

II.

Der Kläger hat einen Anspruch auf ... Entgegen der Ansicht des Beklagten handelt es sich bei den geltend gemachten Aufwendungen nicht um ... Unrichtig ist
des Weiteren, dass ...

---

309 HessVGH DVBl. 1996, 113, 114; Mann NWVBl. 1994, 115, 117.

3. Klagebegründung

360 Die Begründung in der Klageschrift entspricht der des Urteils, allerdings ist in der Praxis zumeist nur eine geraffte Sachverhaltsdarstellung üblich. In der Klausur wird dagegen regelmäßig – je nach Bearbeitungsvermerk – eine (vorangestellte) **Sachverhaltsdarstellung** entsprechend § 117 Abs. 3 VwGO gefordert.

> **Hinweis:** Zweckmäßigerweise sollte die Begründung in I. (Sachverhaltsdarstellung) und II. (rechtliche Würdigung) unterteilt werden.

361 Auch für die **rechtliche Würdigung** gelten die Grundsätze des Urteils entsprechend. Insb. bei Anfechtungs- und Verpflichtungsklagen ist zu beachten, dass diese sich nicht nur hinsichtlich der Formulierung des Klageantrages unterscheiden, sondern wesentlich auch bzgl. der Klagebegründung.

362 ■ Bei der **Anfechtungsklage** geht es um die **Abwehr eines belastenden Eingriffs,** der **in jeder Hinsicht rechtmäßig** sein muss. damit der Eingriff in die subjektiven Rechte des Klägers gerechtfertigt ist (so bei der Klage des Adressaten, beachte aber die Besonderheiten bei der Drittanfechtungsklage, die nur zu einer Überprüfung der Rechtmäßigkeit im Rahmen der subjektiven Rechte des Dritten führt, s.o. Rdnr. 333). Daher können – vorbehaltlich der §§ 45, 46 VwVfG – auch allein formelle Fehler der Klage zum Erfolg verhelfen.

> *„Der angefochtene Bescheid ist rechtswidrig. Die Voraussetzungen für den Erlass einer Beseitigungsverfügung nach § ... liegen nicht vor. Der Beklagte nimmt an, dass ... Dies ist unzutreffend, weil ...“*

363 ■ Mit der **Verpflichtungsklage** soll dagegen ein **Anspruch des Mandanten** durchgesetzt werden. Ob die behördliche Ablehnungsentscheidung mit formellen Fehlern behaftet ist, spielt dabei keine Rolle. Im Übrigen können auch materielle Fehler im Zeitpunkt der Klageerhebung unbeachtlich geworden sein.

Beispiel: Die Ablehnung einer Baugenehmigung war ursprünglich rechtswidrig, weil die planungsrechtlichen Voraussetzungen des § 34 BauGB vorlagen. Danach hat die Gemeinde einen Bebauungsplan erlassen, dessen Festsetzungen dem Bauvorhaben nun zwingend entgegenstehen. Ob die Versagung rechtswidrig war, ist für die Verpflichtungsklage unerheblich, da es nur darauf ankommt, ob der Kläger jetzt einen Anspruch auf die Genehmigung hat. In Betracht kommt dann allerdings die Umstellung auf einen Fortsetzungsfeststellungsantrag.

> *„Der Kläger hat einen Anspruch auf ... Entgegen der Ansicht des Beklagten handelt es sich nicht um ... Unrichtig ist des Weiteren, wenn in den angefochtenen Bescheiden geltend gemacht wird, dass ... Denn nach Erlass des ... kommt es allein darauf an, ob ...“*

364 Steht die Gewährung der erstrebten Begünstigung im **Ermessen** der Behörde, so reicht deshalb auch die Darlegung, dass die Ablehnung ermessensfehlerhaft erfolgt ist, nicht aus. Begehrt der Mandant ein **Vornahmeurteil**, muss im Einzelnen begründet werden, dass sich das **Ermessen auf Null** reduziert hat. Andernfalls kann die Klage nur zu einem teilstattgebenden Bescheidungsurteil führen und ist deshalb zweckmäßigerweise nicht als Vornahme-, sondern als Bescheidungsklage zu erheben (s.o. Rdnr. 118).

> *„Die angefochtene Entscheidung ist ermessensfehlerhaft. Soweit sich der Beklagte darauf stützt, dass ... beruht seine Entscheidung auf sachwidrigen Erwägungen. Denn ... Die Entscheidung ist außerdem unverhältnismäßig. Der Kläger hat mehrfach zum Ausdruck gebracht, dass ... Wenn der Beklagte angesichts dieser Situation meint, ... überschreitet er die Grenzen seines Ermessens.“*

II. Klageerwiderung

Für die Erstellung der Klageerwiderung gelten die vorstehenden Grundsätze entsprechend. Allerdings wird sich diese Aufgabenstellung im Examen zumeist nicht aus anwaltlicher, sondern aus **behördlicher Sicht** ergeben. Gegenüber der Klageschrift ergeben sich folgende **formale Abweichungen**: Die Bezeichnung als Klageerwiderung wird nicht durch eine besondere Überschrift zum Ausdruck gebracht, sondern der Schriftsatz wird lediglich durch ein verkürztes Rubrum unter Angabe des Aktenzeichens des Gerichts eingeleitet.

365

1. Antrag

Ein **Antrag** ist auch bei der Klageerwiderung nicht ausdrücklich vorgeschrieben (vgl. §§ 85 S. 2, 86 Abs. 3 u. 4 VwGO), jedoch muss der Beklagte zu erkennen geben, welche Entscheidung des Gerichts er begehrt.

366

> „In dem verwaltungsgerichtlichen Verfahren
>
> ..... gegen .....
>
> – 5 K 2347/12 –
>
> vertreten wir den Beklagten und beantragen,
>
> die Klage abzuweisen.“

2. Sachverhalt

Eine **Sachverhaltsdarstellung** in der Klageerwiderung erübrigt sich zumeist. Die Behörde wird i.d.R. auf die Tatsachenfeststellungen im Ausgangs- bzw. Widerspruchsbescheid verweisen. Hat der Kläger allerdings neue oder bislang noch nicht berücksichtigte Tatsachen vorgetragen, muss sich der Beklagte hierzu äußern.

367

3. Rechtliche Würdigung

a) Auf die **Zulässigkeit der Klage** ist in der Klageerwiderung nur einzugehen, soweit diese tatsächlich zweifelhaft ist (häufig Durchführung des Vorverfahrens, Klagefrist). Fehlt das erforderliche **Vorverfahren**, so muss die Behörde entscheiden, ob sie sich auf die Klage sachlich einlassen will, wodurch das Vorverfahren ggf. entbehrlich und die zunächst unzulässig erhobene Klage zulässig wird (s.u. Rdnr. 506). Dabei ist u.a. zu beachten, dass nach § 45 Abs. 2 VwVfG Form- und Verfahrensmängel noch im gerichtlichen Verfahren geheilt werden können. Auch Ermessenserwägungen können gemäß § 114 S. 2 VwGO noch im Prozess ergänzt werden. Daher kann im gerichtlichen Verfahren grds. dasselbe erreicht werden wie im Widerspruchsverfahren. Um eine endgültige Klärung der Angelegenheit zu erreichen, kann es daher durchaus zweckmäßig sein, das **Fehlen des Vorverfahrens nicht zu rügen**.

368

> **Beachte:** Will die Behörde auf ein erforderliches Vorverfahren nicht verzichten, darf sie sich nach h.Rspr. nicht einmal hilfsweise auf die Klage einlassen, wenn sie erreichen will, dass die Klage als unzulässig abgewiesen wird (s.u. Rdnr. 506).

b) Die Ausführungen zur **Begründetheit der Klage** müssen eine konkrete Auseinandersetzung mit dem klägerischen Vorbringen enthalten. Es erfolgt daher keine unreflektierte Umsetzung des Gutachtens, insb. sollte auf unstreitige Rechts- und Tatsachenfragen nicht eingegangen werden.

369

370 Im (vorgeschalteten) **Gutachten** muss sich die Behörde Klarheit verschaffen, ob es überhaupt Sinn macht, sich gegen die Klage zu verteidigen. Dabei müssen ggf. auch bislang nicht bekannte Tatsachen und neue Tatsachen berücksichtigt werden. So kommt es z.B. für die Begründetheit einer Verpflichtungsklage grds. nicht darauf an, ob der Kläger bei Antragsstellung einen Anspruch auf den begehrten VA hat, sondern nur, ob dies im Zeitpunkt der letzten mündlichen Verhandlung der Fall ist. Daher kann es erforderlich sein, nach der letzten Behördenentscheidung eingetretene **Veränderungen** zu berücksichtigen (so z.B. auch bei der Anfechtung von Dauer-VAen).[310]

> Ergibt die Sachprüfung z.B., dass der angefochtene VA rechtswidrig ist und Rechte des Klägers verletzt, ist es nicht nur zweckmäßig, sondern entspricht der Pflicht der Behörde zu rechtmäßigem Verwaltungshandeln (Art. 20 Abs. 3 GG), den angefochtenen Bescheid selbst aufzuheben bzw. den begehrten VA zu erteilen. Dadurch stellt sie den Kläger klaglos, der sodann das Verfahren i.d.R. für erledigt erklären wird.

371 Im Fall der **Erledigung** ist in der Praxis häufig zu beobachten, dass sich der Beklagte (Behörde oder Verwaltungsträger) weigert, sich der Erledigungserklärung des Klägers anzuschließen, z.B. weil er der Auffassung ist, die ursprüngliche Klage sei unzulässig oder unbegründet gewesen. Da das Gericht diese Frage im Verwaltungsprozess aber nur ausnahmsweise prüft (s.o. Rdnr. 254 ff.), ist dem Beklagten anzuraten, sich bei objektiv unstreitiger Erledigung der Erklärung des Klägers anzuschließen. Nur dann kann er im Rahmen der Kostenentscheidung nach § 161 Abs. 2 VwGO erreichen, dass das Gericht inzident die Erfolgsaussichten des bisherigen Antrags berücksichtigt (s.o. Rdnr. 228). Bleibt die Erledigungserklärung des Klägers dagegen einseitig, unterliegt der Beklagte mit seinem unveränderten Klageabweisungsantrag bei tatsächlicher Erledigung grds. auch dann, wenn die Klage ursprünglich unzulässig oder unbegründet war (s.o. Rdnr. 262).

III. Anträge im Eilverfahren

372 Für Anträge im vorläufigen Rechtsschutzverfahren gelten die vorstehenden Grundsätze entsprechend. §§ 80, 80 a, 123 VwGO regeln die Formalien nicht ausdrücklich, deshalb ist auf die Vorschriften des Klageverfahrens zurückzugreifen (insbes. §§ 81, 82 VwGO).

> **Beachten** Sie, dass die Beteiligten im Antragsschriftsatz „Antragsteller" und „Antragsgegner" heißen, die Anwälte sind die „Verfahrensbevollmächtigten".

373 Auch wenn der **Antrag** nach § 82 Abs. 1 S. 2 VwGO (analog) keine zwingende Voraussetzung ist, sollte man sich in der Praxis nicht darauf verlassen, dass das Gericht (oder gar der Prüfer) das Begehren schon richtig auslegen wird. Die Antragstellung hat sich stets an der späteren Tenorierung auszurichten (vgl. Rdnr. 688 ff.):

> **Bei gesetzlichem Ausschluss der aufschiebenden Wirkung**
> **(§ 80 Abs. 2 S. 1 Nr. 1 - 3 u. S. 2 VwGO)**
>
> „... *die aufschiebende Wirkung der Klage/des Widerspruchs des Antragstellers vom ... gegen den Bescheid des ... vom ... anzuordnen.*"

> **Bei Anordnung der sofortigen Vollziehung (§ 80 Abs. 2 S. 1 Nr. 4 VwGO)**
>
> „... *die aufschiebende Wirkung der Klage/des Widerspruchs des Antragstellers vom ... gegen den Bescheid des ... vom ... wiederherzustellen.*"

---

310 Allgemein zum entscheidungserheblichen Zeitpunkt unten Rdnr. 604 ff.

Bei sog. faktischem Vollzug

„... festzustellen, dass die Klage/der Widerspruch des Antragstellers vom ... gegen den Bescheid des ... vom ... aufschiebende Wirkung entfaltet."

Bei einstweiliger Anordnung (§ 123 VwGO)

„... den Antragsgegner im Wege der einstweiligen Anordnung zu verpflichten, ..." bzw. *„dem Antragsgegner ... zu untersagen, ..."*

In Fällen äußerster Dringlichkeit kann es zweckmäßig sein, neben dem eigentlichen **374** Antrag zur Vermeidung vollendeter Tatsachen eine **Zwischenregelung**, ggf. durch Vorsitzendenentscheidung (§§ 80 Abs. 8, 123 Abs. 2 S. 3 VwGO), zu beantragen.

„... beantragen,

> *1. die aufschiebende Wirkung ... wiederherzustellen,*

> *2. vorab eine Entscheidung durch den Vorsitzenden für die Zeit bis zur Entscheidung der Kammer im Sinne des Antrags zu 1. zu treffen."*

Ebenso wie in der Klageschrift sollte die **Begründung** der Antragsschrift in Sach- **375** verhaltsdarstellung (unter I.) und rechtliche Würdigung (unter II.) unterteilt werden. Der Aufbau entspricht der des gerichtlichen **Beschlusses** (s.o. Rdnr. 312 ff.).

Beispiel: Im Fall des § 80 Abs. 2 S. 1 Nr. 4 VwGO) ist ggf. zur mangelhaften Begründung der Anordnung der sofortigen Vollziehung vorzutragen (s.u. Rdnr. 676 ff.). Die rechtliche Würdigung im Übrigen hat sich im Wesentlichen an den Erfolgsaussichten in der Hauptsache auszurichten (vgl. näher unten im 4. Teil).

„Die Anordnung der sofortigen Vollziehung ist bereits aus formellen Gründen aufzuheben, da sie nicht den Anforderungen des § 80 Abs. 3 S. 1 VwGO entspricht. Danach muss in den Fällen des § 80 Abs. 2 S. 1 Nr. 4 VwGO das besondere Interesse an der sofortigen Vollziehung des Verwaltungsakts schriftlich zu begründen. Die Begründung muss den Umständen des Einzelfalls Rechnung tragen und erkennen lassen, dass sich die Behörde des Ausnahmecharakters des Sofortvollzug bewusst war. Vorliegend hat sich der Antragsgegner nur darauf berufen, dass die Klage des Antragstellers keine Aussicht auf Erfolg habe und damit nur auf die vermeintliche Rechtmäßigkeit der angefochtenen Verfügung abgestellt. Dies kann ein ‚besonderes‘ Interesse an der sofortigen Vollziehung nicht begründen. Im Übrigen verweist der Antragsteller lediglich darauf, dass ... Damit wird ein angebliches Vollzugsinteresse aber lediglich behauptet, ohne dass dafür eine Begründung gegeben wird. ...

Auch in materieller Hinsicht ergibt die Abwägung der beteiligten Interessen, dass das Aussetzungsinteresse des Antragstellers das öffentliche Vollzugsinteresse überwiegt. Denn die Entziehung der Fahrerlaubnis erweist sich als rechtswidrig. ..."

Beachte: Denken Sie im Verfahren nach § 123 VwGO stets an das Erfordernis der **Glaubhaftmachung** des Anordnungsanspruchs und des Anordnungsgrundes (§ 123 Abs. 3 VwGO, §§ 920 Abs. 2, 204 ZPO). Regelmäßig erfolgt sie durch Vorlage einer eidesstattlichen Versicherung des Mandanten oder Dritter.

---

3. Teil: Das Klageverfahren in der Assessorklausur

1. Abschnitt: Die Gutachtenklausur

Bearbeitungsvermerk: Gutachtenklausur
Die Angelegenheit ist (aus anwaltlicher Perspektive unter Berücksichtigung des Mandantenbegehrens) umfassend zu begutachten. (oder: Die Erfolgsaussichten der Klage sind zu begutachten). Begutachtungszeitpunkt ist der … Auf alle im Aktenauszug angesprochenen Probleme ist – ggf. in einem Hilfsgutachten – einzugehen (oder: Kommt die Bearbeitung ganz oder teilweise zur Unzulässigkeit der Klage, so ist zur Begründetheit in einem Hilfsgutachten Stellung zu nehmen).
Das Gutachten soll mit einem Entscheidungsvorschlag enden.
Dem Gutachten ist eine Sachverhaltsdarstellung voranzustellen, die den Anforderungen des § 117 Abs. 3 VwGO entspricht und der Verfahrenssituation Rechnung trägt (oder: Eine Sachverhaltsdarstellung im Gutachten ist nicht zu fertigen).
Sollte eine Frage für beweiserheblich gehalten werden, so ist eine Prognose zu der Beweislage (z.B. Beweislast, Qualität der Beweismittel) zu erstellen.
Die Formalien (Ladungen, Zustellungen, Unterschriften, Vollmachten) sind in Ordnung.

376 Ist die verwaltungsgerichtliche Entscheidung oder ein anwaltlicher Schriftsatz lediglich vorzubereiten, kommen als Aufgabenstellung insbes. ein prozessuales und/oder materielles **Gutachten** in Betracht. Auch bei den reinen „Entscheidungsklausuren" kommt dem Gutachten eine erhebliche Bedeutung zu. Nur wer den zu beurteilenden Fall gutachtlich erfasst hat, ist in der Lage, die Entscheidungsgründe schrittweise zu entwickeln und überzeugend darzulegen. Die Ergebnisse des Gutachtens bilden die Obersätze des Urteils oder des Beschlusses und geben damit dem **Entscheidungsentwurf** die nötige Struktur.

377 Die öffentlich-rechtliche Assessorklausur hat den Vorteil, dass Sie im Gutachtenaufbau bei dem bleiben können, was Sie aus dem **Ersten Examen** kennen. Denn anders als im Zivilrecht sind Sie im Öffentlichen Recht mit prozessualen Fragen seit dem Anfang Ihres Studiums vertraut. Sie prüfen also auch in der Gutachtenklausur im Assessorexamen i.d.R. die **Zulässigkeit und Begründetheit eines Rechtsbehelfs**. Soweit das Gutachten Teil einer **Anwaltsklausur** ist, gelten die im 2. Teil dargestellten Besonderheiten (s.o. Rdnr. 320 ff.). Der nachfolgende Überblick greift zum einen die in der Assessorklausur **typischen Fallkonstellationen** auf und soll zum anderen zugleich zur Wiederholung des Verwaltungsprozessrechts dienen.

378 Das **Gutachten** in der **verwaltungsgerichtlichen Klausur** unterscheidet sich in wesentlichen Punkten vom Gutachten in der zivilgerichtlichen Assessorklausur: Aufgrund des **Amtsermittlungsgrundsatzes** (§ 86 VwGO) entfällt die Unterscheidung zwischen Kläger- und Beklagtenvorbringen. Damit ist eine Schlüssigkeitsprüfung wie im Zivilprozess in der sog. Klägerstation überflüssig. Es gibt nur den vom Gericht ermittelten Sachverhalt, der der rechtlichen Würdigung zugrunde zu legen ist.

379 Sollten ausnahmsweise **Beweisfragen** eine Rolle spielen, würdigen Sie (als Gericht) die erhobenen Beweise oder (also Anwalt oder Behörde) die zur Verfügung stehenden Beweismittel (§ 26 Abs. 1 VwVfG, § 96 Abs. 1 VwGO). Der Umgang mit Beweisen unterscheidet sich im verwaltungsgerichtlichen Verfahren nicht von dem, was Sie aus dem Zivil- und Strafrecht kennen: Beweisfragen und die endgültige Tatsachenfeststellung werden an den entsprechenden Stellen **im Rahmen der rechtlichen Würdigung eingebaut**.

Beispiel: Ist in einem gewerberechtlichen Untersagungsverfahren die Höhe der Steuerschulden des Gewerbetreibenden umstritten, so erfolgen die erforderlichen Feststellungen hierzu bei der Prüfung der „Unzuverlässigkeit" i.S.d. § 35 Abs. 1 GewO.

2. Abschnitt: Das verwaltungsprozessuale Gutachten

A. Zulässigkeit der Klage

Zulässigkeit einer verwaltungsgerichtlichen Klage
■ Eröffnung des **Verwaltungsrechtswegs**
■ Statthaftigkeit der **Klageart**
■ **Besondere** Sachurteilsvoraussetzungen
■ **Allgemeine** Sachurteilsvoraussetzungen

I. Verwaltungsrechtsweg

Ausführungen zum Verwaltungsrechtsweg sind auch im Gutachten möglichst **380** knapp zu halten. Nur dann, wenn der Rechtsweg **nicht eindeutig zu bejahen** ist oder **ein Beteiligter den Rechtsweg rügt** (§ 173 S. 1 VwGO i.V.m. § 17 a Abs. 3 S. 2 GVG), ist eine nähere Prüfung erforderlich.

> **Beachte:** Ist der beschrittene Rechtsweg unzulässig (was in Examensklausuren der extrem seltene Ausnahmefall sein dürfte), so wird die Klage **nicht als unzulässig abgewiesen**, sondern das Gericht verweist den Rechtsstreit von Amts wegen an das zuständige Gericht des zulässigen Rechtsweges (§ 173 S. 1 VwGO, § 17 a Abs. 2 GVG). In diesem Fall ist nach dem Bearbeitungsvermerk im Regelfall ein Hilfsgutachten zur Begründetheit zu fertigen.

Der Verwaltungsrechtsweg kann sich ergeben: **381**

■ aus **speziellen Rechtswegzuweisungen** an das Verwaltungsgericht oder

■ aus der **Generalklausel** des § 40 Abs. 1 S. 1 VwGO.

1. Aufdrängende Spezialzuweisungen zum VG

Die wichtigste spezialgesetzliche Zuweisung zum Verwaltungsgericht gilt für **be- 382 amtenrechtliche Klagen** (§ 126 Abs. 1 BBG für Bundesbeamte, § 54 Abs. 1 BeamtStG für Landesbeamte). Danach ist der Verwaltungsrechtweg gegeben für alle Klagen der Beamten, Ruhestandsbeamten, früheren Beamten und der Hinterbliebenen aus dem Beamtenverhältnis sowie für Klagen des Dienstherrn. Der Begriff **„aus dem Beamtenverhältnis"** ist dabei weit auszulegen. Es kommt nicht darauf an, ob ein Beamter klagt oder verklagt wird. Entscheidend ist allein, ob für das Klagebegehren eine **beamtenrechtliche Rechtsgrundlage** einschlägig ist.

Beispiele: Klage des Beamten gegen den Dienstherrn auf Zahlung von Besoldung oder Versor- **383** gungsbezügen; Klage des Dienstherrn gegen den Beamten auf Erstattung rechtsgrundlos gezahlter Bezüge; Klage auf Begründung eines Beamtenverhältnisses;[311] Klage eines Dritten auf Erteilung einer Aussagegenehmigung für einen Beamten.[312]

Nicht von § 54 Abs. 1 BeamtStG bzw. § 126 Abs. 1 BBG (sondern von § 40 Abs. 1 S. 1 VwGO) erfasst werden dagegen z.B. Prüfungsentscheidungen, auch wenn sie im Zusammenhang mit einem Beamtenverhältnis stehen[313], ebenso das Verfahren über die Rechtmäßigkeit eines Wahlaktes oder einer Abwahl, auch wenn der in Frage stehende Beschluss beamtenrechtliche Folgen für den Gewählten hat.[314]

---

311 BVerwG DVBl. 2005, 516, 517; Kopp/Schenke VwGO § 40 Rdnr. 76 m.w.N.

312 BVerwGE 66, 39, 41.

313 BVerwGE 30, 172, 173.

314 BVerwG NVwZ-RR 1990, 94.

> *„Der Verwaltungsrechtsweg ist gemäß § 54 Abs. 1 BeamtStG eröffnet. Auch wenn mit der Klage erst die Begründung des Beamtenverhältnisses begehrt wird, handelt es sich bereits um eine Klage aus dem Beamtenverhältnis i.S. dieser Vorschrift. Das ist immer dann der Fall, wenn für das Klagebegehren eine beamtenrechtliche Rechtsgrundlage einschlägig ist, wie hier die Vorschriften über die Ernennung in §§ 8, 9 BeamtStG.“*

384   **Weitere aufdrängende Spezialzuweisungen** zum Verwaltungsgericht finden sich vor allem in neueren Bundesgesetzen, z.B. § 6 Abs. 1 UIG für Umweltinformationen auf Bundesebene und § 54 BAföG für öffentlich-rechtliche Streitigkeiten um Ausbildungsförderung.

2. Die Generalklausel des § 40 Abs. 1 S. 1 VwGO

385   Nach § 40 Abs. 1 S. 1 VwGO ist der Verwaltungsrechtsweg in allen

- **öffentlich-rechtlichen Streitigkeiten**
- **nichtverfassungsrechtlicher Art** eröffnet,
- soweit sie nicht einem **anderen Gericht** ausdrücklich **zugewiesen** sind

> **Hinweis:** Hüten Sie sich davor, in eindeutigen Fällen die Voraussetzungen des § 40 Abs. 1 S. 1 VwGO in epischer Breite darzustellen! Dies kostet nur Zeit und verärgert den Prüfer.

a) Öffentlich-rechtliche Streitigkeit

Die Frage, ob ein Rechtsstreit öffentlich-rechtlicher Natur ist, richtet sich nach den allgemeinen, für die Abgrenzung des öffentlichen Rechts vom Privatrecht entwickelten Kriterien. Entscheidend ist die **Rechtsnatur des Rechtsverhältnisses**, aus dem der Klageanspruch hergeleitet wird.[315]

- **Rechtsnatur der Streitigkeit**

386   Ist die streitentscheidende Norm öffentlich-rechtlich, so ist es auch der sie betreffende Streit. Kommen für die Beurteilung der Streitfrage **mehrere Rechtsgrundlagen** in Betracht, so reicht es für die Bejahung des Verwaltungsrechtsweges aus, dass **eine** der in Betracht kommenden Normen **öffentlich-rechtlich** ist. Ist der Verwaltungsrechtsweg unter einem Aspekt eröffnet, so entscheidet das VG den Rechtsstreit grds. umfassend unter allen in Betracht kommenden rechtlichen Gesichtspunkten (§ 173 S. 1 VwGO, § 17 Abs. 2 S. 1 GVG), prüft dann also auch **rechtswegfremde Ansprüche**, sofern der Streitgegenstand identisch ist.

> **Beispiel:** K klagt auf Herausgabe einer Sache aus öffentlich-rechtlicher Verwahrung (z.B. bei Sicherstellung durch die Polizei). Nach § 40 Abs. 2 S. 1, 1. Halbs., 2. Fall VwGO ist hierfür der Zivilrechtsweg eröffnet. Der Anspruch kann aber auch als Folgenbeseitigungsanspruch geltend gemacht werden, für den nach § 40 Abs. 1 S. 1 VwGO der Verwaltungsrechtsweg gegeben ist.[316] Klagt K vor dem VG, so prüft dieses nach § 17 Abs. 2 S. 1 GVG neben dem FBA auch den Anspruch aus Verwahrung.

387   Etwas anderes gilt nur in Bezug auf die verfassungsrechtlichen Rechtswegzuweisungen in Art. 14 Abs. 3 S. 4 GG (Enteignungsentschädigung) und Art. 34 S. 3 GG (Amtshaftungsansprüche). Hierfür sind in jedem Fall ausschließlich und allein die **ordentlichen Gerichte** zuständig (§ 17 Abs. 2 S. 2 GVG).

---

315 BVerwG NJW 2007, 2275, 2276; OVG NRW DVBl. 2008, 990, 991; BGH NJW 2011, 639, 640.
316 Kopp/Schenke VwGO § 40 Rdnr. 64.

Beispiel: Eine Zahlungsklage wird gestützt auf Schadensersatzansprüche aus öffentlich-rechtlichem Vertrag und Amtshaftung. Für den vertraglichen Anspruch ist das VG nach § 40 Abs. 2 S. 1, 1. Halbs., 3. Fall, 2. Alt. VwGO zuständig, für den Amtshaftungsanspruch dagegen gemäß Art. 34 S. 3 GG das Zivilgericht.

■ **Eindeutig öffentlich-rechtliche Maßnahmen**

Unproblematisch ist das Vorliegen einer öffentlich-rechtlichen Streitigkeit, wenn sich ein Verwaltungsträger **eindeutig auf hoheitliche Befugnisse** stützt, unabhängig davon, ob er dazu berechtigt ist.

388

Beispiele: Kündigung eines Beschäftigten des öffentlichen Dienstes durch „Verfügung";[317] Zinserhöhung für privatrechtliches Darlehen durch VA;[318] Aufrechnung durch VA;[319] Entscheidung einer privatrechtlichen Frage durch „Widerspruchsbescheid";[320] Hausverbot durch VA.[321]

Wenn die Behörde eindeutig durch VA gehandelt hat (sog. **formeller VA**), so ist diese Maßnahme auch dann im Verwaltungsrechtsweg anzufechten, wenn sie inhaltlich eine privatrechtliche Rechtsbeziehung betrifft.[322]

389

> **Beachte:** Die Frage, wie die Behörde hätte handeln müssen, ist keine Frage der Rechtsnatur der Maßnahme, sondern ihrer Rechtmäßigkeit. Selbstverständlich ist z.B. eine Kündigung durch VA mangels entsprechender Befugnis rechtswidrig, entschieden wird darüber im Verwaltungsrechtsweg.

■ **Streitentscheidende Norm**

Im Übrigen ist darauf abzustellen, ob die streitentscheidende Norm **öffentlich-rechtlich** ist. Das ist insbes. der Fall, wenn die Norm einen Hoheitsträger als solchen berechtigt oder verpflichtet (sog. **modifizierte Subjektstheorie**).

390

> **Beachte:** Die **Abgrenzungstheorien** (Subordinationstheorie, Interessentheorie, modifizierte Subjektstheorie) spielen im 2. Examen eine noch geringere Rolle als im 1. Examen. Da die Theorien nicht in einem Ausschließlichkeitsverhältnis stehen, sondern dieselbe Sache nur von verschiedenen Seiten aus betrachten, stellen Sie auf den Gesichtspunkt ab, der in Ihrer Klausur ausschlaggebend ist (ohne die Theorie als solche zu benennen, denn Sie sollen ja eine praktische und nicht eine theoretische Arbeit abliefern).

■ **Privatrechtssubjekte**

Sind an dem streitigen Rechtsverhältnis ausschließlich **Privatpersonen** beteiligt, so handelt es sich grds. um eine zivilrechtliche Streitigkeit i.S.d. § 13 GVG. Das gilt selbst dann, wenn das Handeln eines der Beteiligten unmittelbar der Erfüllung öffentlicher Aufgaben dient (sog. **Verwaltungsprivatrecht**).[323]

391

Beispiele: Sozialer Wohnungsbau, Energieversorgung und öffentlicher Personennahverkehr durch privatrechtliche AG oder GmbH.

Etwas anders gilt nur dann, wenn ein Beteiligter durch Gesetz oder aufgrund Gesetzes mit hoheitlichen Entscheidungsbefugnissen ausgestattet ist und als **Beliehener** tätig wird.[324]

392

---

317 BVerwG NVwZ 1985, 264.

318 OVG NRW NVwZ 1988, 452.

319 BFH NVwZ 1987, 1118.

320 BVerwG NVwZ 1988, 51; OVG NRW NVwZ 1988, 452, 454; a.A. BayVGH NVwZ 1990, 775, 777.

321 VG Berlin NJW 2002, 1063.

322 Kopp/Schenke VwGO § 40 Rdnr. 6.

323 BVerwG NJW 2007, 2275, 2276; ausführlich AS-Skript Verwaltungsrecht AT 1 (2011), Rdnr. 77.

Beispiel: Die Erteilung der Prüfplakette (§ 29 StVZO) ist ein Verwaltungsakt des TÜV-Sachverständigen als Beliehener.[325] Gegen die Versagung ist daher eine Verpflichtungsklage (§ 42 Abs. 1, 2. Fall VwGO) vor dem Verwaltungsgericht (§ 40 Abs. 1 S. 1 VwGO) zu erheben.

■ Abwehranspruch

393   Wird ein Abwehranspruch geltend gemacht, so richtet sich die Rechtsnatur der Streitigkeit nach der **Rechtsnatur des abzuwehrenden Verwaltungshandelns.**

394   ■ Ein wichtiges Kriterium für die Abgrenzung ist hierbei der des **Sachzusammenhangs:** Steht der streitige Sachverhalt mit einer anderen Verwaltungstätigkeit, die ohne Weiteres als öffentlich-rechtlich einzuordnen ist, in engem Zusammenhang, so ist auch die zu beurteilende Streitigkeit als öffentlich-rechtlich zu qualifizieren.

Aufgrund des Sachzusammenhangs mit der öffentlichen Daseinsvorsorge sind z.B. öffentlich-rechtlich einzuordnen: Abwehransprüche gegen Emissionen öffentlicher Einrichtungen, z.B. beim Betrieb eines gemeindlichen Sportplatzes oder Kinderspielplatzes.[326]

395   ■ Entsprechendes gilt für Streitigkeiten im Zusammenhang mit einem **Hausverbot** bei öffentlichen Gebäuden: Die Ausübung des Hausrechts (z.B. Erteilung eines Hausverbots) ist nach bislang h.Rspr. öffentlich-rechtlich, wenn es im Sachzusammenhang mit hoheitlicher Tätigkeit steht, dagegen privatrechtlich, wenn fiskalische Zwecke verfolgt werden (sog. Akzessorietät des Hausrechts).

Will der Bürger eine Baugenehmigung beantragen und wird er wegen störenden Verhaltens des Rathauses verwiesen, so ist der Verwaltungsrechtsweg eröffnet. Steht das Hausverbot dagegen im Sachzusammenhang mit dem Abschluss eines privatrechtlichen Vertrages, so kann nur vor dem Zivilgericht geklagt werden.[327]

396   Nach der im Vordringen befindlichen Gegenansicht ist ein Hausverbot bei öffentlichen Einrichtungen generell **öffentlich-rechtlich** zu qualifizieren, da es der Sicherung des öffentlich-rechtlichen Widmungszwecks des Gebäudes dient.[328]

> **Beachte:** Auf die Streitfrage kommt es nicht an, wenn das Hausverbot eindeutig öffentlich-rechtlich durch VA ergeht.

397   ■ **Ehrverletzende Äußerungen** eines Hoheitsträgers sind privatrechtlich, wenn sie im Sachzusammenhang mit fiskalischen Rechtsbeziehungen stehen, dagegen öffentlich-rechtlich, wenn sie im Zusammenhang mit der Erfüllung öffentlicher Aufgaben erfolgen oder auf vorhandene bzw. vermeintliche öffentlich-rechtliche Befugnisse gestützt werden.

Geht es um ehrbeeinträchtigende Vorwürfe bei der Abwicklung eines privatrechtlichen Vertrages ist der Zivilrechtsweg eröffnet, bei Funktionszusammenhang mit öffentlich-rechtlichem Handeln der Verwaltungsrechtsweg.[329]

398   Etwas anderes gilt dann, wenn die Äußerung so sehr **Ausdruck einer persönlichen Meinung** ist, dass sie dem Hoheitsträger nicht mehr zugerechnet werden kann. In diesem Ausnahmefall ist der Amtsträger persönlich (vor dem Zivilgericht) zu verklagen.[330]

---

324   OVG NRW NWVBl. 2005, 475 und AS-Skript Verwaltungsrecht AT 1 (2011), Rdnr. 33 ff.

325   Kopp/Ramsauer VwVfG § 35 Rdnr. 66.

326   HessVGH, Urt. v. 25.07.2011 – 9 A 125/11, RÜ 2011, 810.

327   Vgl. OVG NRW NJW 1998, 1425; VGH Mannheim NJW 1994, 2500, 2501.

328   OVG NRW NJW 2011, 2379; Kopp/Schenke VwGO § 40 Rdnr. 22 m.w.N.

329   BVerwG NJW 1988, 2399; VGH Mannheim NJW 1990, 1808; vgl. auch EuGH NVwZ 2007, 1282.

330   Vgl. OVG Berlin NJW 1998, 257, 258; VGH Mannheim NJW 1990, 1808, 1809.

■ Wehrt sich der Bürger gegen **wettbewerbswidriges Verhalten** der öffentlichen   399
Hand, so gelten hierfür die Vorschriften des UWG und des GWB. Streitigkeiten gehören daher grds. vor die ordentlichen Gerichte. Etwas anderes gilt, wenn für das Verhalten des Verwaltungsträgers neben den zivilrechtlichen Vorschriften auch **Beschränkungen im öffentlichen Recht** bestehen (insbes. die Vorschriften der Gemeindeordnungen über die Grenzen erwerbswirtschaftlicher Betätigung der Gemeinden). Streitigkeiten über die Zulässigkeit der Betätigung als solche (also über das „Ob") sind dann öffentlich-rechtlich und vor den Verwaltungsgerichten auszutragen. Streitigkeiten über die Art und Weise des konkreten Wettbewerbsverhaltens (das „Wie") sind dagegen privatrechtlich und gehören nach § 13 GVG grds. vor die Zivilgerichte.[331]

Nach § 173 S. 1 VwGO, § 17 Abs. 2 S. 1 GVG hat das angerufene Gericht den Rechtsstreit jedoch auch in diesen Fällen unter allen in Betracht kommenden rechtlichen Gesichtspunkten zu entscheiden. Das bedeutet, dass das angerufene Gericht den geltend gemachten Anspruch grds. umfassend prüfen muss. Sofern daher der Rechtsweg auch nur für einen Klagegrund des geltend gemachten Anspruchs gegeben ist, muss das Gericht grds. auch rechtswegfremde Ansprüche prüfen. Das VG muss daher den Anspruch sowohl unter kommunalrechtlichen als auch wettbewerbsrechtlichen Gesichtspunkten prüfen.[332]

■ Leistungsanspruch

Bei einem Leistungsanspruch richtet sich die Rechtsnatur der Streitigkeit nach   400
der Rechtsnatur der in Betracht kommenden **Anspruchsgrundlage**. Ansprüche aus öffentlich-rechtlichen Vorschriften sind stets vor den Verwaltungsgerichten geltend zu machen.

Deshalb ist die Streitigkeit zwischen einer politischen Partei und einer Sparkasse (als Anstalt des öffentlichen Rechts) auf Eröffnung eines Girokontos im Hinblick auf § 5 ParteiG öffentlich-rechtlich auch wenn das spätere Leistungsverhältnis privatrechtlich abgewickelt wird (§§ 675 c ff. BGB).[333] Dagegen sind Ansprüche aus einer Bürgschaft wegen § 765 BGB stets privatrechtlich, auch wenn sie eine öffentlich-rechtliche Forderung sichert.[334]

■ Bei **vertraglichen Ansprüchen** kommt es für die Abgrenzung auf den Gegen-   401
stand des Vertrages und den Vertragszweck an.

So sind Streitigkeiten aus einem Grundstückskaufvertrag mit der Gemeinde grds. zivilrechtlicher Natur, auch soweit es um eine Bau- oder Rückbauverpflichtung geht.[335] Dagegen ist die Zusicherung einer Übernahme in das Beamtenverhältnis öffentlich-rechtlich, auch wenn die Zusicherung im Rahmen eines privatrechtlichen Arbeitsvertrages erfolgt.[336]

■ Ein **Erstattungsanspruch** teilt als Kehrseite die Rechtsnatur des Leistungs-   402
anspruchs. Vor allem die Rückforderung von beamtenrechtlichen Bezügen erfolgt aufgrund öffentlich-rechtlicher Regelungen (z.B. § 12 Abs. 2 BBesG, § 52 Abs. 2 BeamtVG). Schwierigkeiten bereitet die Rückforderung fehlgeleiteter Leistungen an **Dritte**.

Beispiel: Beamtin B hat von ihrem Dienstherrn zuviel Beihilfe erhalten, die erst nach ihrem Tod auf dem Konto eingeht und vom Erben E verbraucht wird. – Überwiegend wird hier auf den öffentlich-rechtlichen Zweck der Leistung abgestellt und damit ein öffentlich-rechtlicher Erstattungsanspruch bejaht.[337] Die Gegenansicht verweist darauf, dass zwischen dem tatsächlichen Leistungsempfänger und der Behörde keinerlei öffentlich-rechtliche Rechtsbeziehungen bestehen, sodass eine zivilrechtliche Rückabwicklung gemäß §§ 812 ff. BGB zu erfolgen habe.[338]

---

331 BGH NJW 1987, 60, 61; OVG NRW NVwZ 2008, 1031, 1033.

332 Vgl. BVerwG DVBl. 1996, 152, 153; OVG NRW NVwZ-RR 2005, 738; NWVBl. 2005, 68, 71.

333 OVG NRW NWVBl. 2004, 479; a.A. OVG Bremen NVwZ-RR 2011, 503; vgl. dazu AS-Skript VwGO (2011), Rdnr. 55.

334 BGHZ 90, 187; BGH NJW 1997, 328; OVG NRW NJW 2001, 698, 699 m.w.N.

335 BGH NVwZ 2004, 253.

336 BVerwG DVBl. 2005, 516, 517.

337 BVerwG DVBl. 1990, 870; OVG Koblenz NVwZ 1988, 1038.

403 ■ Besondere Bedeutung für die Rechtswegfrage hat die sog. **Zwei-Stufen-The-orie**, wenn ein einheitlicher Lebensvorgang sowohl privatrechtliche als auch öffentlich-rechtliche Bestandteile aufweist (z.B. bei der Gewährung von Sub-ventionen und bei der Benutzung öffentlicher Einrichtungen).[339] Hier ist zwi-schen dem „Ob" und dem „Wie" der Regelung zu unterscheiden:

404 – Über das Ob der Leistung ergeht eine Entscheidung aufgrund **öffentlich-rechtlicher Vorschriften** (z.B. Bewilligungsbescheid). Für Streitigkeiten auf dieser 1. Stufe ist deshalb gemäß § 40 Abs. 1 S. 1 VwGO der **Verwaltungs-rechtsweg** eröffnet.

405 – Die Abwicklung des Leistungsverhältnisses (das **Wie**) kann dagegen auf pri-vatrechtlicher Grundlage erfolgen, z.B. durch Abschluss eines privatrecht-lichen Vertrages, aufgrund dessen die Leistung tatsächlich gewährt wird. Streitigkeiten auf dieser 2. Stufe sind dann privatrechtlicher Natur, für die gemäß § 13 GVG der **Zivilrechtsweg** eröffnet ist.

Beispiel: Die Stadt S hat die Durchführung des Weihnachtsmarktes einer von ihr be-herrschten GmbH übertragen. Für Klagen gegen die GmbH als juristische Person des Privatrechts (z.B. auf Abschluss eines Mietvertrages über einen Standplatz) ist der Zivil-rechtsweg eröffnet.[340] Wenn die Gemeinde die öffentliche Einrichtung nicht selbst, son-dern durch eine rechtlich selbstständige GmbH betreibt, ist sie gleichwohl aufgrund ihrer beherrschenden Stellung verpflichtet, durch Einwirkung auf die GmbH dem Bürger den Zugang zu der Einrichtung zu verschaffen. Dieser Anspruch gegen die Gemeinde, der das „Ob" der Benutzung betrifft, kann mittels Leistungsklage vor dem VG geltend gemacht werden.[341]

b) Nichtverfassungsrechtliche Streitigkeit

406 Der Verwaltungsrechtsweg ist nach § 40 Abs. 1 S. 1 VwGO nur in öffentlich-recht-lichen Streitigkeiten **nichtverfassungsrechtlicher Art** eröffnet. Ob eine Streitig-keit verfassungsrechtlicher Art ist, richtet sich danach, ob das streitige Rechtsver-hältnis entscheidend vom (Staats-)Verfassungsrecht (Grundgesetz, Landesverfassun-gen) geprägt wird.[342]

Beispiele: Streitigkeiten zwischen Verfassungsorganen oder sonst unmittelbar am Verfassungsle-ben beteiligter Rechtsträger (z.B. Parteien), bei deren Hauptfrage es um die Auslegung und An-wendung von Verfassungsrecht geht (sog. **doppelte Verfassungsunmittelbarkeit**),[343] z.B. An-sprüche aus Koalitionsvereinbarungen.[344]

407 Verfassungsrecht in diesem Sinne ist nur das Staatsverfassungsrecht (Grundgesetz, Landesverfassungen). Für **kommunalverfassungsrechtliche Streitigkeiten** ist dage-gen der Verwaltungsrechtsweg nach § 40 Abs. 1 S. 1 VwGO eröffnet.[345]

Beispiele: Klage auf Feststellung der Unwirksamkeit eines Ratsbeschlusses.[346]

> **Hinweis:** In der Assessorklausur ist der nichtverfassungsrechtliche Charakter der Streitigkeit zumeist evident und braucht daher nicht näher erörtert zu werden.

---

338 BVerwG NJW 1990, 2482; BayVGH NJW 1990, 933, 934.

339 BVerwG NJW 2007, 2275, 2278; BGHZ 115, 275, 279; OVG NRW NJW 2001, 698, 699.

340 BVerwG NVwZ 1991, 59; Rennert JuS 2008, 211, 212; a.A. OVG Koblenz DÖV 1986, 153.

341 BVerwG DVBl. 1990, 154; NVwZ 1991, 59; BayVGH NVwZ 1999, 1122, 1123; Rennert JuS 2008, 211, 212.

342 BVerwG DVBl. 2002, 1053 f.; NVwZ 1998, 500; dazu Winkler DVBl. 2003, 79 ff.

343 Vgl. OVG Berlin NJW 2002, 313, 314; zu Gegenansichten vgl. AS-Skript VwGO (2011), Rdnr. 86.

344 Vgl. AS-Skript VwGO (2011), Rdnr. 81 ff.

345 BVerwGE 3, 30, 33; Suerbaum/Brüning JuS 2001, 992, 993 m.w.N.

346 OVG NRW NWVBl. 2009, 265, 266.

c) Abdrängende Zuweisungen

Bei öffentlich-rechtlichen Streitigkeiten nichtverfassungsrechtlicher Art ist nach § 40 Abs. 1 S. 1 VwGO der Verwaltungsrechtsweg nur eröffnet, wenn **keine Zuweisung an ein anderes Gericht** besteht: **408**

- Nach § 51 SGG sind die **Sozialgerichte** insbes. zuständig für öffentlich-rechtliche Streitigkeiten im Sozialversicherungsrecht, aber auch für Fragen der Sozialhilfe (§ 51 Abs. 1 Nr. 6 a SGG).

- Nach § 33 FGO entscheiden die **Finanzgerichte** insbes. in öffentlich-rechtlichen Streitigkeiten über Abgabenangelegenheiten, soweit die Abgaben durch Bundes- oder Landesfinanzbehörden verwaltet werden. Für **Kommunalabgaben** bleiben dagegen die allgemeinen Verwaltungsgerichte zuständig.

  Die Finanzgerichte entscheiden daher z.B. im Einkommensteuer- und Umsatzsteuerrecht, die Verwaltungsgerichte bei Erschließungsbeiträgen, Kanalbenutzungsgebühren etc.

- Praktische Bedeutung hat vor allem die Zuständigkeit der **ordentlichen Gerichte** im **Staatshaftungsrecht**.   **409**

  Die ordentlichen Gerichte entscheiden z.B. über Amtshaftungsansprüche (Art. 34 S. 3 GG), über die Enteignungsentschädigung (Art. 14 Abs. 3 S. 4 GG) und allgemein bei Verletzung öffentlich-rechtlicher Pflichten (§ 40 Abs. 2 S. 1 VwGO). Die **Verwaltungsgerichte** sind hier nur zuständig, wenn die Pflichtverletzung auf einem öffentlich-rechtlichen Vertrag beruht (§ 40 Abs. 2 S. 1, 3. Fall, 2. Alt. VwGO), für ausgleichspflichtige Inhaltsbestimmungen nach Art. 14 Abs. 1 S. 2 GG (§ 40 Abs. 2 S. 1, 2. Halbs. VwGO) und für beamtenrechtliche Schadensersatzansprüche (§ 40 Abs. 2 S. 2 VwGO).

- In der Assessorklausur kann insbes. die Zuständigkeit der ordentlichen Gerichte bei Maßnahmen von Justizbehörden nach §§ 23 ff. EGGVG von Bedeutung sein (sog. **Justizverwaltungsakte**). Der Begriff der Justizbehörde ist hierbei nicht organisatorisch, sondern funktionell zu verstehen. Erfasst werden alle Hoheitsträger, die auf einem der in § 23 Abs. 1 EGGVG genannten Sachgebieten (insbes. Zivilrecht und Strafrechtspflege) tätig werden. Daher kann auch die **Polizei** als Justizbehörde handeln.[347] Hierbei ist zu unterscheiden: **410**

  - Wird die Polizei zur Strafverfolgung tätig (**repressiv**, also insbes. auf Grundlage der StPO), so handelt sie als Justizbehörde auf dem Gebiet der Strafrechtspflege. Für den Rechtsweg gilt § 23 EGGVG.

  - Handelt die Polizei zur Gefahrenabwehr (**präventiv**, insbes. aufgrund des PolG), so ist der Verwaltungsrechtsweg nach § 40 Abs. 1 S. 1 VwGO gegeben.

  - Werden sowohl präventive als auch repressive Zwecke verfolgt (sog. **doppelfunktionale Maßnahmen**), kommt es nach h.M. für die Einordnung auf Art, Zweck und Schwergewicht der Maßnahme an.[348]

Umstritten ist hierbei in neuerer Zeit vor allem die Einordnung von Maßnahmen der sog. **Strafverfolgungsvorsorge**. Diese dienen nicht unmittelbar der Verfolgung einer bereits begangenen Straftat, sondern wirken zeitlich präventiv, betreffen aber gegenständlich das **künftige Strafverfahren**.   **411**

Beispiele: Erkennungsdienstliche Maßnahmen nach § 81 b, 2. Alt. StPO,[349] Überwachung des öffentlichen Verkehrsraums durch Kameras[350], um bei der Verfolgung künftiger Straftaten auf die gespeicherten Daten zurückgreifen zu können.

---

347 BGH DVBl. 1998, 1016, 1017; Kopp/Schenke VwGO § 179 Rdnr. 6 m.w.N.

348 BayVGH, Beschl. v. 05.11.2009 – 10 C 09.2122, RÜ 2010, 120, 121; VG Düsseldorf, Urt. v. 21.04.2010 –18 K 3033/09, RÜ 2010, 599, 600; a.A. Schenke NVwZ 2011, 2838, 2843; Sodan/Ziekow VwGO § 40 Rdnr. 618: nach Wahl des Kläres; offen gelassen von OVG NRW NWVBl. 2012, 364.

349 BVerwG, Beschl. v. 18.05.2011 – BVerwG 6 B 1.11, RÜ 2011, 529, 531.

350 BVerwG, Urt. v. 25.01.2012 – BVerwG 6 C 9.11, RÜ 2012, 330 (Videoüberwachung der Reeperbahn).

Nach h.Rspr. haben diese Maßnahmen schwerpunktmäßig präventive Wirkung und gehören zum materiellen Polizeirecht, sodass § 23 Abs. 1 EGGVG für diese Maßnahmen nicht einschlägig ist.[351]

> *„Der Verwaltungsrechtsweg ist gemäß § 40 Abs. 1 S. 1 VwGO eröffnet. Die Streitigkeit über die vom Kläger begehrte Vernichtung von erkennungsdienstlichen Unterlagen ist öffentlich-rechtlicher Natur. Die Sonderzuweisung an die ordentlichen Gerichte gemäß §§ 23 Abs. 1, 25 EGGVG greift nicht ein. Zwar ist der Begriff der Justizbehörde i.S.d. § 23 EGGVG nicht im organisatorischen, sondern im funktionellen Sinne zu verstehen, sodass auch Polizeibehörden Justizbehörden sind, sofern sie im Rahmen der Strafverfolgung tätig werden. Die hier streitige Aufbewahrung der Lichtbilder ist indes nicht dem Tätigkeitsbereich der Strafverfolgung zuzuordnen. Dabei kommt es nicht darauf an, dass die hier betroffenen Unterlagen zum Zwecke der Strafverfolgung angefertigt wurden. Entscheidend ist allein, welchen Zweck die Beklagte mit der weiteren Aufbewahrung verfolgt. Danach ist vorliegend der Verwaltungsrechtsweg gegeben, da die Unterlagen nach Einstellung des strafrechtlichen Ermittlungsverfahrens nunmehr ausschließlich für die künftige Arbeit der Polizei zum Zwecke des Erkennungsdienstes verwendet werden. Auch soweit sie gegenständlich die Verfolgung künftiger Straftaten erleichtern sollen, handelt es sich schwerpunktmäßig um eine Maßnahme mit präventiver Wirkung, deren Überprüfung nach § 40 Abs. 1 S. 1 VwGO im Verwaltungsrechtsweg erfolgt.“*

d) Rechtsfolgen bei Unzulässigkeit des Rechtswegs

aa) Rechtswegverweisung

412 Ist der Rechtsweg zum Verwaltungsgericht nicht eröffnet, so hat das VG den Rechtsstreit **von Amts wegen** durch Beschluss an das zuständige Gericht zu verweisen (§ 173 S. 1 VwGO, § 17 a Abs. 2 S. 1 GVG). Dies gilt unabhängig davon, ob ein Beteiligter den Rechtsweg rügt. Die Verweisung hat **aufdrängende Wirkung**, d.h. bzgl. des Rechtsweges scheidet eine Weiterverweisung an ein drittes Gericht aus (§ 17 a Abs. 2 S. 3 GVG).[352] Gemäß § 83 S. 1 VwGO gelten die Regelungen der §§ 17 ff. GVG für die **sachliche und örtliche Zuständigkeit** entsprechend.

> **Beachte:** Daher darf eine Klage wegen fehlenden Rechtsweges oder fehlender Zuständigkeit nicht als unzulässig abgewiesen werden!

bb) Positive Vorabentscheidung

413 Hält das Gericht umgekehrt den zu ihm beschrittenen Rechtsweg für gegeben, so kann es dies ebenfalls durch **Beschluss vorab** feststellen, wenn es dies für zweckmäßig erachtet (oder die Rechtswegfrage im Urteil erörtern). Das Gericht **muss** eine solche Vorabentscheidung treffen, wenn ein Beteiligter die Zulässigkeit des Rechtsweges rügt (§ 173 S. 1 VwGO, § 17 a Abs. 3 S. 2 GVG).

> **Hinweis:** In der Assessorklausur ist in diesen Fällen nach dem Bearbeitungsvermerk i.d.R. sowohl die Vorabentscheidung als auch die Hauptsachentscheidung zu entwerfen.

---

351 BVerwG, Beschl. v. 18.05.2011 – BVerwG 6 B 1.11, RÜ 2011, 529, 531; a.A. HessVGH LKRZ 2011, 139.
352 BAG NJW 1993, 1878, 1879; OVG NRW NVwZ 1994, 795, 797; Kopp/Schenke VwGO Anh § 41 Rdnr. 21.

Eröffnung des Verwaltungsrechtsweges

I. (aufdrängende) **Spezialzuweisung** zum Verwaltungsgericht
§ 54 Abs. 1 BeamtStG, § 6 Abs. 1 UIG, § 82 SoldG, § 54 BAföG u.a.

II. Generalklausel des § 40 Abs. 1 S. 1 VwGO

1. öffentlich-rechtliche Streitigkeit

- **streitentscheidende Norm** öffentlich-rechtlich
- **Abwehranspruch:** Rechtsnatur des abzuwehrenden Verwaltungshandelns
- **Leistungsanspruch:** Rechtsnatur der möglichen Anspruchsgrundlage
- **Zwei-Stufen-Theorie:** „Ob" = öffentlich-rechtlich; „Wie" = privatrechtlich
  z.B. §§ 24 ff. BauGB; Nutzung öffentlicher Einrichtungen; Gewährung von Subventionen, soweit nicht einstufig öffentlich-rechtlich (verlorener Zuschuss)
- **allgemeine** Kriterien, insb. eindeutiges Handeln, Sachzusammenhang, ggf. Abgrenzungstheorien, im Zweifel: öffentlich-rechtlich
- **innerkirchliche Angelegenheiten** (Art. 140 GG, Art. 137 Abs. 3 WRV) grds. (–), aber (+) bei faktischer Außenwirkung (z.B. Glockengeläut)

2. nichtverfassungsrechtlicher Art

- formeller **und** materieller Verfassungsstreit (doppelte Verfassungsunmittelbarkeit)
- Ausn.: materieller Verfassungsstreit ausreichend, wenn Verfassungsrecht Kern des Rechtsstreits

3. keine (abdrängende) Zuweisung an andere Gerichte

besondere Verwaltungsgerichte	ordentliche Gerichte

• § 33 FGO: Finanzgerichte, insb.
  – bestimmte Abgabenangelegenheiten
  – Vollziehung von sonstigen VAen durch Finanzbehörden
 	
• § 51 SGG: Sozialgerichte, insb.
  – Sozialversicherungsrecht
  – Grundsicherung für Arbeit Suchende
  – Sozialhilfe
 	
• Berufsgerichte (Rechtsanwälte, Notare, Ärzte etc.)
	• Art. 14 Abs. 3 S. 4 GG: Enteignung
	
	• Art. 34 S. 3 GG: Amtshaftung
	
	• § 40 Abs. 2 S. 1 VwGO: sonstige Staatshaftung, es sei denn
	  – öffentlich-rechtlicher Vertrag
	  – Art. 14 Abs. 1 S. 2 GG oder
	  – Beamtenrecht (§ 40 Abs. 2 S. 2 VwGO)
	
	• §§ 23 ff. EGGVG: Justizverwaltungsakte
	
	• § 217 BauGB: Baulandsachen
	
	• § 68 OWiG: Bußgeldbescheide

III. kraft **Verweisung** durch Gericht eines anderen Gerichtszweiges
(§ 173 S. 1 VwGO, § 17 a Abs. 2 S. 3 GVG)

II. Klagearten

1. Anfechtungsklage

Anfechtungsklage
I. Verwaltungsrechtsweg
II. Statthaftigkeit der Anfechtungsklage (§ 42 Abs. 1, 1. Fall VwGO)
III. Besondere Sachurteilsvoraussetzungen
1. Klagebefugnis (§ 42 Abs. 2 VwGO)
2. Vorverfahren (§ 68 Abs. 1 VwGO)
3. Klagefrist (§§ 74 Abs. 1, 58 Abs. 2 VwGO)
4. richtiger Beklagter (§ 78 VwGO)
IV. Allgemeine Sachurteilsvoraussetzungen

414 Die Anfechtungsklage ist gemäß § 42 Abs. 1, 1. Fall VwGO statthaft, wenn der Kläger die **Aufhebung eines Verwaltungsakts** (VA) durch das Verwaltungsgericht begehrt (§ 113 Abs. 1 S. 1 VwGO). Der Begriff des VA in § 42 Abs. 1 VwGO entspricht dem in § 35 VwVfG. Die Anfechtungsklage richtet sich daher gegen die hoheitliche Maßnahme einer Behörde auf dem Gebiet des öffentlichen Rechts zur Regelung eines Einzelfalls mit Außenwirkung.

Beispiele:

- Klage des **Adressaten** gegen einen ihn belastenden VA (z.B. Klage gegen eine Ordnungsverfügung, gegen einen Kostenbescheid, gegen die Entziehung der Fahrerlaubnis, gegen die Aufhebung eines Subventionsbescheides etc.);

- Klage eines **Dritten** gegen einen den Adressaten belastenden VA (z.B. Klage des Ehepartners gegen die Ausweisung eines Ausländers);

- Klage eines Dritten gegen einen ihn belastenden, den Adressaten begünstigenden VA (sog. **VA mit Doppelwirkung**), z.B. Klage des Nachbarn gegen die dem Bauherrn erteilte Baugenehmigung; Klage eines Mitbewerbers gegen die Zulassung eines Konkurrenten.

a) Statthaftigkeit der Anfechtungsklage

415 Es muss ein **Verwaltungsakt** objektiv vorliegen, die bloße Behauptung des Klägers, bei der angegriffenen Maßnahme handele es sich um einen VA, genügt nicht.

> **Beachte:** Deshalb kann eine umfassende Prüfung der Voraussetzungen des § 35 VwVfG in der Statthaftigkeit notwendig werden.

Beispiele: Mangels Regelung kein VA sind **Realakte** (z.B. Immissionen, ehrbeeinträchtigende Äußerungen, bloße Hinweise). Bei einer möglichen Rechtsverletzung kommt in diesen Fällen nur eine Leistungsklage in Betracht. Etwas anderes gilt, wenn in dem Realakt ein konkludenter VA enthalten ist (z.B. ein konkludenter DuldungsVA bei der Anwendung von Zwangsmitteln[353] oder bei Maßnahmen im Sofort-Vollzug (vgl. § 18 Abs. 2 VwVG). Kein VA, sondern verwaltungsrechtliche Willenserklärung ist auch die öffentlich-rechtliche **Aufrechnungserklärung**.[354]

Unstatthaft ist die Anfechtungsklage gegen die bloße **Wiederholung** eines bereits bestandskräftigen VA, zulässig dagegen bei einem sog. **Zweitbescheid**, der eine erneute Sachentscheidung enthält.[355]

Unstatthaft ist die Anfechtungsklage auch bei **verwaltungsinternen Maßnahmen**, die mangels Außenwirkung keinen VA darstellen (z.B. die Umsetzung im Beamtenrecht).

---

353 Str., vgl. BVerwGE 26, 161, 164; im Einzelnen AS-Skript Verwaltungsrecht AT 1 (2011), Rdnr. 184 f.

354 BVerwG, Urt. v. 25.11.2008 – 3 C 13.08, RÜ 2009, 189, 190.

355 Vgl. AS-Skript Verwaltungsrecht AT 1 (2011), Rdnr. 179 ff.

■ **Formeller VA**   416

Wird eine behördliche Maßnahme im Wege einer einseitig hoheitlichen Regelung eines Einzelfalls mit Außenwirkung getroffen, so handelt es sich selbst
dann um einen VA, wenn die beabsichtigte Regelung eine privatrechtliche Rechtsbeziehung betrifft (sog. formeller VA).

Beispiele: Privatrechtliches Hausverbot durch VA[356] oder Aufrechnung durch VA.[357] Die h.M.
nimmt darüber hinaus an, dass eine Maßnahme, die zunächst keinen VA darstellt (z.B. eine
„Rechnung"), durch Erlass eines sachlichen **Widerspruchsbescheides** zu einem VA („Leistungsbescheid") werden kann, mit der Folge, dass dann die Anfechtungsklage statthaft ist.[358]

■ **Teilanfechtung, insbes. bei Nebenbestimmungen**   417

Da gemäß § 113 Abs. 1 S. 1 VwGO („soweit") im Anfechtungsurteil eine Teilaufhebung möglich ist, kann sich der Kläger auch auf eine **Teilanfechtung** des
VA beschränken. Nach h.M. ist eine Teilanfechtung zulässig, wenn der betroffene Teil vom HauptVA **logisch teilbar** ist. Dies gilt insbes. für die Anfechtung
von Nebenbestimmungen i.S.d. § 36 VwVfG, die nach heute h.M. grds. isoliert
angefochten werden können. Nur wenn eine isolierte Aufhebung „von vornherein und offensichtlich" ausscheidet, ist die Anfechtungsklage unzulässig.[359]

Im Einzelnen ist hier vieles streitig. Zum Teil wird darauf abgestellt, dass eine isolierte Anfechtung generell unzulässig sei. Der Betroffene müsse stets Verpflichtungsklage auf zusatz-
freie Begünstigung erheben. Andere differenzieren nach der Art der Nebenbestimmung oder
nach der Art des HauptVA (Ermessensentscheidung oder gebundener VA).[360] Gegen solche
Differenzierungen spricht der Wortlaut des § 113 Abs. 1 S. 1 VwGO, der eine Teilaufhebung
und damit die Teilanfechtung grds. zulässt. Wenn aber z.B. bei der Anfechtung eines Teils eines insgesamt belastenden VA die Frage der Teilbarkeit kein Zulässigkeitsproblem, sondern
eine Frage der Begründetheit ist, ist nicht nachvollziehbar, warum dies bei Nebenbestimmungen anders sein soll.

Danach ist in der Regel gegen belastende Nebenbestimmungen die **Anfechtungsklage** statthaft. Zu verneinen ist die logische Teilbarkeit und damit die isolierte Anfechtbarkeit dagegen bei **Inhaltsbestimmungen**[361] und bei **modifizie-
renden Auflagen.**[362]

Ob die Anfechtungsklage allerdings auch zur isolierten Aufhebung der Nebenbestimmung   418
führt, ist eine Frage der **Begründetheit** und hängt u.a. davon ab, ob der begünstigende VA
ohne die Nebenbestimmung sinnvoller- und rechtmäßigerweise bestehen bleiben kann (materielle Teilbarkeit). Die **Zulässigkeit** der isolierten Anfechtungsklage bezieht sich nur auf die
Frage der prozessualen Teilbarkeit, d.h. ob der VA im logischen Sinne teilbar ist. Die Frage
der **materiellen Teilbarkeit** betrifft allein die Begründetheit der Klage.[363]

■ **Annexanträge**   419

Mit der Anfechtungsklage kann nach **§ 113 Abs. 1 S. 2 VwGO** ein Annexantrag
verbunden werden, wenn der angefochtene VA bereits vollzogen wurde.

Beispiele: Anfechtungsklage gegen einen Abgabenbescheid i.V.m. einem Leistungsantrag auf
Erstattung des beigetriebenen bzw. gezahlten Betrages; Anfechtungsklage des Nachbarn gegen die dem Bauherrn erteilte Baugenehmigung und Verpflichtungsantrag auf Erlass einer Beseitigungsverfügung bzgl. des bereits errichteten Baus.[364]

---

356 VG Berlin NJW 2002, 1063.

357 BFH NVwZ 1987, 1118.

358 OVG NRW, Urt. v. 24.04.2009 – 15 A 981/06, RÜ 2009, 604, 605; a.A. BayVGH NVwZ 1990, 775, 777.

359 BVerwG NVwZ 2001, 429; OVG Berlin NVwZ 2001, 1059, 1060; Hufen/Bickenbach JuS 2004, 867, 871.

360 Vgl. AS-Skript Verwaltungsrecht AT 1 (2011), Rdnr. 522 ff.

361 BVerwGE 69, 37, 39; 90, 42, 48; Pietzner/Ronellenfitsch § 9 Rdnr. 18; a.A. Kopp/Schenke VwGO § 42 Rdnr. 23.

362 BVerwG NVwZ 1984, 371, 372; Hufen/Bickenbach JuS 2004, 867, 871; Pietzner/Ronellenfitsch § 9 Rdnr. 22.

363 BVerwG NVwZ 2001, 429; OVG Berlin NVwZ 2001, 1059, 1060.

364 OVG Saarlouis NVwZ 1983, 685.

420 In sonstigen Fällen, in denen der materiellrechtliche Leistungsanspruch erst mit Rechtskraft des Anfechtungsurteils entsteht, es sich aber nicht um einen Anspruch wegen Vollzugs eines VA handelt, greift die Regelung des § 113 Abs. 4 VwGO ein.

Beispiel: Klage eines (ehemaligen) Beamten gegen eine für sofort vollziehbar erklärte Entlassungsverfügung mit dem Annexantrag auf Nachzahlung seiner Besoldungsbezüge.

> **Beachte:** Bezüglich des Annexantrages bedarf es keiner eigenständigen Prüfung der Sachurteilsvoraussetzungen. So ist z.B. ein Verpflichtungsannexantrag ohne vorherige Durchführung eines Verpflichtungswiderspruchs zulässig.

b) Besondere Sachurteilsvoraussetzungen der Anfechtungsklage

421 Besondere Sachurteilsvoraussetzungen der Anfechtungsklage sind

- die **Klagebefugnis** (§ 42 Abs. 2 VwGO),

  unproblematisch und daher im Entscheidungsentwurf nicht näher zu erörtern bei der Anfechtungsklage des Adressaten gegen einen an ihn gerichteten belastenden VA. Bei Drittanfechtungsklagen ist die Klagebefugnis dagegen nur gegeben, wenn der Kläger die Möglichkeit der Verletzung einer drittschützenden Norm geltend machen kann (dazu unten Rdnr. 499 ff.).

- die ordnungsgemäße Durchführung des **Vorverfahrens** (§ 68 Abs. 1 S. 1 VwGO), vorbehaltlich gesetzlicher Ausnahmen (§ 68 Abs. 1 S. 2 VwGO),

- die Einhaltung der **Klagefrist** (§§ 74 Abs. 1, 58 Abs. 2 VwGO) und

- der **richtige Beklagte** (§ 78 VwGO).

  Nach h.M. regelt § 78 VwGO nicht die Sachlegitimation, sondern die Prozessführungsbefugnis auf der Beklagtenseite und gehört deshalb zur Zulässigkeitsprüfung.[365] Nach der Gegenansicht enthält § 78 VwGO eine Regelung der Passivlegitimation, deren Voraussetzungen (erst) im Rahmen der Begründetheit zu prüfen sind.[366]

c) Begründetheit der Anfechtungsklage

422 **aa)** Die **Anfechtungsklage** ist gemäß § 113 Abs. 1 S. 1 VwGO **begründet**, soweit der angefochtene VA rechtswidrig und der Kläger dadurch in seinen Rechten verletzt ist. Für den Erfolg der Klage ist daher die objektive Rechtswidrigkeit allein nicht ausreichend. Hinzukommen muss (kumulativ) die **Verletzung subjektiver Rechte**.

423 Wichtig ist dies vor allem bei sog. **Drittanfechtungsklagen**, bei denen die **Rechtsverletzung** nur gegeben ist, wenn der VA wegen Verstoßes gegen eine drittschützende Vorschrift rechtswidrig ist.[367] Der angefochtene VA wird daher vom Gericht nicht allgemein auf seine Rechtswidrigkeit hin untersucht, sondern gezielt auf die Verletzung subjektiver Rechte des klagenden Dritten. Die Frage der Rechtmäßigkeit einer behördlichen Maßnahme bedarf daher keiner Prüfung, wenn eine Verletzung des Drittanfechtenden in eigenen Rechten verneint wird.[368]

Beispiel: Bei der Nachbarklage gegen die dem Bauherrn erteilte Baugenehmigung kommt es nur auf einen Verstoß gegen nachbarschützende Vorschriften an (z.B. die Abstandsflächenregelung oder das Gebot der Rücksichtnahme als Bestandteil der §§ 30 ff. BauGB). Unerheblich ist dagegen, ob die Gemeinde ihr Einvernehmen nach § 36 BauGB erteilt hat, da diese Vorschrift nur den Interessen der Gemeinde, aber nicht denen des Nachbarn zu dienen bestimmt ist.[369]

---

365 BVerwG NVwZ 2003, 216, 217; ausführlich AS-Skript VwGO (2011), Rdnr. 153 ff. m.w.N.

366 Vgl. Müller-Franken JuS 2005, 723, 725 FN 24 unter Hinweis auf die bayerische Prüfungspraxis.

367 BVerwG NVwZ 2005, 84, 85; OVG NRW NWVBl. DVBl. 2009, 728, 729; Kopp/Schenke VwGO § 113 Rdnr. 26.

368 OVG NRW DVBl. 2009, 728, 729.

bb) Ist nur ein **Teil des angefochtenen VA** rechtswidrig, hebt das Gericht auch nur   424
den rechtswidrigen Teil auf und weist die Klage im Übrigen ab (vgl. „soweit" in
§ 113 Abs. 1 S. 1 VwGO). Unproblematisch ist dies bei **gebundenen VAen.** Hier
erfolgt eine Teilaufhebung, wenn der VA materiell teilbar ist.[370] Bei **Ermessensentscheidungen** kommt dagegen eine Teilaufhebung nur in Betracht, wenn hinreichend sichere Anhaltspunkte dafür bestehen, dass die Behörde bei Kenntnis des
Rechtsmangels gerade diese Teilregelung getroffen hätte.[371] Keinesfalls darf das
Gericht das Ermessen anstelle der Behörde ausüben.

Deshalb wird eine Teilaufhebung bei Ermessensentscheidungen in der Regel ausscheiden, da die
Vermutung besteht, dass die Verwaltung den Verwaltungsakt ohne diesen Teil nicht erlassen hätte
und ein untrennbarer Zusammenhang zwischen dem rechtswidrigen Teil und dem Ermessensteil
besteht. Zu den Besonderheiten bei Anfechtung von Nebenbestimmungen oben Rdnr. 417.

cc) Umstritten sind die Rechtsfolgen, wenn sich der **Ausgangsbescheid** als **recht-**   425
mäßig erweist, der **Widerspruchsbescheid** aber **rechtswidrig** ist.

Beispiele: Der Widerspruchsbescheid wird von der unzuständigen Behörde oder unter Verstoß
gegen § 71 VwGO (Anhörung) oder gegen das Begründungserfordernis (§ 73 Abs. 3 S. 1 VwGO)
erlassen. Die Widerspruchsbehörde nimmt irrtümlich an, sie sei bei Ermessensentscheidungen
auf eine Überprüfung der Rechtmäßigkeit beschränkt und unterlässt die durch § 68 Abs. 1 S. 1
VwGO gebotene Zweckmäßigkeitsprüfung mit eigener Ermessensentscheidung. Vergleichbares
gilt, wenn die Widerspruchsbehörde den Widerspruch als verfristet zurückweist, obwohl er
rechtzeitig erhoben wurde.

Würde es sich um **zwei selbstständige VAe** handeln, könnte der rechtswidrige   426
Widerspruchsbescheid ohne Weiteres aufgehoben und die Klage im Übrigen als unbegründet abgewiesen werden. § 79 Abs. 1 Nr. 1 VwGO geht demgegenüber von
einem **einheitlichen Klagegegenstand** aus. Klagegegenstand ist primär der Ausgangsbescheid (in der Gestalt des Widerspruchsbescheides), nicht der Widerspruchsbescheid als solcher.

„Klarzustellen ist, dass schon nach dem Wortlaut des § 79 Abs. 1 Nr. 1 VwGO der Widerspruchsbescheid nicht etwa neben dem ursprünglichen Verwaltungsakt Klagegegenstand ist. Der Widerspruchsbescheid gestaltet lediglich den Ausgangsbescheid und damit auch den Gegenstand der
Anfechtungsklage."[372]

Gleichwohl ist nach h.Rspr. auch bei einheitlicher Anfechtung eine isolierte Aufhe-   427
bung des Widerspruchsbescheids möglich, wenn der Widerspruchsbescheid **isoliert
hätte angefochten werden können.**[373] Dann dürfe die prozessuale Einheit „aufge-
brochen" werden.

Die Gegenansicht verweist darauf, dass der Widerspruchsbescheid nicht Verfahrensgegenstand
sei, so dass im Fall des § 79 Abs. 1 Nr. 1 VwGO für seine isolierte Aufhebung kein Raum sei.[374]
Etwas anderes gelte nur dann, wenn neben dem Antrag nach § 79 Abs. 1 Nr. 1 VwGO kumulativ,
ggf. hilfsweise, ein Antrag nach § 79 Abs. 1 Nr. 2 oder Abs. 2 VwGO gestellt werde.

Zwar spricht § 79 Abs. 1 Nr. 1 VwGO nur von der Gestaltsänderung, jedoch ist zu
berücksichtigen, dass der Kläger die Aufhebung des Widerspruchsbescheides ggf.
auch durch eine isolierte Anfechtung hätte erreichen können. Dass er nunmehr zuviel gefordert hat, kann nicht zu einer Klageabweisung insgesamt führen, sondern
muss zu einer isolierten Aufhebung des Widerspruchsbescheides führen.

369 BVerwGE 28, 268, 270.
370 BVerwG NVwZ 2008, 694, 695.
371 OVG Saarlouis NVwZ-RR 2009, 103; OVG NRW NWVBl. 2004, 378, 379.
372 BVerwG NVwZ-RR 1997, 132.
373 BVerwGE 70, 196, 197; SächsOVG NVwZ-RR 2002, 409; Kopp/Schenke VwGO § 79 Rdnr. 5.
374 Dawin NVwZ 1987, 872, 873; Müller NJW 1982, 1370, 1371.

> **Merksatz:** Eine isolierte Aufhebung des Widerspruchsbescheids wegen eines formellen Fehlers ist nur möglich, wenn eine isolierte Anfechtung möglich gewesen wäre!

428   Bzgl. des AusgangsVA ist die Klage dann zwar abzuweisen. Diese (teilweise) Klageabweisung bedeutet aber nicht, dass der ursprüngliche VA unanfechtbar wird, sondern dass er in der Schwebe bleibt, weil die Widerspruchsbehörde erneut über den Bestand des AusgangsVA entscheiden muss. Die Klageabweisung im Übrigen bewirkt hier also nur, dass der ursprüngliche VA „zur Zeit" nicht aufzuheben ist.

Zulässig ist es auch, in einer solchen Verfahrenslage über die Rechtmäßigkeit des Widerspruchsbescheides durch **Teilurteil** (§ 110 VwGO) zu befinden und den Rechtsstreit im Übrigen bis zu einer erneuten Entscheidung über den Widerspruch wegen insoweit fehlender Spruchreife auszusetzen.[375]

429   **dd)** Ob der **Widerspruchsbescheid isoliert hätte angefochten** werden können, richtet sich nach § 79 Abs. 1 Nr. 2 und § 79 Abs. 2 VwGO. Danach kann der **Widerspruchsbescheid** allein Klagegegenstand sein:

- ▪ **zwingend**, soweit er eine **erstmalige Beschwer** enthält (§ 79 Abs. 1 Nr. 2 VwGO);

- ▪ **fakultativ**, wenn er gegenüber dem ursprünglichen VA eine **zusätzliche** selbstständige (materielle) **Beschwer** enthält (§ 79 Abs. 2 S. 1 VwGO). Als zusätzliche Beschwer gilt auch die Verletzung einer wesentlichen **Verfahrensvorschrift**, sofern der Widerspruchsbescheid auf dieser Verletzung beruht (§ 79 Abs. 2 S. 2 VwGO).

430   Zur isolierten Anfechtung berechtigen wesentliche **Verfahrensfehler** nach § 79 Abs. 2 S. 2 VwGO daher nur, „sofern der Widerspruchsbescheid auf dieser Verletzung beruht". Erforderlich ist also, dass sich der formelle Fehler auf die Sachentscheidung ausgewirkt hat. Diese **Kausalität** ist nach Auffassung des BVerwG grds. nur bei **Ermessensentscheidungen** denkbar oder solchen, bei denen ein Beurteilungsspielraum besteht. Bei gebundenen VAen könne der Widerspruchsbescheid dagegen auf dem Verfahrensfehler nicht „beruhen", da dessen Rechtmäßigkeit unabhängig von etwaigen formellen Fehlern allein eine Frage (materiell) rechtlicher Subsumtion ist. Dementsprechend ist nach der Rspr. bei **gebundenen VAen** eine isolierte Anfechtung des Widerspruchsbescheides nach § 79 Abs. 2 S. 2 VwGO wegen eines Verfahrensfehlers grds. nicht möglich.[376]

Die Rspr. macht allerdings eine Ausnahme bei einem Verstoß gegen das Anhörungserfordernis nach § 71 VwGO bei drohender Verböserung im Widerspruchsverfahren. Hierdurch werde dem Betroffenen die Möglichkeit der rechtzeitigen Rücknahme des Widerspruchs genommen. Daher sei hier ausnahmsweise auch eine isolierte Anfechtung des Widerspruchsbescheides bei einem gebundenen VA zulässig.[377]

431   Ein Teil der Lit. befürwortet dagegen eine **isolierte Anfechtbarkeit generell** auch bei gebundenen Widerspruchsbescheiden.[378] Dagegen spricht jedoch, dass ein Bedürfnis für eine isolierte Anfechtung eines formell fehlerhaften Widerspruchsbescheides regelmäßig nur dann besteht, wenn die Widerspruchsbehörde weitergehende Befugnisse hat als das VG, nämlich bei Entscheidungen, für die Ermessens- und andere Zweckmäßigkeitsgesichtspunkte oder ein Beurteilungsspielraum eine Rolle spielen können (vgl. § 68 VwGO und § 114 VwGO).

---

375   Kopp/Schenke VwGO § 79 Rdnr. 5.

376   BVerwG NVwZ 1999, 641; NVwZ 1988, 346, 347.

377   BVerwG NVwZ 1999, 1219, 1220.

378   Kopp/Schenke VwGO § 79 Rdnr. 5 u. 14; Redeker/v.Oertzen VwGO § 79 Rdnr. 7 u. 8.

> **Hinweis:** § 79 Abs. 2 S. 2 VwGO entspricht damit im Ergebnis der Regelung des § 46 VwVfG im Ausgangsverfahren. Auch dort sind Verfahrens- und Formfehler unbeachtlich, wenn sie offensichtlich die Entscheidung in der Sache nicht beeinflusst haben.

(1) Handelt es sich bei dem Ausgangsbescheid um einen **Ermessensakt** und leidet der Widerspruchsbescheid an einem wesentlichen Verfahrensfehler, so kann der Widerspruchsbescheid **isoliert angefochten** (§ 79 Abs. 2 S. 2 VwGO) und bei einheitlicher Anfechtung (§ 79 Abs. 1 Nr. 1 VwGO) auch **isoliert aufgehoben** werden. Bezüglich des rechtmäßigen AusgangsVA ist die Klage („im Übrigen") abzuweisen:

432

> *„Der Widerspruchsbescheid des ... vom ... wird aufgehoben. Im Übrigen wird die Klage abgewiesen.*
>
> *Die Kosten des Verfahrens tragen der Kläger und der Beklagte zu je 1/2.*
>
> *Das Urteil ist wegen der Kosten vorläufig vollstreckbar. Der jeweilige Vollstreckungsschuldner darf die Vollstreckung durch Sicherheitsleistung oder Hinterlegung in Höhe des jeweils aufgrund des Urteils vollstreckbaren Betrages abwenden, wenn nicht der jeweilige Vollstreckungsgläubiger vor der Vollstreckung Sicherheit in gleicher Höhe leistet."*

Zur Kostenentscheidung vgl. § 155 Abs. 1 S. 1 VwGO (s.o. Rdnr. 145), zur Vollstreckbarkeitsentscheidung § 167 Abs. 1 VwGO, §§ 708 Nr. 11, 711 ZPO (s.o. Rdnr. 186).

(2) Bei **gebundenen Verwaltungsakten** scheidet dagegen eine isolierte Aufhebung des Widerspruchsbescheides – ebenso wie eine isolierte Anfechtung – auch bei einem wesentlichen Verfahrensfehler aus.[379] Obwohl der Widerspruchsbescheid formell rechtswidrig ist, wird die Klage abgewiesen, weil sich dieser Fehler auf die Sachentscheidung nicht ausgewirkt hat.

433

Beispiel: Dem F wird die Fahrerlaubnis wegen Ungeeignetheit nach § 3 Abs. 1 StVG entzogen. Der Widerspruch wird unter Verstoß gegen § 73 Abs. 1 S. 2 VwGO von der Ausgangsbehörde zurückgewiesen, obwohl landesrechtlich keine Regelung i.S.d. § 73 Abs. 1 S. 3 VwGO getroffen wurde. In der Sache ist dieser Fehler unbeachtlich, da die Fahrerlaubnis nach § 3 Abs. 1 StVG entzogen werden „muss", sodass der Fehler für die Sachentscheidung nicht kausal ist, der Widerspruchsbescheid hierauf also nicht „beruht".

> *„Die Klage wird abgewiesen.*
>
> *Der Kläger trägt die Kosten des Verfahrens.*
>
> *Das Urteil ist (wegen der Kosten) vorläufig vollstreckbar. Der Kläger darf die Vollstreckung durch Sicherheitsleistung oder Hinterlegung in Höhe des aufgrund des Urteils vollstreckbaren Betrages abwenden, wenn nicht der Beklagte vor der Vollstreckung Sicherheit in gleicher Höhe leistet."*

Weiteres Beispiel: Die Widerspruchsbehörde hat einem bislang rechtmäßigen Ausgangsbescheid im Widerspruchsbescheid zusätzliche, fehlerhafte Ermessenserwägungen beigefügt.

434

Eine isolierte Aufhebung des Widerspruchsbescheids scheidet hier aus, da es sich bei fehlerhaften Ermessensgründen nicht um eine „selbstständige" zusätzliche Beschwer i.S.d. § 79 Abs. 2 VwGO handelt, sondern um einen inhaltlichen Fehler, der automatisch auch den Ausgangsbescheid rechtswidrig macht. Denn grds. hat die Ausgangsbehörde auch Fehler der Widerspruchsbehörde zu tragen. In diesem Fall ist also nicht nur der Widerspruchsbescheid, sondern der AusgangsVA „in der Gestalt" des Widerspruchsbescheids i.S.d. § 79 Abs. 1 Nr. 1 VwGO aufzuheben.[380]

---

379 BVerwG NVwZ 1999, 641; NJW 1981, 1683; a.A. Kopp/Schenke VwGO § 79 Rdnr. 5.
380 VGH Mannheim NVwZ 1990, 1085; SächsOVG NVwZ-RR 2002, 409.

ANFECHTUNGSKLAGE

A. Zulässigkeit der Klage

I. Verwaltungsrechtsweg

- Spezialzuweisung zum Verwaltungsgericht (z.B. § 54 Abs. 1 BeamtStG)
- Generalklausel, § 40 Abs. 1 S. 1 VwGO

II. Statthaftigkeit

Anfechtungsklage, wenn **Aufhebung** eines (belastenden) VA begehrt wird

- **Verwaltungsakt**
  - formell, wenn in der Form eines VA
  - materiell gemäß § 35 VwVfG,
    auch isoliert gegen Nebenbestimmungen (str.), **nicht** gegen Inhaltsbestimmungen
- **Ausgangsbescheid in der Gestalt des Widerspruchsbescheides**, § 79 Abs. 1 Nr. 1 VwGO
- **Widerspruchsbescheid/Abhilfebescheid isoliert**
  - erstmalige Beschwer durch Abhilfe- oder Widerspruchsbescheid, § 79 Abs. 1 Nr. 2 VwGO
  - zusätzliche selbstständige Beschwer durch Widerspruchsbescheid, § 79 Abs. 2 S. 1 VwGO
  - wesentlicher Verfahrensfehler beim Widerspruchsbescheid, § 79 Abs. 2 S. 2 VwGO
- **Annexanträge**, § 113 Abs. 1 S. 2 u. § 113 Abs. 4 VwGO

III. Klagebefugnis

Geltendmachung der Verletzung eines **subjektiven (Abwehr-)Rechts**, § 42 Abs. 2 VwGO

- wenn **einfach-gesetzliche Vorschrift** zumindest auch dem Schutz von Individualinteressen des Klägers zu dienen bestimmt ist (Schutznormtheorie)
- aus **Grundrechten**

IV. Vorverfahren

- ordnungsgemäßes **Widerspruchsverfahren**, §§ 68 ff. VwGO
- **Ausnahmen**, § 68 Abs. 1 S. 2 VwGO
  - kraft Gesetzes (z.B. §§ 74, 70 VwVfG, AGVwGO, JustG)
  - VA einer obersten Bundes- oder Landesbehörde (insb. Ministerium),
    außer wenn Gesetz Nachprüfung vorschreibt
  - erstmalige Beschwer durch Widerspruchsbescheid oder Abhilfebescheid
- Vorverfahren **entbehrlich**
  - bei Untätigkeit, § 75 VwGO
  - wenn Zweck des Widerspruchsverfahrens auf andere Weise erreicht oder nicht mehr erreicht werden kann (insb. rügelose Einlassung des mit der Widerspruchsbehörde identischen Beklagten/-vertreter)

V. Klagefrist

- § 74 Abs. 1 VwGO: **1 Monat**
  - ab Zustellung des Widerspruchsbescheides
  - oder (im Fall des § 68 Abs. 1 S. 2 VwGO) ab Bekanntgabe des VA
- § 58 Abs. 2 VwGO: **1 Jahr** bei fehlender/unrichtiger Rechtsbehelfsbelehrung

VI. Klagegegner

- Rechtsträger der Ausgangsbehörde, § 78 Abs. 1 Nr. 1 VwGO
- (Ausgangs-)Behörde, § 78 Abs. 1 Nr. 2 VwGO i.V.m. Landesrecht
- bei isolierter Anfechtung des Widerspruchsbescheides:
  Widerspruchsbehörde bzw. deren Rechtsträger, §§ 78 Abs. 2, 79 Abs. 2 S. 3 VwGO

ANFECHTUNGSKLAGE

B. Begründetheit, § 113 Abs. 1 S. 1 VwGO (ggf. i.V.m. § 115 VwGO)

I. **Rechtswidrigkeit** des VA (vgl. AS-Skript VerwaltungsR AT 1 [2011], S. 188 u. 189)

- **Ermächtigungsgrundlage**
  - erforderlich nach dem Grundsatz vom **Vorbehalt des Gesetzes**
    - belastende Maßnahmen, wesentliche Entscheidungen
    - für Handlungsform des Verwaltungsaktes (VA-Befugnis)
  - Auswahl nach dem **Spezialitätsgrundsatz**
    (Bundesrecht vor Landesrecht, spezielles Gesetz vor allgemeinem Gesetz)
  - **Wirksamkeit** (Verfassungsmäßigkeit) der Ermächtigungsgrundlage

- **formelle Rechtmäßigkeit**
  - Zuständigkeit
    (sachlich, instanziell, örtlich)   – Heilung, § 45 VwVfG
  - Verfahren
    (insb. Anhörung, § 28 VwVfG)   – Fehler unbeachtlich, § 46 VwVfG
  - Form und Begründung (§§ 37, 39 VwVfG)

- **materielle Rechtmäßigkeit**
  - Voraussetzungen der **Ermächtigungsgrundlage**
    - grds. volle Überprüfung durch das VG
    - ausnahmsweise Beurteilungsspielraum
      Beispiele: Prüfungsentscheidungen, beamtenrechtliche Beurteilungen, wertende politische Prognoseentscheidungen, wertende Entscheidungen weisungsfreier pluralistischer Gremien
      dann nur Überprüfung auf **Beurteilungsfehler**
      z.B. Verstoß gegen Verfahrensvorschriften, unvollständiger/unrichtiger Sachverhalt, sachfremde Erwägungen, Missachtung allgemein gültiger Bewertungsgrundsätze
    - **Nachschieben von Gründen** im Prozess zulässig, auch Ermessenserwägungen, § 114 S. 2 VwGO

  - **allgemeine Rechtmäßigkeitsanforderungen**
    - Bestimmtheit, § 37 Abs. 1 VwVfG
    - rechtliche und tatsächliche Möglichkeit
    - Verhältnismäßigkeit (ggf. Prüfung im Rahmen des Ermessens)

  - **Rechtsfolge:**
    - gebundene Entscheidung
    - Ermessen: ◄—— Überprüfung nur auf Ermessensfehler, § 114 S. 1 VwGO
      - Ermessensüberschreitung/-unterschreitung
        Überschreitung der Grenzen des Ermessens oder Nichtgebrauch des Ermessens
      - Ermessensfehlgebrauch, insb. sachwidrige Gründe

II. **Rechtsverletzung beim Kläger**
- beim **Adressaten** spezielles Grundrecht oder zumindest Art. 2 Abs. 1 GG
- beim **Dritten**, wenn Verstoß gegen drittschützende Norm oder Grundrecht

2. Verpflichtungsklage

Verpflichtungsklage
I. **Verwaltungsrechtsweg**
II. **Statthaftigkeit** der Verpflichtungsklage (§ 42 Abs. 1, 2. Fall VwGO)
III. **Besondere Sachurteilsvoraussetzungen**
1. **Klagebefugnis** (§ 42 Abs. 2 VwGO)
2. **Vorverfahren** (§ 68 Abs. 2 VwGO)
3. **Klagefrist** (§§ 74 Abs. 2, 58 Abs. 2 VwGO)
4. **richtiger Beklagter** (§ 78 VwGO)
IV. **Allgemeine Sachurteilsvoraussetzungen**

a) Statthaftigkeit der Verpflichtungsklage

435   **aa)** Die Verpflichtungsklage ist eine **besondere Form der Leistungsklage.** Sie ist gemäß § 42 Abs. 1, 2. Fall VwGO statthaft, wenn der Kläger

- den Erlass eines abgelehnten VA (sog. Versagungsgegenklage) oder

- den Erlass eines unterlassenen VA (sog. Untätigkeitsklage) begehrt.

Beispiele: K klagt auf Erteilung einer abgelehnten Baugenehmigung (Versagungsgegenklage) oder auf Zulassung zur Benutzung einer öffentlichen Einrichtung, nachdem die Behörde über seinen Antrag nicht entschieden hat (Untätigkeitsklage).

> **Beachte:** Für die Klausurlösung ist die **Unterscheidung irrelevant,** da sich daran keine Rechtsfolgen knüpfen! Prozessual werden die Versagungsgegenklage und die Untätigkeitsklage grds. gleich behandelt (Ausn. § 75 VwGO).

436   Die Verpflichtungsklage erfasst vor allem die Fälle, in denen der Kläger einen **begünstigenden VA** an sich selbst erstrebt. Die Verpflichtungsklage ist aber auch dann statthaft, wenn der Kläger einen VA begehrt, der einen **Dritten** begünstigt oder auch belastet.

Beispiel: Die Ehefrau begehrt die Erteilung einer Aufenthaltserlaubnis an ihren ausländischen Ehemann. – Nachbar N verlangt von der Baubehörde den Erlass einer Beseitigungsverfügung gegen den Bauherrn B, der sein Bauvorhaben formell und materiell illegal errichtet hat.

437   **bb) Gegenstand der Verpflichtungsklage** ist ein (begünstigender) VA. Wie bei der Anfechtungsklage gilt der VA-Begriff des § 35 VwVfG. Fehlt es z.B. an einer Regelung, so handelt es sich nicht um einen VA, sondern um einen Realakt (schlichtes Verwaltungshandeln), sodass nicht die Verpflichtungsklage, sondern die (allgemeine) **Leistungsklage** statthaft ist (z.B. Klage auf Rückgabe einer Sache, Klage auf Geldzahlung). Etwas anderes gilt jedoch dann, wenn dem schlichten Verwaltungshandeln eine **regelnde Entscheidung** vorgeschaltet ist, „ob" die Behörde die Maßnahme vornehmen darf oder nicht bzw. ob der Kläger einen Anspruch auf die Maßnahme hat. In diesem Fall ist die **Verpflichtungsklage** einschlägig.

438   Die Annahme einer solchen regelnden Entscheidung ist insbes. gerechtfertigt,

- wenn die **Leistung nur abstrakt** im Gesetz vorgesehen ist und deshalb eine **Subsumtion** durch die Behörde im Einzelfall erfolgen muss oder

- wenn die **Leistung im Ermessen** der Behörde steht. Denn dann bedarf es einer Abwägung und einer Feststellung des Abwägungsergebnisses, ob die begehrte Leistung erbracht werden soll oder nicht.[381]

Beispiel: Erteilung einer im Ermessen der Behörde stehenden Auskunft oder einer Auskunft, bei der Ausschlussgründe geprüft werden müssen oder bei der über die Art und Weise der Information entschieden werden muss (vgl. z.B. §§ 5 Abs. 1 S. 4, 6 Abs. 2 UIG, § 9 Abs. 4 S. 1 IFG).[382]

> *„Die Klage ist als Verpflichtungsklage gemäß § 42 Abs. 1, 2. Fall VwGO statthaft. Der Kläger begehrt zwar eine behördliche Information, also ein schlichtes Verwaltungshandeln. Diesem ist jedoch eine regelnde Entscheidung über die Art und Weise der Informationserteilung und damit ein Verwaltungsakt vorgeschaltet."*

cc) Lehnt die Behörde den Erlass eines VA ab, so ist begrifflich auch eine Anfechtungsklage gegen die Ablehnung denkbar (sog. **isolierte Anfechtungsklage**). Hierfür fehlt jedoch i.d.R. das **Rechtsschutzbedürfnis**, da dem Kläger die bloße Aufhebung des ablehnenden Bescheides nichts bringt.[383]   **439**

Beispiel: Mit einer isolierten Anfechtungsklage gegen die Ablehnung der Baugenehmigung hat Bauherr B die von ihm erstrebte Genehmigung immer noch nicht. Verweigert die Behörde die Erteilung der Genehmigung nunmehr aus anderen Gründen, müsste B erneut klagen.

Ausnahmsweise wird eine (isolierte) Anfechtungsklage zugelassen, wenn der Kläger ein **besonderes Interesse** an der bloßen Aufhebung des Ablehnungsbescheides hat.   **440**

Beispiele Nach Ablehnung seines Antrags ist der Kläger nunmehr der Auffassung ist, eine Genehmigung sei gar nicht erforderlich. Trifft es zu, dass das Vorhaben nicht genehmigungspflichtig ist, ist der Ablehnungsbescheid als rechtswidrig aufzuheben.[384]

dd) Bei Ablehnung des begehrten VA braucht der Kläger **nur Verpflichtungsklage** zu erheben; einer zusätzlichen Anfechtungsklage auf Aufhebung des Ablehnungsbescheides (und ggf. des Widerspruchsbescheides) bedarf es grds. nicht.[385]   **441**

Umstritten ist nur, ob das Gericht bei Begründetheit der Klage (§ 113 Abs. 5 S. 1 VwGO) die vorangegangenen ablehnenden Bescheide aufheben muss.[386] Dies entspricht der überwiegenden Praxis und dürfte im Interesse der Rechtsklarheit zumindest zweckmäßig sein.

> *„... beantrage ich, den Bescheid des ... vom aufzuheben und den Beklagten zu verpflichten, dem Kläger die unter dem ... beantragte Baugenehmigung für ... zu erteilen.*
>
> *... den Beklagten unter Aufhebung des Bescheides vom ... zu verpflichten, ..."*

Allerdings kann es in bestimmten Situationen erforderlich sein, die Verpflichtungsklage mit einer **eigenständigen Anfechtungsklage** zu verbinden.   **442**

Beispiel: Schausteller S bewirbt sich um die Vergabe eines Standplatzes für das örtliche Volksfest. Da die Zahl der Bewerber die Zahl der Plätze übersteigt, findet ein Auswahlverfahren statt, aufgrund dessen der Antrag des S abgelehnt und alle Plätze an andere Bewerber vergeben werden.

Hier kann die Verpflichtungsklage nur Erfolg haben, wenn das **Kontingent** der zu vergebenden Stellen **noch nicht erschöpft** ist. Der Kläger müsste also Verpflichtungsklage auf eigene Begünstigung und gleichzeitig Anfechtungsklage gegen die Begünstigung eines Dritten erheben.[387] Nach einem Teil der Rspr. und Lit. ist eine solche Klagehäufung nur erforderlich, wenn ein **uneingeschränkter Verpflichtungsantrag** gestellt wird, obwohl das Kontingent erschöpft ist. Wird dagegen lediglich

---

381 BVerwGE 31, 301, 306 ff.; OVG NRW DVBl. 1999, 1053, 1054; Kahl Jura 2001, 505, 509.

382 Vgl. BVerwG NVwZ 2008, 580 und AS-Skript Verwaltungsrecht AT 1 (2011), Rdnr. 187 ff.

383 BVerwG NVwZ 1988, 61; Ehlers Jura 2004, 30, 33; abweichend Kopp/Schenke VwGO § 42 Rdnr. 30: Anfechtungsklage bereits unstatthaft wegen Spezialität der Verpflichtungsklage.

384 BVerwGE 13, 54, 62; 39, 135, 138; Schoch/Pietzcker VwGO § 42 Abs. 1 Rdnr. 112.

385 Bosch/Schmidt § 23 II 1, S. 132 m.w.N.

386 Vgl. Redeker/v.Oertzen VwGO § 113 Rdnr. 38.

387 BVerwG NVwZ 2011, 613, 614; BayVGH BayVBl. 2011, 23, 24; OVG NRW DVBl. 2009, 983, 984; OVG Lüneburg, Beschl. v. 17.11.2009 – 7 ME 116/09, RÜ 2010, 123, 128: regelmäßig erforderlich.

ein **Bescheidungsanspruch** geltend gemacht, reiche die Verpflichtungsklage aus.[388] Denn für den Fall, dass das Gericht die bisherige Verteilung für rechtswidrig erachte, müsse die Behörde ihre Vergabeentscheidung nach § 48 VwVfG von sich aus korrigieren. Dagegen spricht jedoch, dass der bloße Bescheidungsanspruch die Behörde nicht zu einem umfassenden Wiederaufgreifen des Verfahrens (§§ 51 Abs. 5, 48, 49 VwVfG) verpflichtet, sodass der Neubescheidungsantrag keinen gleichwertigen Rechtsschutz gegenüber einer Drittanfechtung bietet.

> **Hinweis:** Aufgrund der unterschiedlichen Judikatur sollte aus anwaltlicher Sicht vorsorglich stets die Begünstigung des Dritten angefochten werden!

443   ee) Umstritten ist, ob mit der Verpflichtungsklage analog § 113 Abs. 1 S. 2 und § 113 Abs. 4 VwGO **Annexanträge** verbunden werden können.

Beispiel: K erstrebt eine Subvention über 30.000 Euro, über die durch Bewilligungsbescheid zu entscheiden ist. Er möchte die Verpflichtungsklage auf Erlass des Subventionsbescheides mit einem Leistungsantrag auf Auszahlung der 30.000 Euro verbinden.

Während die Möglichkeit von Annexanträgen zum Teil auch bei der Verpflichtungsklage generell bejaht wird,[389] verneint die h.M. zu Recht eine vergleichbare Interessenlage.[390] Bei der Anfechtungsklage rechtfertigt sich die Verbindung daraus, dass mit der gerichtlichen Aufhebung des angefochtenen VA automatisch der Folgenbeseitigungs- oder sonstige Leistungsanspruch entsteht.

Wird auf die Anfechtungsklage des Adressaten der Abgabenbescheid aufgehoben, ergibt sich zwingend ein Erstattungsanspruch hinsichtlich der bereits gezahlten Beträge.

444   Bei der Verpflichtungsklage erlässt das Gericht dagegen nicht selbst den begehrten VA, sondern verpflichtet die Behörde zu dessen Erlass (§ 113 Abs. 5 S. 1 VwGO) oder sogar nur zur Neubescheidung (§ 113 Abs. 5 S. 2 VwGO). Der **Leistungsanspruch entsteht** hier nicht bereits mit dem verwaltungsgerichtlichen Urteil, sondern **erst mit der späteren behördlichen Entscheidung**. Dies spricht dagegen, über den Leistungsantrag bereits zusammen mit dem Verpflichtungsantrag zu entscheiden.

Die Klage auf Erlass eines Subventionsbescheides kann daher nicht mit dem Antrag auf Auszahlung des zu bewilligenden Betrages verbunden werden. Die praktische Bedeutung der Frage ist ohnehin gering, da es einen dem Folgenbeseitigungsanspruch vergleichbaren allgemeinen Herstellungsanspruch nicht gibt.[391]

b) Sachurteilsvoraussetzungen der Verpflichtungsklage

445   Bei der Verpflichtungsklage gelten dieselben **besonderen Sachurteilsvoraussetzungen** wie bei der Anfechtungsklage:

- **Klagebefugnis** (§ 42 Abs. 2 VwGO),

- **Vorverfahren** (§ 68 Abs. 2 VwGO), vorbehaltlich gesetzlicher Ausnahmen (§ 68 Abs. 1 S. 2 VwGO)

- **Klagefrist** (§§ 74 Abs. 2, 58 Abs. 2 VwGO) und

- **richtiger Beklagter** (§ 78 VwGO).

---

388 BVerwG NVwZ 1995, 478; weitergehend Kopp/Schenke VwGO § 42 Rdnr. 48: stets Verpflichtungsklage ausreichend; differenzierend nunmehr OVG Lüneburg NVwZ-RR 2012, 594: Neubescheidungsklage ausreichend, wenn damit dem Rechtsschutzziel genügt wird.

389 OVG NRW NWVBl. 1989, 143, 144; Kopp/Schenke VwGO § 113 Rdnr. 86 u. 177.

390 Schoch/Gerhardt VwGO § 113 Rdnr. 61 m.w.N.

391 Schoch/Gerhardt VwGO § 113 Rdnr. 61 und AS-Skript Verwaltungsrecht AT 2 (2010), Rdnr. 518 f.

c) Begründetheit der Verpflichtungsklage

Die Verpflichtungsklage ist gemäß § 113 Abs. 5 S. 1 VwGO begründet, wenn **446**

- die Ablehnung oder Unterlassung des VA **rechtswidrig** ist,

- der Kläger dadurch in seinen **Rechten verletzt** ist und

- die Sache **spruchreif** ist.

Das ist immer dann der Fall, wenn der Kläger einen **Anspruch** auf Erlass des begehrten VA hat. In diesem Fall verpflichtet das Gericht die Behörde, den begehrten VA zu erlassen (§ 113 Abs. 5 S. 1 VwGO), sog. **Vornahmeurteil**.

> **Beachte:** Das Gericht erlässt den beantragten VA aber in keinem Fall selbst, sondern es muss in jedem Fall die Behörde noch einmal tätig werden (Gewaltenteilung!).

Ist die Sache nicht spruchreif, so spricht das Gericht (nur) die Verpflichtung der Behörde aus, den Kläger unter Beachtung der Rechtsauffassung des Gerichts (neu) zu bescheiden, wenn die bisherige Entscheidung fehlerhaft war oder die Behörde noch gar nicht entschieden hatte (sog. **Bescheidungsurteil**, § 113 Abs. 5 S. 2 VwGO). **447**

> **Hinweis:** Bedeutung hat dies insbes. bei Ermessensentscheidungen, weil das Gericht nicht sein Ermessen an die Stelle des Ermessens der Behörde setzen darf. Allerdings kann die Behörde nach § 114 S. 2 VwGO die Ermessenserwägungen auch noch im gerichtlichen Verfahren ergänzen.

Bei **fehlender Spruchreife** kann der Kläger die Verpflichtungsklage auch von vornherein auf Verbescheidung seines Antrags beschränken (sog. **Bescheidungsklage**). Dies ist insbesondere zweckmäßig, weil bei bestehendem Ermessensspielraum eine Verpflichtungsklage in Form der Vornahmeklage dazu führen würde, dass die Klage im Übrigen abgewiesen würde, mit der Folge, dass der Kläger gemäß § 155 Abs. 1 VwGO einen Teil der Kosten zu tragen hätte (s.o. Rdnr. 118).[392] **448**

> *„... beantrage ich, den Beklagten unter Aufhebung des Bescheides des ... vom ... zu verpflichten, den Kläger unter Beachtung der Rechtsauffassung des Gerichts (neu) zu bescheiden."*

Bei **gebundenen Verwaltungsakten** ist das VG dagegen grds. verpflichtet, die Sache selbst spruchreif zu machen. § 113 Abs. 3 VwGO gilt nur bei Anfechtungsklagen, nicht für Verpflichtungsklagen.[393] **449**

> *„Die Klage ist nicht begründet. Der Kläger hat keinen Anspruch auf Erteilung der beantragten Baugenehmigung. Diese kann nach § ... nur erteilt werden, wenn ... Vorliegend ergibt sich, dass ..."*

Nur in Ausnahmefällen, etwa bei **komplexen technischen Sachverhalten**, die von der Behörde nicht abschließend geprüft worden sind (sog. „steckengebliebenes" Genehmigungsverfahren), darf das Gericht von der Herstellung der Spruchreife absehen.[394]

---

392 Kopp/Schenke VwGO § 42 Rdnr. 8 m.w.N.
393 Kopp/Schenke VwGO § 113 Rdnr. 166.
394 OVG NRW NWVBl. 2008, 26, 27; OVG Lüneburg DVBl. 2009, 1123.

VERPFLICHTUNGSKLAGE

A. Zulässigkeit der Klage

I. Verwaltungsrechtsweg

- Spezialzuweisung zum Verwaltungsgericht (z. B. § 54 Abs. 1 BeamtStG)
- Generalklausel, § 40 Abs. 1 S. 1 VwGO

II. Statthaftigkeit

Verpflichtungsklage, wenn **Erlass** eines (begünstigenden) VA begehrt wird

- **Verwaltungsakt** i. S. d. § 35 VwVfG,
  bei schlichtem Verwaltungshandeln, wenn zuvor **regelnde Entscheidung** über das „Ob" ergeht
- i. d. R. keine isolierte Anfechtung der Ablehnung (Rechtsschutzbedürfnis!)
- bei Konkurrentenklage ggf. zusätzlich Anfechtung der Drittbegünstigung
- keine Annexanträge zulässig (str.)

III. Klagebefugnis

Geltendmachung eines **subjektiven Rechts (= Anspruchs)**, § 42 Abs. 2 VwGO

- aus **einfach-gesetzlichen Vorschriften** mit Anspruchsqualität
- aus **Grundrechten** (insbes. in der Funktion als Leistungs-/Teilhaberechte)

IV. Vorverfahren

- ordnungsgemäßes **Widerspruchsverfahren**, § 68 Abs. 2 i. V. m. Abs. 1 VwGO
- **Ausnahmen**, § 68 Abs. 1 S. 2 VwGO
  - kraft Gesetzes (insbes. landesrechtliche Ausnahmen nach AGVwGO)
  - VA einer obersten Bundes- oder Landesbehörde (insbes. Ministerium), außer wenn Gesetz Nachprüfung vorschreibt
  - erstmalige Beschwer durch Widerspruchsbescheid oder Abhilfebescheid
- Vorverfahren **entbehrlich**
  - bei Untätigkeit, § 75 VwGO
  - wenn Zweck des Widerspruchsverfahrens auf andere Weise bereits erreicht oder nicht mehr erreicht werden kann (insbes. rügelose Einlassung des mit der Widerspruchsbehörde identischen Beklagten[vertreters])

V. Klagefrist

- § 74 Abs. 2 i. V. m. Abs. 1 VwGO: **1 Monat**
  - ab Zustellung des Widespruchsbescheides
  - oder (im Fall des § 68 Abs. 1 S. 2 VwGO) ab Bekanntgabe der Ablehnung
- § 58 Abs. 2 VwGO: **1 Jahr** bei fehlender/unrichtiger Rechtsbehelfsbelehrung

VI. Klagegegner

- Rechtsträger der Ausgangsbehörde, § 78 Abs. 1 Nr. 1 VwGO
- (Ausgangs-)Behörde, § 78 Abs. 1 Nr. 2 VwGO i. V. m. Landesrecht

VERPFLICHTUNGSKLAGE

B. Begründetheit, § 113 Abs. 5 VwGO

- Ablehnung/Unterlassung rechtswidrig ⎫
- Rechtsverletzung des Klägers   ⎬ **Anspruch** auf Erlass
- Spruchreife   ⎭ des begehrten VA

I. Anspruchsgrundlage

- **öffentlich-rechtliche Sonderbeziehungen**
  - öffentlich-rechtlicher Vertrag
  - begünstigender VA
  - Zusicherung (§ 38 VwVfG)

- **einfach-gesetzliche Vorschriften mit Anspruchsqualität**
  Anspruchsqualität, wenn Vorschrift zumindest auch dem Schutz von Individualinteressen des Klägers zu dienen bestimmt ist

- **Grundrechte**
  Teilhaberechte, Leistungsrechte, Schutzpflichten

II. Formelle Voraussetzungen

- Antrag an zuständige Behörde
- ggf. Mitwirkungsakte anderer Behörden (z.B. § 36 BauGB)

III. Materielle Voraussetzungen

- ausdrücklich geregelt
- ggf. Umkehrschluss aus Versagungsgründen
- Art. 3 Abs. 1 GG i.V.m. Selbstbindung der Verwaltung

IV. Rechtsfolge

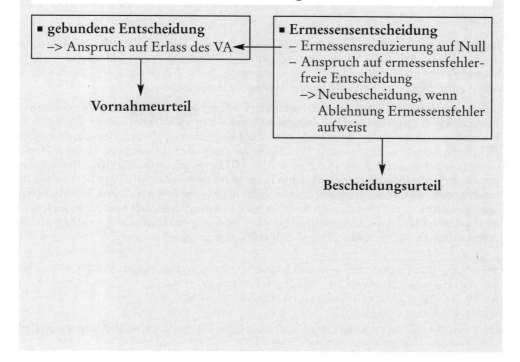

- **gebundene Entscheidung**
  -> Anspruch auf Erlass des VA

Vornahmeurteil

- **Ermessensentscheidung**
  - Ermessensreduzierung auf Null
  - Anspruch auf ermessensfehlerfreie Entscheidung
  -> Neubescheidung, wenn Ablehnung Ermessensfehler aufweist

Bescheidungsurteil

3. Fortsetzungsfeststellungsklage

Fortsetzungsfeststellungsklage

I. Verwaltungsrechtsweg
II. Statthaftigkeit der Fortsetzungsfeststellungsklage (§ 113 Abs. 1 S. 4 VwGO)
  ■ bei Erledigung einer Anfechtungsklage nach Klageerhebung
  ■ analog bei Erledigung einer Verpflichtungsklage
  ■ str. bei vorprozessualer Erledigung
III. Besondere Sachurteilsvoraussetzungen
  1. Voraussetzungen der Anfechtungs-/Verpflichtungsklage analog
    a) Klagebefugnis (§ 42 Abs. 2 VwGO analog)
    b) kein **Vorverfahren** bei Erledigung vor Bestandskraft
    c) Klagefrist nur bei Erledigung nach Klageerhebung
    d) richtiger Beklagter (§ 78 VwGO analog)
  2. Fortsetzungsfeststellungsinteresse (§ 113 Abs. 1 S. 4 VwGO)
IV. Allgemeine Sachurteilsvoraussetzungen

a) Prozessuale Ausgangslage

450 Mit der Anfechtungsklage erstrebt der Kläger die **Aufhebung eines VA durch das Gericht** (§ 42 Abs. 1, 1. Fall VwGO). Wird der VA vor der gerichtlichen Entscheidung von der Behörde selbst aufgehoben oder **erledigt** er sich durch Zeitablauf oder andere Weise, so entfaltet er keine Rechtsfolgen mehr (§ 43 Abs. 2 VwVfG). Die Anfechtungsklage wird **unzulässig**.

Nach h.M. ist die Anfechtungsklage mangels tauglichem Klagegegenstand unstatthaft, da ein erledigter VA nicht mehr aufgehoben werden kann.[395] Nach a.A. fehlt das Rechtsschutzbedürfnis, da der Kläger durch den VA nicht mehr beschwert ist.[396]

451 **aa) Erledigung** tritt ein, wenn das Begehren des Klägers gegenstandslos wird. Wesentlich ist dabei der Wegfall der mit der Klage angegriffenen beschwerenden Regelung.

Beispiele: Aufhebung des angefochtenen VA durch die Behörde, Erlass eines Änderungsbescheides, der den angefochtenen VA ersetzt,[397] Zeitablauf bei befristeten VAen und Wegfall des Regelungsobjektes (z.B. Erledigung eine Abrissverfügung durch Zerstörung des Gebäudes, es sei denn, die Verfügung umfasst zugleich die Beseitigung des Bauschutts).[398]

Bei der **beamtenrechtlichen Konkurrentenklage** erledigt sich das Begehren des unterlegenen Bewerbers in der Regel, sobald der erfolgreiche Konkurrent wirksam ernannt worden ist, da die Ernennung nach den beamtenrechtlichen Vorschriften allein wegen eines Auswahlfehlers nicht rückgängig gemacht werden kann.[399] Eine Ausnahme macht die Rspr. nur dann, wenn der Dienstherr den verfassungsrechtlich durch Art. 19 Abs. 4 GG gewährleisteten effektiven Rechtsschutz des unterlegenen Bewerbers vereitelt hat (z.B. bei unterbliebener rechtzeitiger Information des unterlegenen Bewerbers). In diesen Fällen kann der unterlegene Bewerber seinen Bewerbungsverfahrensanspruch trotz Ernennung des Konkurrenten weiterverfolgen, und zwar bleibt nach neuerer Rspr. sowohl die Anfechtungsklage gegen die Ernennung des Konkurrenten als auch die Verpflichtungsklage auf eigene Ernennung (i.d.R. auf Neubescheidung) zulässig.[400]

---

395 BVerwG, Beschl. v. 09.09.2008 – BVerwG 3 B 37.08, RÜ 2009, 45, 46; Kopp/Schenke VwGO § 42 Rdnr. 58.

396 VGH Mannheim VBlBW 1993, 298, 300; Enders NVwZ 2000, 1232, 1233.

397 BVerwG, Beschl. v. 09.09.2008 – BVerwG 3 B 37.08, RÜ 2009, 45, 46.

398 Vgl. SächsOVG LKV 2009, 238.

399 BVerfG NVwZ 2008, 70; NVwZ 2007, 1178; BVerwG, Urt. v. 04.11.2010 – BVerwG 2 C 16.09, RÜ 2011, 119, 121; einschränkend zwischenzeitlich auch BVerwG DVBl. 2002, 202.

Nicht zur Erledigung führt dagegen i.d.R. der **Vollzug** eines VA. Zwar entfällt damit das Handlungsgebot. Jedoch bleibt der VA **Rechtsgrund** für den Vollzug.[401] Etwas anderes gilt nur dann, wenn durch den Vollzug irreparable Zustände geschaffen werden.

452

Beispiel: Befolgt der Adressat eine Abbruchverfügung und beseitigt den Baukörper, erledigt sich die Verfügung angesichts der damit irreversibel eingetretenen Situation.[402]

Nach h.M. gilt dies auch bei behördlicher **Ersatzvornahme**, wenn eine vertretbare Handlung durch einen Dritten oder die Behörde zwangsweise durchgesetzt wird.

453

Beispiel: K hat die an ihn gerichtete Sanierungsverpflichtung bzgl. der Beseitigung kontaminierter Böden angefochten. Aufgrund Anordnung sofortiger Vollziehung (§ 80 Abs. 2 S. 1 Nr. 4 VwGO) hat die Behörde die Maßnahme im Wege der Ersatzvornahme durch einen Drittunternehmer durchgeführt und verlangt von K nunmehr Erstattung der Sanierungskosten.

Zwar erledigt sich durch die Ersatzvornahme die Pflicht zur Sanierung, der Grund-VA wirkt jedoch auch nach durchgeführter Ersatzvornahme als **Rechtsgrund für die Kostenpflicht** des Adressaten fort.[403] Die Gegenansicht nimmt Erledigung an, da sich die Verpflichtung zur Erstattung der Kosten nicht aus der Grundverfügung ergebe, sondern kraft Gesetzes aus den kostenrechtlichen Vorschriften.[404] Dagegen spricht jedoch, dass die Kostenpflicht entfällt, wenn der GrundVA nachträglich aufgehoben wird. Der Betroffene ist daher auch nach Abschluss der Zwangsmaßnahme durch den GrundVA beschwert. Die Anfechtungsklage bleibt zulässig.

bb) Wird die Anfechtungsklage durch die Erledigung unzulässig, muss der Kläger reagieren. Dabei hat er – abgesehen von der Klagerücknahme (§ 92 VwGO) mit der zwingenden Kostenfolge des § 155 Abs. 2 VwGO – **zwei Möglichkeiten:** Er kann

454

- den Rechtsstreit in der **Hauptsache für erledigt erklären** (s.o. Rdnr. 223 ff.) oder

- seine Klage unter den Voraussetzungen des § 113 Abs. 1 S. 4 VwGO als **Fortsetzungsfeststellungsklage** aufrechterhalten.

> **Hinweis:** Die Fortsetzungsfeststellungsklage bietet sich für den Kläger immer dann an, wenn er weiterhin ein Interesse an einer sachlichen Überprüfung des erledigten VA hat (sog. Fortsetzungsfeststellungsinteresse); die Erledigungserklärung vor allem dann, wenn ein solches Interesse nicht besteht.

Wählt der Kläger die **Fortsetzungsfeststellungsklage**, so muss er seinen bisherigen Antrag auf einen Feststellungsantrag umstellen.

455

> **Beachte:** Der Feststellungsantrag muss nicht ausdrücklich gestellt werden. Es genügt, wenn sich der Antrag dem Verhalten des Klägers schlüssig entnehmen lässt.

Der **Übergang zur Fortsetzungsfeststellungsklage** ist nach § 173 S. 1 VwGO i.V.m. § 264 Nr. 2 ZPO (Beschränkung des Klageantrags) bzw. § 264 Nr. 3 ZPO (anderer Gegenstand wegen später eingetretener Veränderung) nicht als Klageänderung i.S.d. § 91 VwGO zu werten und bedarf daher insbes. nicht der Zustimmung der übrigen Beteiligten.[405]

456

---

400 BVerwG, Urt. v. 04.11.2010 – BVerwG 2 C 16.09, RÜ 2011, 119, 121.
401 BVerwG NVwZ 2000, 63; Kopp/Schenke VwGO § 113 Rdnr. 102.
402 Enders NVwZ 2000, 1232, 1233 m.w.N.
403 BVerwG, Urt. v. 25.09.2008 – BVerwG 7 C 5.08, RÜ 2009, 47, 48; OVG NRW NWVBl. 2003, 386, 387; SächsOVG NVwZ 2009, 1053; VGH Mannheim VBlBW 2008, 305; Kopp/Schenke VwGO § 113 Rdnr. 102.
404 BayVGH NVwZ-RR 1994, 548; OVG Schleswig NJW 1993, 2004; VGH Mannheim NVwZ 1994, 1130, 1131.
405 Kopp/Schenke VwGO § 91 Rdnr. 9.

b) Statthaftigkeit der Fortsetzungsfeststellungsklage (FFK)

457 Aufgrund seiner systematischen Stellung im 10. Abschnitt der VwGO über Urteile (was begrifflich ein Klageverfahren voraussetzt) erfasst § 113 Abs. 1 S. 4 VwGO unmittelbar nur den Fall der Erledigung einer **Anfechtungsklage nach Klageerhebung**.[406] Allgemein anerkannt ist, dass § 113 Abs. 1 S. 4 VwGO wegen der vergleichbaren Interessenlage analog in erledigten **Verpflichtungssituationen** gilt.[407]

> *„Die Klage ist als Fortsetzungsfeststellungsklage analog § 113 Abs. 1 S. 4 VwGO statthaft. Durch den Erlass des Bebauungsplans Nr. 215 hat sich das ursprüngliche Begehren des Klägers erledigt, da die Festsetzungen dieses Bebauungsplans der Erteilung der erstrebten Baugenehmigung nunmehr zwingend entgegenstehen. Wegen der vergleichbaren Interessenlage ist anerkannt, dass § 113 Abs. 1 S. 4 VwGO bei erledigten Verpflichtungsbegehren analog gilt."*

458 Hierbei ist allerdings darauf zu achten, dass durch den Fortsetzungsfeststellungsantrag nicht der **Streitgegenstand** (insbes. in zeitlicher Hinsicht) ausgewechselt werden darf. In der Verpflichtungssituation ist die Fortsetzungsfeststellungsklage daher grds. nur mit dem Antrag zulässig, dass **im Zeitpunkt des erledigenden Ereignisses** ein Anspruch auf Erlass des VA bestand. Unerheblich ist dagegen, ob der Anspruch in einem früheren Zeitraum bestanden hat.[408]

Beispiel: A hat im Oktober 2011 eine Baugenehmigung beantragt, die mit Bescheid vom 07.01.2012 abgelehnt wurde. Während des Verpflichtungsprozesses tritt am 01.06.2012 ein neuer Bebauungsplan in Kraft, dessen Festsetzungen dem Bauvorhaben des A nunmehr zwingend entgegenstehen. Da bei der Verpflichtungsklage grds. die Sach- und Rechtslage im Zeitpunkt der mündlichen Verhandlung maßgebend ist, kann der Verpflichtungsantrag des A nun keinen Erfolg mehr haben, er hat sich erledigt.[409] A beantragt deshalb, festzustellen, dass er im Januar 2012 einen Anspruch auf Erteilung der Baugenehmigung gehabt hat (um später Schadensersatz wegen der Verzögerung zu verlangen).

Der Antrag ist nicht als Fortsetzungsfeststellungsklage (§ 113 Abs. 1 S. 4 VwGO) zulässig, da hierbei nur auf den Zeitpunkt des erledigenden Ereignisses, hier des Inkrafttretens des neuen Bebauungsplans am 01.06.2012, abgestellt werden kann. Allerdings kann im Wege der Klageänderung eine auf § 43 Abs. 1 VwGO gestützte Feststellung begehrt werden, dass dem Kläger zu einem bestimmten Zeitpunkt der geltend gemachte Anspruch zugestanden habe. Eine solche Klageänderung ist jedoch nur unter den Voraussetzungen des § 91 VwGO zulässig.[410]

459 Die h.Rspr. wendet § 113 Abs. 1 S. 4 VwGO analog auch bei **Erledigung vor Klageerhebung** an.[411] Demgegenüber wird zum Teil eine planwidrige Regelungslücke verneint, da Klagen auf Feststellung der Rechtswidrigkeit vorprozessual erledigter VAe als allgemeine Feststellungsklagen nach § 43 Abs. 1 VwGO zu behandeln seien.[412] Dagegen spricht jedoch, dass dann dem **zufälligen Zeitpunkt der Erledigung** entscheidende Bedeutung für die Verfahrensart zukäme, was zu Wertungswidersprüchen im Rechtsschutzsystem führen würde.[413]

Im Übrigen würde die Annahme eines Rechtsverhältnisses das **Klagebegehren uminterpretieren**. Dem Kläger geht es nicht um die Feststellung des (Nicht-)Bestehens eines Rechtsverhältnisses, sondern um die Feststellung der Rechtswidrigkeit des VA.[414]

---

406 Kopp/Schenke VwGO § 113 Rdnr. 95.
407 BVerwG NVwZ 2012, 51; BayVGH NVwZ-RR 2011, 310, 311; OVG Lüneburg DVBl. 2011, 1554.
408 OVG Lüneburg DVBl. 2011, 1554.
409 Vgl. OVG NRW NWVBl. 2002, 355, 356.
410 Vgl. BVerwG, Beschl. v. 05.01.2012 – BVerwG 8 B 62.11, RÜ 2012, 392, 393; OVG NRW NWVBl. 2011, 14.
411 Vgl. Kopp/Schenke VwGO § 113 Rdnr. 99; offen gelassen in BVerwG, Urt. v. 28.03.2012 – BVerwG 6 C 12.11, RÜ 2012, 536, 537.
412 Schoch/Pietzcker VwGO § 42 Abs. 1 Rdnr. 86; Schoch/Gerhardt VwGO § 113 Rdnr. 99.
413 Schenke NVwZ 2000, 1255, 1257; Rozek JuS 2000, 1162, 1166; ders. JuS 2002, 470, 471.
414 Finger VR 2004, 145, 148.

§ 113 Abs. 1 S. 4 VwGO erfasst **nicht** die Erledigung schlichter Leistungsbegehren, z.B. wenn es um behördliche **Realakte** geht.[415]

460

Beispiel: K wehrt sich gegen die Anwendung unmittelbaren Zwangs durch den Einsatz von Wasserwerfern oder gegen das Betreten seiner Wohnung zum Zwecke der Durchsuchung.

Liegt in diesen Fällen kein konkludenter DuldungsVA vor (s.o. Rdnr. 415), scheidet die auf VAe beschränkte Fortsetzungsfeststellungsklage aus. Für eine teilweise[416] bejahte analoge Anwendung fehlt es an einer Regelungslücke, da der Betroffene in diesen Fällen die allgemeine Feststellungsklage nach § 43 Abs. 1 VwGO auf Bestehen oder Nichtbestehen eines vergangenen Rechtsverhältnisses erheben kann.

c) Besondere Sachurteilsvoraussetzungen der FFK

aa) Als **besondere Sachurteilsvoraussetzung** der Fortsetzungsfeststellungsklage verlangt § 113 Abs. 1 S. 4 VwGO ein berechtigtes Interesse an der begehrten Feststellung. Dieses **Fortsetzungsfeststellungsinteresse** wird insbesondere bejaht bei:

461

- **Wiederholungsgefahr,**[417]

- **Präjudizität** für einen Schadensersatz- oder Entschädigungsprozess,

   dies gilt allerdings nur bei **Erledigung nach Klageerhebung**[418] und nur, wenn der Zivilprozess nicht offensichtlich aussichtslos ist,[419]

- **Rehabilitationsbedürfnis** bei diskriminierenden Maßnahmen (insbes. bei polizeilichen Zwangsmaßnahmen),[420]

- **schwerwiegender Grundrechtsbeeinträchtigung,**

   da der Betroffene nach Art. 19 Abs. 4 GG die Gelegenheit haben muss, die Berechtigung derartiger Eingriffe gerichtlich klären zu lassen, auch wenn sie tatsächlich nicht mehr fortwirken.[421] Richtigerweise handelt es sich dabei um eine Erweiterung des Rehabilitationsbedürfnisses auf Fälle, in denen es an einer diskriminierenden Wirkung fehlt, aber Art und Intensität des Eingriffs ein schutzwürdiges ideelles Interesse an der Feststellung der Rechtswidrigkeit begründen.[422] Teilweise wird bei sich kurzfristig erledigenden polizeilichen Maßnahmen unabhängig von der Intensität des Grundrechtseingriffs generell ein Feststellungsinteresse bejaht.[423]

„... Dem Kläger steht auch das von § 113 Abs. 1 S. 4 VwGO geforderte berechtigte Interesse an der begehrten Feststellung zu. Anerkannt ist dies u.a. in Fällen einer Wiederholungsgefahr, wenn die Möglichkeit besteht, dass die Behörde bei im Wesentlichen unveränderten tatsächlichen und rechtlichen Verhältnissen einen vergleichbaren Verwaltungsakt erneut erlassen wird. Dafür genügt zwar die bloß theoretische Möglichkeit einer Wiederholung nicht, allerdings muss auch nicht feststehen, dass eine vergleichbare Situation tatsächlich wieder eintritt. Ausreichend ist, wenn – wie hier – Anhaltspunkte bestehen, die es in absehbarer Zeit als hinreichend wahrscheinlich erscheinen lassen, dass ein gleichartiger Verwaltungsakt ergehen wird. Davon ist hier auszugehen, denn ...“

---

415 BVerwG NVwZ 2000, 1411; OVG Lüneburg NJW 2006, 391; Kopp/Schenke VwGO § 113 Rdnr. 116.

416 BayVGH BayVBl. 1992, 310; Redeker/v.Oertzen § 113 Rdnr. 36; Schoch/Gerhardt VwGO § 113 Rdnr. 108.

417 BVerfG DVBl. 2004, 822, 825; BVerwG NVwZ 2000, 63, 64; Kopp/Schenke VwGO § 113 Rdnr. 141 m.w.N.

418 BVerwG DVBl. 1998, 896, 897; DVBl. 1989, 873, 874.

419 BVerwG DVBl. 2004, 1294.

420 BVerfG DVBl. 2004, 822, 825; OVG NRW NJW 2007, 3798, 3799.

421 BVerfG NVwZ 2006, 579, 582; NJW 2002, 2700, 2701; grundlegend BVerfG NJW 1997, 2163, 2164; BVerwG DVBl. 1999, 1740, 1741; OVG NRW DVBl. 1999, 1226, 1227.

422 Str., vgl. AS-Skript VwGO (2011), Rdnr. 355 ff.

423 Vgl. OVG Hamburg NVwZ-RR 2003, 276; Bader JuS 2005, 126 f.

462 **bb)** Im Übrigen gelten nach h.M. im Grundsatz alle **besonderen Sachurteilsvoraussetzungen** der Anfechtungs- bzw. Verpflichtungsklage **analog** auch bei der Fortsetzungsfeststellungsklage. Denn allein die Erledigung kann aus einer bis dahin unzulässigen Anfechtungs-/Verpflichtungsklage keine zulässige Fortsetzungsfeststellungsklage machen.[424]

463 Uneingeschränkt gilt dies allerdings nur bei Erledigung **nach Klageerhebung**. Bei **vorprozessualer Erledigung** wird auf die besonderen Sachurteilsvoraussetzungen – bis auf die Klagebefugnis (§ 42 Abs. 2 VwGO analog) – weitgehend verzichtet:

464 ■ Ein **Vorverfahren** ist nicht erforderlich, wenn Erledigung vor Ablauf der Widerspruchsfrist oder während eines laufenden Widerspruchsverfahrens eintritt. Denn der Zweck des Vorverfahrens (Aufhebung des VA) kann nach Erledigung nicht mehr erreicht werden.[425]

Nach der Gegenansicht ist ein Vorverfahren dagegen generell erforderlich, auch wenn Erledigung von Bestandskraft eintritt.[426] Dagegen spricht jedoch, dass es nicht Aufgabe der Verwaltung ist, verbindlich die Rechtswidrigkeit eines erledigten VA festzustellen.

Etwas anderes gilt in **beamtenrechtlichen Streitigkeiten**. Hier ist – vorbehaltlich landesrechtlicher Ausnahmen (§ 54 Abs. 2 S. 3 BeamtStG) – bei der Feststellungsklage wie bei der Fortsetzungsfeststellungsklage stets ein Vorverfahren erforderlich, auch wenn Erledigung innerhalb der Widerspruchsfrist eintritt (§ 54 Abs. 2 S. 1 BeamtStG, § 126 Abs. 2 S. 1 BBG „vor allen Klagen").[427]

465 ■ Eine **Klagefrist** ist nicht einzuhalten, wenn Erledigung vor Bestandskraft des VA eingetreten ist.[428] Mit der Erledigung entfällt die Regelungswirkung, sodass aus Gründen der Rechtssicherheit kein Bedürfnis für eine zeitliche Beschränkung der Klage besteht.

> „... Die Klage ist auch im Übrigen zulässig. Da die Erledigung allein die prozessualen Voraussetzungen nicht verändert, gelten die besonderen Sachurteilsvoraussetzungen der Ausgangsklage (hier der Anfechtungsklage) für die Fortsetzungsfeststellungsklage analog. Insoweit bestehen hier indes keine Bedenken. Die analog § 42 Abs. 2 VwGO erforderliche Klagebefugnis folgt daraus, dass der Kläger geltend machen kann, in seinem subjektivem Recht auf Erteilung der Baugenehmigung (§ ... LBauO) verletzt zu sein. Ein Vorverfahren ist nicht erforderlich, wenn – wie hier – Erledigung vor Ablauf der Widerspruchsfrist eingetreten ist, da dann der Zweck des Vorverfahrens (Aufhebung des Verwaltungsakts) nicht mehr erreicht werden kann. Ebenso braucht keine Klagefrist eingehalten zu werden, wenn Erledigung vor Bestandskraft des VA eingetreten ist. ..."

---

424 Kopp/Schenke VwGO § 113 Rdnr. 118.

425 BVerwG NVwZ 2000, 63, 64; a.A. Kopp/Schenke VwGO § 113 Rdnr. 127.

426 Pietzner/Ronellenfitsch § 31 Rdnr. 30; Kopp/Schenke VwGO § 113 Rdnr. 127.

427 BVerwG DVBl. 1981, 502 f.

428 BVerwG NVwZ 2000, 63, 64; a.A. Kopp/Schenke VwGO § 113 Rdnr. 128: §§ 74, 58 VwGO gelten grds. analog.

FORTSETZUNGSFESTSTELLUNGSKLAGE

A. Zulässigkeit der Klage

I. Verwaltungsrechtsweg

- Spezialzuweisung zum Verwaltungsgericht (z.B. § 54 Abs. 1 BeamtStG)
- Generalklausel, § 40 Abs. 1 S. 1 VwGO

II. Statthaftigkeit

§ 113 Abs. 1 S. 4 VwGO:
- bei Erledigung einer Anfechtungsklage nach Klageerhebung
  - VA i.S.d. § 35 VwVfG, nicht bei Realakten
  - Erledigung = Wegfall der Beschwer
    z.B. Aufhebung des VA, Zeitablauf, Wegfall des Regelungsobjektes,
    i.d.R. (–) bei Vollzug, wenn dieser rückgängig gemacht werden kann (vgl. § 113 Abs. 1
    S. 2 VwGO) oder VA weiterhin Grundlage der Vollstreckung bleibt (Kosten!)
- analog bei Erledigung eines Verpflichtungsbegehrens
- str. bei Erledigung vor Klageerhebung (a.A. Feststellungsklage)

III. Klagebefugnis

- § 42 Abs. 2 VwGO gilt analog
- Geltendmachung der Verletzung eines subjektiven Rechts
  – aus einfach-gesetzlichen Vorschriften
  – aus Grundrechten

IV. Vorverfahren

- grds. erforderlich bei Erledigung **nach** Klageerhebung (Ausn.: § 68 Abs. 1 S. 2 VwGO)
- bei Erledigung **vor** Klageerhebung: kein Vorverfahren bei Erledigung vor Bestandskraft (str.)
  Ausnahme im Beamtenrecht wegen § 54 Abs. 2 BeamtStG, § 126 Abs. 2 BBG

V. Klagefrist

- bei Erledigung nach Klageerhebung: § 74 VwGO bzw. § 58 Abs. 2 VwGO
- bei Erledigung vor Klageerhebung:
  – früher h.M.: §§ 74 Abs. 1 S. 2, 58 Abs. 2 VwGO analog
  – neuere Rspr.: keine Frist

VI. Fortsetzungsfeststellungsinteresse

- Wiederholungsgefahr (hinreichend konkret)
- Rehabilitationsinteresse (diskriminierende Wirkung, schwerwiegender Grundrechtseingriff)
- Präjudizität für Schadensersatz- oder Entschädigungsprozess (§ 121 VwGO!)
  – nicht offensichtlich aussichtslos
  – nur bei Erledigung nach Klageerhebung

VII. Klagegegner

- Rechtsträger der Ausgangsbehörde, § 78 Abs. 1 Nr. 1 VwGO
- (Ausgangs-)Behörde, § 78 Abs. 1 Nr. 2 VwGO i.V.m. Landesrecht

B. Begründetheit

- VA ist rechtswidrig gewesen
- Rechtsverletzung beim Kläger

4. Allgemeine Leistungsklage

a) Statthaftigkeit der allgemeinen Leistungsklage

466   Die allgemeine Leistungsklage ist in der VwGO nicht ausdrücklich geregelt, wird aber z.B. in §§ 43 Abs. 2, 111 VwGO erwähnt und ist gewohnheitsrechtlich anerkannt. Sie ist statthaft, wenn es **nicht um den Erlass oder die Aufhebung eines VA** geht.

> **Beachte:** Erstrebt der Kläger den Erlass eines VA, so ist die Verpflichtungsklage als besondere Form der Leistungsklage vorrangig. Begehrt der Kläger die Aufhebung eines VA durch das Gericht, ist die Anfechtungsklage einschlägig, Soll die Behörde den VA aufheben (z.B. nach §§ 48, 49 VwVfG), ist Verpflichtungsklage zu erheben.

Die wichtigsten **Fallgruppen** der allgemeinen Leistungsklage sind:

467   ■ **Zahlungsansprüche**, mit denen **unmittelbar** eine Geldforderung geltend gemacht wird;

> Ist von der Behörde über die Erfüllung des Anspruchs zunächst eine **regelnde Entscheidung** zu treffen (z.B. Bewilligungsbescheid oder wenn das Gesetz einen speziellen VA vorsieht), so ist vorgängig eine **Verpflichtungsklage** zu erheben.

468   ■ Klage auf **Herausgabe einer Sache**, z.B. aufgrund eines Folgenbeseitigungsanspruchs;

> Ergibt sich für die Behörde ein Besitzrecht aus einem VA (z.B. bei Sicherstellung oder Beschlagnahme einer Sache), so ist die vorherige **Aufhebung des VA** erforderlich (wenn sich dieser nicht zwischenzeitlich, z.B. durch Zeitablauf, erledigt hat). In diesem Fall ist die Leistungsklage nicht einschlägig, es muss vielmehr zunächst **Anfechtungsklage** gegen den VA erhoben werden, die mit einem Annexantrag auf Folgenbeseitigung (§ 113 Abs. 1 S. 2 VwGO) verbunden werden kann.

469   ■ Ansprüche auf **Vornahme schlicht hoheitlichen Verwaltungshandelns**, insbes. von Realakten (z.B. Erteilung einer Auskunft, Widerruf von ehrbeeinträchtigenden Äußerungen);

> Für die Abgrenzung zur **Verpflichtungsklage** gilt das oben Gesagte: Hat die Behörde noch eine regelnde Entscheidung über die Vornahme zu treffen, so muss der Kläger zunächst Verpflichtungsklage erheben (z.B. bei Informationsansprüchen, s.o. Rdnr. 437 f.).[429]

470   ■ **Unterlassen** von Verwaltungsakten und sonstigem Verwaltungshandeln.

> **Beispiele:** Unterlassen der Erteilung einer Baugenehmigung oder der Ernennung eines Konkurrenten (z.B. im Beamtenrecht), Unterlassen von Immissionen oder ehrenrühriger Äußerungen, Nichterlass eines Bebauungsplans.

> *„Die Klage ist als allgemeine Leistungsklage zulässig. Der Kläger begehrt nicht den Erlass oder die Aufhebung eines Verwaltungsaktes, sondern dessen Unterlassung, nämlich die drohende Ernennung der Beigeladenen zur Regierungsdirektorin."*

b) Besondere Sachurteilsvoraussetzungen

471   **aa) Besondere Sachurteilsvoraussetzungen** bestehen für die Leistungsklage grds. nicht. Allerdings verlangt die h.M. zur Vermeidung einer Popularklage stets eine **Klagebefugnis** analog § 42 Abs. 2 VwGO.[430] Die Gegenansicht verneint im Hinblick auf die ohnehin erforderliche Prozessführungsbefugnis das Vorliegen einer Regelungslücke.[431]

---

429   Vgl. OVG NRW DVBl. 1999, 1053, 1054; AS-Skript VerwaltungsR AT 1 (2011), Rdnr. 187 ff.
430   BVerwGE 60, 144, 150; BVerwG NJW 1996, 2046, 2048; Kopp/Schenke VwGO § 42 Rdnr. 38 m.w.N.

> **Beachte:** In der Klausur braucht die Streitfrage nicht entschieden zu werden, wenn die Klagebefugnis (was zumeist der Fall ist) unproblematisch bejaht werden kann.

Beispiel: K wehrt sich im Wege der Unterlassungsklage gegen eine Videoüberwachung des öffentlichen Straßenraums. Er kann in jedem Fall geltend machen, in seinem Grundrecht auf informationelle Selbstbestimmung (Art. 2 Abs. 1, Art. 1 Abs. 1 GG) verletzt zu sein.[432]

bb) Umstritten ist, ob ein **vorheriger Antrag** bei der Behörde auf Vornahme der begehrten Amtshandlung Zulässigkeitsvoraussetzung der allgemeinen Leistungsklage ist. Teilweise wird dies – wie bei der Verpflichtungsklage[433] – gefordert, da für eine Klage ohne vorherigen Antrag i.d.R. das **Rechtsschutzbedürfnis** fehle.[434] Die Gegenansicht verweist auf § 156 VwGO, wonach der Umstand, dass der Beklagte durch sein Verhalten keinen Anlass zur Klageerhebung gegeben hat, nicht das Rechtsschutzbedürfnis ausschließt, sondern nur Auswirkungen auf die Kostenentscheidung hat.[435]   **472**

cc) Bei der vorbeugenden Unterlassungsklage ist ein **qualifiziertes Rechtsschutzbedürfnis** erforderlich.   **473**

Beispiel: Will der Kläger einen VA verhindern, so fehlt es i.d.R. am Rechtsschutzbedürfnis, weil er durch die gemäß § 80 Abs. 1 VwGO eintretende aufschiebende Wirkung geschützt ist. Etwas anderes gilt nur, wenn die Verweisung auf den erst nach Erlass des VA möglichen Rechtsschutz **unzumutbar** ist. Eine derartige Unzumutbarkeit ist insbesondere dann anzunehmen, wenn ansonsten vollendete Tatsachen geschaffen würden (z.B. Eintritt irreparabler Schäden, bei sich kurzfristig erledigendem VA oder bei strafbewehrten VAen).[436]

> *„Dem Kläger steht auch das bei einer vorbeugenden Unterlassungsklage erforderliche qualifizierte Rechtsschutzbedürfnis zu. Denn das Abwarten der Ernennung der Beigeladenen wäre für ihn unzumutbar. Deren Ernennung könnte nach den beamtenrechtlichen Vorschriften nicht mehr rückgängig gemacht werden. Da ein Amt nur zusammen mit der Einweisung in eine besetzbare Planstelle verliehen werden darf, stünde die dann besetzte Stelle nicht mehr zur Verfügung. ...“*

Ein **Vorverfahren** (§§ 68 ff. VwGO) ist bei der Leistungsklage nicht vorgesehen. Eine Ausnahme gilt im **Beamtenrecht** nach § 54 Abs. 2 S. 1 BeamtStG (§ 126 Abs. 2 S. 1 BBG), und zwar abweichend von § 68 Abs. 1 S. 2 Nr. 1 VwGO auch bei ministeriellen Entscheidungen (§ 54 Abs. 2 S. 2 BeamtStG, § 126 Abs. 2 S. 2 BBG).   **474**

In einigen Ländern findet gemäß § 54 Abs. 2 S. 3 BeamtStG auch in beamtenrechtlichen Streitigkeiten **kein Vorverfahren** statt (so z.B. § 93 Abs. 1 LBG Bln, § 105 Abs. 1 S. 1 u. 2 NBG und § 104 Abs. 1 S. 1 LBG NRW, jeweils mit Ausnahmen bzw. zeitlicher Befristung).

Auch braucht bei der Leistungsklage grds. **keine Klagefrist** eingehalten zu werden. Etwas anderes gilt wiederum für die beamtenrechtliche Leistungsklage, bei der über § 54 Abs. 2 S. 1 BeamtStG (§ 126 Abs. 2 S. 1 BBG) die Regelung des § 74 Abs. 1 S. 1 VwGO entsprechend gilt, wenn ein Widerspruchsbescheid vorliegt.[437]   **475**

> **Beachte:** Anders ist dies, wenn **kein Vorverfahren** stattfindet. Hier gilt zwar normalerweise die Frist des § 74 Abs. 1 S. 2 VwGO. Diese Vorschrift setzt jedoch einen „Verwaltungsakt" voraus, der bei der Leistungsklage gerade nicht vorliegt.

---

431 Erichsen Jura 1994, 476, 482; Jura 1992, 384, 386.

432 BVerwG, Urt. v. 25.01.2012 – BVerwG 6 C 9.11, RÜ 2012, 330, 331

433 Zum Antragserfordernis bei der Verpflichtungsklage OVG NRW RÜ 2009, 659, 662.

434 Vgl. Schoch/Pietzcker VwGO § 42 Abs. 1 Rdnr. 156.

435 BVerwG, Urt. v. 04.08.2010 – BVerwG 9 C 6.09, RÜ 2011, 126, 128; OVG NRW NWVBl. 2004, 471, 472.

436 BVerwG DVBl. 1996, 1192, 1193; DVBl. 1981, 937, 939; Kopp/Schenke VwGO Vorb § 40 Rdnr. 33.

437 Kopp/Schenke VwGO § 74 Rdnr. 1.

Allgemeine LEISTUNGSKLAGE

A. Zulässigkeit

I. Verwaltungsrechtsweg

- Spezialzuweisung zum Verwaltungsgericht (z.B. § 54 Abs. 1 BeamtStG, § 126 Abs. 1 BBG)
- Generalklausel, § 40 Abs. 1 S. 1 VwGO

II. Statthaftigkeit

- nicht ausdrücklich geregelt, aber vorausgesetzt (z.B. §§ 43 Abs. 2, 111 VwGO)
- **Klagebegehren:** hinreichend bestimmbare Leistung (Tun, Dulden, Unterlassen), nicht Beseitigung oder Erlass eines VA, sondern **schlichtes Verwaltungshandeln** (insbes. Realakte) oder sonst rechtserhebliches Verhalten
  Beispiele: Abwehr von Immissionen und ehrbeeinträchtigenden Äußerungen, Auskünfte, Geldzahlung, Akteneinsicht, hoheitliche Erklärungen.

  –> **Verpflichtungsklage**, wenn dem schlichten Verwaltungshandeln eine regelnde Entscheidung durch VA vorgeschaltet ist
- **Wichtigste Fallgruppen**
  – Vornahme einer Handlung, Zahlung etc.
  – Folgenbeseitigung
  – Unterlassung einer bereits eingetretenen Störung
  – vorbeugende Unterlassungsklage gegen künftiges Verwaltungshandeln

III. Klagebefugnis

- § 42 Abs. 2 VwGO gilt analog (str.)
- Geltendmachung der Verletzung eines subjektiven Rechts
  – aus einfach-gesetzlichen Vorschriften
  – aus Grundrechten

IV. Rechtsschutzbedürfnis

- str., wenn Anspruch nicht zuvor bei der Behörde geltend gemacht wurde
- wenn Behörde klagt: auch (+) bei VA-Befugnis, wenn mit Anfechtung zu rechnen ist
- qualifiziertes Rechtsschutzbedürfnis bei vorbeugender Unterlassungsklage
  – Abwehr schlichten Verwaltungshandelns: § 1004 Abs. 1 S. 2 BGB analog
  – Abwehr künftiger VAe: nur wenn Abwarten unzumutbar (arg. e § 80 Abs. 1 VwGO)

V. kein Vorverfahren
(Ausn. § 54 Abs. 2 BeamtStG bzw. § 126 Abs. 2 BBG)

VI. keine Klagefrist
(Ausn. § 54 Abs. 2 BeamtStG, § 126 Abs. 2 BBG i.V.m. § 74 Abs. 1 S. 1 VwGO)

B. Begründetheit

Anspruch auf die begehrte Handlung, Duldung oder Unterlassung, z.B.
- (Folgen-)Beseitigungsanspruch
- ör Abwehr- und Unterlassungsanspruch
- ör Erstattungsanspruch
- einfach-gesetzliche Leistungsansprüche
- Teilhabe- und Leistungsansprüche aus Grundrechten

5. Feststellungsklage

a) Statthaftigkeit der Feststellungsklage

Die (allgemeine) Feststellungsklage (§ 43 Abs. 1 VwGO) ist gerichtet auf die Feststellung **476**

- des **Bestehens** eines **Rechtsverhältnisses** (positive Feststellungsklage) oder

- des **Nichtbestehens** eines **Rechtsverhältnisses** (negative Feststellungsklage)

- oder der **Nichtigkeit eines VA** (Nichtigkeitsfeststellungsklage).

aa) Unter einem **Rechtsverhältnis** versteht man die sich aus einem konkreten Sachverhalt aufgrund einer (öffentlich-rechtlichen) **Rechtsnorm** ergebenden rechtlichen **Beziehungen** einer Person zu einer anderen Person oder zu einer Sache. Gegenstand der Feststellungsklage können auch einzelne sich aus dem Rechtsverhältnis ergebende Rechte und Pflichten sein.[438] **477**

Beispiele: Streitigkeiten über das Bestehen einer Erlaubnispflicht, über Statusverhältnisse, z.B. das Bestehen eines Beamtenverhältnisses, über Dienstpflichten eines Beamten, über Mitgliedschafts- und Organrechte, insbes. im sog. Kommunalverfassungsstreitverfahren.

Nicht feststellungsfähig sind dagegen unselbstständige Teile oder Vorfragen von Rechtsverhältnissen, die nicht unmittelbar Rechte und Pflichten begründen. **478**

Beispiele: Streit über bloße Tatsachen, über Eigenschaften einer Person (z.B. die Frage der Eignung oder Unzuverlässigkeit), die Eigenschaften einer Sache (z.B. die Bebaubarkeit eines Grundstücks) oder die rechtliche Qualifikation bestimmter Vorgänge als rechtswidrig oder schuldhaft.[439]

Ebenso können rein **abstrakte Rechtsfragen** (z.B. Wirksamkeit einer Rechtsnorm) nicht durch die Feststellungsklage geklärt werden. Ergibt sich allerdings aus der Anwendung der Norm auf einen bestimmten Sachverhalt ein konkretes Rechtsverhältnis, so ist eine **Inzidentkontrolle** der zugrunde liegenden Rechtsnorm im Rahmen der Feststellungsklage möglich.[440] **479**

Beispiel: Mit der Feststellungsklage kann geklärt werden, ob die Behörde berechtigt ist, eine vom Kläger für unwirksam gehaltene Norm im konkreten Fall anzuwenden.[441] Gegenstand der Feststellungsklage ist hier aber nicht unmittelbar die Wirksamkeit oder Unwirksamkeit der Norm, sondern die Frage, ob sich aus der **Anwendung der Norm** ein Rechtsverhältnis ergibt, ob sich also im konkreten Fall aus der Norm konkrete Rechte und Pflichten ergeben.[442]

bb) Die Feststellungsklage ist nach § 43 Abs. 2 VwGO nur zulässig, soweit der Kläger seine Rechte nicht durch Gestaltungs- oder Leistungsklage verfolgen kann oder hätte verfolgen können. Gegenüber Anfechtungs-, Verpflichtungs- und Leistungsklagen ist die **Feststellungsklage** daher **subsidiär**. **480**

Die Subsidiaritätsklausel gilt nicht **481**

- bei der **Nichtigkeitsfeststellungsklage** (vgl. § 43 Abs. 2 S. 2 VwGO),

- wenn die Feststellungsklage **rechtsschutzintensiver** ist,[443]

- nach **Sinn und Zweck** des § 43 Abs. 2 VwGO, wenn weder ein Doppelprozess droht noch besondere Sachurteilsvoraussetzungen umgangen werden (z.B. bei vorbeugender Feststellungs- und vorbeugender Unterlassungsklage).[444]

---

438 BVerwG NVwZ 1993, 64, 65; OVG NRW NWVBl. 2003, 102; Kopp/Schenke VwGO § 43 Rdnr. 10.
439 Vgl. OVG NRW OVGE 49, 142, 144; Kopp/Schenke VwGO § 43 Rdnr. 13.
440 BVerfG NVwZ 2004, 977, 979; Kopp/Schenke VwGO § 43 Rdnr. 8.
441 BVerfG NVwZ 2006, 922, 924.
442 BVerwG RÜ 2008, 53, 54; Kopp/Schenke VwGO § 43 Rdnr. 14.
443 BVerwG DVBl. 2001, 393, 394; VGH Mannheim NVwZ 2000, 1304, 1305; Kopp/Schenke VwGO § 43 Rdnr. 29.
444 Vgl. BVerwG NJW 1992, 2496, 2497; NVwZ 1988, 430, 431; a.A. Kopp/Schenke VwGO § 43 Rdnr. 28.

■ nach der Rspr. auch dann nicht, wenn sich die **Feststellungsklage gegen den Staat** oder eine andere öffentlich-rechtliche Körperschaft richtet. Denn bei diesen Beklagten sei zu erwarten, dass sie Urteile auch ohne einen entsprechenden Vollstreckungsdruck erfüllen.[445]

Verwaltungsgerichtliche Klagen sind aber typischerweise gegen eine öffentlich-rechtliche Körperschaft gerichtet, sodass nach dieser Rspr. die Subsidiaritätsklausel weitgehend leer liefe. Außerdem zeigt gerade die Regelung in den §§ 170, 172 VwGO, dass der Gesetzgeber auch gegen den Staat eine Vollstreckungsmöglichkeit für erforderlich gehalten hat. Die Subsidiarität der Feststellungsklage gilt daher auch dann, wenn ein Verwaltungsträger Beklagter ist.[446]

b) Besondere Sachurteilsvoraussetzungen der Feststellungsklage

482   **aa)** Die Feststellungsklage ist nach § 43 Abs. 1, 2. Halbs. VwGO nur zulässig, wenn der Kläger ein berechtigtes Interesse an der baldigen Feststellung hat (**Feststellungsinteresse**). Dabei ist anders als nach § 256 ZPO **kein rechtliches Interesse erforderlich**. Ausreichend ist vielmehr jedes nach der Sachlage anzuerkennende schutzwürdige Interesse rechtlicher, wirtschaftlicher oder ideeller Art.[447]

Ein Feststellungsinteresse besteht z.B. bei unklarer und umstrittener Rechtslage, drohendem Bußgeld- oder Strafverfahren, Wiederholungsgefahr bei erledigten Maßnahmen oder Rehabilitierungsbedürfnis (z.B. bei polizeilichen Maßnahmen).

483   **bb) Weitere besondere Sachurteilsvoraussetzungen** bestehen für die Feststellungsklage grds. nicht, insbes. ist weder ein Vorverfahren durchzuführen noch eine Klagefrist zu beachten (Ausnahme für beamtenrechtliche Feststellungsklagen nach § 54 Abs. 2 BeamtStG, § 126 Abs. 2 BBG). Allerdings verlangt die Rspr. zur Vermeidung einer Popularklage neuerdings auch bei der Feststellungsklage eine **Klagebefugnis** analog § 42 Abs. 2 VwGO.[448] Nach der Gegenansicht besteht kein Bedürfnis für eine Analogie, weil bei der Feststellungsklage durch das konkrete Rechtsverhältnis eine Popularklage ohnehin ausgeschlossen sei.[449] Dagegen spricht jedoch, dass die Feststellungsklage sonst als bloße Interessenklage ausgestaltet wäre, was der Systematik der VwGO widersprechen würde.

> *„Die Klage ist als Feststellungsklage statthaft. Die Feststellung, dass das Bauvorhaben des Klägers nicht genehmigungsbedürftig ist, betrifft ein Rechtsverhältnis i.S.d. § 43 Abs. 1 VwGO. Diese Frage kann nicht mit der Verpflichtungsklage geklärt werden, sodass die Feststellungsklage auch nicht subsidiär ist (§ 43 Abs. 2 VwGO). Analog § 42 Abs. 2 VwGO kann der Kläger geltend machen, in seiner durch Art. 14 Abs. 1 GG geschützten Baufreiheit verletzt zu sein, sodass dahinstehen kann, ob es bei der Feststellungsklage überhaupt einer Klagebefugnis bedarf.“*

c) Zwischenfeststellungsklage

484   Wie im Zivilprozess gibt es gemäß § 173 S. 1 VwGO i.V.m. § 256 Abs. 2 ZPO auch im Verwaltungsprozess eine **Zwischenfeststellungsklage**. Ihr Zweck ist es, die Feststellung des Bestehens oder Nichtbestehens eines Rechtsverhältnisses, von dem der Ausgang der erhobenen Hauptsacheklage abhängt und über das folglich in den Gründen des Urteils zu befinden ist, ebenfalls in Rechtskraft erwachsen zu lassen, also eine **Ausdehnung der Rechtskraftwirkung** (s.u. Rdnr. 580 ff.) auf das dem Klageanspruch zugrunde liegende Rechtsverhältnis.

---

445 BVerwG DVBl. 2001, 1067, 1068; VGH Mannheim NVwZ 2000, 1304, 1305.
446 Kopp/Schenke VwGO § 43 Rdnr. 28.
447 BVerwG NVwZ 2005, 465; Kopp/Schenke VwGO § 43 Rdnr. 23.
448 BVerwG NVwZ 2008, 423, 424; NVwZ 2004, 1229, 1230; NJW 2000, 3584, 3585.
449 Hufen § 18 Rdnr. 17.

Beispiel: Beamter B klagt auf Zahlung seiner Bezüge. Die Behörde beruft sich auf die Nichtigkeit der Ernennung (§ 11 BeamtStG). B kann im Wege der Zwischenfeststellungsklage das Bestehen des Beamtenverhältnisses feststellen lassen.

Prozessual hat die Zwischenfeststellungsklage gegenüber der allgemeinen Feststellungsklage den **Vorteil**, dass der Kläger kein besonderes Feststellungsinteresse haben muss (diese Voraussetzung wird durch das Erfordernis der Vorgreiflichkeit ersetzt)[450] und dass auch der Grundsatz der Subsidiarität nicht gilt.[451]

Voraussetzung für die Zulässigkeit der Zwischenfeststellungsklage ist, dass das Rechtsverhältnis für die Entscheidung über die Hauptsache **vorgreiflich** ist, d.h. dass die Hauptsache ganz oder teilweise von dem Bestehen oder Nichtbestehen des Rechtsverhältnisses **abhängig** ist.   **485**

> **Beachte:** Keine Vorgreiflichkeit ist gegeben, wenn die Hauptsacheklage unabhängig vom Bestehen des Rechtsverhältnisses abzuweisen ist.

Im Hinblick auf den Zweck der Zwischenfeststellungsklage, nämlich das Bestehen oder Nichtbestehen präjudizieller Rechtsverhältnisse mit in Rechtskraft erwachsen zu lassen, folgt, dass die **Zwischenfeststellungsklage unzulässig** ist, wenn ihr Streitgegenstand **mit der Hauptsacheklage identisch** ist oder das Rechtsverhältnis **keine über die Hauptsacheklage hinausgehende Bedeutung** hat.[452]   **486**

So ist der Zwischenfeststellungsantrag, dass die vom Beklagten zur Aufrechnung gestellte Forderung dem Grunde nach nicht besteht, unzulässig, da die Entscheidung auch bzgl. der zur Aufrechnung gestellten Forderung nach § 173 S. 1 VwGO, § 322 Abs. 2 ZPO in Rechtskraft erwächst.[453]

Voraussetzung ist – ebenso wie bei der allgemeinen Feststellungsklage –, dass ein **Rechtsverhältnis** infrage steht. Bloße tatsächliche Feststellungen oder abstrakte Rechtsfragen (z.B. die Wirksamkeit einer Norm) reichen daher auch für die Zwischenfeststellungsklage nicht aus. Gegenstand der Zwischenfeststellungsklage kann aber die **Anwendbarkeit einer Norm** im konkreten Einzelfall sein, wenn die Frage eine über die Hauptsache hinausgehende Bedeutung hat.   **487**

Beispiel: Der Kläger wehrt sich gegen eine Ordnungsverfügung, deren Rechtsgrundlage sich in einer RechtsVO findet. Mit der Zwischenfeststellungsklage kann die Frage geklärt werden, ob die RechtsVO im Verhältnis zum Kläger überhaupt anwendbar ist.

Nach dem Wortlaut des § 256 Abs. 2 ZPO ist die Zwischenfeststellungsklage darauf beschränkt, dass das Rechtsverhältnis **im Laufe des Prozesses** streitig wird. Anerkannt ist jedoch, dass die Vorschrift – zumindest analog – auch dann gilt, wenn das Rechtsverhältnis schon **vor Klageerhebung** streitig war und gleichzeitig mit dem Hauptsacheanspruch zur Entscheidung gestellt wird.[454] In dem einen wie in dem anderen Fall hat das Gericht mit der Entscheidung des Zwischenfeststellungsantrags keine nennenswerte Mehrarbeit, da es über das Rechtsverhältnis ohnehin im Rahmen der Gründe hinsichtlich des Hauptsacheanspruchs entscheiden muss.   **488**

---

450 BVerwG, Urt. v. 12.01.2012 – BVerwG 7 C 5.11, RÜ 2012, 604, 605.
451 BVerwG NVwZ 2011, 509.
452 Kopp/Schenke VwGO § 43 Rdnr. 34.
453 BGH JA 2007, 145, 146.
454 BGH NJW-RR 1990, 320.

FESTSTELLUNGSKLAGE

A. Zulässigkeit

I. Verwaltungsrechtsweg

- Spezialzuweisung zum Verwaltungsgericht (z.B. § 54 Abs. 1 BeamtStG)
- Generalklausel, § 40 Abs. 1 S. 1 VwGO

II. Statthaftigkeit

- Bestehen/Nichtbestehen eines ör **Rechtsverhältnisses** (§ 43 Abs. 1, 1. Alt. VwGO)
  - **Rechtsverhältnis:** aufgrund eines konkreten Sachverhalts ergeben sich bestimmte Rechtsbeziehungen zwischen Personen oder zwischen Personen und Sachen
  - **hinreichend konkret:** bestimmter Sachverhalt streitig (auch vergangene oder zukünftige), nicht nur abstrakte Rechtsfragen
  - **Subsidiarität** (§ 43 Abs. 2 VwGO)
    - Feststellungsklage subsidiär ggü. Gestaltungsklagen (Anfechtungsklage) und Leistungsklagen (Verpflichtungs- und allg. Leistungsklage) auch bei Klagen gegen ör Körperschaften (str.)
    - nicht subsidiär, wenn Feststellungsklage rechtsschutzintensiver
    - keine Subsidiarität nach Sinn und Zweck, wenn weder Doppelprozess droht noch besondere Sachurteilsvoraussetzungen umgangen werden
- **Nichtigkeit eines VA** (§ 43 Abs. 1, 2. Alt. VwGO)

III. Feststellungsinteresse

- berechtigtes Interesse an der baldigen Feststellung jedes schutzwürdige Interesse rechtlicher, wirtschaftlicher oder ideeller Art
- qualifiziertes Feststellungsinteresse
  - bei erledigtem Rechtsverhältnis: Wiederholungsgefahr, Rehabilitationsinteresse, Präjudizität
  - bei vorbeugender Feststellung: Abwarten unzumutbar

IV. Klagebefugnis

- § 42 Abs. 2 VwGO gilt analog (str.)
- Geltendmachung einer subjektiven Rechtsverletzung
  - aus einfach-gesetzlichen Vorschriften oder
  - aus Grundrechten

V. grds. kein Vorverfahren
(Ausn. § 54 Abs. 2 BeamtStG, § 126 Abs. 2 BBG)

VI. keine Klagefrist
(Ausn. § 54 Abs. 2 BeamtStG, § 126 Abs. 2 BBG i.V.m. § 74 Abs. 1 S. 1 VwGO)

B. Begründetheit

- behauptetes Recht/Rechtsverhältnis besteht oder besteht nicht
- VA gemäß § 44 VwVfG nichtig

III. Besondere Sachurteilsvoraussetzungen

Besondere Sachurteilsvoraussetzungen
▪ **Klagebefugnis** (§ 42 Abs. 2 VwGO)
▪ **Vorverfahren** (§ 68 VwGO)
▪ **Klagefrist** (§ 74 VwGO)

1. Klagebefugnis

a) Anwendungsbereich

Anfechtungs- und Verpflichtungsklagen sind gemäß § 42 Abs. 2 VwGO – soweit gesetzlich nichts anderes bestimmt ist – nur zulässig, wenn der Kläger geltend macht, durch den VA oder seine Ablehnung oder Unterlassung in seinen Rechten verletzt zu sein (sog. **Klagebefugnis**). **489**

Gesetzliche **Ausnahmen** von der Klagebefugnis finden sich z.B. bei der Vereinsklage im Naturschutz- und Umweltrecht (§ 64 BNatSchG, § 2 UmwRG).

Über den Wortlaut des § 42 Abs. 2 VwGO wird die Klagebefugnis von der Rspr. heute bei (fast) **allen Klagen** gefordert, um eine Popularklage zu verhindern, also auch bei der **490**

- ▪ **Fortsetzungsfeststellungsklage** (§ 113 Abs. 1 S. 4 VwGO),[455]

- ▪ **allgemeinen Leistungsklage**[456] und

- ▪ **allgemeinen Feststellungsklage** (§ 43 Abs. 1 VwGO).[457]

§ 42 Abs. 2 VwGO gilt darüber hinaus nicht nur im Klageverfahren, sondern analog auch im Rahmen des **vorläufigen Rechtsschutzes** (§§ 80 Abs. 5, 80 a Abs. 3, 123 VwGO: „Antragsbefugnis") und im **Widerspruchsverfahren** als Zulässigkeitsvoraussetzung „Widerspruchsbefugnis".

Erforderlich und ausreichend für die Klagebefugnis ist, dass nach dem Sachvortrag des Klägers eine **Verletzung** seiner subjektiven Rechte **möglich** ist. Negativ formuliert heißt das, dass die Klagebefugnis nur dann fehlt, wenn **offensichtlich und eindeutig nach keiner Betrachtungsweise** die vom Kläger behaupteten Rechte bestehen oder ihm zustehen können.[458] **491**

Während die Klagebefugnis bei der Klage des **Adressaten** unproblematisch ist[459] (und daher im Entscheidungsentwurf tunlichst nicht erörtert werden sollte), ist die Klagebefugnis insbesondere in **Drittbeteiligungsfällen** anzusprechen, i.d.R. aber möglichst kurz. Die Klagebefugnis ist zu bejahen, wenn die möglicherweise verletzte Norm nicht nur den Interessen der Allgemeinheit, sondern **zumindest auch den Individualinteressen** des Klägers zu dienen bestimmt ist (sog. **Schutznormtheorie**).[460] In der Examensklausur hat die Klagebefugnis vor allem Bedeutung im Bau- und Immissionsschutzrecht sowie bei den sog. Konkurrentenklagen. **492**

---

455 BVerwG NJW 1982, 2513, 2514; Kopp/Schenke VwGO § 42 Rdnr. 62 m.w.N.

456 BVerwG NJW 1996, 2046, 2048; Kopp/Schenke VwGO § 42 Rdnr. 62 und oben Rdnr. 471.

457 BVerwG NVwZ 2008, 423, 424; a.A. Kopp/Schenke VwGO § 42 Rdnr. 63 und oben Rdnr. 483.

458 BVerwG NVwZ 2009, 1426, 1427; Kopp/Schenke VwGO § 42 Rdnr. 66.

459 Zur sog. Adressatentheorie vgl. AS-Skript VwGO (2011), Rdnr. 450.

460 Vgl. z.B. BVerwG NVwZ 2008, 1012, 1014.

b) Fallgruppen

aa) Baurecht

493 ■ Im Baurecht haben **Festsetzungen des Bebauungsplans** über die **Art** der baulichen Nutzung generell nachbarschützende Wirkung.[461] Der Nachbar kann sich innerhalb seines Baugebiets gegen jede artfremde Nutzung wehren, unabhängig davon, ob sie ihn beeinträchtigt (sog. **Gebietsgewährleistungsanspruch**).

Dagegen dienen Festsetzungen über das **Maß der baulichen Nutzung** (§§ 16 ff. BauNVO) i.d.R. nur der städtebaulichen Ordnung und haben somit rein objektiv rechtlichen Charakter.[462] Der Nachbar kann ihre Verletzung grds. nicht geltend machen, auch nicht über das Rücksichtnahmegebot nach § 15 Abs. 1 S. 2 BauNVO, da sich diese Vorschrift nur auf die Art der baulichen Nutzung bezieht.[463] Etwas anderes gilt nur dann, wenn derartige Festsetzungen nach der Begründung des B-Plans ausdrücklich den Interessen des Nachbarn zu dienen bestimmt sind.

Bei Festsetzungen der **Bauweise** (§ 23 BauNVO) ist zu differenzieren: Der Festsetzung einer geschlossenen Bebauung liegen i.d.R. allein städtebauliche Erwägungen zugrunde. Bei offener Bauweise dient die Festsetzung dagegen zumindest auch dem Brandschutz und der Belüftung und Belichtung der angrenzenden baulichen Anlagen, sodass die Festsetzung – wie die bauordnungsrechtliche Abstandsflächenregelung[464] – grds. nachbarschützende Wirkung entfaltet.[465] Der Nachbar hat daher gegen Abweichungen ein Abwehrrecht.

494 ■ Drittschützende Wirkung entfaltet zudem das sog. **Rücksichtnahmegebot**, wenn in „qualifizierter und zugleich individualisierter Weise auf schutzwürdige Interessen eines erkennbar abgegrenzten Kreises Dritter Rücksicht zu nehmen ist".[466] Hierbei handelt es sich aber nicht um einen „freischwebenden" Grundsatz. Vielmehr muss im Rahmen der Klagebefugnis stets der **gesetzliche Anknüpfungspunkt** benannt werden, also z.B. das Rücksichtnahmegebot

■ als Bestandteil des Merkmals „unzumutbar" in § 15 Abs. 1 S. 2 BauNVO,

■ der „nachbarlichen Interessen" gemäß § 31 Abs. 2 BauGB,

■ des Merkmals „einfügen" in § 34 Abs. 1 BauGB sowie

■ als „öffentlicher Belang" im Rahmen des § 35 Abs. 3 S. 1, insb. Nr. 3 BauGB.

> *„Die Klage ist als Anfechtungsklage gegen die dem Beigeladenen erteilte Baugenehmigung zulässig. Die Klagebefugnis des Klägers gemäß § 42 Abs. 2 VwGO folgt daraus, dass er geltend machen kann, in seinem subjektiven Recht aus § 34 Abs. 1 BauGB i.V.m. dem Gebot der Rücksichtnahme verletzt zu sein. Die Vorschrift begründet ein subjektives Recht, soweit im Rahmen des Merkmals des ‚Einfügens' in qualifizierter und zugleich individualisierter Weise auf schutzwürdige Interessen eines erkennbar abgegrenzten Kreises Dritter Rücksicht zu nehmen ist. Dies ist hier hinsichtlich des Klägers als unmittelbaren Grenznachbarn ohne Weiteres zu bejahen."*

---

461 Grundlegend BVerwG NJW 1994, 1546, 1547; NVwZ 1997, 384, 387.
462 BVerwG VBlBW 1996, 12.
463 OVG NRW NVwZ-RR 2005, 601.
464 OVG NRW NWVBl. 2009, 315.
465 BVerwG NVwZ 2000, 1055; einschränkend VGH Mannheim NVwZ-RR 1999, 492.
466 Vgl. z.B. BVerwG NVwZ 2007, 336, 336 f.; grundlegende BVerwG NJW 1990, 1192, 1193.

bb) Immissionsschutzrecht

- Im **Immissionsschutzrecht** ist drittschützend vor allem der **Schutzgrundsatz**   495
nach § 5 Abs. 1 Nr. 1 BImSchG, da bereits nach dem Wortlaut auf den Schutz
der „Nachbarschaft" abgestellt wird (ebenso § 3 Abs. 1 BImSchG).[467]

Die nachbarschützende Wirkung wirkt sich mittelbar auch bei anderen Vorschriften aus, die
an den Begriff der „schädlichen Umwelteinwirkungen" i.S.d. § 3 Abs. 1 BImSchG anknüpfen.
Nachbarschützend sind daher z.B. § 30 a Abs. 2 Nr. 3 GewO, §§ 4 Abs. 1 Nr. 3, 5 Abs. 1 Nr. 3
GaststG, § 35 Abs. 3 S. 1 Nr. 3 BauGB.

§ 4 Abs. 1 S. 1 Nr. 3 GaststG spricht zwar vom „öffentlichen Interesse", der Begriff der schädlichen Umwelteinwirkungen ist indes in § 3 Abs. 1 BImSchG legal definiert und weist unmittelbar einen Bezug auf die „Nachbarschaft" auf. Deshalb hat der Nachbar einen Abwehranspruch gegen die Gaststättenerlaubnis, wenn er in unzulässiger Weise von Lärmeinwirkungen
betroffen ist, die dem Gaststättenbetrieb zuzurechnen sind.[468]

- Demgegenüber entfaltet der **Vorsorgegrundsatz** des § 5 Abs. 1 Nr. 2 BImSchG
keine drittschützende Wirkung. Die Vorsorge vor künftigen Schädigungen dient
nicht zum Schutz des Nachbarn, sondern lediglich den Interessen der Allgemeinheit.[469]

Der Nachbar kann also im Rahmen des § 5 Abs. 1 BImSchG nur geltend machen, dass durch
das Vorhaben schädliche Umwelteinwirkungen hervorgerufen werden (Nr. 1), nicht dagegen,
dass nicht ausreichend Vorsorge vor künftigen Schädigungen getroffen wird (Nr. 2).

cc) Konkurrentenklagen

Bei der Klage gegen die Zulassung eines **Konkurrenten** fehlt es i.d.R. an individual-   496
schützenden Vorschriften:

- Den **Vorschriften über die Zulassung zu einem Gewerbe** kommt ein Individu-
alschutz nur für den Antragsteller und ggf. für die in dem Betrieb beschäftigten
Arbeitnehmer und die Nachbarschaft zu. Dagegen sollen die Vorschriften nicht
andere Gewerbetreibende vor Konkurrenz schützen.[470]

- Bei der Klage gegen die Zulassung eines Konkurrenten lässt sich die Klagebefug-   497
nis in der Regel auch **nicht aus Grundrechten** (insbes. Art. 12 GG) herleiten.
Denn der Staat greift durch die Zulassung des Konkurrenten nicht in ein bestehendes Wettbewerbsverhältnis ein, sondern er verhält sich gerade wettbewerbs-
neutral.[471]

Wichtige Ausnahme: Bei der beamtenrechtlichen Konkurrentenklage kann der unterlegene
Bewerber gemäß § 42 Abs. 2 VwGO geltend machen, in seinem aus Art. 33 Abs. 2 GG folgenden Bewerbungsverfahrensanspruch verletzt zu sein.[472]

- Etwas anderes gilt, wenn sich der Kläger gegen die **Begünstigung eines bereits**   498
zugelassenen Konkurrenten wendet (z.B. Subventionierung). Hier lässt sich
ausnahmsweise die Klagebefugnis aus Art. 12 GG ableiten, da der Staat die
Wettbewerbsverhältnisse gezielt ändert. Eine Grundrechtsverletzung kommt
nach h.M. aber nur ausnahmsweise in Betracht, wenn der Kläger in seiner Wett-
bewerbsfreiheit in „unerträglichem Maße eingeschränkt" oder „unzumutbar ge-
schädigt" wird (sog. Auszehrungs- bzw. Verdrängungswettbewerb).[473]

---

467 BVerwG NVwZ 2004, 610, 611; Leidinger JuS 2006, 816, 818 m.w.N.

468 OVG Koblenz NJW 2005, 772.

469 BVerwG DVBl. 1997, 70, 71; Jarass BImSchG § 5 Rdnr. 108 m.w.N.

470 BVerwG NJW 1990, 1376, 1378; NVwZ 1984, 306, 307; NJW 1982, 2513 ff.

471 BVerwG NVwZ 1984, 306, 307; Kopp/Schenke VwGO § 42 Rdnr. 146 m.w.N.

472 BVerwG, Urt. v. 04.11.2010 – BVerwG 2 C 16.09, RÜ 2011, 119, 121 und oben Rdnr. 451.

473 Vgl. BVerwG DVBl. 1996, 152, 153; kritisch die Lit. (z.B. Ehlers DVBl. 1998, 497, 502; Tettinger NJW 1998,
3473, 3474): Es reiche eine „spürbare" Beeinträchtigung.

2. Vorverfahren

Grundschema: Vorverfahren
■ **Erforderlichkeit**
■ bei **Anfechtungs-/Verpflichtungsklagen** (§ 68 Abs. 1 S. 1 u. Abs. 2 VwGO)
■ im **Beamtenrecht** grds. auch bei Leistungs-, Feststellungs- und Fortsetzungsfeststellungsklagen (§ 126 Abs. 2 S. 1 BBG, § 54 Abs. 2 S. 1 BeamStG, vorbehaltlich landesrechtlicher Ausnahmen, § 54 Abs. 2 S. 3 BeamtStG).
■ **Ausnahmen** kraft Gesetzes
■ **Ausschluss kraft Spezialgesetzes** (§ 68 Abs. 1 S. 2, 1. Halbs. VwGO, insb. landesrechtl. AGVwGO, JustG)
■ **Entscheidungen einer obersten Bundes- oder Landesbehörde** (§ 68 Abs. 1 S. 2 Nr. 1 VwGO)
■ **erstmalige Beschwer** durch einen Abhilfebescheid oder Widerspruchsbescheid (§ 68 Abs. 1 S. 2 Nr. 2 VwGO)
■ **Entbehrlichkeit** des Widerspruchs
■ bei **Untätigkeitsklage** (§ 75 VwGO)
■ wenn **Zweck des Vorverfahrens** anderweitig erreicht oder nicht mehr erreicht werden kann

a) Erforderlichkeit eines Vorverfahrens

499   Das Vorverfahren in Form des Widerspruchs (§§ 68 ff. VwGO) ist **Zulässigkeitsvoraussetzung** bei der Anfechtungs- und Verpflichtungsklage. Bei den anderen Klagearten (Leistungs- und Feststellungsklage) findet ein Vorverfahren grds. nicht statt. Eine Ausnahme gilt in **beamtenrechtlichen Streitigkeiten**, hier ist nach § 126 Abs. 2 S. 1 BBG (für Bundesbeamte) bzw. § 56 Abs. 2 S. 1 BeamtStG (für Landes- und Kommunalbeamte – vorbehaltlich landesrechtlicher Ausnahmen gemäß § 54 Abs. 2 S. 3 BeamtStG[474]) **vor allen Klagen** ein Vorverfahren durchzuführen (also auch bei beamtenrechtlichen Leistungs-, Feststellungs- und Fortsetzungsfeststellungsklagen).

500   Ein Vorverfahren ist **nicht durchzuführen**, wenn

■ ein (Bundes- oder Landes-)**Gesetz** dies ausdrücklich bestimmt (§ 68 Abs. 1 S. 2, 1. Halbs. VwGO),

Bundesrechtlich finden sich Ausnahmen z.B. in §§ 74, 70 VwVfG (für Planfeststellungsbeschlüsse und förmliche VAe), § 74 Abs. 6 S. 3 VwVfG (für Plangenehmigungen), § 11 AsylVfG (Entscheidungen im Asylverfahren), § 25 Abs. 4 S. 2 JuSchG (Indizierungsentscheidungen).

Landesrechtlich ist das Widerspruchsverfahren vor allem in Bayern (Art. 15 AGVwGO), Niedersachsen (§ 8 a AGVwGO) und NRW (zeitlich befristet, § 110 JustG) abgeschafft worden. Umfangreiche landesrechtliche Ausnahmekataloge gibt es auch in Hessen (§ 16 a AGVwGO mit Anlage 1) und Mecklenburg-Vorpommern (§§ 13 a, 13 b AG GStrG). Die übrigen Länder haben sich zumeist auf bereichsspezifische Ausnahmen beschränkt.[475]

501   ■ der VA von einer **obersten Bundesbehörde** oder **obersten Landesbehörde** erlassen worden ist (also insbes. kein Vorverfahren bei ministeriellen Akten), außer wenn ein Gesetz die Nachprüfung vorschreibt (§ 68 Abs. 1 S. 2 Nr. 1 VwGO).

---

474 Vgl. Art. 15 Abs. 1 S. 1 Nr. 5 BayAGVwGO, § 104 Abs. 1 LBG NRW, § 105 Abs. 1 NBG.

475 Vgl. ausführlich AS-Skript VwGO (2011), Rdnr. 486.

Letzteres gilt z.B. im Beamtenrecht gemäß § 126 Abs. 2 S. 2 BBG, § 54 Abs. 2 S. 2 BeamtStG (vorbehaltlich landesrechtlicher Ausnahmen, § 54 Abs. 2 S. 3 BeamtStG) und im Informationsrecht (§ 6 Abs. 2 UIG, § 9 Abs. 4 S. 2 IFG), landesrechtlich in bestimmten Fällen z.B. nach Art. 8 Abs. 2 u. 3 Brem AGVwGO, § 8 a Abs. 3 S. 2 Nds AGVwGO.

- der Abhilfebescheid oder Widerspruchsbescheid eine **erstmalige Beschwer** ent- 502
hält (§ 68 Abs. 1 S. 2 Nr. 2 VwGO).

   Beispiel: Der Bauherr hat gegen die Ablehnung der Baugenehmigung Widerspruch erhoben, der Erfolg hat. Gegen die im Abhilfe- oder Widerspruchsbescheid erteilte Genehmigung findet nach § 68 Abs. 1 S. 2 Nr. 2 VwGO kein erneutes Vorverfahren statt, sondern der durch die Genehmigung belastete Nachbar muss in jedem Fall unmittelbar klagen.[476]

In den vorgenannten Fällen ist der Widerspruch **unzulässig**. Der Kläger muss un- 503
mittelbar Klage erheben, und zwar innerhalb der Frist des § 74 Abs. 1 S. 2 VwGO (dazu unten Rdnr. 537).

Allerdings besteht in **Bayern** (Art. 15 Abs. 1 AGVwGO) und **Mecklenburg-Vorpommern** (§ 13 a AGGStrG) in bestimmten Bereichen die Möglichkeit eines fakultativen Vorverfahrens.

b) Entbehrlichkeit eines Vorverfahrens

Ist das Widerspruchsverfahren erforderlich, so ist die ohne Vorverfahren erhobene 504
Klage grds. **unzulässig**. Allerdings kann der Widerspruch **ausnahmsweise entbehrlich** sein, mit der Folge, dass die sofort erhobene Klage gleichwohl zulässig ist.

> **Hinweis:** Die Fälle der Entbehrlichkeit des Vorverfahrens sind immer dann zu erörtern, wenn der an sich statthafte und notwendige Widerspruch nicht eingelegt, sondern sofort Klage erhoben wurde.

- Aufgrund gesetzlicher Regelung ist das Vorverfahren entbehrlich unter den Vor- 505
aussetzungen des **§ 75 VwGO**. Danach kann der Betroffene unmittelbar eine sog. **Untätigkeitsklage** erheben, wenn über einen Widerspruch oder einen Antrag auf Vornahme eines VA **ohne zureichenden Grund in angemessener Frist** sachlich nicht entschieden worden ist.

> **Beachte:** Die Untätigkeitsklage ist **keine selbstständige Klageart**, sondern bezeichnet nur die prozessuale Situation, in der eine Klage ohne (abgeschlossenes) Verwaltungsverfahren zulässig ist! Es gibt danach z.B. eine Anfechtungsklage als Untätigkeitsklage, eine Untätigkeitsverpflichtungsklage usw.

Seit dem Antrag oder der Erhebung des Widerspruchs müssen **mindestens drei Monate** vergangen sein, außer wenn wegen besonderer Umstände des Einzelfalls eine kürzere Frist geboten ist (§ 75 S. 2 VwGO). Außerdem muss die sachliche Entscheidung **ohne zureichenden Grund** unterblieben sein.

   Als Gründe, die eine Verzögerung rechtfertigen können, kommen z.B. in Betracht: besonderer Umfang und besondere Schwierigkeit der Sachverhaltsaufklärung, Überlastung der Behörde infolge einer Gesetzesänderung, **nicht** dagegen Personalmangel, Urlaub, Krankheit oder Arbeitsüberlastung einzelner Beamter.[477]

- Die **Rechtsprechung** hat darüber hinaus Fälle anerkannt, in denen das Vorver- 506
fahren deswegen entbehrlich ist, weil sein **Zweck** entweder **schon auf andere Weise erreicht** worden ist oder **nicht mehr erreicht** werden kann.[478]

   Beispiel: Der angefochtene VA wird von der Behörde durch einen anderen VA ersetzt oder abgeändert, der im Wesentlichen dieselben Sach- und Rechtsfragen zum Gegenstand hat.[479]

---

476 BVerwG NVwZ 2009, 924.

477 Vgl. VGH Mannheim NVwZ-RR 2011, 224; Kopp/Schenke VwGO § 75 Rdnr. 13 mit weiteren Beispielen.

478 BVerwG NVwZ 2011, 501, 503.

479 Kopp/Schenke VwGO § 68 Rdnr. 23.

Wichtigster Fall ist die **Einlassung des Beklagten** auf die ohne Vorverfahren an sich unzulässige Klage.

Beispiel: A hat ohne das erforderliche Vorverfahren unmittelbar Klage erhoben. Die Behörde rügt das Fehlen des Vorverfahrens und beantragt, die Klage als unzulässig abzuweisen. Jedenfalls sei die Klage aber unbegründet, da die angegriffene Maßnahme rechtmäßig sei.

Die Abweisung der Klage würde hier einen unnötigen Formalismus darstellen, weil sich der sachliche Standpunkt der Behörde im Widerspruchsbescheid kaum anders als im Prozess darstellen wird. Das gilt selbst dann, wenn der Beklagte sich nur **hilfsweise** auf die Sache einlässt. Das Vorverfahren ist daher entbehrlich, die ohne Vorverfahren erhobene Klage gleichwohl zulässig.[480] Bei **Ermessensentscheidungen** macht die Einlassung des Beklagten das Vorverfahren allerdings nur dann entbehrlich, wenn der Beklagte bzw. der Beklagtenvertreter mit der Widerspruchsbehörde identisch ist, da sonst dem Kläger eine Ermessensebene abgeschnitten würde.[481]

Die Lit. verweist demgegenüber darauf, dass die Regelung über das Vorverfahren zwingendes Recht sei und deshalb nicht zur Disposition der Beteiligten stehe. Könne das Vorverfahren nicht mehr nachgeholt werden, sei die Klage unzulässig.[482]

c) Durchführung des Vorverfahrens

507 Soweit ein Vorverfahren durchzuführen ist, ist Sachurteilsvoraussetzung nicht nur die **Erhebung** des Widerspruchs, sondern – wie sich aus §§ 68 ff. VwGO, insbes. § 75 VwGO ergibt – auch die **Durchführung** des Widerspruchsverfahrens, insbesondere der Abschluss durch einen **Widerspruchsbescheid**.

508 Allerdings berührt nicht jeder Mangel des Vorverfahrens die Zulässigkeit der Klage. Nur solche Fehler führen zur Unzulässigkeit der Klage, die dem Widerspruchsführer **zuzurechnen** sind (z.B. nicht formgerechte Erhebung oder Verfristung). Fehler, die aus der **Sphäre der Behörde** resultieren, sind dagegen für die Zulässigkeit der Klage irrelevant (z.B. Entscheidung einer unzuständigen Behörde über den Widerspruch, Nichtdurchführung des Abhilfeverfahrens).[483] Derartige Fehler machen nur den Widerspruchsbescheid rechtswidrig und können zu dessen Aufhebung führen (§ 79 Abs. 2 S. 2 VwGO).[484]

509 Ist der Widerspruch dagegen **verfristet**, so ist nach h.M. auch die Klage unzulässig.[485] Allerdings steht es der Widerspruchsbehörde nach der Rspr. grds. frei, sich auf die Verfristung zu berufen. Tritt die Behörde stattdessen in eine **Sachprüfung** ein, so sei die Fristversäumnis unbeachtlich.[486]

Beispiel: A hat gegen einen am 31.05. mit ordnungsgemäßer Rechtsbehelfsbelehrung zugestellten Bescheid erst am 17.07. Widerspruch erhoben. Die Widerspruchsbehörde entscheidet zur Sache und weist den Widerspruch als unbegründet zurück.

510 Nach der Rspr. wird die Verfristung durch die Entscheidung zur Sache „geheilt". Nach der Gegenansicht ändert eine Sachentscheidung nichts an der Unzulässigkeit der Klage. § 70 VwGO stehe nicht zur Disposition der Widerspruchsbehörde, da die Vorschrift auch der Entlastung des gerichtlichen Verfahrens diene. Wie sich aus § 70 Abs. 2 VwGO ergebe, könne die Verfristung nur durch Wiedereinsetzung in

---

480 BVerwG NVwZ 2009, 924, 925; NVwZ 2002, 1505, 1506; OVG NRW NWVBl. 2001, 435, 436; offengelassen von BVerwG NVwZ 2011, 501, 504.

481 BVerwG NVwZ 2002, 1505, 1506; NVwZ-RR 2000, 172, 173; DVBl. 1990, 490, 491.

482 Kopp/Schenke VwGO Vorb § 68 Rdnr. 11 m.w.N.

483 Vgl. BVerwG NVwZ 1987, 320; zu weiteren Bsp. vgl. Kopp/Schenke VwGO Vorb § 68 Rdnr. 8.

484 Vgl. Geis/Hinterseh JuS 2001, 1074, 1076 und oben Rdnr. 429.

485 OVG NRW OVGE 44, 179; Kopp/Schenke VwGO § 70 Rdnr. 1 m.w.N.

486 BVerwG DVBl. 1972, 423, 424; VGH Mannheim NVwZ-RR 2002, 6.

den vorigen Stand nach § 60 VwGO überwunden werden.[487] Dagegen spricht jedoch, dass das Widerspruchsverfahren Teil des Verwaltungsverfahrens ist, in dem die Behörde Herrin des Streitstoffs bleibt und die Voraussetzungen für den anschließenden Verwaltungsprozess schaffen kann.

> **Beachte:** Nach h.Rspr. hat die Behörde **Ermessen**, ob sie sich auf die Verfristung beruft oder nicht. Daraus folgt, dass der Widerspruchsführer einen Anspruch auf ermessensfehlerfreie Entscheidung hat. Verkennt die Behörde ihr Ermessen, glaubt sie also zwingend zur Zurückweisung als unzulässig verpflichtet zu sein, so liegt ein wesentlicher Verfahrensverstoß vor, der nach § 79 Abs. 2 S. 2 VwGO zur isolierten Anfechtung des Widerspruchsbescheides berechtigt.

Auch nach der Rspr. ist eine „Heilung" ausgeschlossen, wenn ein **Dritter** gegen einen den Adressaten begünstigenden VA **verfristet Widerspruch** erhoben hat. Dies folgt daraus, dass durch die mit Fristablauf eingetretene Bestandskraft des VA dem Begünstigten eine gesicherte Rechtsposition vermittelt wird, die ihm ohne besondere Rechtsgrundlage nicht wieder entzogen werden kann.[488]   **511**

Beispiel: Dem B ist eine Baugenehmigung erteilt worden, die auch dem Nachbarn N ordnungsgemäß zugestellt worden ist. Gleichwohl erhebt N erst nach zwei Monaten Widerspruch. Die Widerspruchsbehörde muss hier den Widerspruch als unzulässig zurückweisen, darf also anders als beim Adressatenwiderspruch nicht mehr in der Sache entscheiden.

Nur ausnahmsweise ist auch bei Drittwidersprüchen eine die Fristversäumnis heilende Sachentscheidung möglich, wenn der **Adressat selbst ebenfalls Widerspruch** erhoben hat. Ein schutzwürdiges Vertrauen ist in diesem Fall nicht anzuerkennen, weil der selbst Widerspruch Einlegende mit einer Verschlechterung seiner Rechtsstellung durch eine reformatio in peius rechnen muss.[489]   **512**

> *„Der Kläger hat auch das nach § 68 Abs. 1 S. 1 VwGO vor Erhebung der Anfechtungsklage erforderliche Vorverfahren durchgeführt. Er hat hierbei zwar die Widerspruchsfrist von einem Monat ab Bekanntgabe des Verwaltungsakts (§ 70 Abs. 1 S. 1 VwGO) nicht gewahrt. Denn der am 11.04.2011 zur Post aufgegebene Bescheid war dem Kläger am 14.04.2011 bekanntgegeben worden (§ 41 Abs. 2 S. 1 VwVfG). Der am 25.05.2011 bei der Behörde eingegangene Widerspruch gegen den mit einer ordnungsgemäßen Rechtsbehelfsbelehrung versehenen Bescheid war demnach gemäß §§ 70 Abs. 1 S. 1, 57 Abs. 2 VwGO, § 222 Abs. 1 ZPO, § 188 Abs. 2 BGB verfristet. Die Widerspruchsbehörde hat den Widerspruch indes sachlich mit Widerspruchsbescheid vom 20.09.2011 beschieden. Hierdurch hat sie den Rechtsweg wieder eröffnet. Die dagegen erhobenen Einwendungen können nicht überzeugen. Richtig ist zwar, dass die Vorschrift des § 70 Abs. 1 VwGO nicht zur Disposition der Behörde steht. Das Widerspruchsverfahren ist indes Teil des Verwaltungsverfahrens, in dem die Behörde Herrin des Streitstoffs bleibt und die Voraussetzungen für den anschließenden Verwaltungsprozess schaffen kann. Deshalb ist die Verfristung unbeachtlich, wenn die Behörde – wie hier – den Widerspruch in der Sache bescheidet."*

---

487 Pietzner/Ronellenfitsch § 42 Rdnr. 8; Kopp/Schenke VwGO § 70 Rdnr. 9 m.w.N.
488 BVerwG RÜ 2010, 387, 390; OVG NRW NJOZ 2007, 797..
489 Vgl. Pietzner/Ronellenfitsch § 42 Rdnr. 6.

3. Klagefrist

Grundschema: Klagefrist

- **Besondere Sachurteilsvoraussetzung**
  - bei Anfechtungs- und Verpflichtungsklagen (§ 74 Abs. 1 u. Abs. 2 VwGO)
  - bei Leistungs- und Feststellungsklagen im Beamtenrecht (§ 74 Abs. 1 S. 1 VwGO, wenn Widerspruchsbescheid vorliegt)
- **ein Monat nach Zustellung des Widerspruchsbescheides** (§ 74 Abs. 1 S. 1 VwGO) oder **ein Monat nach Bekanntgabe des Ausgangsbescheides** (wenn kein Vorverfahren stattfindet, § 74 Abs. 1 S. 2 VwGO)
- **ein Jahr** ab Zustellung oder Bekanntgabe **bei unterbliebener oder unrichtiger Rechtsbehelfsbelehrung** (§ 58 Abs. 2 S. 1 VwGO)
- **keine Frist**, wenn Zustellung unwirksam oder Bekanntgabe überhaupt nicht erfolgt ist (nur Verwirkung denkbar)
- ggf. Heilung der Verfristung durch **Wiedereinsetzung in den vorigen Stand** (§ 60 VwGO)

513 Gemäß § 74 Abs. 1 bzw. Abs. 2 VwGO müssen **Anfechtungs- und Verpflichtungsklagen** innerhalb **eines Monats nach Zustellung des Widerspruchsbescheids** oder, wenn ein Vorverfahren nach § 68 Abs. 1 S. 2 VwGO nicht stattfindet, innerhalb **eines Monats nach Bekanntgabe des VA** erhoben werden.

> **Beachte:** Bei mehreren Beteiligten läuft die Klagefrist für jeden der Beteiligten gesondert ab der jeweiligen Zustellung bzw. Bekanntgabe!

514 **Leistungs-, Feststellungs- und Fortsetzungsfeststellungsklagen** sind grundsätzlich **nicht fristgebunden**. Eine Ausnahme gilt für **beamtenrechtliche Klagen**, soweit gemäß § 126 Abs. 2 S. 1 BBG, § 54 Abs. 2 S. 1 BeamtStG ein Vorverfahren durchgeführt und ein Widerspruchsbescheid erlassen worden ist. In diesem Fall gilt die Klagefrist des § 74 Abs. 1 S. 1 VwGO.

> **Beachte:** Die Widerspruchsfrist des § 70 Abs. 1 VwGO und die Klagefrist des § 74 Abs. 1 **Satz 2** VwGO gelten auch im Beamtenrecht nur bei Vorliegen eines **Verwaltungsakts** (vgl. Wortlaut)! Daran ändert die Verweisung in § 126 Abs. 2 S. 1 BBG, § 54 Abs. 2 S. 1 BeamtStG nichts. Die Klagefrist in § 74 Abs. 1 **Satz 1** VwGO knüpft dagegen lediglich an die Zustellung eines **Widerspruchsbescheids** an, den es grds. auch bei der beamtenrechtlichen Leistungs- und Feststellungsklage gibt.

Folge: Der beamtenrechtliche Leistungswiderspruch ist nicht nach § 70 Abs. 1 VwGO fristgebunden (da kein VA vorliegt), die anschließende Leistungsklage muss dagegen innerhalb der Frist des § 74 Abs. 1 S. 1 VwGO erhoben werden, wenn zuvor ein Vorverfahren stattgefunden hat.

a) Zustellung des Widerspruchsbescheids

515 Die Klagefrist des § 74 Abs. 1 S. 1 VwGO knüpft an die **Zustellung des Widerspruchsbescheids** an. Zugestellt wird der Widerspruchsbescheid von Amts wegen nach den Vorschriften des **Verwaltungszustellungsgesetzes** (§ 73 Abs. 3 S. 2 VwGO).

> **Beachte:** Aufgrund der Verweisung in § 73 Abs. 3 S. 2 VwGO gilt für die Zustellung von Widerspruchsbescheiden generell das **VwZG des Bundes**, auch wenn eine Landesbehörde die Zustellung veranlasst. Die landesrechtlichen Zustellungsvorschriften gelten nur für die Zustellung von Ausgangsbescheiden!

Die Zustellung erfolgt durch **Postdienstleister** (§§ 3, 4 VwZG) oder durch die **Behörde** (§ 5 VwZG). Daneben gelten die in §§ 9 u. 10 VwZG geregelten besonderen Formen der Zustellung (Zustellung im Ausland und öffentliche Zustellung). **516**

aa) Zustellung durch die Post mit Zustellungsurkunde (§ 3 VwZG)

Bei der Zustellung mit **Zustellungsurkunde** stellt die Post den Widerspruchsbescheid förmlich zu und beurkundet die Zustellung (§ 3 Abs. 2 VwZG, § 182 ZPO). Der Postdienstleister handelt hierbei als **Beliehener** gemäß § 33 Abs. 1 S. 2 PostG. Die Zustellungsurkunde begründet als **öffentliche Urkunde** nach § 418 ZPO den vollen Beweis über die Zustellung (§ 182 Abs. 1 S. 2 ZPO). **517**

Die **Beweiskraft** erstreckt sich z.B. im Fall der Ersatzzustellung auf die Tatsache, dass nach §§ 178, 180 ZPO (Übergabe an Ersatzempfänger oder Einlegen in den Briefkasten) verfahren wurde, und im Fall des § 181 ZPO, dass die schriftliche Mitteilung über die Zustellung abgegeben wurde (vgl. § 182 Abs. 2 Nr. 4 ZPO).

Der **Gegenbeweis** ist zwar zulässig (§ 418 Abs. 2 ZPO). Dieser ist jedoch substantiiert anzutreten und kann nur dadurch geführt werden, dass ein Sachverhalt vorgetragen und bewiesen wird, der zur Überzeugung des Gerichts jede Möglichkeit der Richtigkeit der beurkundeten Tatsache ausschließt.[490] Insbesondere ist der Gegenbeweis nicht bereits bei bloßen Zweifeln an der Richtigkeit der urkundlichen Feststellung erbracht.[491]

Für die **Ausführung der Zustellung** gelten nach § 3 Abs. 2 VwZG die §§ 177 ff. ZPO entsprechend: **518**

- Wird der Zustellungsempfänger in seiner Wohnung oder in den Geschäftsräumen nicht angetroffen, ist gemäß § 178 ZPO die **Ersatzzustellung** zulässig.

  Beispiele: Zustellung an Ehegatten und sonstige erwachsene Familienangehörige, erwachsene ständige Mitbewohner, Angestellte.

- Ist eine (Ersatz-)Zustellung in der Wohnung oder in Geschäftsräumen nicht ausführbar, kann nach § 180 ZPO das Schriftstück in den **Briefkasten** eingelegt werden.[492] Mit der Einlegung gilt das Schriftstück als zugestellt (§ 180 S. 2 ZPO). **519**

  Während die formlose Bekanntgabe eines VA nach § 41 VwVfG erst zu dem Zeitpunkt bewirkt ist, in dem nach der Verkehrsanschauung mit der Kenntnisnahme zu rechnen ist (s.u. Rdnr. 537), tritt die Zustellungswirkung nach § 180 S. 2 ZPO auch dann ein, wenn das Schriftstück außerhalb der üblichen Geschäftszeiten in den Briefkasten gelegt wird.[493]

- Eine **Ersatzzustellung durch Niederlegung** sieht § 181 ZPO nur noch vor bei gescheiterten Zustellungen in Gemeinschaftseinrichtungen oder wenn die Ersatzzustellung nach § 180 ZPO nicht möglich ist (weil z.B. ein Briefkasten nicht vorhanden ist oder eine „sichere Aufbewahrung" nicht möglich ist, z.B. wenn der Briefkasten überquillt oder unverschlossen ist, sodass der Inhalt dem Zugriff Dritter ausgesetzt ist).[494] **520**

  In diesem Fall ist eine **schriftliche Mitteilung** in der bei gewöhnlichen Briefen üblichen Weise zu hinterlassen. Das Schriftstück gilt mit der Abgabe der Mitteilung als zugestellt (§ 181 Abs. 1 S. 4 ZPO). Auf den Zeitpunkt der Abholung durch den Empfänger kommt es (anders als beim Übergabe-Einschreiben, dazu unten Rdnr. 525) nicht an.

- Wird die Annahme des zuzustellenden Schriftstücks unberechtigt verweigert, so ist das Schriftstück in der Wohnung oder in dem Geschäftsraum zurückzulassen (§ 179 S. 1 ZPO). Mit der **Annahmeverweigerung** gilt das Schriftstück als zugestellt (§ 179 S. 3 ZPO). **521**

---

490 BVerfG NJW 1992, 225; BFH NVwZ 2000, 239; Born NJW 2009, 2179, 2179 f.
491 OLG Frankfurt NJW 1996, 3159; Kintz JuS 1997, 1115, 1117.
492 Vgl. BGH NJW 2006, 150, 151 f.; OLG Nürnberg NJW 2009, 2229 f.
493 BVerwG NJW 2007, 3222; BGH NJW 2007, 2186.
494 OLG Nürnberg NJW 2009, 2229 f.; einschränkend BGH NJW 2011, 2440 bei Gemeinschaftsbriefkasten.

bb) Zustellung durch die Post mittels Einschreiben (§ 4 VwZG)

522 Nach § 73 Abs. 3 S. 2 VwGO i.V.m. § 4 VwZG kann der Widerspruchsbescheid mittels **Übergabe-Einschreiben** oder durch **Einschreiben mit Rückschein** zugestellt werden. Eine förmliche Zustellung mit sog. **Einwurf-Einschreiben** ist dagegen nach dem VwZG **nicht möglich**.[495] Die (formlose) Bekanntgabe von Ausgangsbescheiden nach § 41 VwVfG kann dagegen auch durch Einwurf-Einschreiben erfolgen.

523 **(1)** Beim **Einschreiben mit Rückschein** ist der Rückschein der Beweis für die Zustellung (§ 4 Abs. 2 S. 1 VwZG). Die Zustellung gilt an dem Tag als bewirkt, den der Rückschein angibt.

Allerdings wird die Post beim Einschreiben nicht als Beliehener nach § 33 PostG, sondern im Rahmen einer privatrechtlichen Beauftragung tätig.[496] Deshalb ist der **Rückschein keine öffentliche Urkunde** i.S.d. § 418 ZPO, sondern einfaches Beweismittel. Im Zweifel hat die Behörde den Zugang und dessen Zeitpunkt zu beweisen (§ 4 Abs. 2 S. 3 VwZG).

524 **(2)** Das **Übergabe-Einschreiben** gilt nach § 4 Abs. 2 S. 2 VwZG am dritten Tag nach der Aufgabe zur Post als zugestellt, es sei denn, dass es nicht oder zu einem späteren Zeitpunkt zugegangen ist.

Beispiel: Der Widerspruchsbescheid ist am Do, den 07.06. als Übergabe-Einschreiben zur Post aufgegeben worden. Der dritte Tag nach der Aufgabe zur Post ist So, der 10.06. Die Klagefrist endet am Di, den 10.07.

Nach h.Rspr. gilt die **Fiktionswirkung** auch dann, wenn der dritte Tag ein Samstag, Sonntag oder allgemeiner Feiertag ist.[497] Die Ausnahmeregelung in § 57 Abs. 2 VwGO, § 222 Abs. 2 ZPO gilt nur, wenn das **Fristende** auf einen der vorgenannten Tage fällt. Hier geht es jedoch um den Zustellungszeitpunkt, also den Beginn der Klagefrist.

Die Gegenansicht stellt auf den folgenden Werktag als Zustellungstag ab.[498] Dagegen spricht jedoch, dass die Drei-Tage-Fiktion keine Frist, sondern ein bloßer Zeitraum ist. Fristen sind dadurch gekennzeichnet, dass während ihres Laufs eine bestimmte Handlung vorgenommen werden muss. Dies ist bei der Drei-Tage-Fiktion nicht der Fall. Wenn der Bescheid tatsächlich erst später zugeht, so entkräftet dies ohnehin die Drei-Tage-Fiktion und die Behörde muss ggf. den tatsächlichen Zugang beweisen (§ 4 Abs. 2 S. 2 u. S. 3 VwZG).

525 Bei der Zustellung mittels Einschreiben gelten die Vorschriften über die **Ersatzzustellung** nach §§ 178 ff. ZPO **nicht**, da § 4 VwZG – anders als § 3 Abs. 2 VwZG – hierauf nicht verweist. Einschreiben können daher insbes. nicht durch Einwurf in den Briefkasten (§ 180 ZPO) oder durch Niederlegung (§ 181 ZPO) zugestellt werden. Es gibt nur die Übergabe an Ersatzempfänger (Ehepartner, Familienangehörige, Postbevollmächtigte, Angestellte etc.) nach den AGB des Postdienstleisters, die mangels Rechtsnormcharakter keine Bedeutung für die Zustellung haben.[499] Deshalb hat z.B. auch der Benachrichtigungszettel beim Einschreiben keinerlei zustellungsrechtliche Bedeutung. Das Übergabe-Einschreiben ist erst dann zugestellt, wenn der Empfänger es tatsächlich bei der Post abholt.[500]

---

495 Kopp/Schenke VwGO § 73 Rdnr. 22 b.

496 BT-Drs. 15/5216, S. 11; Rosenbach DVBl. 2005, 816, 817; Engelhardt/App VwZG § 4 Rdnr. 3.

497 BSG NJW 2011, 1099, 1100; OVG Lüneburg NJW 2011, 1529, 1530 (zu § 37 Abs. 2 SGB X); OVG NRW NWVBl. 2001, 429, 430; Kopp/Ramsauer VwVfG § 41 Rdnr. 42.

498 Engelhardt/App VwZG § 4 Rdnr. 6; ebenso zu § 41 Abs. 2 VwVfG Knack/Henneke VwVfG § 41 Rdnr. 19; Stelkens/Bonk/Sachs VwVfG § 41 Rdnr. 133; ebenso BFH NJW 2004, 94 zu § 122 Abs. 2 Nr. 1 AO.

499 Vgl. Rosenbach DVBl. 2005, 816, 818.

500 VGH Mannheim NVwZ 1992, 799, 800; Engelhardt/App VwZG § 4 Rdnr. 10.

„Der Kläger hat auch die Klagefrist des § 74 Abs. 1 S. 1 VwGO gewahrt. Der Widerspruchsbescheid ist dem Kläger erst mit Abholung des Übergabe-Einschreibens von der Post am 08.09.2012 zugestellt worden. Zwar wurde der Benachrichtungszettel bereits am 03.09.2012 in den Briefkasten des Klägers eingeworfen. Eine Ersatzzustellung nach § 180 ZPO durch Einwurf in den Briefkasten ist im Rahmen des § 4 VwZG indes - anders als nach § 3 Abs. 2 VwZG bei der Zustellungsurkunde - nicht vorgesehen. Anders als bei der Zustellung mit Zustellungsurkunde hat der Benachrichtigungszettel beim Einschreiben daher keinerlei zustellungsrechtliche Bedeutung. Das Einschreiben ist erst dann zugestellt, wenn der Empfänger es tatsächlich bei der Post abholt. Die Klagefrist endete demnach gemäß § 57 Abs. 2 VwGO, § 222 Abs. 1 ZPO, § 188 Abs. 2 BGB erst mit Ablauf des 08.10.2012, sodass die an diesem Tage bei Gericht eingegangene Klage fristgemäß erfolgte."

cc) Zustellung durch die Behörde gegen EB (§ 5 VwZG)

Bei der Zustellung durch die Behörde händigt der zustellende Bedienstete das Dokument dem Empfänger grds. in einem verschlossenen Umschlag gegen Unterzeichnung eines **Empfangsbekenntnisses** aus (§ 5 Abs. 1 VwZG). Das Dokument kann auch offen ausgehändigt werden, wenn keine schutzwürdigen Interessen des Empfängers entgegenstehen (§ 5 Abs. 1 S. 2 VwZG). Für die **Ersatzzustellung** verweist § 5 Abs. 2 VwZG mit kleineren Abweichungen auf die §§ 177 bis 181 ZPO.

526

- An den in § 5 Abs. 4 VwZG genannten Adressatenkreis (Behörden, **Rechtsanwälte**, Notare, Steuerberater etc.) ist die Zustellung auch **„auf andere Weise"** zulässig, z.B. durch einfachen Brief gegen Empfangsbekenntnis. Als Nachweis der Zustellung genügt hier das mit Datum und Unterschrift versehene Empfangsbekenntnis, das an die Behörde zurückzusenden ist, wobei nach § 5 Abs. 7 VwZG auch ein elektronisches Empfangsbekenntnis (mit qualifizierter elektronischer Signatur) zulässig ist.

527

Für die Zustellung gegen Empfangsbekenntnis ist nicht der Eingang in der Kanzlei maßgebend, sondern der Zeitpunkt, in dem der Anwalt den Bescheid mit dem Willen entgegennimmt, es als zugestellt gelten zu lassen, und dies durch seine Unterschrift auf dem Empfangsbekenntnis dokumentiert.[501] Die Entgegennahme durch einen Büroangestellten reicht für eine wirksame Zustellung nach § 5 VwZG daher nicht aus.[502]

Die Zustellung „auf andere Weise" kann **auch auf elektronischem Wege** erfolgen (§ 5 Abs. 4 S. 1 VwZG). Das Wort „elektronisch" ist in § 5 Abs. 4 VwZG in einem weiten unspezifischen Sinne zu verstehen[503] und erfasst daher bei dem in § 5 Abs. 4 VwZG genannten Personenkreis nicht nur elektronische Dokumente, sondern auch die Zustellung per **Telefax**.[504]

528

> **Beachte:** Bei Privatpersonen ist eine förmliche Zustellung z.B. des Widerspruchsbescheides per Telefax dagegen unzulässig und unwirksam.

- Im Übrigen kann der Widerspruchsbescheid als **elektronisches Dokument** (also als Datei) nach § 5 Abs. 5 S. 1 VwZG **elektronisch zugestellt** werden (z.B. per E-Mail), soweit der Empfänger hierfür einen Zugang eröffnet (z.B. durch Verfügbarkeit eines elektronischen Postfachs). Das Dokument ist in diesem Fall mit

529

---

501 BGH NJW 2012, 2117; OVG Hamburg NVwZ 2005, 235, 236.
502 BVerwG NVwZ-RR 1995, 580; OVG Hamburg NJW 1999, 965; Sadler VwZG § 5 Rdnr. 92.
503 Rosenbach DVBl. 2005, 816, 818.
504 Rosenbach NWVBl. 2006, 121, 124; Kremer NJW 2006, 332, 333.

einer qualifizierten Signatur nach dem SigG zu versehen und gegen unbefugte Kenntnisnahme Dritter zu schützen (§ 5 Abs. 5 S. 3 VwZG).

§ 5 Abs. 6 VwZG regelt ergänzend die formellen Anforderungen an die elektronische Zustellung in Anlehnung an § 174 Abs. 2 ZPO: Die Übermittlung ist mit dem Hinweis „Zustellung gegen Empfangsbekenntnis" einzuleiten. Sie muss die absendende Behörde, den Namen und die Anschrift des Zustellungsadressaten sowie den Namen des Bediensteten erkennen lassen, der das Dokument zur Übermittlung aufgegeben hat. Dadurch soll für den Empfänger des Dokuments erkennbar werden, dass es sich bei der Übermittlung des elektronischen Dokuments bereits um eine förmliche Zustellung handelt.

530   Der Empfänger eröffnet einen Zugang für elektronische Dokumente durch entsprechende **Widmung**. Dies kann ausdrücklich oder konkludent erfolgen. Im Einzelfall ist hier die Verkehrsanschauung maßgebend.

- **Behörden**, Unternehmen und **Rechtsanwälte**, die auf ihren Briefbögen im Rechtsverkehr eine E-Mail-Adresse angeben, erklären damit i.d.R. konkludent ihre Bereitschaft, Eingänge auf diesem Weg anzunehmen. Sie haben durch organisatorische Maßnahmen sicherzustellen, dass z.B. E-Mail-Postfächer regelmäßig abgefragt werden. Gegenteiliges müssen sie ausdrücklich erklären, z.B. durch Hinweise auf dem Briefkopf oder auf ihrer Internetseite.[505]

- Bei einer **Privatperson** wird die Angabe einer E-Mail-Adresse im Briefkopf dagegen heute noch nicht dahin verstanden, dass sie damit allgemein ihre Bereitschaft zum Empfang von rechtlich verbindlichen Erklärungen kundtut. Beim Bürger kann in aller Regel von der Eröffnung eines Zugangs nur ausgegangen werden, wenn er dies gegenüber der Behörde ausdrücklich erklärt hat.[506]

531   Maßgebend für den **Zeitpunkt der Zustellung** des elektronischen Dokuments ist der des „Empfangs". Dies ist nicht bereits der Eingang der Datei z.B. auf dem Mail-Server, sondern der Zeitpunkt, zu dem der Adressat die erhaltene Datei mit dem Willen, sie als zugestellt gelten zu lassen, entgegengenommen hat.[507] Diesen Zeitpunkt bestätigt er im Empfangsbekenntnis gemäß § 5 Abs. 7 S. 1 VwZG. Wenn der Empfänger auf das elektronische Dokument nicht reagiert und das Empfangsbekenntnis nicht zurückschickt, ist daher **keine wirksame Zustellung** erfolgt, sodass Fristen grds. nicht in Gang gesetzt werden.

Etwas anderes gilt nach § 5 Abs. 7 S. 2 VwZG in den Fällen, in denen das Verfahren auf Verlangen des Empfängers elektronisch abgewickelt wird (§ 5 Abs. 5 S. 2 VwZG).

532   Nach § 5 a Abs. 1 VwZG kann die elektronische Zustellung auch durch Übermittlung an ein **De-Mail-Postfach** des Empfängers erfolgen.[508]

dd) Allgemeine Vorschriften für alle Zustellungsarten

533   Zugestellt wird der Widerspruchsbescheid an den Widerspruchsführer, seinen gesetzlichen Vertreter (§ 6 VwZG) oder an Bevollmächtigte (§ 7 VwZG). Nach § 7 Abs. 1 S. 2 VwZG **muss** die Zustellung an den Bevollmächtigten (z.B. an den Anwalt) erfolgen, wenn dieser eine schriftliche Vollmacht vorgelegt hat.

Wichtiger Klausurfall: Rechtsanwalt R hat für K Widerspruch erhoben und eine schriftliche Verfahrensvollmacht vorgelegt. Der Widerspruchsbescheid wird versehentlich dem Mandanten K zugestellt. Die unter Verstoß gegen § 7 Abs. 1 S. 2 VwZG erfolgte Zustellung ist unwirksam und kann die Klagefrist des § 74 Abs. 1 S. 1 VwGO nicht in Gang setzen.[509]

---

505 Kopp/Ramsauer VwVfG § 3 a Rdnr. 12.
506 Vgl. Begründung zum 3. VwVfÄndG in BT-Drs. 14/9000, S. 31.
507 BT-Drs. 15/5216, S. 13.
508 Vgl. das Gesetz vom 28.04.2011(BGBl. I S. 666) und dazu Roßnagel NJW 2011, 1473 ff.
509 OVG Lüneburg NJW 2009, 1834; Engelhardt/App VwZG § 7 Rdnr. 6 f.

> **Beachte:** Die Zustellungswirkung nach § 7 Abs. 1 VwZG tritt nur ein, wenn die Bevollmächtigung im **Zeitpunkt der Zustellung** noch besteht. Allerdings gilt gemäß § 173 S. 1 VwGO i.V.m § 87 ZPO trotz Widerrufs die Vollmacht als fortbestehend, solange der Beteiligte der Behörde bzw. dem Gericht nicht anzeigt, dass sie erloschen ist.

Lässt sich die formgerechte Zustellung des (Widerspruchs-)Bescheids nicht nachweisen oder ist er unter Verletzung zwingender Zustellungsvorschriften zugegangen, gilt dieser Mangel in dem Zeitpunkt (ex nunc) als **geheilt**, in dem das Dokument dem Empfangsberechtigten tatsächlich zugegangen ist (§ 8 VwZG). **534**

Beispiel: Der Widerspruchsbescheid ist abweichend von § 7 Abs. 1 S. 2 VwZG nicht dem bevollmächtigten Rechtsanwalt, sondern dem Mandanten zugestellt worden. Nach h.M. kommt es für die Anwendung des § 8 VwZG nicht darauf an, dass der nachträgliche Erhalt des Schriftstücks mit Wissen und Wollen der Behörde erfolgt.[510] Für die Heilung genügt es daher, dass der Mandant dem Anwalt das Schreiben übergibt.[511] Nach der Gegenansicht ist für die Heilung erforderlich, dass die Behörde den Willen hatte, eine Zustellung an den Empfangsberechtigten, also den Anwalt vorzunehmen.[512]

Bei der **elektronischen Zustellung eines elektronischen Dokuments** nach § 5 Abs. 5 VwZG ist auf den Zeitpunkt abzustellen, in dem der Empfänger das Empfangsbekenntnis zurückgesendet hat. Eine Heilung ist daher ausgeschlossen, wenn bei elektronischer Zustellung das Empfangsbekenntnis nicht an die Behörde zurückgelangt ist (außer im Fall des § 5 Abs. 7 S. 2 VwZG). **535**

> **Beachte:** Ist Heilung nach § 8 VwZG erfolgt, so beginnt die Klagefrist des § 74 Abs. 1 S. 1 VwGO (ex nunc) in dem Zeitpunkt zu laufen, in dem der Widerspruchsbescheid dem Empfangsberechtigten tatsächlich zugegangen ist.

Ist eine Heilung nicht eingetreten und die **Zustellung unwirksam**, laufen keine Fristen, die Klage kann fristungebunden erhoben werden. Allerdings kann nach längerer Zeit **Verwirkung** eintreten (s.u. Rdnr. 588). Die Klageerhebung verstößt dann gegen **Treu und Glauben**, wenn der Berechtigte trotz Kenntnis oder zumutbarer Möglichkeit der Kenntnisnahme erst zu einem derart späten Zeitpunkt reagiert, zu dem nicht mehr mit einem Rechtsbehelf gerechnet werden musste.[513] **536**

Beispiel: G hat gegen eine gewerberechtliche Untersagungsverfügung anwaltlich vertreten Widerspruch erhoben. Der Widerspruchsbescheid wird unter Verstoß gegen § 7 Abs. 1 S. 2 VwZG dem G persönlich zugestellt. G kümmert sich nicht weiter um die Sache. Nach mehr als einem Jahr stellt die Behörde fest, dass G der Untersagungsverfügung nicht nachgekommen ist. Mangels ordnungsgemäßer Zustellung ist die Untersagungsverfügung zwar nicht bestandskräftig geworden. G muss sich nach Ablauf eines derartig langen Zeitraums aber so behandeln lassen, als ob die Verfügung unanfechtbar geworden ist.[514]

b) Bekanntgabe des Ausgangsbescheides

Ist ein **Vorverfahren** nach § 68 Abs. 1 S. 2 VwGO **nicht erforderlich**, so muss die (Anfechtungs- oder Verpflichtungs-)Klage innerhalb eines Monats **nach Bekanntgabe des Verwaltungsakts** erhoben werden (§ 74 Abs. 1 S. 2 VwGO). Die Bekanntgabe erfolgt grds. **formlos** und richtet sich nach § 41 VwVfG. Nach § 41 Abs. 1 VwVfG ist ein Verwaltungsakt demjenigen Beteiligten bekannt zu geben, für den er bestimmt ist oder der von ihm betroffen wird.

---

510 BFH NVwZ-RR 1991, 660, 661; NJW 1989, 2496; Kopp/Schenke VwGO § 73 Rdnr. 23 a.

511 Sadler VwZG § 7 Rdnr. 32 u. § 8 Rdnr. 18.

512 BVerwG NJW 1988, 1612, 1613 zur früheren Rechtslage.

513 Kopp/Schenke VwGO § 74 Rdnr. 18 ff.

514 Vgl. OVG Hamburg NVwZ-RR 1993, 110; VGH Mannheim NVwZ-RR 1997, 582; Kintz JuS 1997, 1115, 1119.

537   ■ Bekannt gegeben ist der Bescheid, wenn er **zugegangen** ist, d.h. wenn er so in den Machtbereich des Empfängers gelangt ist, dass nach der Verkehrsanschauung unter gewöhnlichen Umständen mit der Kenntnisnahme zu rechnen ist (Rechtsgedanke des § 130 Abs. 1 BGB). Zum Machtbereich des Empfängers zählen insbes. Briefkasten, Postfach, E-Mail-Postfach und etwaige Ersatzempfänger (Ehe- und Lebenspartner, Angestellte etc.).

Beispiele: Ist der Empfänger wegen Urlaubs oder sonstiger **Ortsabwesenheit** nicht in der Lage, von dem Bescheid Kenntnis zu nehmen, so steht dies dem Zugang nicht entgegen, da es lediglich auf die **Möglichkeit** der Kenntnisnahme, nicht aber auf die tatsächliche Kenntnisnahme ankommt.

Der Einwurf in den **Briefkasten** bewirkt den Zugang, sobald nach der Verkehrsanschauung mit der Entnahme zu rechnen ist. Davon ist grds. bei einem Einwurf bis 18 Uhr auszugehen.[515] Später (zur Unzeit) eingeworfene Sendungen gehen dagegen erst am nächsten Morgen bzw. am nächsten Werktag zu.

In ein **Postfach** eingelegte Briefsendungen sind in dem Zeitpunkt zugegangen, in welchem das Postfach üblicherweise geleert zu werden pflegt; ob das Postfach tatsächlich geleert oder der entnommene Brief überhaupt zur Kenntnis genommen wird, ist unerheblich. Deshalb bejaht die Rspr. bei einem Rechtsanwalt Zugang auch bei Einlegung eines Briefes in das Postfach am Samstag.[516]

Bei **elektronischen Dokumenten** erfolgt der Zugang, wenn sie in der eigenen Datenverarbeitungsanlage oder im Empfangsbriefkasten des Providers abrufbereit gespeichert werden. Geschieht dies zur Unzeit, muss mit einer Kenntnisnahme erst am darauf folgenden Werktag gerechnet werden.[517]

538   ■ Erfolgt die Übermittlung **durch die Post** im Inland, gilt der Bescheid am dritten Tag nach der Aufgabe zur Post als bekannt gegeben (§ 41 Abs. 2 S. 1 VwVfG). Ebenso wie im Rahmen des § 4 VwZG gilt dies auch dann, wenn der dritte Tag ein Samstag, Sonntag oder Feiertag ist (s.o. Rdnr. 524).[518]

Die Gegenansicht stellt analog § 31 Abs. 3 VwVfG auf den nächsten Werktag als Bekanntgabetag ab.[519] Dagegen spricht jedoch, dass die Drei-Tage-Fiktion keine Frist ist, innerhalb derer eine bestimmte Handlung vorgenommen werden muss, sondern ein bloßer Zeitraum. Für die Verlängerung besteht auch kein Bedürfnis. Ist der Bescheid tatsächlich später zugegangen, so entkräftet dies ohnehin die Drei-Tage-Fiktion und die Behörde muss ggf. den tatsächlichen Zugang beweisen (§ 41 Abs. 2 S. 3, 2. Halbs. VwVfG).

■ Wird der VA **elektronisch übermittelt**, so gilt er grds. ebenfalls am dritten Tag nach der Absendung als bekannt gegeben (§ 41 Abs. 2 S. 2 VwVfG). Dies gilt nicht, wenn der Bescheid nicht oder zu einem späteren Zeitpunkt zugegangen ist; im Zweifel hat die Behörde den Zugang des VA und den Zeitpunkt des Zugangs nachzuweisen (§ 41 Abs. 2 S. 3 VwVfG).

> **Beachte:** § 41 Abs. 2 S. 2 VwVfG erfasst nicht nur die Übermittlung elektronischer Dokumente i.S.d. § 3 a VwVfG, sondern alle Bescheide, die „elektronisch übermittelt" werden. Dazu gehört auch die Übermittlung per Telefax, sodass ein VA, der (formlos) per Telefax übermittelt wird, nach § 41 Abs. 2 S. 2 VwVfG erst am dritten Tag nach der Absendung als zugegangen gilt.

Anders § 41 Abs. 2 S. 3, 2. Halbs. VwVfG MV, der bei elektronischer Übermittlung auf den tatsächlichen Zugang abstellt, soweit dieser früher erfolgt ist.[520]

---

515 Vgl. Palandt/Ellenberger BGB § 130 Rdnr. 6.

516 BFH NJW 2000, 1742; OVG NRW NWVBl. 2001, 429, 431; a.A. Ehlers Jura 2004, 30, 36.

517 Dietlein/Heinemann NWVBl. 2005, 54, 55.

518 Vgl. BSG NJW 2011, 1099, 1100; OVG Lüneburg NJW 2011, 1529, 1530 zur entsprechenden Regelung in § 37 Abs. 2 SGB X.

519 Knack/Henneke VwVfG § 41 Rdnr. 19; Stelkens/Bonk/Sachs VwVfG § 41 Rdnr. 133.

520 Ebenso OVG Lüneburg NJW 2002, 1969 zur früheren Rechtslage; zum geltenden Recht vgl. Knack/Henneke VwVfG § 41 Rdnr. 37; Stelkens/Bonk/Sachs VwVfG § 41 Rdnr. 82 u. 116.

■ Nach § 41 Abs. 3 VwVfG darf ein VA **öffentlich bekannt gegeben** werden, wenn dies durch Rechtsvorschrift zugelassen ist. Eine Allgemeinverfügung darf auch dann öffentlich bekannt gegeben werden, wenn eine Bekanntgabe an die Beteiligten untunlich ist (§ 41 Abs. 3 S. 2 VwVfG). Die öffentliche Bekanntgabe eines schriftlichen VA wird dadurch bewirkt, dass sein verfügender Teil (der Tenor) ortsüblich bekannt gemacht wird (§ 41 Abs. 4 S. 1 VwVfG). Der VA gilt dann grds. **zwei Wochen nach der ortsüblichen Bekanntmachung** als bekannt gegeben (§ 41 Abs. 4 S. 3 VwVfG). **539**

> **Beispiel:** Die Verfügung über die Einziehung einer Straße (§ 2 FStrG) wird am 12.02. öffentlich ausgehängt und gilt nach § 41 Abs. 4 S. 3 VwVfG am 26.02. als bekannt gegeben, es sei denn, in der Verfügung ist ein hiervon abweichender Tag bestimmt (§ 41 Abs. 4 S. 4 VwVfG). Die Rechtsbehelfsfrist (§§ 70 Abs. 1, 74 Abs. 1 S. 2 VwGO) endet daher grds. am 26.03.

■ Eine besondere Form der öffentlichen Bekanntgabe gilt für **Verkehrszeichen**, die gemäß § 45 Abs. 4 StVO durch Aufstellen wirksam werden. Es genügt, wenn das Verkehrszeichen so aufgestellt ist, dass es für die Verkehrsteilnehmer ohne Weiteres wahrnehmbar ist („mit einem raschen und beiläufigen Blick"), unabhängig davon, ob der Betroffene das Verkehrszeichen auch tatsächlich wahrgenommen hat.[521] **540**

Daraus ist teilweise geschlossen worden, dass die Anfechtungsfrist gegenüber allen Verkehrsteilnehmern generell mit dem Aufstellen des Schildes zu laufen beginne.[522] Die neuere Rspr. geht im Hinblick auf Art. 19 Abs. 4 GG jedoch davon aus, dass die Jahresfrist des § 58 Abs. 2 VwGO (da bei Verkehrszeichen die Rechtsbehelfsbelehrung fehlt) erst dann in Lauf gesetzt wird, wenn sich der jeweilige Verkehrsteilnehmer erstmalig der Verkehrsregelung gegenüber sieht.[523]

■ Auch beim **Ausgangsbescheid** ist zum Teil eine **förmliche Zustellung** vorgeschrieben (z.B. § 128 BBG bzw. entspr. LBG für beamtenrechtliche Verfügungen, § 13 Abs. 7 VwVG für die Androhung) oder die Behörde kann von sich aus – insbes. aus Gründen der Beweissicherung – die förmliche Zustellung anordnen (§ 41 Abs. 5 VwVfG, § 1 Abs. 2 VwZG). Dann gelten die Vorschriften des VwZG des Bundes bzw. (bei Landesbehörden) die landesrechtlichen Zustellungsvorschriften. Die Behörde muss dann die vorgeschriebenen Förmlichkeiten beachten, auch wenn sie die Entscheidung formlos hätte bekannt geben können.[524] **541**

> **Beispiel:** Die Behörde hat den Ausgangsbescheid freiwillig förmlich an den Mandanten zugestellt, obwohl Rechtsanwalt R im Verfahren schriftliche Vollmacht vorgelegt hatte. Wegen des Verstoßes gegen § 7 Abs. 1 S. 2 VwZG wird die Klagefrist nicht in Lauf gesetzt.[525]

> **Beachte:** Eine unwirksame Zustellung kann nicht in eine einfache Bekanntgabe umgedeutet werden!

c) Fristberechnung

Die **Berechnung** der Monatsfrist des § 74 VwGO erfolgt nach § 57 Abs. 2 VwGO, § 222 Abs. 1 ZPO, § 188 Abs. 2 BGB. Die Monatsfrist endet daher mit Ablauf des Tages des folgenden Monats, welcher durch seine Zahl dem Tag entspricht, an dem die Zustellung erfolgte. **542**

> **Beispiel:** Erfolgt die Zustellung des Widerspruchsbescheides am Mo, den 05.09., so muss die Klage spätestens am Mi, den 05.10. bei Gericht eingehen.

---

521 BVerwG NJW 2008, 2867, 2868; OVG NRW NJW 2005, 1142.

522 VGH Mannheim JZ 2009, 738 f.; dazu kritisch BVerfG RÜ 2009, 807 f.

523 BVerwG, Urt. v. 23.09.2010 – BVerwG 3 C 37.09, RÜ 2011, 51, 53; vgl. allgemein AS-Skript Verwaltungsrecht AT 1 (2011), Rdnr. 226.

524 OVG Lüneburg NJW 2009, 1834; OVG NRW OVGE 44, 179, 180.

525 OVG Lüneburg NJW 2009, 1834; Kopp/Schenke VwGO § 74 Rdnr. 4.

Häufig wird bei der Fristberechnung darauf verwiesen, dass nach § 187 Abs. 1 BGB der Tag, in welchen das Ereignis fällt, nicht mitgerechnet wird, sodass für den Fristbeginn erst auf den folgenden Tag abgestellt wird.[526] Hierbei wird allerdings übersehen, dass § 188 Abs. 2 BGB nur auf die Rechtsvoraussetzung (auf „den Fall") des § 187 Abs. 1 BGB verweist, also dass für den Fristbeginn ein Ereignis maßgebend ist. In diesem Fall berechnet sich das Fristende nach § 188 Abs. 2 BGB. Darin erschöpft sich die Bedeutung der Verweisung.[527] Nur für die **Berechnung der Frist** wird der Tag der Zustellung nicht mitgerechnet. Die Frist selbst beginnt aber schon mit der Zustellung.[528] Deshalb ist ein am letzten Tag der Frist um 24.00 h (= 0.00 h des Folgetages) eingehendes Schreiben bereits verfristet.[529]

Ausnahmen:

543 ■ Fehlt in dem Monat der für den Ablauf der Frist maßgebende Tag, so endet die Frist mit dem Ablauf des letzten Tages dieses Monats (§ 57 Abs. 2 VwGO, § 222 Abs. 1 ZPO, § 188 Abs. 3 BGB).

> **Beispiel:** Bei Zustellung am 31.01. endet die Monatsfrist am 28.02. (bzw. 29.02. in Schaltjahren). Die am 28.02. beginnende Monatsfrist endet dagegen gemäß § 188 Abs. 2 BGB bereits am 28.03. und nicht erst am 31.03.[530]

544 ■ Fällt das Ende der Frist auf einen Sonnabend, Sonntag oder allgemeinen Feiertag, so endet die Frist erst mit Ablauf des nächsten Werktages (§ 57 Abs. 2 VwGO, § 222 Abs. 2 ZPO).

> **Allgemeine Feiertage** sind insbes. Neujahr, Karfreitag, Ostermontag, 1. Mai, Christi Himmelfahrt, Pfingstmontag, 3. Oktober, 1. und 2. Weihnachtstag, **nicht** dagegen der 24.12., der 31.12. und Rosenmontag. Im Übrigen gelten die landesrechtlichen Feiertagsgesetze: Für den Ablauf der Klagefrist sind die Verhältnisse an dem Ort maßgebend, an dem die Frist zu wahren ist. Es kommt also auf die Rechtslage in dem Land an, an dem das Gericht seinen Sitz hat.[531]

545 Die Klagefrist, die nicht verlängert werden kann, ist nur gewahrt, wenn die Klageschrift **vor Ablauf der Frist bei Gericht eingegangen** ist, d.h. in seinen Herrschaftsbereich gelangt ist, z.B. durch Übermittlung per Telefax oder durch Einwurf in den Hausbriefkasten. Die Aufgabe zur Post wahrt die Klagefrist allein nicht.

> **Beispiel:** Einwurf in den Nachtbriefkasten des Gerichts vor 24.00 h am letzten Tag der Frist.[532] Geht das Schreiben aufgrund postalischer Verzögerungen oder beim Telefax wegen technischer Übermittlungsprobleme erst nach Fristablauf ein, ändert dies nichts an der Fristversäumnis, kann aber zur Wiedereinsetzung in den vorigen Stand führen (§§ 70 Abs. 2, 60 VwGO).[533]

546 Bei Übermittlung per **Telefax** wurde früher angenommen, dass die Klage nur dann fristgerecht erfolgt, wenn das Schriftstück vor Fristablauf vom Empfangsgerät ausgedruckt worden ist.[534] Da Faxgeräte üblicherweise über einen Internspeicher verfügen, lässt es die Rspr. heute genügen, dass die gesendeten Signale vor Ablauf des letzten Tages der Frist vom Telefaxgerät des Gerichts **vollständig empfangen** (gespeichert) worden sind, unabhängig davon wann der Ausdruck erfolgt.[535] Da bei der Klage Schriftform einzuhalten ist (§ 81 VwGO), muss allerdings die Seite mit der Unterschrift vor Fristablauf übermittelt werden.[536]

---

526 So z.B. Klotz JuS 2011, 41, 44; Dorf JA 2011, 116, 122.

527 Proppe JA 2001, 977.

528 So ausdrücklich BGH NJW 1984, 1358.

529 BGH NJW 2007, 2045, 2046.

530 BGH NJW 1984, 1358.

531 OVG Brandenburg NJW 2004, 3795; Prechtel ZAP 2006, 321, 329.

532 Vgl. BGH NJW 2006, 2263, 2266 m.w.N.

533 Redeker/v.Oertzen VwGO § 57 Rdnr. 10 und unten Rdnr. 557.

534 BVerfG NJW 2000, 574; BGH NJW 1994, 1881, 1882.

535 BGH NJW 2006, 2263, 2265.

536 Vgl. BGH NJW 1994, 2097.

Wird die Klage bei einem **unzuständigen Gericht** erhoben (statt beim VG z.B. beim Landgericht), so wird auch hierdurch die Klagefrist gewahrt, da die spätere Verweisung die Wirkungen der Rechtshängigkeit unberührt lässt (§ 17 b Abs. 1 S. 2 GVG, § 83 VwGO). Dies setzt aber voraus, dass die Klage beim unzuständigen Gericht „erhoben" wird, gilt also **nicht**, wenn eine an das zuständige Gericht adressierte Klageschrift **versehentlich** beim unzuständigen Gericht eingereicht wird.[537] In diesem Fall ist die Frist nur gewahrt, wenn die Klage noch innerhalb der Frist beim **angerufenen Gericht** eingeht. 547

Beispiel: Die an das VG adressierte Klageschrift wird versehentlich in den Briefkasten des OVG geworfen. Die Klagefrist ist nur gewahrt, wenn die Klage noch vor Fristablauf beim VG eingeht.

Allerdings folgt aus dem Anspruch der Verfahrensbeteiligten auf ein rechtsstaatliches, faires Verfahren (Art. 2 Abs. 1 i.V.m. Art. 20 Abs. 3 GG) eine **Fürsorgepflicht** des unzuständigen Gerichts, nach der es fristgebundene Schriftsätze im Zuge des ordentlichen Geschäftsgangs an das zuständige Gericht weiterleiten muss.[538] 548

Dies hat das BVerfG z.B. angenommen bei einem leicht und einwandfrei als fehlgeleitet erkennbaren Schriftsatz oder wenn das Gericht bereits vorher mit dem Verfahren befasst war.[539]

Das unzuständige Gericht muss den Beteiligten und ihren Prozessbevollmächtigten aber nicht generell die Verantwortung für die Einhaltung der Formalien abnehmen. Insbesondere ist das angegangene Gericht nicht verpflichtet, die Zuständigkeit bei Eingang des Schriftsatzes sofort zu prüfen und die Partei telefonisch oder per Telefax auf die fehlerhafte Einlegung hinzuweisen oder gar den Schriftsatz selbst per Telefax an das zuständige Gericht weiterzuleiten.[540] Da es um die Einhaltung von Fristen geht, gebietet die Fürsorgepflicht lediglich die **Weiterleitung ohne schuldhaftes Zögern** im Zuge des ordentlichen Geschäftsgangs.[541]

d) Frist bei nicht ordnungsgemäßer Rechtsbehelfsbelehrung

Fehlt es an einer **Rechtsbehelfsbelehrung** oder ist diese unrichtig erteilt, so gilt nicht die Monatsfrist des § 74 VwGO, sondern die **Jahresfrist** nach § 58 Abs. 2 VwGO. 549

> **Beachte:** Fehlt es dagegen bereits an einer (wirksamen) Zustellung oder Bekanntgabe überhaupt, so gilt weder die Frist des § 74 noch die des § 58 Abs. 2 VwGO. Der Kläger kann sein Klagerecht jedoch verwirken (s.o. Rdnr. 536).

Unrichtig ist die Rechtsbehelfsbelehrung insbes., wenn **obligatorische Bestandteile fehlen**. Obligatorisch sind nach § 58 Abs. 1 VwGO die Bezeichnung des Rechtsbehelfs (Widerspruch, Klage), des Adressaten, dessen Sitz und die einzuhaltende Frist. **Nicht zum obligatorischen Inhalt** einer Rechtsbehelfsbelehrung gehören dagegen die **Form** und der notwendige Inhalt der Klageschrift.[542] 550

Deshalb ist es grds. auch nicht erforderlich, auf etwaige Begründungserfordernisse oder auf einen etwaigen Vertretungszwang nach § 67 Abs. 4 VwGO hinzuweisen (str.).[543] Nach der Gegenansicht[544] muss über Formvorschriften, die für den Rechtsbehelf zwingend sind, generell belehrt werden, da nur eine formgerechte Einlegung die Frist wahrt. Dagegen spricht jedoch der Wortlaut des § 58 Abs. 1 VwGO.

---

537 Vgl. BVerwG NJW 2002, 768; VGH Kassel NJW 2001, 3722; OVG Koblenz DVBl. 2008, 268.

538 BVerfG NJW 2005, 2137, 2138; BVerwG NVwZ-RR 2003, 901; BGH NJW 2011, 2053 u. 2367.

539 BVerfG NJW 2006, 1579; NJW 2005, 2137.

540 BVerfG NJW 2006, 1579; NJW 2001, 1343; BVerwG NVwZ-RR 2003, 901.

541 BVerfG NJW 2002, 3692, 3693; BVerwG NVwZ-RR 2003, 901; OVG Lüneburg NJW 2006, 1083, 1084.

542 BVerwG NVwZ-RR 2010, 36, 37; NVwZ 1997, 1211, 1212.

543 BayVGH NVwZ-RR 2003, 314; a.A. VGH Mannheim NVwZ-RR 2002, 460; von BVerwG DVBl. 2002, 1553, 1554 offengelassen.

544 Kopp/Schenke VwGO § 58 Rdnr. 10; Redeker/v.Oertzen VwGO § 58 Rdnr. 9.

551 Gleichwohl werden in der Praxis häufig auch hierzu **Hinweise** in die Rechtsbehelfsbelehrung aufgenommen. Werden solche Hinweise gegeben, so müssen sie grundsätzlich **richtig** und **vollständig** sein. Sind sie unzutreffend oder unvollständig, so machen sie die Rechtsbehelfsbelehrung unrichtig i.S.d. § 58 Abs. 2 VwGO, wenn sie **abstrakt geeignet** sind, die **Einlegung des Rechtsbehelfs zu erschweren**.[545]

Beispiele:

- Unrichtig i.S.d. § 58 Abs. 2 VwGO ist z.B. eine RBB, die nur darauf verweist, dass die Klage **schriftlich** erhoben werden muss, ohne auf die Möglichkeit einer Einlegung zur Niederschrift beim VG (§ 81 Abs. 1 S. 2 VwGO) hinzuweisen. Zwar gehört die Form nicht zu den obligatorischen Bestandteilen einer RBB, sodass darüber grds. nicht belehrt werden muss. Wenn aber über die Form belehrt wird, muss die Belehrung vollständig sein.[546]

- Dasselbe gilt, wenn bei dem Gericht die Möglichkeit besteht, eine Klage nach § 55 a VwGO in **elektronischer Form** zu erheben. Hier ist die RBB nach h.Rspr. unrichtig, wenn sie nur auf die Möglichkeit hinweist, eine Klage schriftlich oder zur Niederschrift des Urkundsbeamten der Geschäftsstelle zu erheben, ohne auf die elektronische Form hinzuweisen.[547] Die Gegenansicht verweist auf den Wortlaut des § 81 Abs. 1 VwGO, der die elektronische Form nicht nennt.[548] Dies liegt aber daran, dass § 81 Abs. 1 VwGO durch § 55 a VwGO modifiziert wird, sodass bei fehlendem Hinweis auf eine elektronische Klageerhebung eine vollständige Belehrung über die Form unterblieben ist, was die RBB unrichtig i.S.d. § 58 Abs. 2 VwGO macht.

- Unrichtig ist die RBB auch, wenn aus gesetzlichen **Soll-Voraussetzungen** zwingende Vorgaben gemacht werden, z.B. wenn es – abweichend von § 82 Abs. 1 S. 2 u. 3 VwGO – in der RBB heißt, die Klage „müsse" einen bestimmten Antrag enthalten, oder dass die Klage eine Begründung enthalten muss (statt „soll").[549]

- Umstritten ist, ob die RBB auch dann unrichtig ist, wenn für den Fristbeginn eine **falsche Formulierung** gewählt wird (z.B. „ein Monat nach Bekanntgabe" statt „ein Monat nach Zustellung" im Fall des § 74 Abs. 1 S. 1 VwGO). Belehrt werden muss nach § 58 Abs. 1 VwGO nur über die abstrakte Frist. Nicht erforderlich sind Angaben über das Datum des Fristbeginns oder des Fristendes. Die Berechnung der Frist ist nicht Aufgabe der RBB, sondern des Rechtsbehelfsführers. Nach der Rspr. des BVerwG ist eine abweichende Wortwahl („Bekanntgabe" statt „Zustellung") daher grds. unschädlich.[550] Dagegen spricht jedoch, dass Bekanntgabe- und Zustellungszeitpunkt auseinanderfallen können (insbes. beim Übergabe-Einschreiben wegen der Fiktion des § 4 Abs. 2 S. 2 VwZG). In diesem Fall ist die RBB unrichtig i.S.d. § 58 Abs. 2 VwGO.[551]

552 Umstritten sind die Anforderungen an die Rechtsbehelfsbelehrung bei **Drittbeteiligung**.

Beispiel: Die Baubehörde hat Bauherrn B eine Baugenehmigung erteilt, bei der die Befürchtung besteht, das Nachbarn N dagegen klageweise vorgehen wird. Die Baubehörde hat deshalb N eine Kopie der mit ordnungsgemäßer Rechtsbehelfsbelehrung versehenen Baugenehmigung übersandt.

Teilweise wird davon ausgegangen, dass sich die Rechtsbehelfsbelehrung nur an den **Adressaten des Bescheides** richte und daher für den Dritten nicht ausreiche. Vielmehr müsse das an den Nachbarn gerichtete Begleitschreiben eine eigenständige Rechtsbehelfsbelehrung enthalten, um die Monatsfrist des § 70 Abs. 1 VwGO bzw. § 74 Abs. 1 S. 2 VwGO auszulösen.[552]

---

545 BVerwG NVwZ 1997, 1211, 1213; OVG NRW NJW 1998, 2844; Pietzner/Ronellenfitsch § 48 Rdnr. 14.

546 Kopp/Schenke VwGO § 58 Rdnr. 12 m.w.N.

547 OVG RP, Urt. v. 08.03.2012 – 1 A 11258/11.OVG; OVG Berlin-Brandenburg, Urt. v. 22.04.2010 – 2 S 12.10; VG Trier, Urt. v. 22.09.2009 – 1 K 365/09; VG Potsdam, Urt. v. 18.08.2010 – 8 K 2929/09; VG Neustadt, Urt. v. 10.09.2010 – 2 K 156/10, NJW 2011, 1530 (nur LS).

548 VG Neustadt RÜ 2012, 198, 200; BFH, Beschl. v. 02.02.2010 – III B 20/09 (zu § 357 Abs. 1 S. 1 AO).

549 Kopp/Schenke VwGO § 58 Rdnr. 12; Klement JuS 2010, 1088, 1094.

550 BVerwG NJW 1991, 508; NVwZ 2006, 943, 944.

551 OVG NRW RÜ 2009, 458, 459; VG Oldenburg NVwZ-RR 2009, 122, 123.

552 OVG NRW NVwZ-RR 2000, 556; OVG Berlin-Brandenburg LKV 2007, 322.

Nach der Gegenansicht reicht grds. die Rechtsbehelfsbelehrung in der **Bescheidkopie** aus, da hieraus auch der Dritte den gegen die Baugenehmigung statthaften Rechtsbehelf sowie die einzuhaltende Frist ersehen kann.[553] Dafür spricht, dass es nach § 58 Abs. 1 VwGO nicht erforderlich ist, darüber zu belehren, wer zur Einlegung des Rechtsbehelfs berechtigt, also widerspruchsbefugt oder klagebefugt ist. Ausreichend ist, dass der Dritte die Belehrung nach ihrem objektiven Erklärungsgehalt auch **auf sich beziehen kann**, wovon im Regelfall auszugehen ist.

Im obigen Beispiel läuft daher mit Übersendung der Bescheidkopie die Widerspruchsfrist des § 70 Abs. 1 VwGO bzw. (in den Fällen des § 68 Abs. 1 S. 2 VwGO) die Klagefrist nach § 74 Abs. 1 S. 2 VwGO.

Ist die **Rechtsbehelfsbelehrung unterblieben oder unrichtig** erteilt worden, kann die Klage gemäß § 58 Abs. 2 VwGO **innerhalb eines Jahres** erhoben werden. Nach Ablauf eines Jahres ist die Klage unzulässig, außer wenn die Einlegung innerhalb der Jahresfrist infolge **höherer Gewalt** unmöglich war oder eine schriftliche oder elektronische Belehrung dahin erfolgt ist, dass ein Rechtsbehelf nicht gegeben sei. Im letzteren Fall sind die Rechtsbehelfe zeitlich unbeschränkt möglich, im Falle höherer Gewalt ist zunächst Wiedereinsetzung in den vorigen Stand zu beantragen (§ 58 Abs. 2 S. 2, § 60 Abs. 2 VwGO).

553

Unter **höherer Gewalt** ist ein Ereignis zu verstehen, das auch durch die größte, nach den Umständen des Einzelfalls vernünftigerweise von dem Betroffenen unter Anlegung subjektiver Maßstäbe – also unter Berücksichtigung seiner Lage, Erfahrung und Bildung – zu erwartende und zumutbare Sorgfalt nicht abgewendet werden konnte.[554]

Muster Rechtsbehelfsbelehrung nach Widerspruchsverfahren (Mindestinhalt)
Gegen den (die) ..... (Bescheid, Verfügung, o.Ä.) des ... (Bezeichnung der Behörde, die den Ausgangsbescheid erlassen hat) vom ... kann innerhalb eines Monats nach Zustellung dieses Widerspruchsbescheids Klage bei dem Verwaltungsgericht in ... erhoben werden.

Muster Rechtsbehelfsbelehrung ohne Widerspruchsverfahren (Mindestinhalt)
Gegen diesen (diese) ..... (Bescheid, Verfügung, o.Ä.) kann innerhalb eines Monats nach Bekanntgabe Klage bei dem Verwaltungsgericht in ... erhoben werden.

e) Wiedereinsetzung in den vorigen Stand

Wird die Klagefrist nicht gewahrt, so kann die Verfristung durch Wiedereinsetzung in den vorigen Stand nach § 60 VwGO geheilt werden, wenn die **Fristversäumnis unverschuldet** ist.

554

Wiedereinsetzung in den vorigen Stand (§ 60 VwGO)
■ gesetzliche Frist versäumt
■ ohne Verschulden
■ Antrag mit Begründung
■ Antragsfrist
■ Glaubhaftmachung
■ Rechtshandlung nachgeholt

---

553 BVerwG, Beschl. v. 11.03.2010 – BVerwG 7 B 36.09, RÜ 2010, 387, 389.
554 BVerfG NJW 2008, 429; BVerwG NVwZ 1998, 1292, 1294.

> **Hinweis:** Wiedereinsetzung in den vorigen Stand ist ein häufiges Klausurproblem. Allerdings ist ein im Aktenauszug „hilfsweise" gestellter Wiedereinsetzungsantrag zu übergehen, wenn überhaupt keine Verfristung vorliegt. Daher zunächst in jedem Fall die Fristvorschriften und die Rechtsbehelfsbelehrung sorgfältig prüfen!

aa) Gesetzliche Frist versäumt

555   Wiedereinsetzung findet nur bei Versäumung einer **gesetzlichen Frist** statt (Klagefrist, Widerspruchsfrist, Rechtsmittelfristen), nicht dagegen z.B. bei einer vom Gericht gesetzten Frist (dazu § 87 b Abs. 3 VwGO).

bb) Ohne Verschulden

556   Wiedereinsetzung kann nur gewährt werden, wenn feststeht, dass die Fristversäumnis **unverschuldet** war, d.h. wenn jedes ursächliche (Mit-)Verschulden des Beteiligten oder seines Anwalts ausgeräumt ist.[555]

> **Beachte:** Lässt sich die Ursache der Fristversäumnis nicht aufklären und folglich das mangelnde Verschulden des Empfängers nicht mit überwiegender Wahrscheinlichkeit feststellen, so ist Wiedereinsetzung zu versagen.

557   Ein **Verschulden** liegt immer dann vor, wenn der Betroffene nicht die Sorgfalt hat walten lassen, die für einen gewissenhaften, seine Rechte und Pflichten sachgerecht wahrnehmenden Beteiligten geboten und ihm nach den gesamten Umständen des konkreten Falls zumutbar ist.[556] Das Verschulden eines **Bevollmächtigten** wird dem Kläger gemäß § 173 S. 1 VwGO i.V.m. § 85 Abs. 2 ZPO wie eigenes Verschulden zugerechnet. Verschulden des bevollmächtigten Rechtsanwalts ist gegeben, wenn dieser die übliche Sorgfalt eines ordentlichen Anwalts nicht gewahrt hat.[557]

Beispiele:

- Kein Verschulden liegt regelmäßig vor, wenn die Frist aufgrund einer Zustellung während des **Urlaubs** versäumt wird. Verschulden ist nur anzunehmen bei längerer Abwesenheit oder wenn der Adressat wegen besonderer Umstände mit dem Zugang eines bestimmten Bescheides rechnen musste.[558]

- Grds. unverschuldet ist die Verfristung bei **postalischen Verzögerungen**.[559] Der Bürger darf grds. darauf vertrauen, dass Postsendungen, die an einem Werktag aufgegeben werden, im Inland am folgenden Werktag beim Empfänger eingehen. Auch eine starke Beanspruchung der Post (z.B. vor Feiertagen) rechtfertigt keine Ausnahme.[560]

- Bei der Übermittlung per **Telefax** liegt kein Verschulden vor, wenn die Übermittlung aufgrund von Fehlern des Empfangsgeräts (Papierstau etc.) oder Störungen der Übermittlungsleitungen (z.B. Überlastung) scheitert.[561] Verschulden liegt aber vor, wenn so kurz vor Ablauf der Frist mit der Übermittlung begonnen wird, dass diese vor Fristablauf nicht mehr ordnungsgemäß abgeschlossen werden kann.[562]

- Ebenso liegt ein Verschulden vor, wenn die Verfristung auf unrichtiger oder **unzulänglicher Adressierung** beruht, es sei denn, dass das Schreiben so frühzeitig abgesandt wurde, dass es trotz des Adressierungsmangels noch rechtzeitig hätte zugehen müssen.[563]

---

555   BGH NJW 2006, 1205, 1206; NJW 2006, 1520.

556   BVerwG NVwZ 1991, 490; Kopp/Schenke VwGO § 60 Rdnr. 9.

557   BayVGH NJW 2006, 1082; OVG Lüneburg NJW 2006, 1083; Kopp/Schenke VwGO § 60 Rdnr. 20 m.w.N.

558   Wolff/Decker VwGO § 60 Rdnr. 9 (unverschuldet bei Urlaub bis zu vier Wochen); Kintz JuS 1997, 1115, 1123 (Ausnahme bei Abwesenheit von mehr als sechs Wochen).

559   Vgl. BVerfG NJW 2003, 1516; NJW 2001, 744, 745; BGH NJW 2011, 153, 155; Born NJW 2011, 2022, 2027.

560   BVerfG NJW 2001, 1566; BGH NJW 2008, 587 f.; Bernau NJW 2012, 2004, 2008.

561   BVerfG NJW 2006, 829; OVG NRW NJW 2009, 315; ausführlich Roth NJW 2008, 785 ff.

562   BVerfG NJW 2006, 1505, 1506; OVG Lüneburg NJW 2007, 1080; Born NJW 2007, 2088, 2093.

563   BVerfG NJW 2001, 1566 (falsche Postleitzahlen); OVG Hamburg NJW 1995, 3137, 3139 (Unterfrankierung); BVerwG NVwZ 2004, 1007; OVG Saarlouis NJW 2008, 456 (Verwechslung von Telefax-Nummern).

■ Nach § 173 S. 1 VwGO i.V.m. § 85 Abs. 2 ZPO kann nur das **Verschulden des Bevollmächtigten** (z.B. des Anwalts) zugerechnet werden, nicht dagegen das Verschulden von **unselbstständigen Hilfspersonen** (z.B. Büropersonal des Anwalts).[564] Hier ist auch eine Zurechnung über § 278 BGB nicht möglich, da diese Vorschrift nur das Innenverhältnis zwischen Anwalt und Mandanten, mangels Schuldverhältnis jedoch nicht das Außenverhältnis gegenüber dem Gericht und dem Prozessgegner betrifft.[565] Allerdings kann den Anwalt ein **eigenes Organisationsverschulden** treffen, wenn er nicht für eine einwandfreie Büroorganisation sorgt oder sein Büropersonal nicht ausreichend schult oder überwacht.[566]

■ Insbesondere hat der Anwalt eine zuverlässige **Fristenkontrolle** sicherzustellen.[567] Die Fristberechnung und -überwachung darf der Anwalt aber grds. auf qualifizierte Fachkräfte übertragen.[568] Die Grenze der Delegation ist dort erreicht, wo es um schwierige oder bedeutsame Funktionen jenseits routinemäßiger Abwicklung geht, z.B. bei nicht alltäglichen Fristen.[569]

■ Außerdem muss der Anwalt in seinem Büro eine wirksame **Ausgangskontrolle** schaffen, durch die zuverlässig gewährleistet wird, dass fristwahrende Schriftsätze rechtzeitig hinausgehen.[570] Verschulden des Anwalts liegt z.B. vor, wenn er vergessen hat, einen Schriftsatz zu unterschreiben.[571]

■ Eine Zurechnung des Verschuldens des **Anwalts** kommt nicht mehr in Betracht, sobald das Mandat, sei es auch nur im Innenverhältnis gekündigt und damit die Vollmacht erloschen ist.[572] Auf die Anzeige bei Gericht nach § 173 S. 1 VwGO, § 87 ZPO (s.o. Rdnr. 533) kommt es im Rahmen der Verschuldenszurechnung nicht an.[573]

■ Grundsätzlich kein Verschulden liegt vor, wenn ein sonstiger **Dritter** ein Schreiben in Empfang nimmt und es nicht oder verspätet weiterleitet.[574] In Betracht kommt hier nur eigenes Verschulden des Empfängers, wenn er die Hilfsperson für die Erledigung von Postangelegenheiten falsch ausgesucht hat, z.B. weil sie damit überfordert gewesen ist oder ihm schon öfters amtliche Schriftstücke vorenthalten hat.

■ Unverschuldet ist das Fristversäumnis auch, wenn der Bürger innerhalb der Klagefrist zunächst nur einen Antrag auf **Prozesskostenhilfe** (PKH) stellt und die fristgerechte Klageerhebung unterbleibt, weil über den Antrag nicht vor Fristablauf entschieden ist. Denn der bedürftigen Partei ist grds. nicht zuzumuten, eine Klage oder ein Rechtsmittel einzulegen, wenn sie sich damit einem Kostenrisiko aussetzt, das sie nicht zu tragen vermag.[575] Voraussetzung für die Gewährung von Wiedereinsetzung in den vorigen Stand ist allerdings, dass die Partei bis zum Ablauf der Klagefrist einen vollständigen Prozesskostenhilfeantrag mit allen dazugehörigen Unterlagen eingereicht hat (§ 166 VwGO i.V.m. § 117 ZPO). Denn nur dann hat die Partei alles getan, was von ihr zur Wahrung der Frist erwartet werden konnte, und es ist gerechtfertigt, die dennoch eingetretene Fristversäumnis als unverschuldet anzusehen.[576]

■ **Mangelnde Rechtskenntnis** entschuldigt eine Fristversäumnis grds. nicht. Verschulden liegt z.B. vor, wenn die Erfolgsaussichten des Rechtsbehelfs falsch beurteilt wurden, z.B. bei zunächst nicht erkannter Rechtswidrigkeit des VA oder bei Unkenntnis von Gesetzesänderungen.[577] Den Anwalt trifft insbes. die Pflicht, zumindest eine allgemein juristische Fachzeitschrift regelmäßig und zeitnah auszuwerten.[578]

564 BGH NJW 2006, 1205, 1206; Born NJW 2007, 2088, 2094 m.w.N.

565 BGH NJW-RR 2003, 935, 936; MünchKomm-v.Mettenheim ZPO § 85 Rdnr. 17 m.w.N.

566 Allgemein zu den Organisationspflichten des Anwalts Born NJW 2011, 2022, 2026 ff.

567 BVerfG NJW 2001, 3534, 3535; BVerwG NJW 2005, 1001; BGH NJW 2006, 1520, 1521; Born NJW 2011, 2022, 2025; Bernau NJW 2012, 2004, 2006 m.w.N.

568 BGH NJW 2011, 1080; NJW 2006, 1070; OVG NRW NJW 2008, 1333, 1334; Born NJW 2009, 2179, 2181.

569 BGH NJW 2000, 3649, 3650; OVG NRW NJW 2011, 3465 (Frist zur Begründung der Berufungszulassung).

570 BGH NJW 2011, 2367; NJW 2011, 2051; Born NNJW 2011, 2022, 2025; Bernau NJW 2012, 2004, 2006.

571 Vgl. einerseits BGH NJW 2006, 1205, 1206; andererseits BGH NJW 2006, 2414.

572 BVerwG NVwZ 2000, 65; BGH NJW 2006, 2334, 2335.

573 BGH NJW 2006, 2334, 2335; BFH NVwZ 2002, 1401, 1402.

574 OVG NRW NJW 1995, 2508 (Ehegatte); BayVGH NJW 1997, 1324 (unselbstständige Hilfspersonen).

575 BVerwG NVwZ 2002, 992; VGH Mannheim NVwZ 1999, 205, 206; Bernau NJW 2012, 2004, 2005.

576 BVerwG NVwZ 2004, 888; vgl. auch BGH NJW 2012, 2041 f.

577 VGH Mannheim NJW 1997, 2698, 2699.

578 Vgl. BGH NJW 1979, 877; OLG Zweibrücken NJW 2005, 3358.

■ Verschulden liegt auch vor, wenn die Nichteinhaltung der Frist auf **Arbeitsüberlastung** des Anwalts beruht.[579] Allerdings kann die Arbeitsüberlastung bei verlängerbaren Fristen (also nicht bei Widerspruchs- und Klagefrist) einen Antrag auf Fristverlängerung rechtfertigen.[580] Übernimmt der Rechtsanwalt ein **neues Mandat**, so zählt es zu seinen originären Pflichten, die Akten unverzüglich selbst auf die laufenden Fristen zu überprüfen. Unterlässt er dies, ist die Versäumung der Frist verschuldet.[581]

cc) Wiedereinsetzungsantrag

558　Ein **Wiedereinsetzungsantrag** muss nicht ausdrücklich gestellt werden. Es reicht aus, wenn das Wiedereinsetzungsbegehren aus dem Vorbringen des Klägers erkennbar wird. Nach § 60 Abs. 2 S. 4 VwGO kann Wiedereinsetzung auch ohne Antrag gewährt werden, wenn die versäumte Rechtshandlung innerhalb der Antragsfrist nachgeholt wird (und die Voraussetzungen für die Wiedereinsetzung offenkundig sind).

Beispiel: Aufgrund des Poststempels ist ersichtlich, dass der Schriftsatz rechtzeitig zur Post aufgegeben wurde und die Verfristung auf den Kläger nicht zurechenbaren postalischen Verzögerungen beruht.

dd) Antragsfrist

559　Für die Wiedereinsetzung in die Klagefrist ist eine **Antragsfrist** von zwei Wochen nach Wegfall des Hindernisses einzuhalten (§ 60 Abs. 2 S. 1, 1. Halbs. VwGO). Die Wiedereinsetzungsfrist beginnt mit dem **Wegfall des Hindernisses**, z.B. mit Urlaubsende, Kenntnis von der Verfristung oder Zustellung des PKH-Beschlusses.[582]

Bei Versagung von PKH wird teilweise noch eine weitere Überlegungszeit von drei bis vier Tagen gewährt, ob der Antragsteller den Rechtsbehelf auf eigene Kosten durchführen will.[583] Von der h.M. wird dies abgelehnt, da diese Entscheidung zumutbarerweise auch innerhalb der Wiedereinsetzungsfrist getroffen werden kann.[584] Entschuldigt ist die Fristversäumnis bei Ablehnung des PKH-Antrags nur, wenn der Betroffene vernünftigerweise nicht mit einer Ablehnung seines Antrags rechnen musste.[585]

560　Der Lauf der Wiedereinsetzungsfrist setzt nicht voraus, dass die Ursache der Verhinderung tatsächlich beseitigt ist. Ausreichend ist, dass das Fortbestehen der Verhinderung **nicht mehr unverschuldet** ist. Die Frist beginnt daher zu laufen, wenn der Betroffene oder sein Bevollmächtigter bei Anwendung der gebotenen Sorgfalt die Fristversäumnis hätte erkennen können.[586]

Beispiel: Ergeben sich z.B. Zweifel am rechtzeitigen Eingang bei Gericht, so muss sich der Absender durch Nachfrage bei Gericht vergewissern, ob der Schriftsatz innerhalb der Frist eingegangen ist.[587] Tut er dies nicht, ist die (weitere) Verhinderung nicht mehr unverschuldet.

561　Der Antrag muss die **Tatsachen** enthalten, aus denen sich die **unverschuldete Fristversäumung** ergibt sowie die Darlegung der **Rechtzeitigkeit** des Antrags.

Zur fristgerechten Begründung gehören daher auch Angaben zum Zeitpunkt des Wegfalls des Hindernisses, denn nur dann kann die Einhaltung der Wiedereinsetzungsfrist nachgewiesen werden.[588]

579　BGH NJW 1996, 997, 998; BayVGH NJW 1998, 1507; Prechtel ZAP 2006, 321, 333.
580　BVerfG NJW 2000, 1633, 1634.
581　Born NJW 2007, 2088, 2091 m.w.N.
582　Schoch/Bier VwGO § 60 Rdnr. 52 m.w.N.
583　Born NJW 2011, 2022, 2024.
584　Kopp/Schenke VwGO § 60 Rdnr. 26.
585　OVG Lüneburg DVBl. 2004, 1499; Born NJW 2011, 2022, 2024; Kopp/Schenke VwGO § 60 Rdnr. 15.
586　Bernau NJW 2012, 2004, 2005.
587　BGH NJW-RR 2005, 76; VG Neustadt NJW 2006, 314.
588　VGH Mannheim NJW 1996, 2882, 2883.

ee) Glaubhaftmachung

Die Tatsachen zur Begründung des Antrags sind bei der Antragstellung oder im Verfahren über den Antrag **glaubhaft** zu machen (§ 60 Abs. 2 S. 2 VwGO).

562

Als Mittel der Glaubhaftmachung (§ 294 ZPO) kommen in Betracht: eidesstattliche Versicherung der Beteiligten, des Anwalts oder der Kanzleiangestellten, Vorlage von Schriftstücken, z.B. Einlieferungsschein der Post, Kopien des Postausgangsbuchs der Kanzlei oder des Fristenkalenders, Erklärungen Dritter etc.).[589]

ff) Nachholen der versäumten Rechtshandlung

Innerhalb der Antragsfrist muss die versäumte Rechtshandlung nachgeholt werden (§ 60 Abs. 2 S. 3 VwGO).

563

Beispiel: K hat innerhalb der Klagefrist zunächst nur einen Antrag auf Bewilligung von Prozesskostenhilfe gestellt. Nach dessen Bescheidung muss K innerhalb von zwei Wochen Klage erheben (also nicht etwa innerhalb der Monatsfrist des § 74 VwGO). Im Wiedereinsetzungsantrag kann aber konkludent die Nachholung der versäumten Rechtshandlung liegen.[590]

> **Beachte:** Die Rechtshandlung muss nachgeholt, nicht wiederholt werden. Ist also die Klage bereits beim Gericht, wenn auch verspätet, eingegangen, so genügt die Bezugnahme hierauf.

gg) Rechtsfolge

Sind die Voraussetzungen für eine Wiedereinsetzung erfüllt, so **muss** das Gericht die Wiedereinsetzung gewähren. Dies gilt auch, wenn im gerichtlichen Verfahren über die Wiedereinsetzung in die **Widerspruchsfrist** (§ 70 Abs. 2, 60 VwGO) zu entscheiden ist. Denn die Rechtzeitigkeit des Widerspruchs und die Frage, ob dem Widerspruchsführer Wiedereinsetzung zu gewähren ist, betrifft die Zulässigkeit der Klage, die vom Gericht **von Amts wegen** zu prüfen ist.[591]

564

Nach bislang herrschender Praxis kann das Gericht über die Wiedereinsetzung entweder inzident im Rahmen des zur Hauptsache ergehenden **Urteils** oder durch einen **gesonderten Beschluss** entscheiden. Vielfach sei gerade die (Zwischen-)Entscheidung durch Beschluss zweckmäßig, um die Frage der Wiedereinsetzung schnell zu klären.[592] Nach der Gegenansicht verstößt die Beschlussform gegen Art. 101 Abs. 1 S. 2 GG (Recht auf den gesetzlichen Richter), da bei einem Beschluss wegen § 5 Abs. 3 VwGO die ehrenamtlichen Richter von einem Teil der Entscheidung über die Zulässigkeit ausgeschlossen wären. Nach dieser Auffassung darf die Wiedereinsetzung nur zusammen mit der Entscheidung in der Hauptsache durch Urteil (oder Gerichtsbescheid) erfolgen.[593]

565

> **Hinweis:** In der Klausur sollte die Wiedereinsetzung ohnehin im einheitlichen Entscheidungsentwurf zur Hauptsache erörtert werden.

Die Wiedereinsetzung ist **unanfechtbar** (§ 60 Abs. 5 VwGO), darf also auch im Rechtsmittelverfahren nicht mehr überprüft werden.[594]

566

Beispiel: Hat das VG Wiedereinsetzung in die Klagefrist gewährt, kann das OVG wegen § 60 Abs. 5 VwGO die Klage nicht als verfristet ansehen.

589 BVerfG NJW 1995, 2545, 2546; BVerwG NJW 1996, 409.

590 BVerfG NJW 1993, 1635.

591 BVerwG NJW 1983, 1923; OVG NRW NJW 1995, 2508; Kopp/Schenke VwGO § 70 Rdnr. 13.

592 Redeker/v.Oertzen VwGO § 60 Rdnr. 20 m.w.N.

593 Kopp/Schenke VwGO § 60 Rdnr. 37 unter Hinweis auf § 173 S. 1 VwGO i.V.m. § 238 Abs. 2 S. 1 ZPO.

594 BVerwG NVwZ 1988, 532.

Gegenbeispiel: An die Entscheidung der **Widerspruchsbehörde** über die Wiedereinsetzung in die **Widerspruchsfrist** (§§ 70 Abs. 2, 60 VwGO) ist das Gericht dagegen nicht gebunden. Ist der Widerspruch verfristet, so muss die Klage als unzulässig abgewiesen werden. Daran ändert auch eine (unzutreffende) Wiedereinsetzung durch die Behörde nichts.[595] Die Gegenansicht nimmt eine Bindung des Gerichts an, da die Widerspruchsbehörde nach h.M. bei verspätetem Widerspruch eine Sachentscheidung treffen und dadurch die Klagemöglichkeit wieder eröffnen kann (s.o. Rdnr. 509). Dies müsse auch für die Wiedereinsetzungsentscheidung gelten.[596]

> *„Der Zulässigkeit der Klage steht auch nicht entgegen, dass sie erst am 28.10.2011 beim Verwaltungsgericht eingegangen ist. Denn dem Kläger ist gemäß § 60 Abs. 1 VwGO Wiedereinsetzung in den vorigen Stand zu gewähren. Der angefochtene Bescheid ist dem Kläger am 27.09.2011 zugestellt worden. Die Klage hätte daher gemäß §§ 74 Abs. 1 S. 2, 57 Abs. 2 VwGO, § 222 Abs. 1 ZPO, § 188 Abs. 2 BGB bis zum Ablauf des 27.10.2011 eingereicht werden müssen. Die Klageschrift ist indes erst am 28.10.2011 bei Gericht eingegangen, nachdem die Versuche des Prozessbevollmächtigten des Klägers, den Schriftsatz am 27.10.2011 vorab per Telefax zu übermitteln, fehlgeschlagen waren. Der Kläger war indes ohne sein Verschulden gehindert, die Klagefrist einzuhalten, sodass ihm Wiedereinsetzung in den vorigen Stand zu gewähren ist. Zwar muss jeder Prozessbeteiligte dafür sorgen, dass fristgebundenen Schriftsätze rechtzeitig beim zuständigen Gericht eingehen. Ein Verstoß gegen diese Sorgfaltspflicht ist hier indes nicht erkennbar. Die Übermittlung fristwahrender Schriftsätze per Telefax ist in allen Gerichtszweigen uneingeschränkt zulässig. Wird dieser Übermittlungsweg vom Gericht eröffnet, so dürfen die aus ihm herrührenden besonderen Risiken nicht auf den Rechtsschutzsuchenden abgewälzt werden. Dies gilt bei Störungen des Empfangsgeräts des Gerichts, aber auch bei Störungen des Übermittlungsweges. Mit der Wahl eines anerkannten Übermittlungsweges, der Nutzung eines funktionsfähigen Sendegeräts und der korrekten Eingabe der Empfängernummer hat der Nutzer das seinerseits Erforderliche zur Fristwahrung getan, wenn er so rechtzeitig mit der Übermittlung beginnt, dass unter normalen Umständen mit dem Abschluss der Übermittlung bis zum Ablauf der Frist zu rechnen ist.*
>
> *Der Kläger hat durch Vorlage einer eidesstattlichen Versicherung der Büroangestellten ... glaubhaft gemacht, dass sie rechtzeitig, nämlich am 27.10.2011 gegen 18.00 Uhr und unter Verwendung der korrekten Anschlussnummer versucht habe, die Klageschrift per Telefax an das Verwaltungsgericht zu übermitteln und diesen Versuch im Laufe des Abends mehrmals wiederholt habe. Des Weiteren hat der Kläger durch eidesstattliche Versicherung von Rechtsanwalt ... glaubhaft gemacht, dass er versucht habe, den Fehler durch ein anderes Sendegerät zu überwinden und außerdem versucht habe, mit dem Verwaltungsgericht telefonisch Kontakt aufzunehmen. Nachdem diese Bemühungen erfolglos verliefen, kann dem Kläger gemäß § 173 S. 1 VwGO i.V.m. § 85 Abs. 2 ZPO kein Verschulden vorgeworfen werden, wenn seine Prozessbevollmächtigten den Schriftsatz sodann per Post versendet haben.“*

IV. Allgemeine Sachurteilsvoraussetzungen

Die allgemeinen Sachurteilsvoraussetzungen sind in der Assessorklausur **zumeist** **567**
unproblematisch und im Entscheidungsentwurf nicht zu erörtern. Klausurtypi-
sche Probleme können sich **bei konkreten Anhaltspunkten** im Aktenauszug insbes. ergeben bei

■ dem **allgemeinen Rechtsschutzbedürfnis,**

■ der **ordnungsgemäßen Klageerhebung,**

■ **anderweitiger Rechtshängigkeit** bzw. **entgegenstehender Rechtskraft** und

■ **Verzicht** und **Verwirkung.**

Weitere i.d.R. unproblematische allgemeine Sachurteilsvoraussetzungen sind die Beteiligten-,
Prozess- und Postulationsfähigkeit sowie die Gerichtszuständigkeit.[597]

1. Allgemeines Rechtsschutzbedürfnis

Voraussetzung der Zulässigkeit jeder Klage ist, dass der Kläger ein schutzwürdiges **568**
Interesse an einer Sachentscheidung des Gerichts hat **(allgemeines Rechtsschutz-**
bedürfnis). Das Rechtsschutzbedürfnis fehlt z.B.,

■ wenn der Kläger sein Begehren auf einem **anderen Weg sachgerechter** (einfacher, umfassender, schneller oder billiger) erreichen kann,

   Beispiel: Bei der Klage eines Verwaltungsträgers ist das Rechtsschutzbedürfnis problematisch,
   wenn die Behörde ihren Anspruch durch Erlass eines VA (z.B. eines Leistungsbescheids)
   durchsetzen kann. Nach h.Rspr. ist die Klage gleichwohl zulässig, wenn ohnehin mit der Anfechtung des VA durch den Betroffenen zu rechnen ist. Denn dann wird sich das Gericht mit
   der Angelegenheit beschäftigen müssen, sodass es gerechtfertigt ist, dass auch der Hoheitsträger sogleich klagt.[598]

■ wenn der Rechtsbehelf die Rechtsstellung des Klägers **nicht (mehr) verbessern**
kann, insbes. eindeutig nutzlos ist,[599]

   Deshalb fehlt z.B. das Rechtsschutzbedürfnis nach Eintritt eines erledigenden Ereignisses,
   weil der Kläger durch den angefochtenen VA nicht mehr beschwert ist, nach a.A. wird die Anfechtungsklage unstatthaft (s.o. Rdnr. 450).

■ bei **verfrühten Rechtsbehelfen,**

   z.B. Erhebung einer Verpflichtungsklage ohne vorherigen Antrag bei der Behörde (str. bei der
   allgemeinen Leistungsklage, vgl. oben Rdnr. 472).

■ wenn der Rechtsbehelf **offensichtlich rechtsmissbräuchlich** erhoben wird, z.B.
nur den Zweck hat, den Gegner zu schädigen.[600]

Schließlich sind Klagen (ebenso wie Anträge im Eilverfahren) unzulässig, die sich **569**
nur gegen eine **Verfahrenshandlung** i.S.d. § 44 a S. 1 VwGO richten.

Beispiel: Anordnungen nach § 46 Abs. 3 FeV zur Feststellung der Kraftfahreignung können nicht
isoliert angefochten werden, sie werden inzident erst im Rahmen der nachfolgenden Fahrerlaub-
nisentziehung überprüft.[601] Umstritten ist dabei nur, ob der Ausschluss nach § 44 a VwGO das
Rechtsschutzbedürfnis entfallen lässt oder ob es sich um eine eigenständige Sachentscheidungsvo-
raussetzung handelt.[602] In jedem Fall ist die Klage unzulässig.

---

597 Vgl. dazu Stuttmann DVBl. 2011, 1202 ff. und AS-Skript VwGO (2011), Rdnr. 539 ff.
598 OVG NRW DÖV 1983, 428; Kopp/Schenke VwGO Vorb § 40 Rdnr. 50; a.A. Ehlers Jura 2006, 351, 357.
599 BVerwG NVwZ 2004, 855.
600 Vgl. BVerwG NVwZ 1995, 894; DVBl. 1989, 718, 719; Kopp/Schenke VwGO Vorb § 40 Rdnr. 30 ff.
601 BVerwG NJW 2010, 3318, 3319; VGH Mannheim NJW 2011, 3257; OVG NRW NWVBl. 2001, 478, 480.
602 Vgl. Ehlers Jura 2008, 506, 508.

2. Ordnungsgemäße Klageerhebung

a) Form der Klage

570 Die Klage ist gemäß § 81 VwGO **schriftlich** zu erheben. Beim Verwaltungsgericht kann sie auch zur Niederschrift des Urkundsbeamten der Geschäftsstelle erhoben werden. Wird die Klage schriftlich erhoben, so muss sie grds. mit einer eigenhändigen **Unterschrift** versehen sein (Rechtsgedanke des § 126 BGB).

Als Unterschrift ist nach der Rspr. „ein aus Buchstaben einer üblichen Schrift bestehendes Gebilde zu fordern, das nicht lesbar zu sein braucht. Erforderlich, aber auch ausreichend ist das Vorliegen eines die Identität des Unterschreibenden ausreichend kennzeichnenden Schriftzugs, der individuelle und charakteristische Merkmale aufweist."[603]

571 Durch die Unterschrift soll die verlässliche **Zurechenbarkeit des Schriftsatzes** sichergestellt und ausgeschlossen werden, dass ein bloßer Entwurf vorliegt. Deshalb ist die „Schriftform" ausnahmsweise auch **ohne eigenhändige Unterschrift** gewahrt, wenn sich aus den Umständen des Einzelfalls die Urheberschaft des Klägers und der Wille, das Schreiben in den Rechtsverkehr zu bringen, zweifelsfrei feststellen lässt.[604]

So genügt z.B. die Einreichung einer Fotokopie der Klageschrift, wenn auf dem Briefumschlag der Absender handschriftlich vermerkt ist.[605] Die maschinenschriftliche Unterzeichnung unter Beifügung von Fotokopien der angefochtenen Bescheide soll dagegen allein nicht ausreichen.[606]

572 Die Schriftform ist auch gewahrt bei Erhebung der Klage mittels **Telefax**.[607] Erforderlich ist in diesem Fall jedoch grundsätzlich, dass das **Original unterschrieben** ist und dass die Unterschrift auf der Faxkopie wiedergegeben wird,[608] die Beifügung eines Faksimile-Stempels reicht allein nicht.[609] Besonderheiten gelten beim **Computerfax**. Ausreichend ist hier, dass erkennbar ist, dass das Schreiben auch ohne eigenhändige Unterschrift gültig sein soll (z.B. durch die übliche Formulierung: „Dieses Schreiben wurde maschinell erstellt und ist ohne eigenhändige Unterschrift gültig").[610]

Im Zivilprozess wird neuerdings unter Hinweis auf § 130 Nr. 6 ZPO („Wiedergabe der Unterschrift in Kopie") gefordert, dass das Computerfax zumindest eine eingescannte Unterschrift enthalten müsse.[611] Das BVerwG hat diese Rspr. für den Verwaltungsprozess nicht aufgegriffen.[612]

573 Per **E-Mail** ist die Klageerhebung nur unter den Voraussetzungen des § 55 a VwGO zulässig. Danach können die Beteiligten dem Gericht **elektronische Dokumente** übermitteln, soweit dies für den jeweiligen Zuständigkeitsbereich durch RechtsVO der Bundesregierung oder der Landesregierung zugelassen worden ist.[613]

Für Dokumente, die wie die Klageschrift einem schriftlich zu unterzeichnenden Schriftstück gleichstehen, ist eine **qualifizierte elektronische Signatur** nach § 2 Nr. 3 SigG erforderlich (§ 55 a Abs. 1 S. 3 VwGO). Außerhalb des § 55 a VwGO ist eine Klageerhebung per E-Mail unzulässig.[614]

---

603 Vgl. BGH NJW 2005, 3773, 3774; vgl. aber OLG Köln JMBl. NRW 2009, 174: bloße Paraphe reicht nicht.
604 BVerwG NJW 2006, 1989, 1990; BGH NJW 2010, 3661; OVG NRW DVBl. 2010, 724, 725.
605 BVerwG VerwRspr 26, 252.
606 BVerwG BayVBl. 1984, 251.
607 BVerwG DVBl. 1987, 634; NJW 1989, 673 u. 1175; BGH NJW 2005, 2086, 2087 m.w.N.
608 BVerfG NJW 2007, 3117; BGH NJW 2006, 3784; NJW 2005, 2086, 2087.
609 BAG NJW 2009, 3596; OVG NRW DÖV 1991, 562; VG Wiesbaden NJW 1994, 537.
610 Vgl. GmS OGB NJW 2000, 2340; BVerwG NJW 2006, 1989; BGH NJW 2001, 831.
611 BGH NJW 2005, 2086, 2087; OLG Braunschweig NJW 2004, 2024; Krüger/Bitter MDR 2003, 181, 182.
612 BVerwG NJW 2006, 1989 f.
613 Vgl. Britz DVBl. 2007, 993 ff.; eine Übersicht über die teilnehmenden Gerichte finden Sie unter www.egvp.de.
614 BGH NJW-RR 2009, 357 f. (zu § 130 a ZPO); OVG NRW DVBl. 2010, 724, 725.

> **Beachte:** § 55 a VwGO gilt nur für **elektronische Dokumente** (Dateien), nicht dagegen für Telefaxe, auch nicht für Computerfaxe. Denn dabei handelt sich nicht um eine zu speichernde Datei, da das Fax ausgedruckt werden soll.

Nicht ausreichend ist die **telefonische Erhebung** der Klage, da hier eine Identitätsprüfung nicht möglich ist und auch die Gefahr von Missverständnissen (z.B. über Art und Umfang des Rechtschutzbegehrens) besteht.[615]   **574**

b) Der Inhalt der Klageschrift

Die Klage **muss** den **Kläger**, den **Beklagten** und den Gegenstand des **Klagebegehrens** bezeichnen (§ 82 Abs. 1 S. 1 VwGO).   **575**

■ Der **Kläger** muss mit Namen und ladungsfähiger Anschrift angegeben werden, damit dieser eindeutig identifiziert und für das Gericht erreichbar ist.[616]

■ Zur Bezeichnung des **Beklagten** genügt bei Anfechtungs- und Verpflichtungsklage – auch wenn die Klage gegen die Körperschaft zu richten ist – die Angabe der Erlassbehörde (§ 78 Abs. 1 Nr. 1 VwGO).[617]

   Bestimmt das Landesrecht (wie in Brandenburg und im Saarland), dass die Klage gegen die Behörde selbst zu richten ist (§ 78 Abs. 1 Nr. 2 VwGO), so kommt es in der Praxis häufig vor, dass die Klage versehentlich gegen die Körperschaft (z.B. die Gemeinde) erhoben wird. Ist der Beklagte in diesen Fällen (nur) **falsch bezeichnet**, ist aber erkennbar, gegen wen die Klage sich tatsächlich richten soll, so ist der Klageantrag **auszulegen** und das Rubrum formlos von Amts wegen zu berichtigen.[618]

■ An die Bezeichnung des Gegenstandes des **Klagebegehrens** sind keine hohen Anforderungen zu stellen. Bei Anfechtungs- und Verpflichtungsklagen reicht die Angabe des angefochtenen bzw. erstrebten VA, bei Leistungs- und Feststellungsklagen ist der Sachverhalt kurz darzustellen, aus dem sich der Anspruch oder das streitige Rechtsverhältnis ergibt.

Fehlt es an einem der in § 82 Abs. 1 S. 1 VwGO genannten Erfordernisse, so kann dem Kläger für die Ergänzung eine Frist mit ausschließender Wirkung gesetzt werden (§ 82 Abs. 2 S. 2 VwGO). Wird die Frist nicht eingehalten, kann das Gericht die Klage als unzulässig abweisen.

Zum **fakultativen** Inhalt der Klageschrift zählt nach § 82 Abs. 1 S. 2 VwGO die Angabe eines bestimmten Antrags („soll"). Außerdem sollen die zur Begründung dienenden Tatsachen und Beweismittel angegeben werden. Bei Anfechtungs- und Verpflichtungsklagen sollen auch die angefochtene Verfügung und der Widerspruchsbescheid in Urschrift oder in Abschrift beigefügt werden (§ 82 Abs. 1 S. 3 VwGO).   **576**

Entspricht die Klage diesen Anforderungen nicht, so hat das Gericht den Kläger zu der erforderlichen Ergänzung innerhalb einer bestimmten Frist aufzufordern (§ 82 Abs. 2 S. 1 VwGO). Eine Ausschlussfrist wie bei § 82 Abs. 1 S. 1 VwGO ist hier nicht vorgesehen. Abweichendes gilt im Verkehrswegeplanungsrecht, wo der Kläger kraft Gesetzes innerhalb von sechs Wochen die zur Begründung der Klage dienenden Tatsachen und Beweismittel anzugeben hat (vgl. z.B. § 17 e Abs. 5 FStrG).

Ist der **Klageantrag** unklar oder unbestimmt, so hat das Gericht nach § 86 Abs. 3 VwGO darauf hinzuwirken, dass dieser klargestellt oder ergänzt wird. Im Übrigen ist das Gericht an die Fassung der Anträge **nicht gebunden** und kann diese im Rahmen des **Klagebegehrens auslegen** (§ 88 VwGO).   **577**

---

615 Kopp/Schenke VwGO § 81 Rdnr. 10.
616 Vgl. BGH NJW 2005, 3773; BVerwG NJW 1999, 2608; Schoch/Ortloff VwGO § 82 Rdnr. 4 m.w.N.
617 Vgl. ThürOVG NJW 2009, 2553 f.
618 BVerwG NVwZ-RR 2004, 84; Kopp/Schenke VwGO § 78 Rdnr. 16 m.w.N.

So ist ein Antrag auf Verpflichtung der Behörde zur Aufhebung eines VA i.d.R. nicht als Verpflichtungsklage, sondern als Anfechtungsklage zu verstehen (anders, wenn der Kläger ein Wiederaufgreifen des Verfahrens nach § 51 VwVfG erstrebt). Anträge auf einstweiligen Rechtsschutz sind regelmäßig im Sinne der statthaften Antragsart auszulegen; so ist ein „Antrag auf Erlass einer einstweiligen Anordnung" bei einem belastenden VA als Antrag nach § 80 Abs. 5 VwGO zu verstehen, wenn es dem Antragsteller schlechthin um die Gewährung einstweiligen Rechtsschutzes geht, ohne das Gericht an eine bestimmte Verfahrensart binden zu wollen.

578 Mit der Klageerhebung wird die Streitsache **rechtshängig** (§ 90 VwGO).

> **Beachte:** Erhoben und damit rechtshängig ist die Klage bereits mit Eingang bei Gericht (vgl. § 81 Abs. 1 VwGO). Anders als im Zivilprozess (§§ 253 Abs. 1, 261 Abs. 1 ZPO) ist im Verwaltungsprozess die Zustellung an den Beklagten für die Rechtshängigkeit nicht erforderlich.

579 **Prozessual** hat die Rechtshängigkeit zur Folge, dass die Zulässigkeit des Rechtswegs und die Zuständigkeit des angerufenen Gerichts durch nachträgliche Änderungen nicht berührt werden (sog. perpetuatio fori, § 17 Abs. 1 S. 1 GVG, § 83 VwGO). Eine anderweitige Klageerhebung mit demselben Streitgegenstand ist während der Rechtshängigkeit auch in einem anderen Gerichtszweig unzulässig (§ 173 S. 1 VwGO, § 17 Abs. 1 S. 2 GVG). **Materiell** wird durch die Rechtshängigkeit insbes. die Verjährung gehemmt (§ 204 Abs. 1 Nr. 1 BGB).

Das hat allerdings Bedeutung i.d.R. nur bei der allgemeinen Leistungsklage und bei der Feststellungsklage. Bei durch VA geltend gemachten Ansprüchen wird die Verjährung bereits durch Erlass des VA gehemmt (§ 53 VwVfG).

3. Entgegenstehende Rechtskraft

580 Liegt bereits eine **rechtskräftige Entscheidung** über den Streitgegenstand vor, so entfaltet sie für die Beteiligten **Bindungswirkung** nach § 121 VwGO. Nach h.Rspr. bedeutet dies, dass das rechtskräftige Urteil ohne Sachprüfung der Entscheidung in dem zweiten Verfahren zugrunde zu legen ist;[619] nach a.A. ist eine neue Klage mit demselben Streitgegenstand wegen entgegenstehender Rechtskraft bereits als unzulässig abzuweisen.[620]

581 Den Umfang der **Bindungswirkung** knüpft § 121 VwGO an die Beteiligten und den Streitgegenstand.

- **Persönlich** beschränkt sich die Rechtskraft auf die **Beteiligten** i.S.d. § 63 VwGO, also auch auf die Beigeladenen, und auf ihre Rechtsnachfolger.

  § 121 Nr. 2 VwGO erstreckt die Rechtskraft in Massenverfahren außerdem auch auf die Personen, die ihre Beiladung nach § 65 Abs. 3 VwGO nicht (rechtzeitig) beantragt haben.

- **Gegenständlich** knüpft die Bindungswirkung an den **Streitgegenstand** an. Nach h.M. wird der Streitgegenstand auch im Verwaltungsprozess durch den Antrag des Klägers und den ihn konkretisierenden Lebenssachverhalt bestimmt (sog. **zweigliedriger Streitgegenstandsbegriff**).

Beispiel: Die Behörde hatte einen ihr angeblich kraft Spezialgesetzes zustehenden Anspruch durch Leistungsbescheid vom 21.03.2011 geltend gemacht, der auf Anfechtungsklage des Adressaten durch Urteil des Verwaltungsgerichts vom 20.04.2012 aufgehoben wurde, weil die gesetzlichen Anspruchsvoraussetzungen nicht erfüllt waren. Nach Rechtskraft des Urteils hat die Behörde unter dem 07.09.2012 einen neuen Leistungsbescheid für die geltend gemachte Forderung erlassen, den sie nun auf den öffentlich-rechtlichen Erstattungsanspruch stützt.

---

619 BVerwG NVwZ 2002, 853; NVwZ 1994, 115.

620 Kopp/Schenke VwGO § 121 Rdnr. 10.

Der **Streitgegenstand** hängt von der jeweiligen Klageart ab: **582**

- Streitgegenstand der **Anfechtungsklage** ist die Rechtsbehauptung des Klägers, durch den von ihm angefochtenen VA in seinen Rechten verletzt zu sein. Daher ist eine (erneute) Anfechtungsklage gegen einen neuen VA ohne Weiteres zulässig.

  Auch wenn es im obigen Beispiel inhaltlich um dieselbe Forderung geht, ist über die Rechtmäßigkeit des neuen Leistungsbescheids vom 07.09.2012 bisher noch nicht entschieden worden. Der Streitgegenstand ist damit nicht mit dem des früheren Verfahrens identisch.

- Bei der **Verpflichtungsklage** ist Streitgegenstand nicht die Rechtmäßigkeit des ablehnenden Bescheides, sondern nur der geltend gemachte Anspruch.[621] Dabei sind der Anspruch auf Erlass des VA und der Anspruch auf Neubescheidung untrennbare Teile eines einheitlichen Streitgegenstandes.[622]

- Streitgegenstand einer **Fortsetzungsfeststellungsklage** (§ 113 Abs. 1 S. 4 VwGO) ist die Behauptung des Klägers, der (erledigte) VA sei rechtswidrig gewesen. Ob daneben auch die Tatsache der Erledigung und damit die Unwirksamkeit des VA (§ 43 Abs. 2 VwVfG) rechtskräftig festgestellt wird, ist umstritten. Jedenfalls entfaltet ein VA, dessen Rechtswidrigkeit festgestellt worden ist, keine Regelungswirkung mehr.[623]

Die Rechtskraftwirkung hat aber nicht nur eine prozessuale, sondern auch eine **materielle Bedeutung.** Aufgrund der Rechtskraft eines stattgebenden Anfechtungsurteils ist es der Behörde grds. verwehrt, gegen denselben Betroffenen einen neuen VA aus den vom Gericht missbilligten Gründen zu erlassen **(Fehlerwiederholungsverbot).**[624] Etwas anderes gilt nur dann, wenn sich die Sach- und/oder Rechtslage **nach Rechtskraft des Urteils** ändert. **583**

Eine Änderung der Rechtsprechung steht einer Änderung der Rechtslage aber nicht gleich. Da die Rechtskraftwirkung auch bei sachlicher Unrichtigkeit eines Urteils eintritt, ist es unerheblich, dass die Unrichtigkeit später höchstrichterlich bestätigt wird.[625]

Der **sachliche Umfang der materiellen Rechtskraft** erfasst grds. nur die **Urteilsformel** (Tenor), nicht dagegen die tatsächliche Feststellungen oder einzelne Begründungselemente.[626] Allerdings kann es erforderlich sein, bei der Auslegung des Tenors den Tatbestand und die Entscheidungsgründe heranzuziehen.[627] **584**

Beispiele: Wird eine **Anfechtungsklage** mit der Begründung rechtskräftig abgewiesen, dass der Verwaltungsakt rechtmäßig ist, hindert § 121 VwGO die obsiegende Behörde, den VA als rechtswidrig anzusehen und nach § 48 VwVfG zurückzunehmen.[628]

Bei einem **Bescheidungsurteil** lässt sich die zu beachtende „Rechtsauffassung" i.S.d. § 113 Abs. 5 S. 2 VwGO nicht aus dem Tenor selbst entnehmen. Der Umfang der materiellen Rechtskraft und damit die Bindungswirkung ergibt sich daher notwendigerweise aus den Entscheidungsgründen.[629]

Ist ein **Leistungsbescheid** – wie im obigen Beispiel – vom VG aus materiellen Gründen als rechtswidrig aufgehoben worden, verbietet es die materielle Rechtskraft dieser Entscheidung, die gleiche Forderung aufgrund einer anderen Anspruchsgrundlage erneut geltend zu machen, wenn das Gericht davon ausgegangen ist, dass ein Anspruch generell nicht besteht.[630]

621 OVG NRW DVBl. 2010, 1309, 1310.

622 BVerwG NVwZ 1996, 66.

623 BVerwG NVwZ 2002, 853.

624 BVerwG NVwZ 2002, 343, 344; OVG Koblenz NVwZ 2010, 1109; Kopp/Schenke VwGO § 121 Rdnr. 21.

625 BVerwG DVBl. 1993, 258, 259; Detterbeck NVwZ 1994, 35; abweichend Kopp/Kopp NVwZ 1994, 1 ff.

626 BVerwG DVBl. 2002, 340, 341.

627 BVerwG NVwZ 2009, 120, 121; OVG Koblenz NVwZ 2010, 1109; Kopp/Schenke VwGO § 121 Rdnr. 18.

628 BVerwG RÜ 2010, 253, 254; VGH Mannheim RÜ 2008, 732, 736; OVG Hamburg NordÖR 2009, 823, 827.

629 BVerwG NJW 1996, 737, 738.

630 OVG Koblenz NVwZ 2010, 1109, 1110.

4. Sonstige Unzulässigkeitsgründe

585 **a)** Unzulässig ist die Klage auch, wenn der Kläger auf sein Klagerecht (ausdrücklich) **verzichtet** hat.[631] Der Klageverzicht gilt grds. auch für einen Rechtsnachfolger.[632] Vom Klageverzicht zu unterscheiden ist der **Verzicht auf den materiellen Anspruch**, der nicht zur Unzulässigkeit, sondern zur Unbegründetheit der Klage führt.

Beispiel: Nachbar N billigt die Bauabsichten des Bauherrn durch Unterschrift auf den Bauplänen und verzichtet damit auch materiell auf seine Abwehrrechte gegen die entsprechende Baugenehmigung.[633]

586 **b)** Außerdem kann das Klagerecht durch **längere Untätigkeit verwirkt** werden. Die Erhebung eines Rechtsbehelfs verstößt dann gegen **Treu und Glauben** (§ 242 BGB analog), wenn der Betroffene trotz Kenntnis oder zumutbarer Möglichkeit der Kenntnisnahme erst zu einem derart späten Zeitpunkt reagiert, zu dem nicht mehr mit einem Rechtsbehelf gerechnet werden musste (sog. **prozessuale Verwirkung**).[634]

> **Beachte:** Die Frage nach der prozessualen Verwirkung stellt sich in der Praxis häufig schon im Rahmen der **Zulässigkeit des Widerspruchs**. Bei der Zulässigkeit der Klage taucht das Problem i.d.R. nur auf, wenn kein Vorverfahren durchzuführen ist (insbes. bei landesrechtlichen Ausnahmen nach § 68 Abs. 1 S. 2 VwGO).

587 Wird z.B. die **Baugenehmigung** dem Nachbarn behördlicherseits nicht bekannt gegeben (Folge: kein Fristlauf nach §§ 70, 74 Abs. 1 S. 2 VwGO), so verwirkt der Nachbar seine Rechtsbehelfe grds. ein Jahr nach Kenntniserlangung von der Baugenehmigung (Rechtsgedanke des § 58 Abs. 2 VwGO). Gleiches gilt, wenn der Nachbar von der Genehmigung zuverlässig Kenntnis hätte haben müssen, weil sich ihm das Vorliegen einer Genehmigung aufdrängen musste (z.B. bei Beginn der Bauarbeiten) und es ihm möglich und zumutbar war, sich hierüber – etwa durch Nachfrage beim Bauherrn oder der Baugenehmigungsbehörde – Gewissheit zu verschaffen.[635] Dies bedeutet jedoch **keine analoge Anwendung** des § 58 Abs. 2 VwGO. Vielmehr kann je nach den Umständen des Einzelfalls Verwirkung schon vor Ablauf von einem Jahr oder erst später eintreten.[636]

588 Die im Baunachbarrecht entwickelten Grundsätze über die Verwirkung gelten entsprechend **auch im Verhältnis zur Behörde**, wenn eine Bekanntgabe zwar erfolgt ist, diese aber keine Fristen in Lauf gesetzt hat (z.B. bei Zustellungsfehlern).[637]

Vgl. auch für den Fall der Vereinsklage § 64 Abs. 2 BNatSchG, § 2 Abs. 4 UmwRG: Ist der Verwaltungsakt der klageberechtigten Vereinigung nicht bekannt gegeben worden, müssen Widerspruch und Klage binnen eines Jahres erhoben werden, nachdem die Vereinigung von dem Verwaltungsakt Kenntnis erlangt hat oder hätte erlangen können.

589 Von der prozessualen Verwirkung zu unterscheiden ist die **materielle Verwirkung**. Während es prozessual um die Frage geht, ob ein bestehender Anspruch noch durchgesetzt werden kann, lässt die materielle Verwirkung bereits den Anspruch als solchen untergehen. Anders als bei der prozessualen Verwirkung, die voraussetzt, dass zuvor ein VA erteilt worden ist, können materielle Abwehrrechte des Nachbarn z.B. auch gegenüber **ungenehmigten Bauvorhaben** verwirkt werden. Dies betrifft allerdings nicht die Zulässigkeit, sondern die Begründetheit etwaiger Rechtsbehelfe.

---

631 OVG NRW NJW 2012, 872; Ehlers Jura 2008, 506, 510 m.w.N.
632 Kopp/Schenke VwGO § 74 Rdnr. 21
633 Vgl. OVG NRW NJW 1995, 644; OVG NRW NWVBl. 2003, 468.
634 BVerwG NVwZ 2001, 206; VG Koblenz NVwZ-RR 2011, 594.
635 BVerwG NVwZ 1994, 896; OVG Berlin-Brandenburg LKV 2010, 327, 327.
636 BVerwG NVwZ 1994, 896; OVG NRW NWVBl. 1999, 218; Kintz JuS 1997, 1115, 1121.
637 BVerwG JP 2000, 683; NVwZ 2005, 1334; OVG NRW RIA 2007, 219.

Beispiel: Bauherr B hat ohne Baugenehmigung und unter Verstoß gegen Bauvorschriften ein Bauvorhaben verwirklicht. Jahre später begehrt Nachbar N von der Baubehörde eine Beseitigungsverfügung. Ob der Bauherr im Besitz einer Baugenehmigung ist, ist im Hinblick auf das nachbarliche Gemeinschaftsverhältnis unerheblich. Treu und Glauben verpflichten den Nachbarn auch bei Schwarzbauten, seine Abwehrrechte zeitnah geltend zu machen.[638]

Wann eine Verwirkung in diesem Sinne anzunehmen ist, hängt maßgeblich von den Umständen des jeweiligen Einzelfalles ab. Zu beachten ist, dass die prozessuale wie die materielle Verwirkung **nicht allein durch Zeitablauf** eintreten kann, hinzu kommen muss stets ein besonderes Umstandsmoment.[639]

590

„Das ist insbesondere der Fall, wenn der Verpflichtete infolge eines bestimmten Verhaltens des Berechtigten darauf vertrauen durfte, dass dieser das Recht nach so langer Zeit nicht mehr geltend machen würde (Vertrauensgrundlage), der Verpflichtete ferner tatsächlich darauf vertraut hat, dass das Recht nicht mehr ausgeübt würde (Vertrauenstatbestand) und sich infolgedessen in seinen Vorkehrungen und Maßnahmen so eingerichtet hat, dass ihm durch die verspätete Durchsetzung des Rechts ein unzumutbarer Nachteil entstehen würde.“[640]

So hat die Rspr. materielle Verwirkung z.B. bereits nach drei Monaten in einem Fall angenommen, in dem der Nachbar das Bauvorhaben nicht nur hingenommen, sondern zu dessen Durchführung ausdrücklich ermuntert hatte.[641]

B. Begründetheit der Klage

I. Entscheidung über den Streitgegenstand

Die verwaltungsgerichtliche Klage ist begründet, wenn dem Kläger der mit der Klage verfolgte **Anspruch** zusteht. Für die Anfechtungs- und Verpflichtungsklage ist dies in § 113 Abs. 1 S. 1 und Abs. 5 S. 1 VwGO ausdrücklich klargestellt.

591

- Mit der **Anfechtungsklage** begehrt der Kläger die Aufhebung des angefochtenen VA durch das Gericht. Die Klage ist begründet, soweit der VA rechtswidrig und der Kläger dadurch in seinen Rechten verletzt ist (§ 113 Abs. 1 S. 1 VwGO).

- Der mit der **Verpflichtungsklage** verfolgte Anspruch auf Erlass eines VA durch die Behörde ist gegeben, soweit die Ablehnung oder Unterlassung des VA rechtswidrig, der Kläger dadurch in seinen Rechten verletzt und die Sache spruchreif ist (§ 113 Abs. 5 S. 1 VwGO).

Bei den anderen Klagearten ergibt sich Entsprechendes aus dem jeweils verfolgten **Klagebegehren**.

592

- Die **Leistungsklage** ist begründet, wenn der behauptete (Leistungs-, Abwehr- oder Unterlassungs-) Anspruch besteht.

- Die **allgemeine Feststellungsklage** (§ 43 Abs. 1 VwGO) ist begründet, wenn das behauptete Rechtsverhältnis besteht bzw. das bestrittene Rechtsverhältnis nicht besteht oder wenn (bei der Nichtigkeitsfeststellungsklage) der VA nichtig ist.

- Die **Fortsetzungsfeststellungsklage** (§ 113 Abs. 1 S. 4 VwGO) ist begründet, wenn der VA vor Erledigung rechtswidrig gewesen ist und der Kläger dadurch in seinen Rechten verletzt wurde.

  Abweichend vom Wortlaut des § 113 Abs. 1 S. 4 VwGO reicht allein die Rechtswidrigkeit des erledigten VA nicht aus, hinzukommen muss in jedem Fall die Rechtsverletzung des Klägers.[642]

---

638 BVerwG NJW 1998, 329; NVwZ 1988, 730; vgl. auch OVG Lüneburg RÜ 2011, 665, 667.

639 BVerwG NVwZ 2005, 1334; OVG NRW NWVBl. 2006, 25; NWVBl. 2003, 468; einschränkend VGH Mannheim DVBl. 2012, 1181, 1182 für die prozessuale Verwirkung.

640 BVerwG NVwZ 2005, 1334; ThürOVG, Beschl. v. 25.11.2008 – 4 ZKO 462/01.

641 OVG Lüneburg BRS 47, 457.

642 Ehlers Jura 2001, 415, 422 m.w.N.

1. Anfechtungsklage

593 Bei der Anfechtungsklage steht die Prüfung der **Rechtmäßigkeit** des angefochtenen Verwaltungsakts im Vordergrund. Ein Verwaltungsakt ist rechtmäßig, wenn

- er auf einer wirksamen **Ermächtigungsgrundlage** beruht,

- die Zuständigkeits-, Verfahrens- und Formvorschriften eingehalten sind (**formelle Rechtmäßigkeit**) und

- der VA inhaltlich mit dem geltenden Recht im Einklang steht (**materielle Rechtmäßigkeit**).

Grundschema: Rechtmäßigkeit eines VA

- **Ermächtigungsgrundlage**
  - erforderlich nach dem Grundsatz vom Vorbehalt des Gesetzes
  - Auswahl nach dem Spezialitätsgrundsatz
  - Wirksamkeit der Ermächtigungsgrundlage (bei Bedenken)
  - mit VA-Befugnis
- **Formelle Rechtmäßigkeit**
  - Zuständigkeit (sachlich, örtlich, instanziell)
  - Verfahren, insbes. Anhörung nach § 28 VwVfG
  - Form, insbes. Begründung nach § 39 VwVfG
- **Materielle Rechtmäßigkeit**
  - Voraussetzungen der Ermächtigungsgrundlage
  - richtiger Adressat
  - allgemeine Rechtmäßigkeitsanforderungen
    - Bestimmtheit
    - Möglichkeit
    - Verhältnismäßigkeit (geeignet, erforderlich, angemessen)
  - zulässige Rechtsfolge
    - gebundener VA: Rechtsentscheidung
    - ErmessensVA: Ermessensfehler (§ 114 S. 1 VwGO)

„Die Klage ist jedoch unbegründet. Die angefochtene Verfügung ist rechtmäßig. Sie findet ihre Grundlage in § ... Die formellen Voraussetzungen sind erfüllt, insbes. ist eine ordnungsgemäße Anhörung gemäß § 28 Abs. 1 VwVfG erfolgt. Die Behörde hat den Kläger mit Schreiben vom ... aufgefordert, zu der beabsichtigten Untersagung Stellung zu nehmen. Die Begründung der Verfügung entspricht den Anforderungen des § 39 Abs. 1 VwVfG. In der Begründung sind die wesentlichen tatsächlichen Gründe enthalten, die die Behörde zu ihrer Entscheidung bewogen haben. Dies ist hier geschehen. Ob die Begründung sachlich zutreffend ist, ist keine Frage der formellen, sondern der materiellen Rechtmäßigkeit.... Die Verfügung ist auch materiell rechtmäßig. Nach § ... kann die Behörde anordnen, dass ..., wenn ... Diese Voraussetzungen sind hier erfüllt. ... "

„Die Klage ist (auch) begründet. Der angefochtene Bescheid ist rechtswidrig und verletzt den Kläger in seinen Rechten (§ 113 Abs. 1 S. 1 VwGO). Als Rechtsgrundlage kommt nur § ... in Betracht. Danach kann ... Diese Voraussetzungen sind hier nicht erfüllt. Denn ... Dadurch wird der Kläger auch in seinem subjektiven Recht aus ... verletzt. "

a) Prüfungsumfang

Ob die Verwaltungsentscheidung **rechtmäßig** ist, erforscht das Gericht nach § 86 Abs. 1 VwGO von Amts wegen (Untersuchungsgrundsatz). Hierbei ist es nicht an das Vorbringen der Beteiligten gebunden, insbes. sind die von der Behörde vorgebrachten Gründe für den angefochtenen VA nicht bindend. Entscheidend ist allein, ob der VA nach der **objektiven Sach- und Rechtslage** hätte erlassen werden dürfen. Bei der Prüfung hat das VG grds. **alle einschlägigen Rechtsvorschriften** und **alle rechtserheblichen Tatsachen** zu berücksichtigen, gleichgültig, ob die Normen und Tatsachen von der erlassenden Behörde zur Begründung des VA angeführt worden sind oder nicht. Dem VG ist es insbes. nicht verwehrt, anstelle der im angefochtenen VA angegebenen Rechtsgrundlage eine andere heranzuziehen.[643]

594

Beispiel: Die Behörde erlässt eine Ordnungsverfügung auf der Grundlage des KrWG, zutreffende Ermächtigungsgrundlage ist jedoch eine Vorschrift im BBodSchG. Ist die zuständige Behörde identisch, so ist die Angabe der falschen Rechtsgrundlage unschädlich.

Etwas anderes gilt nur, wenn die anderweitige rechtliche Begründung oder das Zugrundelegen anderer Tatsachen zu einer **Wesensänderung** des angefochtenen VA führt.[644] Das ist z.B. der Fall, wenn bei einer Ermessensentscheidung aufgrund der neuen Ermächtigungsgrundlage völlig andere Gesichtspunkte zu berücksichtigen sind.

Im Hinblick auf den Untersuchungsgrundsatz darf die Behörde auch selbst die Gründe, die sie zunächst zur Rechtfertigung des VA herangezogen hat, ganz oder teilweise durch andere Gründe auswechseln (sog. **Nachschieben von Gründen**). Allerdings darf auch hier der VA durch die nachgeschobenen Gründe nicht in seinem Wesen verändert werden.[645] Eine **Wesensänderung** liegt z.B. vor, wenn eine Begründung völlig ausgewechselt oder der VA auf eine völlig andere Rechtsgrundlage gestellt wird oder wenn der Bezugsgegenstand des VA ausgewechselt wird (z.B. wenn bei einem Erschließungsbeitragsbescheid das Grundstück, auf das sich der Bescheid bezieht, ausgetauscht wird).

595

b) Ermessensentscheidungen

Bei **Ermessensentscheidungen** stellt § 114 S. 2 VwGO klar, dass die Behörde ihre Ermessenserwägungen auch noch im verwaltungsgerichtlichen Verfahren ergänzen kann. Im Hinblick auf den Wortlaut des § 114 S. 2 VwGO („ergänzen") ist es allerdings grundsätzlich **unzulässig**, die Ermessenserwägungen **vollständig auszuwechseln** (z.B. weil die Behörde die ursprüngliche Entscheidung auf die falsche Ermessensgrundlage gestützt hat und die neue (richtige) Rechtsgrundlage ganz andere Erwägungen verlangt).[646] Die Behörde muss im **Kern** an ihren Ermessenserwägungen festhalten und diese lediglich klarstellen und ergänzen. Deshalb ist es grundsätzlich auch unzulässig, die Ermessensentscheidung im Prozess erstmalig zu begründen (z.B. weil die Behörde sich zunächst irrtümlich für gebunden gehalten hat).[647]

596

Etwas anderes gilt, wenn die Entscheidung zunächst als gebundene ergehen musste und sich das Erfordernis einer Ermessensentscheidung erst aufgrund von Veränderungen während des gerichtlichen Verfahrens ergibt. Hier darf die Ermessensausübung auch erstmals im Prozess vorgenommen werden.[648] **Beispiel:** Aus einer zwingenden Ausweisung wird aufgrund nachträglich zu gewährendem besonderen Ausweisungsschutz eine Ermessensausweisung (§ 56 Abs. 1 S. 4 u. 5 AufenthG).

---

643 BVerwG NVwZ 2005, 215; OVG NRW Beschl. v. 27.04.2009 – 13 B 34/09.

644 BVerwG NVwZ 2005, 215; DVBl. 1990, 490, 491; VGH Mannheim NVwZ 1995, 397, 398.

645 BVerwG NVwZ 1999, 425, 428; vgl. allgemein AS-Skript Verwaltungsrecht AT 1 (2011), Rdnr. 377.

646 OVG NRW NVwZ 2001, 1424; Schoch/Gerhardt VwGO § 114 Rdnr. 12 e.

647 OVG NRW NVwZ-RR 2012, 621

648 BVerwG, Urt. v. 13.12.2011 – BVerwG 1 C 14.10; RÜ 2012, 531, 534

2. Verpflichtungsklage

597 Die Verpflichtungsklage ist gemäß § 113 Abs. 5 S. 1 VwGO begründet, soweit die Ablehnung oder Unterlassung des VA rechtswidrig und der Kläger dadurch in seinen Rechten verletzt ist und die Sache spruchreif ist. Dies ist dann der Fall, wenn der Kläger einen **Anspruch** auf Erlass des begehrten VA hat.

598 Ansprüche können sich im öffentlichen Recht ergeben aus

- **öffentlich-rechtliche Sonderbeziehungen** (begünstigende VAe, ör Vertrag, Zusicherungen),

- **einfach-gesetzlichen Vorschriften** und

- (ausnahmsweise) unmittelbar aus **Grundrechten**, z.B. als Teilhabe- oder Leistungsrecht.

599 In der Klausur stehen die Ansprüche aus **einfach-gesetzlichen Vorschriften** im Vordergrund. Unproblematisch ist dies, wenn die streitentscheidende Norm unzweifelhaft **Anspruchscharakter** hat (z.B. die Vorschriften der LBauO über die Erteilung der Baugenehmigung). Einer näheren Begründung bedarf es allerdings dann, wenn sich der Kläger auf Normen stützt, die als behördliche Ermächtigungsgrundlage ausgestaltet sind und nicht per se Ansprüche des Bürgers begründen. **Anspruchsqualität** haben solche Vorschriften nur, wenn die Norm ein subjektives Recht für den Bürger beinhaltet, d.h. zumindest auch dem Schutz der Interessen des Dritten zu dienen bestimmt ist, also nicht, wenn die Norm ausschließlich Interessen der Allgemeinheit verfolgt (Schutznormtheorie).[649]

Beispiel: Der Kläger verlangt den Erlass einer Ordnungsverfügung gegen einen Dritten auf der Grundlage der ordnungsrechtlichen Generalklausel.

> *„Die Klage ist nur teilweise begründet. Der angefochtene Bescheid ist rechtswidrig und verletzt den Kläger in seinen Rechten. Die Sache ist jedoch nicht spruchreif (§ 113 Abs. 5 S. 2 VwGO). Ein Anspruch auf Erlass der Ordnungsverfügung kann sich nur aus der behördlichen Ermächtigungsgrundlage in § ... ergeben. Diese Vorschrift regelt zwar nur Befugnisse der Behörde bei Gefahren für die öffentliche Sicherheit, hat jedoch Anspruchsqualität, wenn es – wie hier – um den Schutz von Rechten des Klägers geht. Denn zum Schutz der öffentlichen Sicherheit gehören auch die Individualrechte des Einzelnen.*
>
> *Die Voraussetzungen des § ... sind erfüllt, da ... Der Rechtsfolge nach steht ein Einschreiten der Behörde jedoch im Ermessen der Behörde. Der Kläger hat deshalb nur einen Anspruch auf ermessensfehlerfreie Entscheidung. Ein unmittelbarer Anspruch auf Erlass der begehrten Verfügung besteht nicht, da eine sog. Ermessensreduzierung auf Null nicht vorliegt. Eine solche ist nur anzunehmen, wenn ... Daran fehlt es hier. ... Die bisherige Entscheidung der Behörde erweist sich indes als ermessensfehlerhaft, sodass der Kläger einen Anspruch auf erneute Bescheidung hat. Soweit die Behörde sich darauf beruft, dass ... ist dies sachwidrig. Denn ... Auch die Überlegung der Behörde, dass ..., kann die Ablehnung nicht rechtfertigen. Denn ...“*

---

649 Vgl. z.B. OVG NRW NWVBl. 2006, 107, 108; NWVBl. 2006, 145, 146.

II. Rechtsverletzung

Anfechtungs- und Verpflichtungsklagen sind gemäß § 113 Abs. 1 bzw. Abs. 5 VwGO nur begründet, soweit   **600**

- der VA bzw. dessen Nichterlass (objektiv) **rechtswidrig** und

- der Kläger **dadurch** in seinen (subjektiven) **Rechten verletzt** ist.

Bei der **Leistungsklage** ergibt sich der subjektive Bezug daraus, dass der Kläger einen Anspruch auf die begehrte Handlung, Duldung oder Unterlassung haben muss. Bei der **Feststellungsklage** ergibt sich bereits aus der analogen Anwendung des § 42 Abs. 2 VwGO, dass der Kläger an dem festzustellenden Rechtsverhältnis selbst beteiligt ist oder von dem Rechtsverhältnis eigene Rechte des Klägers abhängen (s.o. Rdnr. 483).   **601**

Anders als bei der Klagebefugnis, die nur die Möglichkeit der Rechtsverletzung voraussetzt, ist im Rahmen der Begründetheit zu prüfen, ob die **Rechtsverletzung** auch **tatsächlich vorliegt**. Unproblematisch ist dies bei **Klagen des Adressaten** gegen einen ihn belastenden VA, da hier die objektive Rechtswidrigkeit stets zur Verletzung eines subjektiven Rechts führt, zumindest Art. 2 Abs. 1 GG.   **602**

Problematisch ist die Rechtsverletzung dagegen bei **Drittanfechtungsklagen**. Hier ist die Rechtsverletzung nur gegeben, wenn der VA gegen drittschützende Vorschriften verstößt.[650]   **603**

Beispiel: Bei der Anfechtungsklage des Nachbarn gegen die dem Bauherrn erteilte Baugenehmigung kommt es nur darauf an, ob die Baugenehmigung gegen nachbarschützende Vorschriften verstößt, ob auch andere (rein objektiv-rechtliche) Vorschriften verletzt sind, spielt dagegen keine Rolle.

> *„Die Klage ist jedoch unbegründet. Dabei kann dahinstehen, ob der angefochtene Verwaltungsakt in jeder Hinsicht rechtmäßig ist, denn der Kläger ist jedenfalls nicht in seinen subjektiven Rechten verletzt (§ 113 Abs. 1 S. 1 VwGO). Eine Rechtsverletzung des Nachbarn eines Bauvorhabens kommt nur bei einem Verstoß gegen nachbarschützende Vorschriften in Betracht. Zwar ist anerkannt, dass sich ein Vorhaben, das – wie hier – im unbeplanten Innenbereich (§ 34 Abs. 1 BauGB) verwirklicht werden soll, sich nur dann einfügen kann, wenn es die gebotene Rücksicht auf die vorhandene Nachbarbebauung nimmt. Welche Anforderungen das Gebot der Rücksichtnahme stellt, hängt wesentlich von den jeweiligen Umständen des Einzelfalls ab. Bei der danach gebotenen situationsbedingten Interessenabwägung ist hier einerseits zu berücksichtigen, dass ... Andererseits ist zu beachten, dass ...*

III. Entscheidungserheblicher Zeitpunkt

Soweit problematisch ist im Rahmen der Begründetheit der **maßgebliche Zeitpunkt** für die Beurteilung der Sach- und Rechtslage herauszuarbeiten. Ob eine Klage begründet ist, richtet sich dabei nicht nach dem Prozessrecht, sondern nach dem für die Entscheidung maßgeblichen **materiellen Recht**.[651] Gleichwohl haben sich einige **Faustregeln** entwickelt, die an die jeweilige Klageart anknüpfen: **604**

---

650 BVerwG NVwZ 2005, 84, 85; DVBl. 2004, 1561, 1562; OVG NRW NVwZ 2009, 1383; Kopp/Schenke VwGO § 113 Rdnr. 26.

651 Vgl. z.B. BVerwG NVwZ 2008, 434.

605   ■ Bei der **Anfechtungsklage** kommt es grds. auf den **Zeitpunkt der letzten Verwaltungsentscheidung** an. Das ist i.d.R. der Widerspruchsbescheid. Soweit ein Vorverfahren nicht stattfindet (§ 68 Abs. 1 S. 2 VwGO), ist der Zeitpunkt des Erlasses des VA maßgebend.[652]

     ■ Etwas anderes gilt bei **Dauerverwaltungsakten**, die während der gesamten Zeit ihrer Geltung gesetzlich gerechtfertigt sein müssen. Deshalb ist hier ausnahmsweise auf den Zeitpunkt der letzten mündlichen Verhandlung abzustellen.[653]

     Beispiel: Bei der Ausweisung eines Ausländers handelt es sich um einen DauerVA (wegen der Rechtswirkungen des § 11 AufenthG). Die Entscheidung nach §§ 53 ff. AufenthG muss stets aufgrund einer aktuellen einzelfallbezogenen Würdigung der für die Ausweisung sprechenden öffentlichen Belange und den gegenläufigen Interessen des Ausländers erfolgen. Daher müssen bei der Anfechtung einer Ausweisung neue Tatsachen bis zum Zeitpunkt der letzten mündlichen Verhandlung umfassend berücksichtigt werden.[654]

     ■ Hiervon gilt jedoch eine **Gegenausnahme**, wenn bei einem DauerVA nachträgliche Änderungen der Sach- und Rechtslage **nur unter bestimmten Voraussetzungen** zu berücksichtigen sind.

     Beispiel: Bei der Gewerbeuntersagung nach § 35 Abs. 1 GewO folgt aus § 35 Abs. 6 GewO, dass Änderungen nach Abschluss des behördlichen Untersagungsverfahrens nicht im Rahmen der Anfechtungsklage gegen die Untersagungsverfügung, sondern nur im Wiedergestattungsverfahren geltend gemacht werden können.[655]

606   ■ Bei der **Verpflichtungsklage** sowie bei der **Leistungsklage** kommt es grds. auf die Sach- und Rechtslage im **Zeitpunkt der letzten mündlichen Verhandlung** an. Denn entscheidend ist, ob der Kläger bei Erlass des Urteils den geltend gemachten Anspruch hat.[656] **Ausnahmen** gelten hier bei zeitabschnittsweise zu gewährenden Leistungen, bei Prüfungsentscheidungen und bei grundrechtskräftig verfestigten Anspruchspositionen, bei denen auf den Zeitpunkt der behördlichen Entscheidung abzustellen ist.[657]

607   ■ Bei der **Feststellungsklage** hängt der entscheidungserhebliche Zeitpunkt von dem streitigen Rechtsverhältnis ab, je nachdem, ob es sich um ein gegenwärtiges, vergangenes oder künftiges Rechtsverhältnis handelt.[658]

608   ■ Bei der **Fortsetzungsfeststellungsklage** kommt es auf die Ausgangsklageart an: In der Anfechtungssituation ist grds. der Zeitpunkt der letzten Behördenentscheidung maßgebend, bei Erledigung vor Erlass des Widerspruchsbescheides und in Verpflichtungssituationen der Zeitpunkt des erledigenden Ereignisses.[659]

---

652 BVerwG NVwZ 2006, 1175, 1176.

653 BVerwG DVBl. 2008, 392, 394; Ehlers Jura 2004, 177, 180.

654 BVerwG, Urt. v. 13.12.2011 – BVerwG 1 C 14.10, RÜ 2012, 531, 533; DVBl. 2008, 392, 393 f.; a.A. noch BVerwG DVBl. 2000, 429.

655 BVerwG NVwZ 1997, 278, 280; Guckelberger Jura 2007, 598, 604.

656 BVerwG DVBl. 2000, 1614, 1616; Ehlers Jura 2004, 310, 315.

657 Vgl. AS-Skript VwGO (2011), Rdnr. 598 ff.

658 Polzin JuS 2004, 211, 214.

659 Hufen § 24 Rdnr. 16.

4. Teil: Das Eilverfahren in der Assessorklausur

1. Abschnitt: Verfahrensarten

Anträge auf vorläufigen Rechtsschutz sind in der Praxis und im Examen von erheblicher Bedeutung. Die VwGO kennt im Wesentlichen zwei Arten des Eilverfahrens: 609

- das **Aussetzungsverfahren nach § 80 Abs. 5 VwGO** und

- das **Anordnungsverfahren nach § 123 VwGO.**

Bei Verwaltungsakten mit Doppelwirkung wird § 80 VwGO durch § 80 a VwGO ergänzt, im Rahmen der verwaltungsgerichtlichen Normenkontrolle (insbes. bei Bebauungsplänen, § 47 Abs. 1 Nr. 1 VwGO) wird vorläufiger Rechtsschutz durch die besondere einstweilige Anordnung nach § 47 Abs. 6 VwGO gewährt.[660]

A. Vorläufiger Rechtsschutz nach § 80 VwGO

Beim belastenden VA haben Widerspruch und Anfechtungsklage grds. **aufschiebende Wirkung** (§ 80 Abs. 1 VwGO). Der VA wird durch den Rechtsbehelf automatisch **kraft Gesetzes suspendiert**. Der Bürger braucht den VA (vorläufig) nicht zu befolgen, die Behörde darf den VA zunächst weder in rechtlicher noch tatsächlicher Hinsicht verwirklichen (sog. Verwirklichungshemmung).[661] Eines besonderen gerichtlichen Eilverfahrens bedarf es daher bei belastenden Verwaltungsakten im Normalfall nicht.   610

Etwas anderes gilt dann, wenn die **aufschiebende Wirkung nach § 80 Abs. 2 VwGO ausgeschlossen** ist: 611

- bei der Anforderung von **öffentlichen Abgaben und Kosten** (Nr. 1)

  - **Abgaben** sind neben den klassischen Abgaben (Steuern, Gebühren, Beiträge) alle Geldleistungen, die den allgemeinen Finanzbedarf der öffentlichen Hand decken sollen.

    Beispiele: Erschließungsbeiträge, Abwassergebühren, Kindergartenbeiträge, nicht dagegen die Stellplatzablöse, da diese keine allgemeine Finanzierungsfunktion hat, sondern in erster Linie den geldwerten Vorteil abschöpfen will, Stellplätze nicht herstellen zu müssen.[662]

    Verwaltungsgebühren werden von der Regelung nach h.Rspr. auch dann erfasst, wenn sie zusammen mit einer nicht unter § 80 Abs. 2 VwGO fallenden Sachentscheidung erhoben werden (sog. **unselbstständige Gebührenentscheidung**).

    Beispiel: Für den Erlass einer Beseitigungsverfügung wird eine Verwaltungsgebühr erhoben. Die Gebühr muss gezahlt werden, obwohl Rechtsbehelfe gegen die Beseitigungsverfügung grds. aufschiebende Wirkung entfalten. Im Hinblick auf das durch § 80 Abs. 2 S. 1 Nr. 1 VwGO geschützte Finanzierungsinteresse des Staates ist es unerheblich, ob die Kostenforderung isoliert oder als Nebenforderung geltend gemacht wird.[663] Die Gegenansicht verweist darauf, dass die Rechtmäßigkeit der Gebührenfestsetzung vom Bestand des HauptVA abhänge, sodass es ungerechtfertigt sei, den Gebührenbescheid vor Abschluss des Hauptsacheverfahrens zu vollziehen.[664]

  - **Kosten** i.S.d. § 80 Abs. 2 S. 1 Nr. 1 VwGO sind alle Kosten und Auslagen, die den Beteiligten im Verwaltungsverfahren einschließlich des Widerspruchsverfahrens nach **feststehenden Sätzen** auferlegt werden.[665]   612

---

660 Vgl. AS-Skript VwGO (2011), Rdnr. 810 f.

661 BVerwG, Beschl. v. 09.09.2008 – BVerwG 3 B 37.08, RÜ 2009, 45, 46.

662 OVG Greifswald KommJur 2005, 145; a.A. Kopp/Schenke VwGO § 80 Rdnr. 57.

663 VGH Mannheim VBlBW 2012, 116; SächsOVG NVwZ-RR 2011, 225, 226; OVG NRW NWVBl. 2003, 479, 480; ThürOVG NVwZ-RR 2004, 393; OVG Koblenz NVwZ-RR 2004, 393.

664 Kopp/Schenke VwGO § 80 Rdnr. 62.

Keine Kosten i.S.d. § 80 Abs. 2 Nr. 1 S. 1 VwGO sind daher Kosten des Verwaltungszwangs, z.B. der Ersatzvornahme, deren Höhe sich nicht nach normativen Sätzen richtet, sondern von den Umständen des Einzelfalls abhängt.[666]

Nach der Gegenansicht ist der Begriff der „öffentlichen Kosten" weit auszulegen und erfasst alle Verwaltungskosten, die nicht schon als öffentliche Abgaben zu qualifizieren sind und damit auch die Kosten der Ersatzvornahme.[667] Dagegen spricht jedoch der Ausnahmecharakter des § 80 Abs. 2 S. 1 Nr. 1 VwGO, der sonst praktisch jede öffentlich-rechtliche Geldforderung erfassen würde.

613   ■ bei **unaufschiebbaren** Anordnungen und Maßnahmen von **Polizeivollzugsbeamten** (§ 80 Abs. 2 S. 1 Nr. 2 VwGO)

§ 80 Abs. 2 S. 1 Nr. 2 VwGO gilt analog bei **Verkehrszeichen** nach § 41 Abs. 1 StVO i.V.m. Anlage 2, da die von ihnen ausgehenden Ge- und Verbote sich nicht von polizeilichen Anordnungen unterscheiden (Funktionsgleichheit).[668]

614   ■ bei **gesetzlichem Ausschluss** (§ 80 Abs. 2 S. 1 Nr. 3 VwGO)

Beispiele: Bauaufsichtliche Zulassungen (§ 212 a Abs. 1 BauGB), also Baugenehmigungen, nach h.M. auch der Vorbescheid;[669] Ablehnung eines Aufenthaltstitels (§ 84 Abs. 1 Nr. 1 AufenthG); Abordnung und Versetzung im Beamtenrecht (§ 126 Abs. 4 BBG, § 54 Abs. 4 BeamtStG); kraft Landesrechts bei Maßnahmen in der Verwaltungsvollstreckung (vgl. z.B. Art. 21 a S. 1 Bay VwZVG, § 12 S. 1 LVwVG BW, § 39 S. 1 Bbg VwVG, § 16 S. 1 Hess AGVwGO, § 112 S. 1 JustG NRW, § 11 S. 1 Sächs VwVG u.a.), und zwar auch dann, wenn sich die Vollstreckung nach Bundesrecht richtet (§ 80 Abs. 2 S. 2 VwGO), also z.B. bei der Abschiebung nach §§ 58 ff. AufenthG.

> **Beachte:** Der Kostenbescheid nach durchgeführter Ersatzvornahme fällt nach h.M. nicht unter die v.g. Regelungen, da es sich nicht mehr um eine Maßnahme „in" der Verwaltungsvollstreckung handelt.

Die Gegenansicht verweist darauf, dass die Kostenforderung integraler Bestandteil der Ersatzvornahme sei. Die Kostenforderung verleihe der Ersatzvornahme die Beugefunktion, sodass auch der Kostenbescheid noch als Vollstreckungsmaßnahme anzusehen sei.[670] Dagegen spricht jedoch der Ausnahmecharakter der genannten Vorschriften. Rechtsbehelfe gegen den Kostenbescheid haben daher grds. aufschiebende Wirkung.[671]

615   ■ bei **Anordnung der sofortigen Vollziehung** durch die Behörde im Einzelfall (§ 80 Abs. 2 S. 1 Nr. 4 VwGO).

616   Haben Rechtsbehelfe gemäß § 80 Abs. 2 VwGO **keine aufschiebende Wirkung**, so besteht **keine Vollzugs- und Verwirklichungshemmung.** Der Adressat muss den wirksamen VA (§ 43 VwVfG) bereits vor Bestandskraft befolgen. Die Behörde kann den VA schon jetzt verwirklichen, insbes. im Rahmen der Verwaltungsvollstreckung zwangsweise durchsetzen (vgl. § 6 Abs. 1 VwVG). Um dies zu verhindern, besteht für den Betroffenen ein Bedürfnis für **vorläufigen gerichtlichen Rechtsschutz**, der im Aussetzungsverfahren nach § 80 Abs. 5 VwGO zu gewähren ist. Auf Antrag kann das Gericht der Hauptsache

   ■ die **aufschiebende Wirkung** ganz oder teilweise **anordnen** (wenn die aufschiebende Wirkung **kraft Gesetzes** ausgeschlossen ist)

---

665 OVG NRW DVBl. 1998, 239; VGH Mannheim VBlBW 1991, 215, 216; Pietzner/Ronellenfitsch § 54 Rdnr. 5.

666 BayVGH NVwZ-RR 2009, 787; ThürOVG, Beschl. v. 14.02.2008 – 3 EO 838/07, RÜ 2008, 534, 536; Kopp/Schenke VwGO § 80 Rdnr. 63.

667 BayVGH BayVBl. 1994, 372; BayVBl. 1995, 694; BayVBl. 2006, 734; im Ergebnis ebenso OVG Hamburg NVwZ-RR 2007, 364; NordÖR 2006, 201 für den Gebührenbescheid nach Abschleppen eines Fahrzeuges, der auch die Auslagen des Abschleppunternehmers umfasst; dazu OVG Hamburg NordÖR 2009, 156, 157.

668 Vgl. BVerwG NJW 2008, 2867, 2868; Kopp/Schenke VwGO § 80 Rdnr. 64.

669 OVG Lüneburg NVwZ-RR 2010, 140; OVG NRW DVBl. 1999, 788, 789; Kopp/Schenke VwGO § 80 Rdnr. 65.

670 OVG Berlin-Brandenburg NVwZ-RR 2006, 377.

671 BayVGH NVwZ-RR 2009, 787; ThürOVG RÜ 2008, 534, 537; OVG Koblenz DVBl. 1999, 116, 117.

- die **aufschiebende Wirkung** ganz oder teilweise **wiederherstellen** (wenn die Behörde die **sofortige Vollziehung** gemäß § 80 Abs. 2 S. 1 Nr. 4 VwGO angeordnet hat).

B. Vorläufiger Rechtsschutz nach § 80 a VwGO

Bei **Verwaltungsakten mit Doppelwirkung** wird § 80 VwGO durch § 80 a VwGO ergänzt. Die Vorschrift unterscheidet zwei Fälle:

617

- den **begünstigenden VA mit drittbelastender Wirkung** (§ 80 a Abs. 1 VwGO),

  Beispiele: Baugenehmigung und die immissionsschutzrechtliche Genehmigung, die den Bauherrn bzw. Anlagenbetreiber begünstigt und den Nachbarn belastet; gaststättenrechtliche Erlaubnisse und Sperrzeitverkürzungen zugunsten des Gaststätteninhabers mit drittbelastender Wirkung für die Nachbarschaft.

- den **belastenden VA mit drittbegünstigender Wirkung** (§ 80 a Abs. 2 VwGO).

  Beispiele: Beseitigungsverfügung, die den Bauherrn belastet und den Nachbarn begünstigt; Stilllegungsverfügung zulasten des Anlagenbetreibers, wodurch der Nachbar begünstigt wird, Sperrzeitverlängerungen im Gaststättenrecht, die den Inhaber der Gaststätte belasten und den Nachbar begünstigen.

Rechtsbehelfe haben auch bei VAen mit Doppelwirkung **grds. aufschiebende Wirkung** (§ 80 Abs. 1 S. 2 VwGO), d.h. der VA darf weder verwirklicht noch durchgesetzt werden. Dies ist grds. erst möglich, wenn die Behörde die **sofortige Vollziehung anordnet** (vgl. § 80 a Abs. 1 Nr. 1 u. Abs. 2, § 80 Abs. 2 S. 1 Nr. 4 VwGO).

618

Beispiele: Der Anlagenbetreiber will die Anlage trotz Nachbarwiderspruchs möglichst bald errichten. – Der Nachbar möchte erreichen, dass eine Beseitigungsverfügung kurzfristig gegenüber dem Bauherrn durchgesetzt wird. – Eine Durchsetzung des VA ist hier aufgrund der aufschiebenden Wirkung erst zulässig, wenn die Behörde die sofortige Vollziehung anordnet.

Hat der Rechtsbehelf nach § 80 Abs. 2 VwGO **keine aufschiebende Wirkung,** so besteht auch beim VA mit Doppelwirkung keine Verwirklichungshemmung. Will der durch den VA Belastete die Vollziehung verhindern, bedarf es der **Aussetzung der Vollziehung** (§ 80 a Abs. 1 Nr. 2, § 80 Abs. 4 VwGO).

619

Beispiel: Der Nachbar möchte erreichen, dass der Bauherr die Bauarbeiten einstellt, obwohl seine Klage gegen die Baugenehmigung keine aufschiebende Wirkung entfaltet (§ 212 a Abs. 1 BauGB).

C. Vorläufiger Rechtsschutz nach § 123 VwGO

Geht es nicht um die Vollziehung eines belastenden VA oder die Beseitigung der aufschiebenden Wirkung eines Rechtsbehelfs, so wird vorläufiger Rechtsschutz durch **einstweilige Anordnung** nach § 123 VwGO gewährt.

620

Beispiele: Der unterlegene Bewerber um einen Beförderungsposten will die Ernennung des erfolgreichen Konkurrenten verhindern. – Nachbar N will verhindern, dass Bauherr B eine Grenzgarage ohne die erforderliche Baugenehmigung errichtet. – Die R-Partei will erreichen, dass ihr, wie anderen Parteien, die Stadthalle zur Nutzung für einen Parteitag überlassen wird. – Eine Ratsfraktion begehrt im Rahmen eines Kommunalverfassungsstreits die Feststellung, dass ein (rechtswidriger) Ratsbeschluss vorläufig nicht vollzogen werden darf.

Aus § 123 Abs. 5 VwGO folgt, dass die einstweilige Anordnung **subsidiär** und nur statthaft ist, wenn **keiner der Fälle der §§ 80, 80 a VwGO** vorliegt. Daher gilt für die Abgrenzung der beiden Verfahren grds. folgende Regel, die sich an der Klageart in der Hauptsache orientiert:

621

- **§ 80 Abs. 5 VwGO:** wenn es um die Vollziehung eines belastenden VA geht, also in der Situation der **Anfechtungsklage,**

- **§ 123 VwGO:** bei allen übrigen Begehren, also in der Situation der **Verpflichtungs-, Leistungs- und Feststellungsklage.**

D. Fallgruppen

Examenswichtige Bereiche im vorläufigen Rechtsschutz
■ Ausländerrecht
■ Baurecht
■ Beamtenrecht
■ Gewerberecht, Gaststättenrecht
■ Kommunalrecht
■ Schul- und Prüfungsrecht
■ Straßenverkehrsrecht

I. Ausländerrecht

1. Ablehnung eines Aufenthaltstitels

Beispiel: Die Ausländerbehörde hat den Antrag auf Erteilung oder Verlängerung einer Aufenthaltserlaubnis (§ 4 Abs. 1 S. 2 Nr. 2 AufenthG) abgelehnt.

622   Bei Ablehnung einer Erlaubnis handelt es sich grds. um eine Verpflichtungssituation, bei der vorläufiger Rechtsschutz nach § 123 VwGO zu gewähren ist. Im Ausländerrecht ergibt sich jedoch eine Besonderheit, wenn mit der Antragstellung eine **Fiktionswirkung** nach § 81 Abs. 3 u. 4 AufenthG verbunden ist (Erlaubnis-, Duldungs- und Verlängerungsfiktion). Wird der Antrag von der Behörde abgelehnt, wird in diesen Fällen nicht nur die begehrte Erlaubnis verweigert, sondern zugleich erlischt die kraft Gesetzes angeordnete Fiktion. Das **Erlöschen der Fiktion** stellt eine **eigenständige Belastung** dar, die isoliert angefochten werden kann. Vorläufiger Rechtsschutz gegen die nach § 84 Abs. 1 Nr. 1 AufenthG sofort vollziehbare Ablehnung richtet sich daher grds. nach **§ 80 Abs. 5 VwGO**.[672] § 123 VwGO ist in diesen Fällen nur einschlägig, wenn die **Fiktionswirkung nicht bestanden** hat, z.B. weil sich der Ausländer illegal im Bundesgebiet aufhält.[673]

> **Beachte:** Der Antrag nach § 123 VwGO ist in diesen Fällen auf Aussetzung der Abschiebung gerichtet. Die vorläufige Erteilung eines Aufenthaltstitel stellt i.d.R. eine unzulässige Vorwegnahme der Hauptsache dar.

2. Ausweisung

623   Bei der **Ausweisung** als belastenden VA (§§ 53 ff. AufenthG) gilt für den vorläufigen Rechtsschutz § 80 VwGO. Widerspruch und Anfechtungsklage gegen die Ausweisungsverfügung haben grds. aufschiebende Wirkung. Der Ausschluss nach § 84 Abs. 1 Nr. 1 AufenthG gilt nur für die Ablehnung eines Antrags auf Erteilung oder Verlängerung eines Aufenthaltstitels. Das gerichtliche Verfahren nach § 80 Abs. 5 VwGO ist daher nur erforderlich, wenn die Behörde gemäß **§ 80 Abs. 2 S. 1 Nr. 4 VwGO** die sofortige Vollziehung angeordnet hat.

Die sofortige Vollziehung einer Ausweisung ist nur ausnahmsweise zulässig und bedarf mit Rücksicht auf den Verhältnismäßigkeitsgrundsatz eines **besonderen öffentlichen Interesses**, z.B. wenn zu befürchten ist, dass sich die von dem Ausländer ausgehende, mit der Ausweisung bekämpfte Gefahr schon vor Abschluss des Hauptsacheverfahrens realisieren könnte.[674]

---

672 OVG NRW InfAuslR 2009, 74; VGH Mannheim VBlBW 2008, 306, 307; Renner AufenthG § 81 Rdnr. 33.

673 VGH Mannheim VBlBW 2008, 306; OVG NWVBl. 2005, 358; Renner AufenthG § 81 Rdnr. 33.

674 BVerfG NVwZ 2005, 1053, 1054; NVwZ 1996, 58, 59; VGH Mannheim VBlBW 2009, 37, 38.

Begehrt der Ausländer vorläufigen Rechtsschutz sowohl gegen eine **sofort vollziehbare Ausweisungsverfügung** als auch gegen die **Versagung eines Aufenthaltstitels**, so handelt es sich hinsichtlich der **Ausweisung** um einen Antrag nach § 80 Abs. 5 VwGO auf **Wiederherstellung** der aufschiebenden Wirkung und hinsichtlich der **Ablehnung des Aufenthaltstitels** nach § 80 Abs. 5 VwGO auf **Anordnung** der aufschiebenden Wirkung, bei fehlender Fiktionswirkung nach § 81 Abs. 3 oder 4 AufenthG insoweit um einen Antrag nach § 123 VwGO (s.o.). | 624

Das Gericht entscheidet dann zunächst darüber, ob die aufschiebende Wirkung des Rechtsbehelfs gegen die **Ausweisung** wiederhergestellt wird. Hat der Antrag keinen Erfolg, so bleibt wegen der Sperrwirkung des § 11 Abs. 1 S. 2 AufenthG auch der Antrag in Bezug auf die Ablehnung des Aufenthaltstitels erfolglos (vgl. auch § 51 Abs. 1 Nr. 5 AufenthG).[675]

3. Aufenthaltsbeendende Maßnahmen | 625

- Für die **Androhung der Abschiebung** (§ 59 AufenthG) gilt § 80 Abs. 5 VwGO gerichtet auf Anordnung der aufschiebenden Wirkung, wenn diese gemäß § 80 Abs. 2 S. 2 VwGO i.V.m. Landesrecht ausgeschlossen ist (Vollstreckungsmaßnahme).

- Bei der **Abschiebungsanordnung** als Festsetzung des Zwangsmittels gilt:

  - § 80 Abs. 5 VwGO im Fall des § 58 a AufenthG (vgl. dort Abs. 1 S. 2),

  - im Übrigen § 80 Abs. 5 VwGO bei Ausschluss der aufschiebenden Wirkung nach § 80 Abs. 2 S. 2 VwGO i.V.m. Landesrecht.

- Die **Abschiebung** (§ 58 AufenthG) selbst ist Realakt, sodass § 80 VwGO mangels VA nicht einschlägig ist. Gegen eine bevorstehende Abschiebung kann vorläufiger Rechtsschutz nur nach § 123 VwGO gewährt werden, z.B. durch vorläufige Aussetzung der Abschiebung gemäß § 60 a AufenthG.[676]

II. Baurecht

1. Baugenehmigung

Geht es um die Erteilung einer Baugenehmigung, greift **§ 123 VwGO** ein (Verpflichtungssituation). Erstrebt der Antragsteller eine **vorläufige Baugenehmigung**, so ist eine einstweilige Anordnung jedoch grds. ausgeschlossen, da hierdurch die Hauptsache unzulässigerweise vorweggenommen würde (s.u. Rdnr. 756). Denn durch die Verwirklichung einer (vorläufigen) Baugenehmigung würde ein endgültiger, regelmäßig irreparabler Zustand geschaffen.[677] Andere stellen darauf ab, dass das materielle Baurecht keine vorläufige Baugenehmigung kennt.[678] | 626

Denkbar ist aber eine einstweilige Anordnung, binnen einer bestimmten Frist über den Bauantrag unter Beachtung der Rechtsauffassung des Gerichts zu entscheiden (z.B. um einen von der Behörde geltend gemachten Versagungsgrund auszuräumen).[679] Vereinzelt wird eine vorläufige, auf § 123 VwGO beruhende Gestattung für zulässig erachtet, bis zur endgültigen Entscheidung über die Baugenehmigung die Bauarbeiten fortzuführen und die Nutzung aufzunehmen.[680]

---

675 Finkelnburg/Dombert/Külpmann Rdnr. 1236.

676 Renner AufenthG § 58 Rdnr. 21.

677 HessVGH NVwZ-RR 2003, 814; OVG Lüneburg NVwZ 1994, 80; SächsOVG NVwZ 1994, 81; Kuhla in Posser/Wolff VwGO § 123 Rdnr. 88.2.

678 OVG NRW BauR 2004, 313, 314; allgemein Maaß NVwZ 2004, 572, 573 f.; Ortloff NVwZ 2005, 1381, 1384.

679 Vgl. Ortloff NVwZ 1996, 647, 651.

680 OVG Bremen NVwZ-RR 2006, 162; Weber DVBl. 2010, 958, 960 f.

2. Bauordnungsverfügung

627 Bei **Bauordnungsverfügungen** (Stilllegungsverfügung, Nutzungsverbot, Beseitigungsverfügung) haben Rechtsbehelfe nach § 80 Abs. 1 VwGO grds. aufschiebende Wirkung. Ein gerichtliches Eilverfahren nach § 80 Abs. 5 VwGO ist daher nur erforderlich, wenn die Behörde die sofortige Vollziehung angeordnet hat (§ 80 Abs. 2 S. 1 Nr. 4 VwGO).

■ Bei **Stilllegungsverfügungen** besteht im Interesse der Effektivität des Baugenehmigungsverfahrens grds. ein überwiegendes öffentliches Vollzugsinteresse an der alsbaldigen Unterbindung ungenehmigter Bauarbeiten, sodass der Antrag auf Wiederherstellung der aufschiebenden Wirkung i.d.R. erfolglos bleibt.[681]

■ Dasselbe gilt grds. auch für **Nutzungsuntersagungen**, durch die der Bauherr lediglich in die Schranken des formellen Baurechts verwiesen wird.

628 ■ Die Anordnung der sofortigen Vollziehung einer **Beseitigungsverfügung** ist dagegen auch bei formeller und materieller Illegalität der Ausnahmefall. Im Hinblick auf die durch die Beseitigung eintretenden irreparablen Schäden überwiegt aufgrund des Grundrechtsschutzes des Art. 14 GG i.d.R. das Aussetzungsinteresse des Bauherrn. Nur ausnahmsweise kann ein besonderes öffentliches Vollzugsinteresse bestehen, wenn von dem Bauwerk Gefahren ausgehen, die ein sofortiges Einschreiten erfordern (z.B. weil von der baulichen Anlage konkrete Gefahren für gewichtige Rechtsgüter ausgehen)[682] oder wenn die Beseitigung ohne nennenswerten Substanzverlust oder mit geringen Kosten durchgeführt werden kann (z.B. bei einer leicht abzubauenden Werbeanlage oder einem aus Fertigteilen bestehenden Carport).[683]

3. Drittbeteiligungsfälle

629 In **Drittbeteiligungsfällen** gilt für das gerichtliche Eilverfahren § 80 a Abs. 3 VwGO, wenn ein VA mit Doppelwirkung vorliegt (z.B. eine Baugenehmigung), dagegen § 123 VwGO, wenn es nicht um die Vollziehung einer Genehmigung geht (z.B. bei einem Schwarzbau). Die Vorschrift unterscheidet zwischen

■ der **Anordnung der sofortigen Vollziehung** (§ 80 a Abs. 1 Nr. 1 u. Abs. 2 VwGO)

■ und der **Aussetzung der Vollziehung** (§ 80 a Abs. 1 Nr. 2 u. § 80 Abs. 4 VwGO).

Beispiele: Nachbar N hat Widerspruch gegen eine immissionsschutzrechtliche Genehmigung erhoben, der aufschiebende Wirkung entfaltet (§ 80 Abs. 1 VwGO). Der Anlagenbetreiber begehrt die Anordnung der sofortigen Vollziehung gemäß §§ 80 a Abs. 3, Abs. 1 Nr. 1, 80 Abs. 2 S. 1 Nr. 4 VwGO, um die Anlage schon jetzt errichten und betreiben zu können.[684]

Nachbar N hat Widerspruch gegen die dem Bauherrn B erteilte Baugenehmigung erhoben, der nach § 212 a Abs. 1 BauGB keine aufschiebende Wirkung hat. Der Nachbar kann gemäß §§ 80 a Abs. 3, Abs. 1 Nr. 2, 1. Halbs., 80 Abs. 5 VwGO die Aussetzung der Vollziehung (Anordnung der aufschiebenden Wirkung) beantragen.[685]

Der Bauherr missachtet die aufschiebende Wirkung und baut trotz Aussetzung der Vollziehung der Baugenehmigung weiter. Der Nachbar kann gemäß § 80 a Abs. 3, Abs. 1 Nr. 2, 2. Halbs. VwGO als Sicherungsmaßnahme den Erlass einer Stilllegungsverfügung beantragen.[686]

Bauherr B baut ohne die erforderliche Baugenehmigung (sog. Schwarzbau) oder abweichend von einer erteilten Baugenehmigung. Der Nachbar kann mittels einstweiliger Anordnung nach § 123 VwGO ein behördliches Einschreiten zur Sicherung seiner Rechte beanspruchen.[687] § 80 a VwGO ist nicht einschlägig, da es nicht um die Verwirklichung einer erteilten Baugenehmigung geht.

---

681 Finkelnburg/Dombert/Külpmann Rdnr. 1285 u. 1287.

682 BayVGH BayVBl. 2008, 541, 542; OVG NRW NVwZ 1998, 997.

683 OVG Greifswald NordÖR 2008, 450, 451.

684 Vgl. AS-Skript VwGO (2011), Rdnr. 744 ff.

685 VGH Kassel NVwZ 2001, 105, 106.

686 VGH Kassel NVwZ-RR 2003, 345, 346; Schoch VwGO § 80 a Rdnr. 39; a.A. Battis/Krautzberger/Löhr BauGB § 31 Rdnr. 99: 123 VwGO; dazu unten Rdnr. 736.

687 OVG NRW BauR 1999, 379; NVwZ 1993, 383, 384; Bock DVBl. 2006, 12, 15 f.

III. Beamtenrecht

1. Konkurrentenstreit

Beim Konkurrentenstreit ist zwischen der Status-Konkurrenz und der Dienstpostenkonkurrenz zu unterscheiden. Im Fall der **Status-Konkurrenz** geht es um die Verhinderung einer Statusverbesserung des erfolgreichen Bewerbers (z.B. dessen Beförderung, § 8 Abs. 1 Nr. 3 BeamtStG). Bei der **Dienstpostenkonkurrenz** geht es lediglich um die Übertragung eines (höherwertigen) Dienstpostens, mit der eine Beförderung noch nicht verbunden ist.

630

a) Statuskonkurrenz

Geht es um die Verhinderung der Ernennung des Konkurrenten (insbes. dessen Einstellung oder Beförderung), kann die (durch Aushändigung der Ernennungsurkunde) vollzogene Ernennung nicht mehr rückgängig gemacht werden, wenn der unterlegene Bewerber zuvor ordnungsgemäß informiert worden ist (**Grundsatz der Ämterstabilität**). Da ein Amt nur zusammen mit der Einweisung in eine besetzbare Planstelle verliehen werden darf (vgl. § 49 Abs. 1 BHO), steht die dann besetzte Planstelle nicht mehr zur Verfügung.[688]

631

Etwas anderes gilt dann, wenn der Dienstherr den verfassungsrechtlich durch Art. 19 Abs. 4 GG gewährleisteten effektiven Rechtsschutz des unterlegenen Bewerbers vereitelt hat. In diesen Fällen kann der unterlegene Bewerber seinen Bewerbungsverfahrensanspruch trotz Ernennung des Konkurrenten weiterverfolgen.[689]

Um den nach Ernennung eintretenden irreparablen Zustand zu verhindern, hat der unterlegene Bewerber die Möglichkeit, den Anspruch auf Unterlassung der Ernennung des Konkurrenten durch **einstweilige Anordnung** (§ 123 VwGO) zu sichern, wenn die Auswahlentscheidung rechtswidrig ist.[690]

632

Dagegen wird neuerdings eingewandt, dass die Auswahlentscheidung einen VA mit Doppelwirkung darstelle, sodass Rechtsbehelfe des unterlegenen Bewerbers nach § 80 Abs. 1 S. 2 VwGO aufschiebende Wirkung entfalten. Vorläufiger Rechtsschutz sei daher wegen § 123 Abs. 5 VwGO nicht nach § 123 Abs. 1 VwGO, sondern nach Maßgabe der §§ 80 a Abs. 3, 80 Abs. 5 VwGO zu gewähren.[691] Dagegen spricht jedoch, dass es dem unterlegenen Bewerber nicht nur um die Anfechtung der Begünstigung des erfolgreichen Bewerbers geht, sondern um die Durchsetzung seines eigenen Bewerbungsverfahrensanspruchs. Dafür steht im Hauptsacheverfahren die Verpflichtungsklage zur Verfügung, die keine aufschiebende Wirkung entfaltet. Vorläufiger Rechtsschutz richtet sich daher weiterhin nach § 123 VwGO.

b) Dienstpostenkonkurrenz

Bei der Übertragung eines (höherwertigen) Dienstpostens, mit der eine Beförderung noch nicht verbunden, sondern allenfalls vorbereitet wird, fehlt es i.d.R. am **Anordnungsgrund**, da die (rechtswidrige) Dienstpostenvergabe ohne Weiteres rückgängig gemacht werden kann und damit – bis zur tatsächlichen Beförderung – noch keine endgültigen Tatsachen geschaffen werden. Ein Anordnungsgrund besteht nur dann, wenn dem betroffenen Beamten in sonstiger Weise **irreparable Nachteile** drohen (z.B. weil der Konkurrent durch die Dienstpostenvergabe einen Bewährungsvorsprung erlangt).[692]

633

---

688 BVerfG NVwZ 2008, 70, 71; NVwZ 2007, 1178, 1179; BVerwG, Urt. v. 04.11.2010 – BVerwG 2 C 16.09, RÜ 2011, 119, 121.

689 BVerfG NVwZ 2008, 70, 71; BVerwG, Urt. v. 04.11.2010 – BVerwG 2 C 16.09, RÜ 2011, 119, 121.

690 VGH Kassel NVwZ-RR 2012, 151; VGH Mannheim NVwZ-RR 2012, 152; OVG Lüneburg, Beschl. v. 08.06. 2011 – 5 ME 91/11, RÜ 2011, 735, 737.

691 VG Frankfurt LKRZ 2011, 345; v.Roetteken ZBR 2011, 73, 76.

692 BVerfG NVwZ 2008, 69; VGH Mannheim NVwZ-RR 2008, 550; OVG NRW NJW 2004, 1611.

2. Sonstige beamtenrechtliche Maßnahmen

634   **a)** Bei sonstigen **belastenden** Maßnahmen mit **VA-Qualität** gilt auch im Beamtenrecht § 80 VwGO. Außenwirkung haben aber nur diejenigen Maßnahmen gegenüber einem Beamten, die sich gezielt auf seine **persönliche Rechtsstellung** auswirken (final).

Beispiele: Bei Abordnung oder Versetzung Antrag nach § 80 Abs. 5 VwGO auf Anordnung der nach § 126 Abs. 4 BBG, § 54 Abs. 4 BeamtStG ausgeschlossenen aufschiebenden Wirkung; bei anderen Maßnahmen mit VA-Qualität Antrag nach § 80 Abs. 5 VwGO auf Wiederherstellung der aufschiebenden Wirkung, wenn die Behörde die sofortige Vollziehung (§ 80 Abs. 2 S. 1 Nr. 4 VwGO) angeordnet hat (z.B. bei Rücknahme der Ernennung nach § 12 BeamtStG oder Entlassung nach § 23 BeamtStG).

635   **b)** Bei belastenden Maßnahmen **ohne VA-Qualität** (z.B Umsetzung, innerdienstliche Weisungen) greift § 123 VwGO ein.

Beispiel: Die Weisung des Dienstherrn an einen Beamten, sich amtsärztlich untersuchen zu lassen, ist nach h.Rspr. mangels Außenwirkung kein VA.[693] Die Gegenansicht bejaht die VA-Qualität, da die Anordnung den Beamten als Grundrechtsträger betreffe und ggf. disziplinarrechtlich verfolgbar sei.[694] Keine VAe sind auch alle Weisungen, die die Organisation und Gestaltung der Arbeit betreffen, z.B. der Entzug der Dienstwaffe bei einem Polizisten,[695] ebenso Anordnungen zum Erscheinungsbild im Dienst, z.B. zur Gestaltung der Haar- und Barttracht.[696]

636   **c)** Begehrt der Beamte eine **Begünstigung** (z.B. Gewährung von Sonderurlaub), so kommt Eilrechtsschutz nur nach § 123 VwGO in Betracht.

IV. Gewerberecht, Gaststättenrecht

1. Erteilung einer Erlaubnis

637   Geht es um eine Verpflichtungssituation (z.B. Erteilung einer Gewerbeerlaubnis, §§ 33 a ff. GewO oder einer Gaststättenerlaubnis, § 2 GaststG) kommt einstweiliger Rechtsschutz nach § 123 VwGO auf **vorläufige Zulassung** in Betracht. Bislang wurde in diesen Fällen allerdings i.d.R. der Anordnungsgrund verneint oder eine unzulässige Vorwegnahme der Hauptsache angenommen. Etwas anderes sollte nur dann gelten, wenn die drohenden Nachteile für den Antragsteller unzumutbar waren (z.B. bei Existenzgefährdung).[697] Im Hinblick auf Art. 19 Abs. 4 GG ist vorläufiger Rechtsschutz aber auch dann zu gewähren, wenn das Hauptsacheverfahren **wegen Zeitablaufs keinen effektiven Rechtsschutz** bietet (z.B. Zulassung nach § 70 GewO bei befristeten Veranstaltungen).[698] Allein das Bestehen von Sekundäransprüchen (z.B. aus Amtshaftung nach Art. 34 GG, § 839 BGB) schließt den Anspruch auf Eilrechtsschutz nicht aus.

2. Nachbarklage gegen die Erlaubnis

638   Rechtsbehelfe des Nachbarn (z.B. gegen eine Erlaubnis oder eine Sperrzeitverkürzung) haben grds. **aufschiebende Wirkung** (§ 80 Abs. 1 S. 2 VwGO), d.h. der Begünstigte darf zunächst von der Begünstigung keinen Gebrauch machen.

Beispiel: Aufgrund der Anfechtungsklage des Nachbarn darf der Gaststätteninhaber die Änderung der Gaststätte in eine Diskothek nicht vornehmen.

---

693 BVerwG, Urt. v. 26.04.2012 – BVerwG 2 C 17.10.

694 OVG Berlin NVwZ-RR 2002, 762; OVG Koblenz DVBl. 2002, 1647, 1648.

695 VG Wiesbaden NVwZ-RR 2007, 528.

696 BVerwG DVBl. 2006, 1187, 1188; BayVGH BayVBl. 2003, 212;.

697 Vgl. z.B. OVG NRW GewArch 1991, 435; Tettinger/Wank GewO § 70 Rdnr. 74.

698 Vgl. BVerfG NJW 2002, 3691, 3692; HessVGH NVwZ-RR 1994, 650, 651.

Der Erlaubnisinhaber kann aber um vorläufigen Rechtsschutz auf **Anordnung der sofortigen Vollziehung** nach § 80 a Abs. 3, Abs. 1 Nr. 1 VwGO nachsuchen.[699] Hat die Behörde die sofortige Vollziehung angeordnet (§ 80 Abs. 2 S. 1 Nr. 4 VwGO), kann der Nachbar nach § 80 a Abs. 3, Abs. 1 Nr. 2, § 80 Abs. 5 VwGO die Aussetzung der Vollziehung durch Wiederherstellung der aufschiebenden Wirkung beantragen.

Umstritten ist allerdings, ob Dritte überhaupt ein Abwehrrecht gegen die Erlaubnis haben. Teilweise wird dies generell abgelehnt. Nachbarn hätten allenfalls einen Anspruch auf Schutzauflagen (z.B. nach § 5 Abs. 1 Nr. 3 GaststG). Dagegen wird zurecht darauf verwiesen, dass die Erlaubnis u.a. bei schädlichen Umwelteinwirkungen versagt werden muss (vgl. z.B. § 33 a Abs. 2 Nr. 3 GewO, § 4 Abs. 1 S. 1 Nr. 3 GaststG). Der Begriff der schädlichen Umwelteinwirkungen ist in § 3 Abs. 1 BImSchG legal definiert und weist unmittelbar einen Bezug zur „Nachbarschaft" auf. Hieraus leitet sich ein Abwehranspruch des Nachbarn gegen die Erlaubnis ab, wenn er in unzulässiger Weise von Lärmeinwirkungen betroffen ist, die von einem Gewerbebetrieb ausgehen.[700]

3. Entzug der Erlaubnis

Beim Entzug einer gewerberechtlichen Erlaubnis (z.B. nach § 15 GaststG oder §§ 48, 49 VwVfG) gilt § 80 Abs. 5 VwGO, wenn die Behörde die sofortige Vollziehung (§ 80 Abs. 2 S. 1 Nr. 4 VwGO) angeordnet hat. Ansonsten greift kraft Gesetzes die aufschiebende Wirkung nach § 80 Abs. 1 VwGO ein **639**

Das besondere öffentliche Interesse an der sofortigen Vollziehung besteht nur, wenn eine Gesamtwürdigung des Einzelfalls ergibt, dass von dem Gewerbetreibenden konkrete Gefahren für Dritte ausgehen.[701] Bei der gebotenen Interessenabwägung ist vor allem die Berufsfreiheit (Art. 12 GG) des Gewerbetreibenden zu beachten.

4. Untersagung eines erlaubnisfreien Gewerbes

Bei der Untersagung eines erlaubnisfreien Gewerbes (§ 35 Abs. 1 GewO) wegen Unzuverlässigkeit, gilt § 80 VwGO. Ein gerichtliches Verfahren nach § 80 Abs. 5 VwGO ist nur erforderlich, wenn die Untersagungsverfügung sofort vollziehbar ist (§ 80 Abs. 2 S. 1 Nr. 4 VwGO), sonst gilt § 80 Abs. 1 VwGO. **640**

V. Kommunalrecht

1. Kommunalaufsichtliche Maßnahmen

§ 80 VwGO ist einschlägig, soweit es sich bei kommunalaufsichtlichen Maßnahmen um **belastende Verwaltungsakte** handelt (z.B. Aufhebung von Ratsbeschlüssen, Anordnungen im Rahmen von Selbstverwaltungsangelegenheiten etc.). § 123 VwGO ist einschlägig, soweit es um Maßnahmen ohne VA-Qualität geht (insbes. bei Weisungen im Rahmen der Fachaufsicht).[702] **641**

Die kommunalaufsichtliche Ersatzvornahme hat rechtliche Wirkungen in zweifacher Weise (sog. Doppelakt). Gegenüber der Gemeinde ist sie ein VA, der – wie die Festsetzung des allgemeinen Verwaltungsvollstreckungsrechts (§ 14 VwVG) – die Ausübung des Aufsichtsmittel zum Gegenstand hat. Im Verhältnis zum Bürger richtet sich die Rechtsnatur nach der Regelungsmaterie und kann VA, Realakt, Akt der Normsetzung (z.B. Satzung) oder auch eine öffentlich-rechtliche oder privatrechtliche Willenserklärung sein (z.B. Kündigung eines Arbeitsverhältnisses).[703]

---

699 HessVGH NVwZ-RR 1990, 185.

700 OVG Koblenz NJW 2005, 772; OVG Saarlouis NVwZ-RR 2007, 598; Schoberth JuS 2011, 730, 734.

701 BVerwG NJW 1991, 1557.

702 Vgl. BVerwGE 52, 316, 317; Franz JuS 2004, 937, 942; a.A. Knemeyer JuS 2000, 521, 524 f.; Schoch Jura 2006, 358, 363: Aufsichtsmaßnahmen seien generell VA.

703 OVG NRW DVBl. 1989, 1272, 1273; Knemeyer JuS 2000, 521, 524; Rennert JuS 2008, 119, 121.

2. Kommunalverfassungsstreitverfahren

642   Im Kommunalverfassungsstreitverfahren geht es in der Hauptsache i.d.R. um eine **Feststellungsklage**, bei konkreten Leistungsbegehren kommt eine allgemeine Leistungsklage in Betracht. Im Eilverfahren gilt für Sicherungsmaßnahmen oder vorläufige Regelungen daher **§ 123 VwGO** (z.B. auf vorläufige Sitzungsteilnahme eines ausgeschlossenen Ratsmitgliedes).[704]

Dabei sind allerdings an die Bejahung des **Anordnungsgrundes** besondere Anforderungen zu stellen. Da es im Kommunalverfassungsstreit anders als beim Außenrechtsstreit nicht um subjektive Individualrechte, sondern um innerorganisatorische Kompetenzen geht, kommt es i.d.R. nicht auf die subjektive Betroffenheit des Antragstellers, sondern darauf an, ob die einstweilige Anordnung **im Interesse der Körperschaft** objektiv notwendig ist. Grundsätzlich ist dabei die Klärung durch die Entscheidung in der Hauptsache ausreichend, es sei denn es handelt sich um besonders wichtige Mitwirkungsrechte.[705]

3. Bürgerbegehren, Bürgerentscheid

Beispiel: Die Bürgerinitiative B hat ein Bürgerbegehren gegen die vom Rat beschlossene Schließung eines Freibades eingereicht. Der Rat hat das Begehren als unzulässig zurückgewiesen. Daraufhin haben die Vertreter des Begehrens Klage vor dem Verwaltungsgericht auf Zulassung des Bürgerbegehrens erhoben. Zugleich beantragen sie, dem Oberbürgermeister vorläufig zu untersagen, mit der Umsetzung des Ratsbeschlusses zur Schließung des Freibades zu beginnen.

643   Nach h.Rspr. handelt es sich bei der Klage auf Zulassung eines Bürgerbegehrens um eine **Verpflichtungsklage**,[706] nach a.A. um eine Feststellungsklage im Rahmen eines gemeindeinternen Organstreits.[707] **Vorläufiger Rechtsschutz** richtet sich in jedem Fall nach **§ 123 VwGO**. Ein sicherungsfähiger Anspruch auf Unterlassung von Maßnahmen, die dem Bürgerbegehren entgegenstehen, besteht nach h.Rspr. nur bei ausdrücklicher gesetzlicher Regelung (z.B. Art. 18 a Abs. 9 BayGO, § 26 Abs. 6 S. 6 GO NRW) und bei einem Verstoß gegen die Organtreue.[708]

Die Gegenansicht bejaht generell einen Vollzugsaussetzungsanspruch, damit der Bürgerentscheid nicht durch Schaffung vollendeter Tatsachen unmöglich gemacht wird.[709] Gegen eine solche generelle Sperrwirkung spricht jedoch, dass Entscheidungen des Rates und Bürgerentscheide gleichermaßen legitimiert sind.

644   Allerdings kann der **Anspruch auf Feststellung der Zulässigkeit** des Bürgerbegehrens durch einstweilige Anordnung gesichert werden, wenn das Bürgerbegehren mit hoher Wahrscheinlichkeit zulässig und ein Anordnungsgrund glaubhaft gemacht ist (weil z.B. die Gefahr besteht, dass das Bürgerbegehren sonst gegenstandslos wird).[710]

---

704 Vgl. z.B. OVG Saarland, Beschl. v. 20.04.2012 – 2 B 105/12, RÜ 2012, 396 (Ausschluss aus einer Ratsfraktion).

705 VG Düsseldorf NWVBl. 2009, 73 f.

706 OVG NRW NVwZ-RR 2002, 766; HessVGH DVBl. 2000, 928; Schoch Jura 2008, 826, 830.

707 OVG Saarlouis LKRZ 2008, 356; OVG Koblenz NVwZ-RR 1997, 241; OVG Lüneburg NdsVBl. 1998, 96, 97.

708 OVG NRW DVBl. 2008, 120, 123; OVG Schleswig NVwZ 2006, 363, 364; Klenke NWVBl. 2002, 45, 49.

709 OVG Koblenz, Beschl. v. 10.10.2003 – 7 B 11392/03; SächsOVG NVwZ-RR 1998, 253.

710 OVG NRW NWVBl. 2010, 357 f.; VGH Mannheim VBlBW 2010, 311; BayVGH NVwZ-RR 2011, 331; a.A. OVG Schleswig SchlHA 2009, 94: unzulässige Vorwegnahme der Hauptsache.

VI. Schul- und Prüfungsrecht

1. Schulbesuch

Bei belastenden Verfügungen (z.B. Anordnung des Schulbesuchs durch die Schulbehörde) richtet sich vorläufiger Rechtsschutz nach § 80 Abs. 5 VwGO, wenn die Anordnung von der Behörde für sofort vollziehbar erklärt worden ist (§ 80 Abs. 2 S. 1 Nr. 4 VwGO). **645**

Beispiel: Eltern dürfen ihre Kinder der Schulpflicht grds. nicht entziehen, auch wenn sie mit den Lerninhalten (z.B. aus religiösen Gründen) nicht einverstanden sind.[711]

Wird dagegen ein Antrag des Schülers bzw. seiner Eltern z.B. auf Besuch einer weiterführenden Schule abgelehnt, ist der Verpflichtungsanspruch vorläufig im Wege der einstweiligen Anordnung nach § 123 VwGO durchzusetzen. **646**

2. Anspruch auf Begünstigung

Vorläufiger Rechtsschutz bei sonstigen Begünstigungen (z.B. Versetzung, Zulassung zur Prüfung, Bestehen einer Prüfung), richtet sich, da in der Hauptsache eine Verpflichtungssituation vorliegt, nach § 123 VwGO. **647**

Beispiele: Einstweilige Anordnung, dass einem nicht versetzten Schüler vorläufig die Teilnahme am Unterricht der nächsthöheren Klasse gestattet wird.[712]

Im **Prüfungsrecht** kommt ein Anordnungsanspruch auf erneute Zulassung zur Prüfung z.B. in Betracht bei Verstoß gegen Verfahrensvorschriften, gegen die Chancengleichheit oder bei Vorliegen von Bewertungsfehlern.[713] Ein Anordnungsgrund wird i.d.R. vorliegen, weil dem Prüfling das Abwarten des Hauptsacheverfahrens nicht zumutbar ist.[714] Dagegen besteht i.d.R. kein Anspruch darauf, dass die Prüfung bereits für bestanden erklärt wird. Denn die Prüfungsbehörde hat i.d.R. einen Beurteilungsspielraum, in den das Gericht nicht eingreifen darf.[715] Eine einstweilige Anordnung auf Neubewertung, die die Hauptsache vorwegnimmt, ist nur bei besonderer Dringlichkeit zulässig.[716]

3. Abwehr belastender Verwaltungsakte

Belastende VAe können mit Widerspruch und Anfechtungsklage angegriffen werden, so dass § 80 VwGO einschlägig ist. Wie im Beamtenrecht ist auch im Schulrecht für die Einordnung als VA darauf abzustellen, ob die Maßnahme in die **persönliche Rechtsstellung** des Schülers eingreift (dann VA) oder nur der Regelung des internen Schulbetriebs dient. **648**

Beispiele: Außenwirkung und damit VA-Qualität haben z.B. die Verweisung oder Entlassung von der Schule und die Verhängung von Ordnungsmaßnahmen (z.B. Ausschluss vom Unterricht).[717] Bei Anordnung der sofortigen Vollziehung ist in diesen Fällen vorläufiger Rechtschutz nach § 80 Abs. 5 VwGO zu gewähren.[718]

Schulintern und damit keine VAe sind dagegen das Stellen von Hausaufgaben und Klassenarbeiten sowie erzieherische Verbote und Gebote zur Wahrung der Unterrichtsdisziplin (z.B. Auferlegung einer Strafarbeit).[719] Vorläufiger Rechtsschutz kann hier nur nach § 123 VwGO gewährt werden, insbes. gegen willkürliche Maßnahmen.[720]

---

711 BVerfG BayVBl. 2006, 633; OVG Bremen, Urt. v. 03.02.2009 – 1 A 21/07, RÜ 2009, 386.

712 BVerwG NVwZ 2007, 227, 228; VGH Mannheim NVwZ-RR 2010, 269; Kopp/Schenke VwGO § 123 Rdnr. 5.

713 Finkelnburg/Dombert/Külpmann Rdnr. 1436 ff.

714 Zimmerling/Brehm NVwZ 2004, 651, 653.

715 Vgl. AS-Skript Verwaltungsrecht AT 1 (2011), Rdnr. 474 ff.

716 Finkelnburg/Dombert/Külpmann Rdnr. 1433.

717 Kopp/Ramsauer VwVfG § 35 Rdnr. 140.

718 OVG Koblenz NJW 1996, 1690; VGH Mannheim NVwZ-RR 1996, 441.

719 Kopp/Ramsauer VwVfG § 35 Rdnr. 141.

720 VG Braunschweig NVwZ-RR 1989, 549; Finkelnburg/Dombert/Külpmann Rdnr. 1410.

Häufig fehlt schulischen Maßnahmen bereits die Regelungswirkung, da hiermit keine Rechtsfolgen herbeigeführt werden sollen, sondern der Schüler lediglich zur Einhaltung der „Spielregeln" ermahnt wird (z.B. Eintragung ins Klassenbuch; str. für die Anordnung des Nachsitzens).[721]

> **Beachte:** Minderjährige Schüler sind grds. nicht prozessfähig (§ 62 Abs. 1 VwGO). Sie werden durch ihre gesetzlichen Vertreter, also regelmäßig die Eltern (§ 1629 Abs. 1 BGB) vertreten (s.o. Rdnr. 24).

4. Schulorganisationsakte

649 Auch schulorganisatorische Maßnahmen haben i.d.R. keine Außenwirkung und sind daher keine VAe, sondern **schlichtes Verwaltungshandeln** (z.B. Stundenplangestaltung, Zusammenlegung von Klassen, Einrichtung von Parallelklassen). Vorläufiger Rechtsschutz richtet sich nach § 123 VwGO. Aufgrund des weiten Ermessensspielraums der Schule haben derartige Anträge i.d.R. keinen Erfolg, außer die Maßnahme erweist sich als willkürlich.

650 Ausnahmsweise können schulorganisatorische Maßnahmen **Außenwirkung** entfalten, wenn sie unmittelbar in die Rechtsstellung des Schülers bzw. der Eltern eingreifen sollen. Dies gilt z.B. für die Auflösung einer Schule und den Wechsel der Schulform. Vorläufiger Rechtsschutz richtet sich dann nach § 80 VwGO, wobei allerdings regelmäßig die sofortige Vollziehung (§ 80 Abs. 2 S. 1 Nr. 4 VwGO) angeordnet wird, sodass ein Antrag nach § 80 Abs. 5 VwGO erforderlich ist. In der Regel besteht indes ein überwiegendes öffentliches Vollzugsinteresse, um eine effektive Schulausbildung sicherzustellen, sodass der Antrag erfolglos bleibt.[722]

VII. Straßenverkehrsrecht

1. Erteilung der Fahrerlaubnis (§ 2 StVG)

651 Begehrt der Antragsteller in der Hauptsache die Erteilung einer Fahrerlaubnis, so richtet sich vorläufiger Rechtsschutz nach § 123 VwGO (Verpflichtungssituation). Da die vorläufige Erteilung einer Fahrerlaubnis die Hauptsache vorwegnimmt, stellt die Rspr. hohe Anforderungen. Eine besondere Dringlichkeit wird nur bejaht, wenn dem Antragsteller ohne die begehrte Erlaubnis unzumutbare Nachteile drohen. Dies ist im privaten Bereich i.d.R. nicht der Fall.[723]

2. Entziehung der Fahrerlaubnis (§ 3 StVG)

652 Widerspruch und Anfechtungsklage gegen die Entziehung der Fahrerlaubnis haben grds. aufschiebende Wirkung (§ 80 Abs. 1 VwGO), es sei denn, die Behörde hat die sofortige Vollziehung angeordnet (§ 80 Abs. 2 S. 1 Nr. 4 VwGO). Dabei geht die Rspr. teilweise davon aus, dass die die Entziehung der Fahrerlaubnis tragenden Gründe aus dem Aspekt der Gefahrenabwehr zugleich i.d.R. auch die Dringlichkeit der Vollziehung darlegen können.[724]

Dem ist entgegenzuhalten, dass bei Fahrerlaubnisentziehungen die aufschiebende Wirkung (kraft Gesetzes) nur in **Ausnahmefällen** entfällt (vgl. § 2 a Abs. 6 StVG bei Entziehung einer Fahrerlaubnis auf Probe und § 4 Abs. 7 S. 2 StVG bei Entziehung nach dem Punktsystem). Diese gesetzliche Wertung darf nicht durch eine großzügige Handhabung der Vollziehungsanordnung unterlaufen werden.[725]

---

721 Für VA VGH Mannheim NVwZ 1984, 808; a.A. Stelkens/Bonk/Sachs VwVfG § 35 Rdnr. 202.
722 Finkelnburg/Dombert/Külpmann Rdnr. 1412.
723 Finkelnburg/Dombert/Külpmann Rdnr. 1473.
724 OVG Hamburg NJW 2006, 1367; OVG NRW NWVBl. 2001, 478, 479; VGH Mannheim NZV 1999, 352.
725 Pietzner/Ronellenfitsch § 55 Rdnr. 25.

Ergehen im Vorfeld der Entziehungsverfügung **Untersuchungsanordnungen** 653
nach § 46 Abs. 3 FeV (z.B. Anordnung einer Medizinisch-Psychologischen Unter-
suchung oder eines Drogen-Screening), handelt es sich lediglich um vorbereitende
Maßnahmen, die gemäß § 44 a VwGO nicht isoliert angefochten werden können.[726]
Das gilt auch für den vorläufigen Rechtsschutz,[727] sodass sowohl § 80 als auch
§ 123 VwGO ausgeschlossen sind. (Vorläufiger) Rechtsschutz kann nur gegen die
spätere Entziehungsverfügung in Anspruch genommen werden.

3. Fahrtenbuchauflage (§ 31 a StVZO)

Die Anordnung einer Fahrtenbuchauflage ist ein selbstständiger VA, der mit Wider- 654
spruch und/oder Anfechtungsklage angefochten werden kann. In der Regel wird
die sofortige Vollziehung angeordnet (§ 80 Abs. 2 S. 1 Nr. 4 VwGO). Das öffentliche
Interesse an dem wirksamen Ausschluss von Gefährdungen durch nicht feststellba-
re Fahrzeugführer wird dem privaten Interesse des Fahrzeughalters zumeist vorgehen, sodass Anträge nach § 80 Abs. 5 VwGO i.d.R. unbegründet sind.[728]

4. Verkehrszeichen

Vorschriftzeichen nach § 41 StVO enthalten Ge- bzw. Verbote und damit Rege- 655
lungen i.S.d. § 35 VwVfG. Als benutzungsregelnde Allgemeinverfügungen sind sie
Verwaltungsakte gemäß § 35 S. 2, 3. Fall VwVfG .[729] Für den vorläufigen Rechtsschutz gilt **§ 80 Abs. 5 VwGO**, da die aufschiebende Wirkung analog § 80 Abs. 2
S. 1 Nr. 2 VwGO ausgeschlossen ist (s.o. Rdnr. 613).[730]

Gefahrenzeichen nach § 40 StVO enthalten dagegen keine Regelung, sondern mahnen, sich auf die
angekündigte Gefahr einzurichten. Gleiches gilt für bloße Hinweisschilder. Sie sind keine VAe.

Soll die **Verpflichtung der Straßenverkehrsbehörde**, nach § 45 StVO eine Ver- 656
kehrsregelung **anzuordnen** und entsprechende Verkehrsschilder aufzustellen, durchgesetzt werden, ist vorläufiger Rechtsschutz durch einstweilige Anordnung nach
§ 123 VwGO zu gewähren. Die Erfolgsaussichten sind allerdings gering, da es regelmäßig an einer besonderen Dringlichkeit und damit am Anordnungsgrund fehlen dürfte.[731]

---

726 BVerwG NJW 2002, 78, 79; OVG NRW NWVBl. 2001, 478, 480; Hentschel FeV § 46 Rdnr. 15.
727 Kopp/Schenke VwGO § 44 a Rdnr. 4.
728 Finkelnburg/Dombert/Külpmann Rdnr. 1476; vgl. auch Zilkens JuS 2009, 350, 353 f.
729 BVerwG NJW 2011, 246, 246 f.; OVG Lüneburg NJW 2007, 1609, 1610; Kintz JuS 2011, 1022, 1025 m.w.N.
730 Vgl. BVerwG NJW 2008, 2867, 2868; Kopp/Schenke VwGO § 80 Rdnr. 64.
731 Finkelnburg/Dombert/Külpmann Rdnr. 1482.

2. Abschnitt: Das Verfahren nach § 80 Abs. 5 VwGO

A. Zulässigkeit des Antrags nach § 80 Abs. 5 S. 1 VwGO

Zulässigkeit eines Antrags nach § 80 Abs. 5 S. 1 VwGO
■ **Verwaltungsrechtsweg** (Spezialzuweisung oder § 40 Abs. 1 S. 1 VwGO)
■ **Statthaftigkeit des Antrags** nach § 80 Abs. 5 S. 1 VwGO
■ **Antragsbefugnis** analog § 42 Abs. 2 VwGO
■ **Allgemeines Rechtsschutzbedürfnis**
■ grds. **keine Frist**
■ **Antragsgegner** analog § 78 VwGO

I. Bedeutung in der Assessorklausur

657   Die Zulässigkeit des Antrags nach § 80 Abs. 5 VwGO ist i.d.R. unproblematisch und sollte daher auch im Entscheidungsentwurf nur kurz dargestellt werden. Angesprochen werden sollten die **Statthaftigkeit** und soweit problematisch (z.B. bei Drittrechtsbehelfen) die **Antragsbefugnis**. Eine Antragsfrist ist im Rahmen des § 80 Abs. 5 VwGO grds. nicht zu beachten (Ausnahmen z.B. im Verkehrswegeplanungsrecht, z.B. § 17 e Abs. 2 S. 2, Abs. 3 S. 1 FStrG). Der **Antragsgegner** bestimmt sich wie bei der Anfechtungsklage analog § 78 VwGO. Antragsgegner ist daher – je nach Landesrecht – die Ausgangsbehörde bzw. die sie tragende Körperschaft.

> *„Der Antrag ist als Antrag auf Anordnung der nach § 80 Abs. 2 S. 1 Nr. 3 VwGO i.V.m. § ... ausgeschlossenen aufschiebenden Wirkung der Klage des Antragstellers gegen ... gemäß § 80 Abs. 5 S. 1 VwGO statthaft und auch im Übrigen zulässig. Die Antragsbefugnis des Antragstellers folgt daraus, dass er geltend machen kann, in seinem subjektiven Recht aus § ... verletzt zu sein (falls erforderlich: Diese Vorschrift vermittelt ein subjektives Recht, weil sie ...).“*
>
> In ganz unproblematischen Fällen: *„Der Antrag ist als Antrag auf Wiederherstellung der nach § 80 Abs. 2 S. 1 Nr. 4 VwGO ausgeschlossenen aufschiebenden Wirkung des Widerspruchs (bzw. der Klage) des Antragstellers gegen ... gemäß § 80 Abs. 5 S. 1 VwGO zulässig, aber unbegründet.“*

II. Besondere Klausursituationen

Je nach Sachverhaltsgestaltung sind in der Klausur ggf. folgende Fragen zu problematisieren:

1. Statthaftigkeit

658   Statthaft ist der Antrag nach § 80 Abs. 5 S. 1 VwGO in Abgrenzung zur einstweiligen Anordnung (§ 123 VwGO), wenn es um die **Suspendierung eines belastenden VA** geht, der im Hauptsacheverfahren mit der Anfechtungsklage anzugreifen ist. Voraussetzung ist also, dass

- ■ es um die **Vollziehung eines belastenden VA** geht und
- ■ Rechtsbehelfe nach § 80 Abs. 2 VwGO **keine aufschiebende Wirkung** haben.

> **Hinweis:** In der Klausur immer mit § 80 Abs. 5 VwGO beginnen, da die einstweilige Anordnung subsidiär ist (§ 123 Abs. 5 VwGO).

a) Vorliegen eines Verwaltungsakts

Ob ein Verwaltungsakt vorliegt, richtet sich nach § 35 VwVfG. Insoweit erfolgt   659
dieselbe Prüfung wie bei der Statthaftigkeit der Anfechtungsklage (s.o. Rdnr. 415).
Der VA muss bereits existieren, ein **vorbeugender Antrag** gegen einen zu erwartenden, aber noch nicht erlassenen VA ist nach § 80 Abs. 5 VwGO **unzulässig**.

Will der Antragsteller einen Anspruch auf Unterlassung eines VA durchsetzen, kommt vorbeugender vorläufiger Rechtsschutz nur nach § 123 VwGO in Betracht (s.u. Rdnr. 754).

Hat sich der Verwaltungsakt zwischenzeitlich **erledigt**, ist der Antrag nach § 80 Abs. 5 VwGO unzulässig. Einer aufschiebenden Wirkung bedarf es in diesem Fall nicht, da es nichts mehr zu vollziehen gibt.

Wie im Hauptsacheverfahren ist umstritten, ob die Erledigung zur Unstatthaftigkeit des Antrags oder lediglich zum Wegfall des Rechtsschutzbedürfnisses führt (s.o. Rdnr. 450). **Beachte:** Der GrundVA wirkt nach h.Rspr. auch nach durchgeführter Ersatzvornahme als Rechtsgrund für die Kostenerstattung fort, sodass in diesen Fällen keine Erledigung eintritt (s.o. Rdnr. 453).

b) Ausschluss der aufschiebenden Wirkung nach § 80 Abs. 2 VwGO

Der Antrag nach § 80 Abs. 5 VwGO setzt weiter voraus, dass Rechtsbehelfe   660
(Widerspruch und Anfechtungsklage) gemäß § 80 Abs. 2 VwGO **keine aufschiebende Wirkung haben** (s.o. Rdnr. 611 ff.). Dabei unterscheidet das Gesetz zwischen

- der **Anordnung der aufschiebenden Wirkung,** wenn diese kraft Gesetzes gemäß § 80 Abs. 2 S. 1 Nr. 1–3 und S. 2 VwGO ausgeschlossen ist, und

- der **Wiederherstellung der aufschiebenden Wirkung,** wenn die Behörde die sofortige Vollziehung angeordnet hat (§ 80 Abs. 2 S. 1 Nr. 4 VwGO).

c) Rechtsbehelf in der Hauptsache erhoben

Nach h.M. setzt der Antrag nach § 80 Abs. 5 VwGO voraus, dass der Antragsteller   661
(zumindest gleichzeitig) den **Rechtsbehelf in der Hauptsache erhoben hat.**[732] Die Gegenansicht verweist auf § 80 Abs. 5 S. 2 VwGO, wonach der Antrag schon vor Erhebung der Anfechtungsklage zulässig ist. Dies müsse sinngemäß auch für den Widerspruch gelten. Die Rechtsbehelfsfrist würde unzulässigerweise verkürzt, wenn der Betroffene schon vor Ablauf der Monatsfrist vorläufigen Rechtsschutz beantragen will.[733] Dagegen spricht, dass die aufschiebende Wirkung eines noch nicht erhobenen Rechtsbehelfs schon begrifflich ausgeschlossen ist. § 80 Abs. 5 S. 2 VwGO meint nur die Zeit zwischen der Zurückweisung des Widerspruchs und der Erhebung der Anfechtungsklage. Ist der Widerspruch (insbes. kraft Landesrechts) ausgeschlossen, kann der Eilantrag frühestens mit Klageerhebung gestellt werden.[734]

d) Sonderfall: Faktischer Vollzug

Haben der Widerspruch bzw. die Anfechtungsklage bereits **kraft Gesetzes aufschiebende Wirkung** (§ 80 Abs. 1 VwGO) bedarf es grds. keines gerichtlichen Eilverfahrens. Denkbar ist jedoch, dass die Behörde die aufschiebende Wirkung missachtet (sog. **faktischer Vollzug**).   662

Beispiele: Durchsetzung eines VA im Wege des Verwaltungszwangs, obwohl der Widerspruch gegen den VA aufschiebende Wirkung entfaltet; Erlass eines VA, der an die Regelung des suspendierten VA anknüpft (z.B. Erlass einer Schließungsverfügung nach § 15 Abs. 2 GewO, obwohl Rechtsbehelfe gegen den Widerruf der Gaststättenkonzession gemäß § 15 Abs. 2 GaststG aufschiebende Wirkung entfalten).[735]

---

732 VGH Mannheim NVwZ-RR 2002, 407 f.; OVG NRW NVwZ-RR 2001, 54, 55; Schoch VwGO § 80 Rdnr. 460.
733 BayVGH DVBl. 1988, 590, 591; Kopp/Schenke VwGO § 80 Rdnr. 139.
734 VG Lüneburg, Beschl. v. 21.11.2005 – 3 B 84/05; Schoch VwGO § 80 Rdnr. 460.

Missachtet die Behörde die aufschiebende Wirkung, so bietet § 80 Abs. 5 VwGO **unmittelbar keinen Rechtsschutz.** Denn eine aufschiebende Wirkung, die bereits besteht, kann nicht angeordnet oder wiederhergestellt werden.[736]

aa) Analoge Anwendung des § 80 Abs. 5 VwGO

663   Überwiegend wird diese Lücke durch eine **analoge Anwendung des § 80 Abs. 5 VwGO** geschlossen.[737] Die Befugnis des Gerichts, die aufschiebende Wirkung anzuordnen oder wiederherzustellen, beinhalte als Minus auch die Möglichkeit, den gemäß § 80 Abs. 1 VwGO eingetretenen Suspensiveffekt gegenüber (drohenden) Vollziehungsmaßnahmen festzustellen. Bei Missachtung der aufschiebenden Wirkung erfolgt danach die **Feststellung**, dass der Rechtsbehelf aufschiebende Wirkung entfaltet und der VA nicht vollzogen werden darf. Die Gegenansicht greift auf § 123 VwGO zurück, da es um die Durchsetzung eines Unterlassungsanspruchs gehe. Ein Vorgehen nach § 80 Abs. 5 VwGO bringe dem Betroffenen keine Vorteile, da der (feststellende) Beschluss nach § 80 Abs. 5 VwGO nicht vollstreckbar sei.[738] Dagegen spricht jedoch § 123 Abs. 5 VwGO, weil es letztlich um die (wenn auch rechtswidrige) **Vollziehung eines angefochtenen VA** geht und damit ein Fall des § 80 VwGO vorliegt. Wenn das Verwaltungsgericht die aufschiebende Wirkung anordnen darf, muss es erst recht das Bestehen der aufschiebenden Wirkung feststellen dürfen.

> **Aufbauhinweis:** Ob ein Fall faktischer Vollziehung vorliegt, wird von der Rspr. bereits im Rahmen der Zulässigkeit bei der Statthaftigkeit des Antrags geprüft.

bb) Keine Interessenabwägung

664   Bei rechtswidrigen faktischem Vollzug ist der Antrag analog § 80 Abs. 5 VwGO **allein wegen der Missachtung der aufschiebenden Wirkung begründet.** Eine Interessenabwägung findet nicht statt.[739]

> **Beachte:** Deshalb darf beim faktischen Vollzug die Rechtmäßigkeit des angefochtenen Verwaltungsakts nicht geprüft werden!

665   Ist die Vollziehung bereits erfolgt, so ist außerdem ein Antrag an das VG analog § 80 Abs. 5 S. 3 VwGO auf **Aufhebung der Vollziehung** möglich. Dadurch können alle Maßnahmen vorläufig rückgängig gemacht werden, die zur Verwirklichung des angefochtenen VA getroffen wurden (s.u. Rdnr. 694).[740]

2. Rechtsschutzbedürfnis

666   a) Ein **Aussetzungsantrag bei der Behörde** nach § 80 Abs. 4 VwGO ist grds. nicht Voraussetzung für das gerichtliche Verfahren nach § 80 Abs. 5 VwGO.[741] Etwas anderes gilt nach § 80 Abs. 6 VwGO nur in den Fällen des § 80 Abs. 2 S. 1 Nr. 1 VwGO bei öffentlichen Abgaben und Kosten. In allen übrigen Fällen des § 80 Abs. 2 VwGO kann das **Gericht unmittelbar** angerufen werden.

---

735   BayVGH NJW 2006, 2282, 2283.
736   VGH Mannheim NVwZ-RR 2010, 463, 464.
737   VGH Mannheim NVwZ-RR 2010, 463, 464; Schoch VwGO § 80 Rdnr. 352 ff.; Kopp/Schenke VwGO § 80 Rdnr. 181.
738   BayVGH BayVBl. 1977, 566; OVG Bremen NVwZ 1986, 59, 61.
739   VGH Mannheim NVwZ-RR 2010, 463, 464; Kopp/Schenke VwGO § 80 Rdnr. 181.
740   Kopp/Schenke VwGO § 80 Rdnr. 181.
741   Kopp/Schenke VwGO § 80 Rdnr. 138.

Im Fall des § 80 Abs. 2 S. 1 Nr. 1 VwGO ist der Antrag nach § 80 Abs. 5 VwGO dagegen nach § 80 Abs. 6 VwGO erst zulässig, wenn die Behörde zuvor einen Antrag auf Aussetzung der Vollziehung ganz oder zum Teil abgelehnt hat. Eine unmittelbare Anrufung des Gerichts ist nur möglich, wenn die Behörde über den Antrag ohne Mitteilung eines zureichenden Grundes in angemessener Frist sachlich nicht entschieden hat oder eine Vollstreckung droht (§ 80 Abs. 6 S. 2 VwGO).

b) Einer **besonderen Eilbedürftigkeit** bedarf es – im Gegensatz zur einstweiligen Anordnung (§ 123 VwGO) – für den Antrag nach § 80 Abs. 5 VwGO **nicht**.[742] Die generelle Eilbedürftigkeit folgt aus dem drohenden Vollzug. Auch ein längeres Zuwarten nach Erlass des VA stellt das Rechtsschutzbedürfnis daher nicht infrage.

667

3. Antragsgegner

Der Antragsgegner bestimmt sich wie bei der Anfechtungsklage analog § 78 Abs. 1 Nr. 1 bzw. Nr. 2 VwGO. Antragsgegner ist daher – je nach Landesrecht – die **Ausgangsbehörde** bzw. die sie tragende Körperschaft.[743]

668

Wird die sofortige Vollziehung nach § 80 Abs. 2 S. 1 Nr. 4 VwGO nicht von der Ausgangsbehörde, sondern von der **Widerspruchsbehörde** angeordnet, so richtet sich der Antrag nach teilweise vertretener Ansicht gegen die Widerspruchsbehörde bzw. die diese tragende Körperschaft. Denn Gegenstand des Verfahrens sei nicht die Rechtmäßigkeit des VA der Ausgangsbehörde, sondern (nur) die Frage der Vollziehbarkeit.[744] Nach der Gegenansicht ist Antragsgegner stets die Ausgangsbehörde bzw. deren Körperschaft, um ein Auseinanderfallen von Antragsgegner und Klagegegner in der Hauptsache zu vermeiden.[745]

669

B. Begründetheit des Antrags nach § 80 Abs. 5 S. 1 VwGO

Der Antrag nach **§ 80 Abs. 5 VwGO** ist begründet, wenn aufgrund einer **umfassenden Güter- und Interessenabwägung** davon auszugehen ist, dass das Interesse des Antragstellers am einstweiligen Nichtvollzug gegenüber dem öffentlichen Interesse an der sofortigen Vollziehung vorrangig ist (kurz gesagt: wenn das Aussetzungsinteresse das Vollzugsinteresse überwiegt).

670

Im Verfahren nach § 80 Abs. 5 VwGO ist – anders als im Hauptsacheverfahren – keine Rechtsentscheidung, sondern eine **eigene „Ermessensentscheidung" des Gerichts** zu treffen.[746] Auch im Fall des § 80 Abs. 2 S. 1 Nr. 4 VwGO wird nicht die Rechtmäßigkeit der behördlichen Vollziehungsanordnung überprüft, sondern im Vordergrund steht eine Interessenabwägung durch das Gericht.

I. Interessenabwägung

„Der Antrag nach § 80 Abs. 5 S. 1 VwGO auf Wiederherstellung der aufschiebenden Wirkung der Klage des Antragstellers vom ... ist begründet, weil aufgrund einer umfassenden Güter- und Interessenabwägung davon auszugehen ist, dass das Interesse des Antragstellers am einstweiligen Nichtvollzug das öffentliche Interesse an der sofortigen Vollziehung überwiegt. ..."

Die Interessenabwägung richtet sich in erster Linie nach den **Erfolgsaussichten in der Hauptsache**.[747] Im Vordergrund steht dabei die Frage nach der Rechtmäßigkeit des angefochtenen VA.

671

---

742 HessVGH, Beschl. v. 06.02.2008 - 8 TG 976/07.
743 OVG NRW NWVBl. 2011, 270; Meyer JA 2010, 738, 744.
744 OVG NRW NJW 1995, 2242; VGH Mannheim DVBl. 1987, 696, 697.
745 SächsOVG NVwZ-RR 2002, 74; Kopp/Schenke VwGO § 80 Rdnr. 140.
746 BVerfG NVwZ 2007, 1176, 1177; Kopp/Schenke VwGO § 80 Rdnr. 152; a.A. Schoch, VwGO § 80 Rdnr. 257 ff.
747 BVerfG DVBl. 2008, 1056, 1057; BVerwG NVwZ 2005, 943, 945; Kopp/Schenke VwGO § 80 Rdnr. 152.

> **Beachte:** Die Rechtmäßigkeit bzw. Rechtswidrigkeit des VA ist **nicht unmittelbar Entscheidungsgrundlage**, sondern es handelt sich nur um einen von möglicherweise mehreren Gesichtspunkten, die in die Abwägung einzustellen sind.

1. Rechtswidrigkeit des angefochtenen Verwaltungsakts

672 Dabei überwiegt das **Aussetzungsinteresse** des Antragstellers, wenn der angefochtene VA rechtswidrig in seine Rechte eingreift. Denn an der Vollziehung eines rechtswidrigen VA kann kein öffentliches Interesse bestehen.[748]

> **Beachte:** Dies gilt unabhängig davon, ob es um die Fälle des gesetzlichen Ausschlusses der aufschiebenden Wirkung (§ 80 Abs. 2 S. 1 Nr. 1–3 und S. 2 VwGO) oder um die Anordnung der sofortigen Vollziehung (§ 80 Abs. 2 S. 1 Nr. 4 VwGO) geht.

673 Eine **Einschränkung** macht die Rspr. allerdings bei lediglich **formell fehlerhaften** Verwaltungsakten. Hier ist angesichts der bestehenden Heilungs- und Nachbesserungsmöglichkeiten (§§ 45, 46 VwVfG, § 114 S. 2 VwGO) die Suspendierung im Aussetzungsverfahren nach § 80 Abs. 5 S. 1 VwGO nur bei gravierenden Verfahrensfehlern gerechtfertigt.[749] Eine Aussetzung ist insbes. dann nicht geboten, wenn absehbar ist, dass der formelle Fehler geheilt werden wird (z.B. durch Nachholung der unterbliebenen Anhörung gemäß § 45 Abs. 1 Nr. 3 VwVfG).

2. Rechtmäßigkeit des angefochtenen Verwaltungsakts

Erweist sich der angefochtene VA dagegen als **rechtmäßig**, so ist zu unterscheiden:

674 ■ Ist die aufschiebende Wirkung **kraft Gesetzes ausgeschlossen** (§ 80 Abs. 2 S. 1 Nr. 1–3 und S. 2 VwGO), so ist aufgrund der gesetzlichen Wertung grds. von einem Vorrang des öffentlichen Vollzugsinteresses auszugehen. Der Antrag nach § 80 Abs. 5 VwGO ist **i.d.R. unbegründet**. Etwas anderes gilt nur dann, wenn **ernstliche Zweifel an der Rechtmäßigkeit** des angefochtenen VA bestehen oder wenn die Vollziehung für den Pflichtigen eine unbillige, nicht durch überwiegende öffentliche Interessen gebotene Härte zur Folge hätte. Dieser für die behördliche Aussetzung nach § 80 Abs. 4 S. 3 VwGO geltende Maßstab ist analog auch im gerichtlichen Verfahren anwendbar.[750]

675 ■ Die **Anordnung der sofortigen Vollziehung** (§ 80 Abs. 2 S. 1 Nr. 4 VwGO) muss dagegen im Hinblick auf die betroffenen Grundrechte der Ausnahmefall bleiben.[751] Der Aussetzungsantrag ist daher **i.d.R. begründet**, wenn nicht ausnahmsweise das **öffentliche Vollzugsinteresse überwiegt**. Deshalb verlangt die neuere Rspr. stets ein über die Rechtmäßigkeit hinausgehendes „besonderes" **Vollzugsinteresse**, das über das den VA selbst rechtfertigende Interesse hinausgehen muss.[752] Nach der Gegenansicht überwiegt das Vollzugsinteresse dagegen bereits dann, wenn der angefochtene VA rechtmäßig ist. Denn das Interesse des Antragstellers, durch offensichtlich unbegründete Rechtsbehelfe die Verwirklichung des VA hinauszuschieben, sei grds. nicht schutzwürdig.[753] Dagegen spricht jedoch, dass die Rechtmäßigkeit des VA allein kein besonderes Vollzugsinteresse begründen kann.

748 Unstreitig; vgl. BVerfG NVwZ 2007, 1302, 1304; OVG NRW NWVBl. 2007, 59; Kopp/Schenke § 80 Rdnr. 159.
749 OVG Lüneburg NordÖR 2008, 231, 232; OVG Hamburg NVwZ-RR 2007, 364.
750 BVerfG NVwZ 2004, 93, 94; BVerwG DVBl. 2005, 717, 718; a.A. Kopp/Schenke VwGO § 80 Rdnr. 116.
751 BVerfG NVwZ 2008, 1369, 1369 f.; NVwZ 1996, 58, 60.
752 BVerfG NJW 2010, 2268, 2269; NVwZ 2009, 240, 242; Kopp/Schenke VwGO § 80 Rdnr. 159.
753 BayVGH BayVBl. 2008, 311; VGH Mannheim NJW 2010, 692, 694; OVG Lüneburg NJW 2002, 2336, 2337.

Der Hinweis auf das besondere Vollzugsinteresse wird in der Praxis allerdings häufig nicht ganz ernst genommen. Oft wird es ganz weggelassen oder lediglich salvatorisch angefügt: *„An der Vollziehung besteht auch ein besonderes Vollzugsinteresse, da …"*

II. Sonderfall: Anordnung der sofortigen Vollziehung

Bei **Anordnung der sofortigen Vollziehung** durch die Behörde (§ 80 Abs. 2 S. 1 Nr. 4 VwGO) ist der Antrag nach § 80 Abs. 5 VwGO – unabhängig von der vorgenannten Interessenabwägung – schon dann (zumindest teilweise) begründet, wenn die Vollziehungsanordnung (VzA) **formell fehlerhaft** erfolgt ist. **676**

1. Begründung des Vollzugsinteresses nach § 80 Abs. 3 VwGO

Besondere Bedeutung hat hierbei die Regelung des § 80 Abs. 3 VwGO, wonach das besondere Interesse an der sofortigen Vollziehung des VA schriftlich zu **begründen** ist. **677**

> **Beachte:** Das VG prüft nicht die Richtigkeit der Begründung, sondern nur, ob die Begründung i.S.d. § 80 Abs. 3 VwGO **abstrakt geeignet** ist, die sofortige Vollziehung zu rechtfertigen. Denn materiell prüft das Gericht nicht die Rechtmäßigkeit der VzA, sondern nimmt eine **eigene Interessenabwägung** vor.

In formeller Hinsicht ist nur entscheidend, ob die VzA überhaupt mit **einzelfallbezogenen Erwägungen** begründet worden ist, die über den Wortlaut des § 80 Abs. 2 S. 1 Nr. 4 VwGO hinausgehen.[754] Die Begründung muss erkennen lassen, dass sich die Behörde des Ausnahmecharakters des Sofortvollzugs bewusst war.[755] Nicht ausreichend sind daher allgemein gehaltene Floskeln, nichtssagende Wendungen, die Wiedergabe des Gesetzeswortlauts oder die Wiederholung der den Erlass des VA selbst rechtfertigenden Gründe.[756] **678**

Inhaltliche Mängel der Begründung, wie eine falsche Tatsachenwürdigung oder unzutreffende Erwägungen, können nur bei der materiellen Interessenabwägung berücksichtigt werden, führen dagegen allein nicht zur Verletzung des § 80 Abs. 3 S. 1 VwGO.[757]

Nach § 80 Abs. 3 S. 1 VwGO muss das **besondere Interesse** an der sofortigen Vollziehung dargelegt werden, das über das Interesse hinausgeht, das den VA selbst rechtfertigt.[758] Deshalb kann z.B. allein mit dem Hinweis auf die **„offensichtliche Rechtmäßigkeit"** des VA das besondere Vollzugsinteresse nicht begründet werden. Denn die Behörde wird immer davon ausgehen, dass ihre Verfügung rechtmäßig ist; andernfalls dürfte sie den VA überhaupt nicht erlassen.[759] **679**

Allerdings ist nicht in allen Fällen ein **über den Gesetzeszweck hinausgehendes** Vollzugsinteresse erforderlich. Denn sonst würde die Vollziehbarkeit letztlich von der Fassung der Eingriffsermächtigung abhängen und eine VzA wäre gerade in Fällen ausgeschlossen, in denen der Gesetzgeber besonders enge Eingriffsvoraussetzungen festgelegt hat. Das besondere Vollzugsinteresse kann deshalb – insbes. bei VAen der Gefahrenabwehr – mit dem allgemeinen Vollzugsinteresse einer Vorschrift zusammenfallen. In solchen Fällen genügt es, wenn die Behörde in der Begründung darauf in geeigneter Form hinweist.[760] **680**

---

754 OVG NRW NWVBl. 2009, 390; NWVBl. 1994, 924, 925.

755 OVG Lüneburg DVBl. 2011, 635, 636; OVG NRW NWVBl. 2009, 390.

756 OVG Hamburg NJW 2006, 1367, 1367 f.; Kaltenborn DVBl. 1999, 828, 832; Proppe JA 2004, 324, 327.

757 OVG Berlin NVwZ-RR 2001, 611; OVG NRW NWVBl. 1994, 424, 425; abweichend Kopp/Schenke VwGO § 80 Rdnr. 149.

758 BVerfG NVwZ 2005, 1053, 1054; OVG NRW NWVBl. 2003, 104; Kopp/Schenke VwGO § 80 Rdnr. 85.

759 BVerfG NVwZ 1996, 58, 59; OVG NRW NJW 1986, 1894, 1895.

760 OVG NRW NWVBl. 2009, 390; Kopp/Schenke VwGO § 80 Rdnr. 86.

2. Anhörung analog § 28 VwVfG

681 In verfahrensrechtlicher Hinsicht kann zuweilen fraglich sein, ob vor Erlass der Vollziehungsanordnung (VzA) eine besondere **Anhörung** nach § 28 VwVfG erforderlich ist. Die h.M. verneint dies, da die VzA kein eigenständiger VA ist und im Hinblick auf § 80 Abs. 3 VwGO, der die formellen Anforderungen abschließend regelt, die für eine Analogie erforderliche Regelungslücke fehlt.[761] Wenn man mit der Gegenmeinung[762] eine Anhörung für erforderlich hält, ist jedenfalls eine Heilung während des gerichtlichen Verfahrens möglich, da der Antragsteller zum Sofortvollzug umfassend Stellung nehmen kann.[763]

> **Beachte:** In der Assessorklausur ist die Anhörung bei der VzA i.d.R. ein **Scheinproblem**, insb. wenn die Anordnung unmittelbar mit dem belastenden VA verbunden wird. Nur in den streitigen Fällen (insb. bei nachträglicher VzA) sollte, wenn der Aktenauszug entsprechende Anhaltspunkte enthält, auf das Problem näher eingegangen werden. Für das gerichtliche Eilverfahren hat der Streit kaum Bedeutung, da die Anhörung in jedem Fall analog § 45 Abs. 1 Nr. 3, Abs. 2 VwVfG bis zum Abschluss des gerichtlichen Verfahrens nachgeholt werden kann. *„Kandidaten in der Zweiten Juristischen Staatsprüfung sind gut beraten, in ihren Entscheidungsentwürfen auf das Anhörungserfordernis entweder gar nicht oder aber nur beiläufig einzugehen"* (Proppe JA 1996, 332, 334).

3. Rechtsfolge bei fehlerhafter Vollziehungsanordnung

682 Ist die Anordnung der sofortigen Vollziehung gemessen an § 80 Abs. 3 VwGO **fehlerhaft** erfolgt, so führt dies nach h.M. nicht per se zur Wiederherstellung der aufschiebenden Wirkung, sondern grds. nur zur **Aufhebung** der Vollziehungsanordnung, damit die Behörde die Möglichkeit hat, den formellen Mangel durch Erlass einer neuen Vollziehungsanordnung zu beheben.[764]

Nach der Gegenansicht findet sich für eine Aufhebung der Vollziehungsanordnung keine Grundlage im Gesetz, sodass auch bei formellem Mangel die aufschiebende Wirkung (wenn auch mit eingeschränkter Bindungswirkung) wiederherzustellen ist.[765] Dagegen spricht jedoch, dass dann der Umfang der Bindungswirkung des Tenors unklar bleibt.

683 Fehlt eine (ordnungsgemäße) Begründung des besonderen Vollzugsinteresses, so kann dieser Mangel nach h.Rspr. während des gerichtlichen Verfahrens durch **Nachschieben von Gründen** geheilt werden.[766] Es würde einen nicht gerechtfertigten Formalismus darstellen, wenn die im Aussetzungsverfahren nachgeschobene Begründung unbeachtet bleiben müsste, der VA aber jederzeit mit einer neuen VzA verbunden werden dürfte.

Die Gegenansicht verneint eine Heilungsmöglichkeit. Zweck der Begründungspflicht sei es, die Behörde zu veranlassen die gebotenen Überlegungen und Abwägungen vor Erlass der VzA vorzunehmen. Dieser Zweck sei nachträglich nicht mehr erreichbar. Die Behörde habe daher nur die Möglichkeit, eine neue VzA mit neuer Begründung zu erlassen.[767]

684 Auch bei unzureichend begründeter VzA hat das Gericht deren **sachliche Rechtfertigung** zu überprüfen, muss also **zusätzlich** in jedem Fall noch eine **Abwägung** zwischen dem Vollzugsinteresse und dem Aussetzungsinteresse vornehmen. Dies

---

761 OVG NRW BauR 1995, 69; OVG Koblenz NJW 1996, 1690; Kaltenborn DVBl. 1999, 828, 831.

762 OVG Lüneburg DVBl. 1992, 1318; VG Berlin NVwZ-RR 1992, 527.

763 Kopp/Schenke VwGO § 80 Rdnr. 82.

764 VGH Mannheim DÖV 2011, 984; OVG NRW NWVBl. 1994, 425, 425; Pietzner/Ronellenfitsch § 58 Rdnr. 16.

765 OVG Schleswig NVwZ 1992, 688, 690; Kopp/Schenke VwGO § 80 Rdnr. 148.

766 OVG Berlin-Brandenburg NVwZ-RR 2008, 727; Pietzner/Ronellenfitsch § 55 Rdnr. 40 m.w.N.

767 VGH Mannheim NVwZ-RR 2012, 54; Kopp/Schenke VwGO § 80 Rdnr. 87.

ist vor allem erforderlich, wenn der angefochtene VA offensichtlich rechtswidrig ist, da sonst die Behörde versuchen könnte, nach formgerecht wiederholter VzA den VA von neuem zu vollziehen. Die bloße Aufhebung der VzA würde dem Betroffenen dann nur vorübergehend Schutz bieten.[768]

Deswegen findet sich in der Lit. auch der Vorschlag, im Entscheidungsentwurf mit der **materiellen Abwägung** zu beginnen. Sei das Aussetzungsinteresse vorrangig, so habe der Antrag in jedem Fall Erfolg, sodass es unerheblich sei, ob z.B. die Begründung für die Vollzugsanordnung fehlt oder nicht ausreichend ist. Nur wenn das Vollzugsinteresse überwiege, komme es darauf an, ob dies ordnungsgemäß begründet worden ist.[769]

685

> **Hinweis:** Der Vorschlag ist sachgerecht, wird aber nicht von allen Prüfern hinreichend gewürdigt. Wenn möglich sollten Sie daher im Entscheidungsentwurf „klassisch" aufbauen und mit der formellen Seite beginnen (so diese überhaupt problematisch ist) und anschließend auf die Interessenabwägung übergehen (so zumeist auch in obergerichtlichen Entscheidungen).

> *„In formeller Hinsicht ist die Vollziehungsanordnung nicht zu beanstanden, insbes. ist sie gemäß § 80 Abs. 3 VwGO ordnungsgemäß begründet worden. ... Die sofortige Vollziehung ist auch in materieller Hinsicht gerechtfertigt. ...*

C. Die gerichtliche Entscheidung nach § 80 Abs. 5 VwGO

Die Entscheidung nach § 80 Abs. 5 VwGO ergeht durch **Beschluss** (ebenso in den Fällen des § 80 a Abs. 3 und des § 123 VwGO). Hierfür gelten die allgemeinen Grundsätze für die Abfassung gerichtlicher Beschlüsse (s.o. Rdnr. 312 ff.) mit folgenden Besonderheiten:

686

I. Der Tenor des Beschlusses nach § 80 Abs. 5 VwGO

Der Tenor des Beschlusses nach § 80 Abs. 5 VwGO richtet sich nach dem Begehren des Antragstellers (§§ 122 Abs. 1, 88 VwGO).

687

Anträge nach § 80 Abs. 5 VwGO			
Anordnung der aufschiebenden Wirkung	**Wiederherstellung der aufschiebenden Wirkung**	**Feststellung der aufschiebenden Wirkung**	**Aufhebung der Vollziehungsanordnung**
wenn die aufschiebende Wirkung kraft Gesetzes ausgeschlossen ist, § 80 Abs. 2 S. 1 Nr. 1–3 u. S. 2 VwGO	wenn die aufschiebende Wirkung aufgrund der Anordnung der sofortigen Vollziehung ausgeschlossen ist, § 80 Abs. 2 S. 1 Nr. 4 VwGO	beim sog. faktischen Vollzug, wenn die Behörde die aufschiebende Wirkung missachtet, § 80 Abs. 5 VwGO analog	wenn die Vollziehungsanordnung (nur) formell fehlerhaft ist (insbes. bei Verstoß gegen § 80 Abs. 3 VwGO)
Aufhebung/Rückgängigmachung der Vollziehung			
wenn der VA im Zeitpunkt der gerichtlichen Entscheidung nach § 80 Abs. 5 S. 1 VwGO bereits vollzogen ist (§ 80 Abs. 5 S. 3 VwGO)			

---

768 BayVGH BayVBl. 1982, 756, 757; im Ergebnis auch OVG NRW NWVBl. 1994, 424, 426; a.A. OVG Hamburg NJW 1978, 2167.

769 Proppe JA 2004, 324, 327; Marwinski NWVBl. 1994, 315, 317; ebenso im Aufbau OVG Berlin NVwZ 2002, 489, 492; anders Morgenstern JA 1996, 497, 502; Schoch Jura 2002, 37, 45.

1. Erfolgreicher Antrag

Hat der **Antrag Erfolg**, so folgt der **Tenor in der Hauptsache** grds. dem Wortlaut des § 80 Abs. 5 VwGO:

688 ■ beim **gesetzlichen Ausschluss der aufschiebenden Wirkung** gemäß § 80 Abs. 2 S. 1 Nr. 1–3 u. S. 2 VwGO erfolgt die **Anordnung** der aufschiebenden Wirkung:

> *„Die aufschiebende Wirkung des Widerspruchs/der Klage des Antragstellers vom … gegen die Androhung der Abschiebung des … vom … (Az …) wird angeordnet."*

Im Tenor wird grds. auf die „aufschiebende Wirkung des Widerspruchs" abgestellt, auch wenn bereits Klage erhoben worden ist. Denn der Suspensiveffekt wird von dem ersten mit aufschiebender Wirkung ausgestatteten Rechtsbehelf ausgelöst. Nur wenn der Klage **kein Widerspruchsverfahren** vorausgeht (also in den Fällen des § 68 Abs. 1 S. 2 VwGO), wird die „aufschiebende Wirkung der Klage" angeordnet bzw. wiederhergestellt.[770]

689 ■ bei **behördlicher Vollziehungsanordnung** gemäß § 80 Abs. 2 S. 1 Nr. 4 VwGO:

■ wenn das Gericht eine **sachliche Prüfung** vorgenommen hat, erfolgt die **Wiederherstellung** der aufschiebenden Wirkung:

> *„Die aufschiebende Wirkung des Widerspruchs/der Klage des Antragstellers vom … gegen die Ausweisungsverfügung des … vom … (Az …) wird wiederhergestellt."*

■ wenn die Vollziehungsanordnung (nur) **formell fehlerhaft**, insb. nicht ordnungsgemäß begründet ist, wird die **Vollziehungsanordnung aufgehoben**:

> *„Die Anordnung der sofortigen Vollziehung der Ordnungsverfügung des … vom … (Az. …) wird aufgehoben. Im Übrigen wird der Antrag abgelehnt."*

Wird Wiederherstellung der aufschiebenden Wirkung beantragt, so handelt es sich bei der bloßen Aufhebung der Vollziehungsanordnung nach h.Rspr. um eine Teilstattgabe mit der Folge, dass der Antrag „im Übrigen" abzulehnen ist.[771]

690 ■ beim sog. **faktischen Vollzug** Feststellung der aufschiebenden Wirkung.:

> *„Es wird festgestellt, dass der Widerspruch/die Klage des Antragstellers vom … gegen die Schließungsverfügung des … vom … (Az …) aufschiebende Wirkung hat."*

691 ■ Hat der Antrag nach § 80 Abs. 5 VwGO nur **teilweise Erfolg**, kann das Gericht die aufschiebende Wirkung auch nur „teilweise" anordnen bzw. wiederherstellen (vgl. Wortlaut). In diesem Fall ist im stattgebenden Teil des Tenors die Formulierung „insoweit" zu verwenden und der Antrag „im Übrigen" abzulehnen.

> *„Die aufschiebende Wirkung des Widerspruchs/der Klage der Antragstellerin vom … gegen … wird insoweit wiederhergestellt, als … Im Übrigen wird der Antrag abgelehnt."*

692 ■ Nach § 80 Abs. 5 S. 4 VwGO kann die Wiederherstellung der aufschiebenden Wirkung von der Leistung einer **Sicherheit** oder von anderen **Auflagen** abhängig gemacht werden.

---

770 Gatz ZAP 2002, 705, 715; Mann/Blasche NWVBl. 2009, 33, 34 m.N. auf die Gegenansicht.
771 OVG Schleswig NVwZ-RR 1996, 148, 149; Finger JA 2008, 635, 641; Jansen/Wesseling JuS 2009, 322, 323; a.A. BayVGH BayVBl. 1996, 633: vollständiger Erfolg nur mit vom Antrag abweichender Begründung.

§ 80 Abs. 5 S. 4 VwGO sieht Auflagen nur bei der Wiederherstellung der aufschiebenden Wirkung vor, wird analog aber auch in den Fällen der Anordnung der aufschiebenden Wirkung angewendet.[772]

> *„Die aufschiebende Wirkung des Widerspruchs (bzw. der Klage) des Antragstellers vom … gegen … wird unter der Auflage (unter der Voraussetzung …, mit der Maßgabe … o.Ä.) wiederhergestellt, dass der Antragsteller Sicherheit in Höhe von … EUR leistet.“*

Nach h.M. ist es dagegen nicht möglich, die Ablehnung des Antrags mit einer Auflage zu verbinden.[773] **Beispiel:** Bleibt der Antrag des Antragstellers im Fall der Anordnung der sofortigen Vollziehung (§ 80 Abs. 2 S. 1 Nr. 4 VwGO) erfolglos, ist das Gericht gehindert, von der Behörde eine Sicherheitsleistung vor der weiteren Vollstreckung zu verlangen.

■ Nach § 80 Abs. 5 S. 5 VwGO kann die Anordnung/Wiederherstellung der aufschiebenden Wirkung außerdem **zeitlich befristet** werden.[774]   **693**

> *„Die aufschiebende Wirkung des Widerspruchs des Antragstellers vom … gegen … wird bis zur Entscheidung über den Widerspruch wiederhergestellt.“*

■ Ist der angefochtene VA im Zeitpunkt der Entscheidung schon vollzogen, so kann das Gericht nach § 80 Abs. 5 S. 3 VwGO die **Aufhebung der Vollziehung** anordnen.   **694**

> *„Die Vollziehung der Verfügung des … vom … wird aufgehoben.“*

Das Gericht kann sich im Rahmen der Tenorierung auf den Wortlaut des § 80 Abs. 5 S. 3 VwGO beschränken, es kann aber auch selbst anordnen, wie die Vollziehung rückgängig zu machen ist.[775]

Beispiele: Entsiegelung eines zwangsweise geschlossenen Gewerbebetriebes,[776] Rückzahlung eines gezahlten oder beigetriebenen Geldbetrages, vorläufige Beseitigung eines angefochtenen Verkehrszeichens,[777] Wiedereinreise eines abgeschobenen Ausländers.[778]

Beachte: Der Eilantrag darf sich in diesen Fällen nicht auf die Aufhebung von Vollzugsmaßnahmen nach § 80 Abs. 5 S. 3 VwGO beschränken. Es bedarf stets eines vorgängigen Antrags auf Anordnung bzw. Wiederherstellung der aufschiebenden Wirkung nach § 80 Abs. 5 S. 1 VwGO. Nur wenn der VA nicht (mehr) vollziehbar ist, besteht ein Anspruch auf vorläufige Folgenbeseitigung!

Allerdings ist im Zweifel ein Antrag auf Aufhebung der Vollziehung zugleich auch als Antrag auf Anordnung bzw. Wiederherstellung der aufschiebenden Wirkung zu werten.[779]

2. Erfolgloser Antrag

„Der Antrag wird abgelehnt.“

Bleibt der **Antrag erfolglos**, so wird er „abgelehnt“,[780] teilweise wird auch die Formulierung „zurückgewiesen“ verwendet.[781]   **695**

---

772 OVG NRW OVGE 16, 233, 234; Mann/Blasche NWVBl. 2009, 33, 36.

773 OVG NRW VerwRspr 21 (1970) 1018, 1021; Schoch VwGO § 80 Rdnr. 438; a.A. Kopp/Schenke VwGO § 80 Rdnr. 169; vgl. auch OVG Koblenz NVwZ 2011, 1280.

774 Vgl. dazu Mann/Blasche NWVBl. 2009, 33, 36.

775 Mann/Blasche NWVBl. 2009, 33, 35.

776 BayVGH NJW 1983, 835; OVG NRW NJW 1970, 1842.

777 HessVGH NVwZ-RR 1993, 389: Obwohl das Aufstellen des Schildes kein Vollzug im eigentlichen Sinne, sondern nur die Bekanntgabe des Verkehrszeichens als Allgemeinverfügung ist, gilt § 80 Abs. 5 S. 3 VwGO analog.

778 HessVGH DVBl. 2004, 716, 717; OVG NRW NVwZ-RR 2007, 492; VG Berlin NVwZ 2009, 124, 127; a.A. OVG Magdeburg NVwZ 2009, 403 f.

779 Kopp/Schenke VwGO § 80 Rdnr. 180; Schoch VwGO § 80 Rdnr. 345.

780 Mann/Blasche NWVBl. 2009, 32, 33.

Nicht korrekt ist es dagegen, den Antrag „abzuweisen", da diese Formulierung dem Hauptsacheverfahren vorbehalten ist („Die Klage wird abgewiesen").

> **Beachte:** Unerheblich für den Tenor ist es, ob der Antrag unzulässig oder unbegründet ist. Eine diesbezügliche Differenzierung findet ebenso wie bei der Klage nicht statt.

3. Kostenentscheidung

696   Da das Aussetzungsverfahren ein selbstständiges gerichtliches Verfahren ist, ist nach §§ 154 ff. VwGO auch über die **Kosten** zu entscheiden. Es gelten dieselben Grundsätze wie im gerichtlichen Verfahren (s.o. Rdnr. 134 ff.). Bei erfolglosem Antrag trägt nach § 154 Abs. 1 VwGO der Antragsteller die Kosten des Verfahrens, bei erfolgreichem Antrag der Antragsgegner, bei teilweise erfolgreichem Antrag erfolgt eine Kostenverteilung nach § 155 Abs. 1 VwGO.

> *„Der Antragsteller trägt die Kosten des Verfahrens."*
>
> *„Der Antragsgegner trägt die Kosten des Verfahrens."*
>
> *„Die Kosten des Verfahrens tragen Antragsteller und Antragsgegner je zu 1/2."*

697   ■ Ein Ausspruch über die **Notwendigkeit der Hinzuziehung eines Bevollmächtigten** im Vorverfahren (§ 162 Abs. 2 S. 2 VwGO) erfolgt bei Eilbeschlüssen nicht, da die Kostenentscheidung im Aussetzungsverfahren nicht das Widerspruchsverfahren umfasst.[782] Auch das behördliche Aussetzungsverfahren nach § 80 Abs. 6 VwGO ist kein Vorverfahren i.S.d. § 162 Abs. 2 S. 2 VwGO.[783]

698   ■ Wird die Vollziehungsanordnung wegen eines **formellen Fehlers** (insb. unzureichende Begründung) aufgehoben, so handelt es sich zwar nur um eine Teilstattgabe (s.o. Rdnr. 688), im Hinblick auf § 155 Abs. 4 VwGO trifft den Antragsgegner nach der Rspr. i.d.R. jedoch die volle Kostenlast.[784]

4. Keine Vollstreckbarkeitsentscheidung

699   Einer **Vollstreckbarkeitsentscheidung** bedarf es, wie bei allen verwaltungsgerichtlichen Beschlüssen, nicht, da Beschlüsse per se vollstreckbar sind (arg. e § 149 VwGO und oben Rdnr. 316).

5. Streitwertfestsetzung

700   In der Praxis ist es üblich, im Tenor des Beschlusses nach § 80 Abs. 5 VwGO zugleich den **Streitwert** festzusetzen.[785] In der Klausur beachten Sie bitte den jeweiligen Bearbeitungsvermerk. Häufig ist die Streitwertfestsetzung erlassen.

Der Streitwert bemisst sich im Eilverfahren nach § 53 Abs. 2 Nr. 2 i.V.m. § 52 GKG. In der Praxis wird für Verfahren nach § 80 Abs. 5 VwGO im Regelfall die **Hälfte des Streitwertes der Hauptsache** zugrunde gelegt, bei öffentlichen Abgaben und Kosten (§ 80 Abs. 2 S. 1 Nr. 1 VwGO) und bei sonstigen bezifferten Geldleistungs-VAen 1/4 des für das Hauptsacheverfahren anzunehmenden Streitwertes (Nr. 1.5 des Streitwertkatalogs).[786]

---

781   Birk VBlBW 1982, 146, 149; Kintz § 9 Rdnr. 259.

782   Kopp/Schenke VwGO § 162 Rdnr. 16.

783   OVG NRW NWVBl. 2007, 29, 30.

784   Abweichend Kintz Rdnr. 261: Quotelung 2/3 für den Antragsteller, 1/3 für den Antragsgegner.

785   Lemke/Warendorf JA 1998, 72; Mann/Blasche NWVBl. 2009, 33.

786   Abgedruckt bei Kopp/Schenke VwGO Anh § 164 Rdnr. 14.

II. Die Begründung des Beschlusses nach § 80 Abs. 5 VwGO

Wie bei allen Beschlüssen findet sich auch bei Beschlüssen nach § 80 Abs. 5 VwGO   701
keine ausdrückliche Trennung in Tatbestand und Entscheidungsgründe. Vielmehr
folgt eine einheitliche Darstellung unter der Überschrift „Gründe", wobei unter I.
der Sachverhalt (ähnlich dem Tatbestand eines Urteils) und unter II. die rechtlichen
Erwägungen (ähnlich den Entscheidungsgründen im Urteil) dargestellt werden.

1. Anordnung der aufschiebenden Wirkung   702

*„Der Antrag auf Anordnung der aufschiebenden Wirkung ist gemäß § 80 Abs. 5
S. 1 VwGO statthaft. Die Klage (der Widerspruch) des Antragstellers vom ... gegen den Beitragsbescheid des Antragsgegners vom ... entfaltet gemäß § 80 Abs. 2
S. 1 Nr. 1 VwGO keine aufschiebende Wirkung. Der Antrag ist auch im Übrigen
zulässig, insb. hat der Antragsteller vor Anrufung des Gerichts erfolglos beim Antragsgegner gemäß § 80 Abs. 6 S. 1 VwGO die Aussetzung der Vollziehung des
angefochtenen Bescheids beantragt.*

*Der Antrag ist auch begründet. Im Rahmen der nach § 80 Abs. 5 S. 1 VwGO ge-
botenen Interessenabwägung überwiegt das Interesse des Antragstellers am
einstweiligen Nichtvollzug das öffentliche Interesse an der sofortigen Vollziehung. Denn es bestehen ernstliche Zweifel an der Rechtmäßigkeit des angefochtenen Bescheids (vgl. § 80 Abs. 4 S. 3 VwGO). Rechtsgrundlage für den Bescheid
ist ... Dieser setzt voraus, dass ... Diese Voraussetzungen sind hier nicht erfüllt.
Denn ... "*

2. Wiederherstellung der aufschiebenden Wirkung   703

*„Der Antrag auf Wiederherstellung der durch die Anordnung der sofortigen Voll-
ziehung des Antragsgegners ausgeschlossenen aufschiebenden Wirkung des Widerspruchs (der Klage) ist gemäß § 80 Abs. 5 S. 1 VwGO statthaft und auch im Übrigen zulässig, aber unbegründet.*

*In formeller Hinsicht ist die Vollziehungsanordnung nicht zu beanstanden, insb.
ist sie ordnungsgemäß i.S.d. § 80 Abs. 3 VwGO begründet worden. Die Vorschrift
verlangt lediglich, dass die Begründung zu erkennen gibt, dass die Behörde aus
Gründen des zu entscheidenden Einzelfalls eine sofortige Vollziehung ausnahmsweise für geboten hält. Dies ist hier insb. durch den Hinweis auf eine mögliche
Gefährdung von Leib und Leben Dritter ausreichend dargelegt worden. ...*

*Die sofortige Vollziehung ist auch in materieller Hinsicht gerechtfertigt. Im Rah-
men der nach § 80 Abs. 5 S. 1 VwGO gebotenen Interessenabwägung überwiegt
das öffentliche Interesse an der sofortigen Vollziehung das Interesse des Antragstellers an der Aussetzung der Vollziehung. Diese Interessenabwägung richtet
sich in erster Linie nach den Erfolgsaussichten in der Hauptsache. Dabei erweist
sich die angefochtene Verfügung des Antragsgegners aufgrund der im Eilverfahren allein möglichen und gebotenen summarischen Überprüfung als rechtmäßig.
Formelle Bedenken gegen die Verfügung bestehen nicht. ... Auch in der Sache ist die
Verfügung rechtmäßig. Rechtsgrundlage ist ... Die Voraussetzungen dieser Vorschrift liegen vor . .... Ist der angefochtene Verwaltungsakt danach rechtmäßig, so
überwiegt das öffentliche Vollzugsinteresse das private Aussetzungsinteresse des
Antragstellers aber nur dann, wenn zusätzlich ein besonderes öffentliches Interesse an der sofortigen Vollziehung des Verwaltungsakts besteht. Dies ist hier anzunehmen, da eine sofortige Durchsetzung der angefochtenen Verfügung im
Hinblick auf die besonderen Umstände des Einzelfalls geboten ist. Denn ... "*

704   **3. Aufhebung der Vollziehungsanordnung aus formellen Gründen**

> *„Die Anordnung der sofortigen Vollziehung ist bereits aus formellen Gründen aufzuheben, da sie nicht ausreichend begründet ist. In den Fällen des § 80 Abs. 2 S. 1 Nr. 4 VwGO ist das besondere Interesse an der sofortigen Vollziehung des Verwaltungsakts gemäß § 80 Abs. 3 S. 1 VwGO schriftlich zu begründen. Die Begründung muss den Umständen des Einzelfalls Rechnung tragen und erkennen lassen, dass sich die Behörde des Ausnahmecharakters des Sofortvollzugs bewusst war. Dies ist hier nicht der Fall.*
>
> *Soweit die Behörde auf die Begründung der angefochtenen Verfügung verweist, kann dies ein besonderes Vollzugsinteresse allein nicht begründen. Denn nach § 80 Abs. 3 VwGO ist das ‚besondere' Interesse an der sofortigen Vollziehung darzulegen, das sich grds. nicht schon aus den den Erlass der Verfügung selbst rechtfertigenden Gründen ergeben kann. Zwar kann das besondere Vollzugsinteresse - insbes. bei Verwaltungsakten zur Gefahrenabwehr - mit dem allgemeinen Interesse am Erlass des Bescheides zusammenfallen. Dem Begründungserfordernis des § 80 Abs. 3 VwGO ist in solchen Fällen aber nur Genüge getan, wenn die Begründung der Vollziehungsanordnung auf die Gründe des zu vollziehenden Verwaltungsakts Bezug nimmt, aus der die besondere Dringlichkeit der Vollziehung hinreichend deutlich wird. Dies ist hier nicht geschehen. Der Antragsgegner hat lediglich pauschal auf die Begründung der angefochtenen Verfügung Bezug genommen. Hieraus lässt sich nicht ableiten, warum gerade im konkreten Fall die sofortige Vollziehung der Verfügung besonders dringlich sein sollte. Es handelt sich vielmehr um einen der zahlreichen Fälle, in denen die zuständige Bauaufsichtsbehörde eine Ordnungsverfügung wegen formeller und/oder materieller Illegalität erlässt. Eine einzelfallbezogene Begründung ist gerade nicht erfolgt.*
>
> *Auch der Hinweis auf die Rechtmäßigkeit der angefochtenen Verfügung kann ein besonderes Vollzugsinteresse nicht begründen. Dies rechtfertigt nur den Erlass der Verfügung, nicht aber ihre sofortigen Vollziehung. ..."*

705   Gelangt das Gericht im Fall formell fehlerhafter Begründung im Rahmen der **zusätzlich gebotenen Interessenabwägung** (oben Rdnr. 684) dazu, dass auch materiell das Aussetzungsinteresse des Antragstellers das öffentliche Vollzugsinteresse überwiegt, kann beispielhaft wie folgt formuliert werden:

> *„Die Anordnung der sofortigen Vollziehung ist bereits aus formellen Gründen fehlerhaft, da sie nicht ausreichend begründet ist. ...*
>
> *Die sofortige Vollziehung ist aber (auch) in materieller Hinsicht nicht gerechtfertigt. Aufgrund einer umfassenden Güter- und Interessenabwägung ist davon auszugehen, dass das Interesse des Antragstellers am einstweiligen Nichtvollzug das öffentliche Interesse an der sofortigen Vollziehung überwiegt. Hierfür ist entscheidend auf die Erfolgsaussichten in der Hauptsache abzustellen. Danach erweist sich die angefochtene Verfügung als rechtswidrig. An der Vollziehung eines rechtswidrigen Verwaltungsakts kann kein öffentliches Vollzugsinteresse bestehen.*
>
> *Als Rechtsgrundlage für die Verfügung kommt ersichtlich nur § ... in Betracht. Nach dieser Vorschrift kann ... Diese Voraussetzungen liegen nicht vor. Denn ..."*

4. Faktischer Vollzug
706

> *„Hinsichtlich der Verfügung des Antragsgegners vom ... kann das Gericht zwar die aufschiebende Wirkung des Widerspruchs des Antragstellers vom ... nicht wiederherstellen, da diese nach § 80 Abs. 1 VwGO bereits kraft Gesetzes besteht. Der Antragsgegner hat diesbezüglich eine sofortige Vollziehung gemäß § 80 Abs. 2 S. 1 Nr. 4 VwGO nicht angeordnet. ...*
>
> *Die aufschiebende Wirkung ist auch nicht aus anderen Gründen ausgeschlossen. Zwar ist umstritten, ob einem unzulässigen Widerspruch aufschiebende Wirkung zukommt. Diese Frage kann hier dahinstehen, denn der Widerspruch des Antragstellers vom ... ist zulässig, auch soweit er sich gegen die Verfügung vom ... richtet. Insbesondere ist der Widerspruch fristgerecht (§ 70 Abs. 1 VwGO) erhoben worden. ....*
>
> *Die danach bestehende aufschiebende Wirkung verbietet alle Maßnahmen, die in tatsächlicher und rechtlicher Hinsicht auf die Verwirklichung der angefochtenen Verfügung gerichtet sind. Da der Antragsgegner trotz der aufschiebenden Wirkung des Widerspruchs des Antragstellers die zwangsweise Durchsetzung der angefochtenen Verfügung angekündigt hat, ist vorläufiger Rechtsschutz analog § 80 Abs. 5 VwGO zu gewähren. In diesem Fall des sog. faktischen Vollzugs stellt das Gericht fest, dass der vom Antragsteller eingelegte Rechtsbehelf aufschiebende Wirkung entfaltet.*
>
> *Eine Abwägung zwischen dem öffentlichen Vollzugsinteresse und dem privaten Aussetzungsinteresse des Antragstellers findet nicht statt. Der Antrag ist allein wegen der Missachtung der aufschiebenden Wirkung begründet, selbst wenn der angefochtene Verwaltungsakt rechtmäßig sein sollte. Vollziehen darf die Behörde ihn rechtlich nur nach Anordnung der sofortigen Vollziehung, aber nicht faktisch durch Schaffung vollendeter Tatsachen. ..."*

5. Hängebeschlüsse

Die Antragstellung beim VG allein ändert nichts daran, dass der VA in den Fällen   707
des § 80 Abs. 2 VwGO vollziehbar bleibt. Zur Verhinderung vollendeter Tatsachen kann das Verwaltungsgericht der Behörde im Wege einer **Zwischenentscheidung** aufgeben, bis zur endgültigen Entscheidung im Eilverfahren keine Vollstreckungsmaßnahmen durchzuführen. Solche **„Hängebeschlüsse"** sind im Verfahren nach § 80 Abs. 5 VwGO regelmäßig nicht notwendig, da die Behörde i.d.R. die gerichtliche Eilentscheidung abwarten und in der Praxis sog. *„Stillhaltezusagen"* üblich sind.[787] Bedeutung haben Zwischenentscheidungen vor allem im Verfahren nach § 123 VwGO (dazu unten Rdnr. 764 ff.). Ist allerdings zu befürchten, dass die Behörde den Verwaltungsakt trotz der anstehenden Entscheidung des Gerichts vollziehen und dadurch vollendete Tatsachen schaffen wird, kommt eine Zwischenentscheidung auch im Verfahren nach § 80 Abs. 5 VwGO in Betracht.

D. Das Abänderungsverfahren nach § 80 Abs. 7 VwGO

Auch Beschlüsse nach § 80 Abs. 5 VwGO erwachsen in materielle **Rechtskraft** und   708
binden die Beteiligten (§ 121 VwGO analog). Denn die Entscheidung regelt verbindlich, dass – bei Ablehnung des Antrags – der angefochtene VA bereits vor einer rechtskräftigen Entscheidung in der Hauptsache vollzogen werden darf bzw. – bei Erfolg des Antrags – der VA zunächst nicht durchgesetzt werden kann.

---

787 Mann/Blasche NWVBl. 2009, 33, 37.

Beispiel: Hat das VG die aufschiebende Wirkung wiederhergestellt, so ist die Behörde zwar nicht gehindert einen neuen, inhaltsgleichen VA zu erlassen. Sie darf diesen aber ohne erneute Befassung des Gerichts nicht für sofort vollziehbar erklären.[788]

> **Merksatz:** Beschlüsse im Eilverfahren regeln nicht nur vorläufig den endgültigen Zustand, sondern endgültig den vorläufigen Zustand.

709 Allerdings können Beschlüsse nach § 80 Abs. 5 VwGO gemäß § 80 Abs. 7 VwGO **geändert** oder **aufgehoben** werden. Dabei unterscheidet das Gesetz zwei Fälle:

■ Das Gericht kann von Amts wegen eine Änderung „**jederzeit**" vornehmen, also auch ohne Änderung der Sach- oder Rechtslage (§ 80 Abs. 7 S. 1 VwGO).

  Nach h.M. besteht eine Abänderungsbefugnis auch dann, wenn das Gericht bei gleichbleibender Sach- und Rechtslage lediglich seine Rechtsauffassung ändert,[789] nach der Gegenauffassung reicht allein der Meinungswandel des Gerichts nicht aus.[790]

■ Die Beteiligten können die Änderung oder Aufhebung **beantragen**, wenn sich die entscheidungserheblichen Umstände verändert haben oder bestimmte Umstände ohne Verschulden nicht geltend gemacht wurden (§ 80 Abs. 7 S. 2 VwGO).[791]

710 Die Entscheidung nach § 80 Abs. 7 VwGO ergeht durch **Beschluss**, für den dieselben materiellen Gesichtspunkte maßgebend sind, wie sie gelten würden, wenn gegenwärtig erstmalig ein Antrag nach § 80 Abs. 5 VwGO gestellt würde. D.h. es findet – unter Berücksichtigung zwischenzeitlich eingetretener Sach- und Rechtsänderungen – eine (erneute) **Abwägung zwischen dem öffentlichen Vollzugs- und dem privaten Aussetzungsinteresse** statt.[792]

> *„Der Beschluss des Verwaltungsgerichts … vom … wird mit Ausnahme der Kostenentscheidung abgeändert.*
>
> *Der Antrag des Antragsgegners (und früheren Antragstellers) wird (für die Zeit ab Zustellung dieses Beschlusses) zurückgewiesen.*
>
> *Der Antragsgegner trägt die Kosten des Abänderungsverfahrens."*

■ Da es sich bei dem Abänderungsverfahren nach § 80 Abs. 7 S. 2 VwGO um ein neues selbstständiges Verfahren handelt, ändert sich auch die **Bezeichnung** der Beteiligten. „Antragsteller" ist der Betreiber des Abänderungsverfahrens, und zwar ohne Rücksicht auf seine Beteiligtenstellung im vorausgegangenen Aussetzungsverfahren.[793]

■ Die Differenzierung in der **Kostenentscheidung** folgt daraus, dass der Abänderungsbeschluss nach § 80 Abs. 7 VwGO die bis dahin bestehende Rechtslage – und damit auch die Kostenentscheidung des ursprünglichen Beschlusses nach § 80 Abs. 5 VwGO – unberührt lässt.[794]

> **Beachte:** Im Abänderungsverfahren nach § 80 Abs. 7 VwGO wird nicht die sachliche Richtigkeit des ursprünglichen Beschlusses überprüft, sondern lediglich die **Fortdauer** der ursprünglichen Entscheidung.

---

788 OVG Lüneburg DVBl. 2012, 583.

789 ThürOVG DVBl. 1999, 480; Kopp/Schenke VwGO § 80 Rdnr. 192.

790 OVG NRW NVwZ 1999, 894; Hufen § 32 Rdnr. 54.

791 Vgl. z.B. BVerwG NVwZ 2008, 1010 f.; BayVGH BayVBl. 2009, 402, 403.

792 Vgl. BVerwG NVwZ 2005, 1422; BayVGH BayVBl. 2009, 402.

793 OVG NRW Birk VBlBW 1982, 146, 150; anders VGH Mannheim DVBl. 1996, 111, 112; OVG NRW DVBl. 1987, 699 (für § 123 VwGO i.V.m. § 927 ZPO analog): Übernahme des Rubrums des Ausgangsverfahrens.

794 VGH Mannheim DVBl. 1996, 111, 112; Mann/Blasche NWVBl. 2009, 33, 39.

3. Abschnitt: Vorläufiger Rechtsschutz nach § 80 a VwGO

Bei Verwaltungsakten mit Doppelwirkung wird § 80 VwGO durch § 80 a VwGO ergänzt. Die Vorschrift unterscheidet **zwei Fälle:**   711

- den **begünstigenden VA** mit drittbelastender Wirkung (§ 80 a Abs. 1 VwGO) und

- den **belastenden VA** mit drittbegünstigender Wirkung (§ 80 a Abs. 2 VwGO).

> **Hinweis:** Unabhängig von dieser gesetzlichen Zweiteilung steht in der Klausur das Begehren des Antragstellers im Vordergrund:
>
> – Dem **Begünstigten** geht es darum, dass der VA möglichst bald verwirklicht wird. Dafür benötigt er die **Anordnung der sofortigen Vollziehung** (§ 80 a Abs. 1 Nr. 1 u. Abs. 2, § 80 Abs. 2 S. 1 Nr. 4 VwGO), wenn Rechtsbehelfe aufschiebende Wirkung entfalten.
>
> – Der durch den VA **Belastete** will verhindern, dass der VA schon jetzt verwirklicht wird. Dafür bedarf es der **Aussetzung der Vollziehung** (§ 80 a Abs. 1 Nr. 2, § 80 Abs. 4 VwGO), wenn Rechtsbehelfe keine aufschiebende Wirkung haben.

A. Begünstigender VA mit drittbelastender Wirkung

Rechtsbehelfe eines Dritten gegen einen den Adressaten begünstigenden VA haben   712
gemäß § 80 Abs. 1 S. 2 VwGO **grds. aufschiebende Wirkung,** d.h. der Adressat ist vorläufig an der Verwirklichung der Begünstigung gehindert.

Beispiel: Hat Nachbar N gegen die dem Anlagenbetreiber A erteilte immissionsschutzrechtliche Genehmigung (§ 4 BImSchG) Widerspruch bzw. Anfechtungsklage erhoben, so hat sein Rechtsbehelf aufschiebende Wirkung mit der Folge, dass A mit Errichtung und Betrieb der Anlage nicht beginnen darf bzw. den Betrieb kraft Gesetzes einstellen muss.[795]

Für den in der Praxis wichtigsten Teilbereich hat der Bundesgesetzgeber jedoch   713
eine **Ausnahmeregelung** geschaffen. Nach § 80 Abs. 2 S. 1 Nr. 3 VwGO i.V.m.
§ 212 a Abs. 1 BauGB haben Widerspruch und Anfechtungsklage eines Dritten gegen die bauaufsichtliche Zulassung **keine aufschiebende Wirkung.** Der Bauherr darf daher trotz der Nachbarrechtsbehelfe zunächst weiterbauen.

Beispiele: Bauaufsichtliche Zulassungen sind alle Entscheidungen, die die Bauausführung erlauben, insb. Baugenehmigungen und Befreiungsentscheidungen (z.B. nach § 31 Abs. 2 BauGB). Nach teilweise vertretener Ansicht fällt hierunter auch der Bauvorbescheid. Denn sonst würde die aufschiebende Wirkung die Erteilung der späteren Baugenehmigung verzögern.[796] Die Gegenansicht verweist darauf, dass der Bauvorbescheid selbst noch keine abschließende Entscheidung über die Zulässigkeit des Bauvorhabens treffe und somit kein Bedürfnis für eine Durchbrechung des § 80 Abs. 1 VwGO bestehe.[797]

I. Antrag auf Anordnung der sofortigen Vollziehung

Hat der Drittrechtsbehelf **aufschiebende Wirkung** (insb. weil die Sonderregelung   714
in § 212 a Abs. 1 BauGB nicht eingreift, z.B. bei immissionsschutzrechtlichen Genehmigungen), darf der Adressat zunächst von der ihn begünstigenden Genehmigung **keinen Gebrauch** machen, wenn der Dritte Widerspruch oder Anfechtungsklage erhoben hat.

---

795 Vgl. OVG Lüneburg NVwZ-RR 2011, 139.
796 OVG Lüneburg NVwZ-RR 2010, 140; Kopp/Schenke VwGO § 80 Rdnr. 65.
797 BayVGH BayVBl. 1999, 1363; VGH Mannheim NVwZ 1997, 1008.

Will der Adressat sein Vorhaben gleichwohl schon jetzt verwirklichen, so kann er bei der Behörde gemäß § 80 a Abs. 1 Nr. 1 VwGO oder beim Verwaltungsgericht gemäß § 80 a Abs. 3 VwGO einen **Antrag auf Anordnung der sofortigen Vollziehung** der Genehmigung gemäß § 80 Abs. 2 S. 1 Nr. 4 VwGO stellen.

1. Zulässigkeit des Antrags

Antrag auf gerichtliche Anordnung der sofortigen Vollziehung
■ **Verwaltungsrechtsweg**
■ **Statthaftigkeit des Antrags** (§ 80 a Abs. 3 i.V.m. Abs. 1 Nr. 1 VwGO)
■ **Antragsbefugnis** analog § 42 Abs. 2 VwGO
■ **Rechtsschutzbedürfnis:** erfolgloser Antrag bei der Behörde
■ **keine Frist**
■ **Antragsgegner** analog § 78 VwGO

715   **Zulässigkeitsprobleme** ergeben sich in diesen Fällen in der Regel nicht. Der Antrag auf Anordnung der sofortigen Vollziehung ist **statthaft,** wenn

■ bei einem **begünstigenden VA mit drittbelastender Wirkung**

■ der Dritte einen **Rechtsbehelf erhoben** hat und

■ der Rechtsbehelf **aufschiebende Wirkung** (§ 80 Abs. 1 VwGO) entfaltet.

> **Beachte:** Haben Widerspruch und Anfechtungsklage des Dritten keine aufschiebende Wirkung (§ 80 Abs. 2 VwGO), darf der Adressat den VA kraft Gesetzes „vollziehen", es bedarf daher keines gerichtlichen Verfahrens.

716   Die **Antragsbefugnis** analog § 42 Abs. 2 VwGO folgt beim Adressaten unmittelbar aus seinem subjektiven Recht aus der angefochtenen Genehmigung.[798] Das **Rechtsschutzbedürfnis** für eine gerichtliche Anordnung der sofortigen Vollziehung besteht nach h.M. nur, wenn zuvor erfolglos ein entsprechender **Antrag bei der Behörde** gestellt wurde (§ 80 a Abs. 1 Nr. 1 VwGO, Abs. 3 S. 2 i.V.m. § 80 Abs. 6 VwGO).[799]

Nach der Gegenansicht kann das Gericht stets ohne vorherigen Antrag angerufen werden. § 80 Abs. 6 VwGO gelte nur bei Abgabenbescheiden, der Verweis in § 80 a Abs. 3 S. 2 VwGO sei einschränkend zu interpretieren.[800] Dagegen spricht jedoch, dass sich die Behörde beim Anordnungsantrag nach § 80 a Abs. 3 i.V.m. § 80 a Abs. 1 Nr. 1 VwGO mit der Frage der Vollziehung noch gar nicht beschäftigt hat. Daher ist es sachgerecht, dass der begünstigte Adressat zunächst einen Antrag bei der Behörde stellt.

2. Begründetheit des Antrags

717   Der Antrag auf Anordnung der sofortigen Vollziehung ist **begründet,** wenn aufgrund einer **umfassenden Güter- und Interessenabwägung** davon auszugehen ist, dass das Vollzugsinteresse des Antragstellers das Suspendierungsinteresse des belasteten Dritten überwiegt. Das hängt im Wesentlichen von den **Erfolgsaussichten des Nachbarrechtsbehelfs** in der Hauptsache ab.[801]

---

798   Gersdorf in Posser/Wolff VwGO § 80 a Rdnr. 43.

799   Schoch VwGO § 80 a Rdnr. 78.

800   Kopp/Schenke VwGO § 80 a Rdnr. 21.

801   BVerfG NVwZ 2009, 240, 242; OVG NRW, Beschl. v. 05.09.2008 – 13 B 1013/08, RÜ 2009, 49, 50.

■ Ist die angefochtene Genehmigung **rechtmäßig**, so überwiegt stets das Interesse   718
des Adressaten an der sofortigen Vollziehung, da die Verwirklichung des VA
grundrechtlich geschützt ist (Art. 14 GG).[802]

> **Hinweis:** Eines darüber hinausgehenden, besonderen Interesses gerade am
> Sofortvollzug, wie es beim Aussetzungsverfahren nach § 80 Abs. 5 VwGO
> im Rahmen eines zweipoligen Rechtsverhältnisses erforderlich ist (Rdnr. 675),
> bedarf es im Rahmen des § 80 a VwGO nicht. Der begünstigte Adressat hat stets
> ein schutzwürdiges Interesse daran, von einer rechtmäßigen Genehmigung so-
> fort Gebrauch machen zu können.

■ Ist die Genehmigung dagegen **rechtswidrig**, so ist wegen der besonderen Situa-   719
tion des Nachbarrechtsbehelfs zu differenzieren:

  ■ Verstößt die Genehmigung gegen **nachbarschützende Vorschriften**, so über-
    wiegt in jedem Fall das Aussetzungsinteresse des Nachbarn. Die Anordnung
    der sofortigen Vollziehung scheidet aus.[803]

  ■ Beruht die Rechtswidrigkeit dagegen **nicht auf der Verletzung drittschüt-**   720
    zender Normen, so ist das Aussetzungsinteresse des Nachbarn nicht schutz-
    würdig. Deshalb ist der Antrag des begünstigten Adressaten auf Anordnung
    der sofortigen Vollziehung nach h.Rspr. in diesen Fällen **stets begründet**, ob-
    wohl die Genehmigung objektiv rechtswidrig ist.[804]

  Die Gegenansicht stellt darauf ab, dass bei einer objektiv rechtswidrigen Genehmigung
  auch das **Verwirklichungsinteresse des Adressaten nicht schutzwürdig** sei. Behörde und
  Gericht dürften im Hinblick auf das Rechtsstaatsprinzip nicht die sofortige Vollziehung eines rechtswidrigen VA anordnen.[805] Dagegen spricht jedoch, dass es im Verfahren nach
  § 80 a Abs. 3 VwGO um die aufschiebende Wirkung der Rechtsbehelfe des Nachbarn geht.
  Werden diese mangels Rechtsverletzung erfolglos bleiben, besteht keine Rechtfertigung,
  den Adressaten an der Verwirklichung seiner Genehmigung zu hindern.

3. Gerichtliche Entscheidung

a) Entscheidungen nach § 80 a Abs. 3 VwGO ergehen stets durch **Beschluss**. Ist der   721
Antrag **begründet**, so ist das Gericht nicht darauf beschränkt, die Behörde nur zur
Anordnung der sofortigen Vollziehung zu verpflichten (so die früher h.M.), sondern ordnet nach § 80 a Abs. 3 S. 1 i.V.m. Abs. 1 Nr. 1 VwGO die sofortige Vollziehung der Genehmigung selbst an (vgl. „treffen").[806]

> „*Die sofortige Vollziehung der dem Antragsteller erteilten Genehmigung des ...
> vom ... (Az: ...) wird angeordnet.*"

Die **Kostenentscheidung** hängt davon ab, ob der beigeladene Nachbar (erfolglos)   722
einen Antrag gestellt hat und daher gemäß §§ 154 Abs. 3, 159 S. 1 VwGO an den
Kosten zu beteiligen ist (s.o. Rdnr. 148 ff.).

> „*Der Antragsgegner trägt die Kosten des Verfahrens, mit Ausnahme der außer-
> gerichtlichen Kosten des Beigeladenen, die dieser selbst trägt.*"

> „*Der Antragsgegner und der Beigeladene tragen die Gerichtskosten und die au-
> ßergerichtlichen Kosten des Antragstellers zu je 1/2 (ggf. klarstellend: Im Übri-
> gen tragen die Beteiligten ihre außergerichtlichen Kosten selbst.)*"

---

802 Vgl. Finkelnburg/Dombert/Külpmann Rdnr. 1095.

803 Finkelnburg/Dombert/Külpmann Rdnr. 1096.

804 OVG NRW, Beschl. v. 05.09.2008 – 13 B 1013/08, RÜ 2009, 49, 52; BayVGH BayVBl. 2009, 402.

805 Schoch VwGO § 80 a Rdnr. 63; Finkelnburg/Dombert/Külpmann Rdnr. 1098.

806 Vgl. OVG NRW NWVBl. 1994, 332; Pietzner/Ronellenfitsch § 58 Rdnr. 43; Schoch VwGO § 80 a Rdnr. 48.

> **Beachte:** Die **Verteilung der Kosten** zwischen Antragsgegner und Beigeladenem erfolgt gemäß § 159 S. 1 VwGO, § 100 Abs. 1 ZPO grds. nach Kopfteilen. Trotz seines Wortlauts gilt § 159 S. 2 VwGO nämlich nicht für den Fall der notwendigen Beiladung, sondern nur für den Fall der notwendigen Streitgenossenschaft (s.o. Rdnr. 160).

723 **b)** In den **Gründen** ist nach der Sachverhaltsdarstellung (I.) in der rechtlichen Würdigung (unter II.) kurz auf die Statthaftigkeit und den vorherigen Antrag bei der Behörde einzugehen. Zur Begründetheit sind die Kriterien für die **Abwägung** zwischen dem Verwirklichungsinteresse des Genehmigungsinhabers und dem Aufschubinteresse des Nachbarn darzustellen.

„Der Antrag ist zulässig und begründet.

Er ist als Antrag auf Anordnung der sofortigen Vollziehung gemäß § 80 a Abs. 3 i.V.m. Abs. 1 Nr. 1 VwGO statthaft, da der Widerspruch (bzw. die Klage) des Beigeladenen gegen die dem Antragsteller erteilte immissionsschutzrechtliche Genehmigung gemäß § 80 Abs. 1 S. 2 VwGO aufschiebende Wirkung entfaltet. Die Ausnahme nach § 212 a Abs. 1 BauGB greift nicht ein, denn sie gilt nur für bauaufsichtliche Zulassungen, nicht hingegen für Genehmigungen nach dem BImSchG. Der Antrag ist auch im Übrigen zulässig, insb. hat der Antragsteller zuvor gemäß § 80 a Abs. 3 S. 2 i.V.m. § 80 Abs. 6 S. 1 VwGO einen Antrag auf Anordnung der sofortigen Vollziehung gemäß § 80 a Abs. 1 Nr. 1 i.V.m. § 80 Abs. 2 S. 1 Nr. 4 VwGO bei der Behörde gestellt. Diese hat hierüber ohne Mitteilung eines zureichenden Grundes in angemessener Frist sachlich nicht entschieden (§ 80 Abs. 6 S. 2 Nr. 1 VwGO), sodass dahinstehen kann, ob ein solcher Antrag stets erforderlich ist.

Der Antrag ist auch begründet. Im Rahmen der nach § 80 a Abs. 3 VwGO gebotenen Interessenabwägung ist davon auszugehen, dass das Verwirklichungsinteresse des Antragstellers das Aussetzungsinteresse des Beigeladenen überwiegt. Dabei kann dahinstehen, ob die angefochtene Genehmigung objektiv rechtmäßig ist. Denn Maßstab der Entscheidung sind allein die Erfolgsaussichten des vom Dritten erhobenen Rechtsbehelfs, nicht dagegen, ob sich die Genehmigung aufgrund summarischer Prüfung als objektiv rechtmäßig oder rechtswidrig erweist. Der teilweise in Rspr. und Lit. vertretenen Auffassung, dass der Adressat einer objektiv rechtswidrigen Begünstigung kein überwiegendes Vollzugsinteresse geltend machen könne, vermag die Kammer nicht zu folgen. Im Verfahren nach § 80 a Abs. 3 VwGO geht es ausschließlich um die aufschiebende Wirkung der Rechtsbehelfe des Dritten. Werden diese mangels Rechtsverletzung erfolglos bleiben, besteht keine Rechtfertigung, den begünstigten Adressaten an der Verwirklichung seiner Genehmigung zu hindern.

Die angefochtene Genehmigung verstößt indes nicht gegen nachbarschützende Vorschriften. Insbesondere scheidet ein Verstoß gegen ... aus. Denn ...

Da das Gericht im Rahmen des § 80 a Abs. 3 VwGO eine eigene Ermessensentscheidung trifft, ist es nicht auf eine Entscheidung über die sofortige Vollziehung beschränkt, sondern kann die entsprechende Anordnung anstelle der Behörde selbst treffen. ...“

II. Antrag auf Aussetzung der Vollziehung

Hat der Drittrechtsbehelf **keine aufschiebende Wirkung** (insb. in den Fällen des § 212 a Abs. 1 BauGB), so wird der VA durch die Rechtsbehelfe des Dritten nicht suspendiert. Der begünstigte Adressat darf die Genehmigung, Erlaubnis oder Zulassung trotz des Nachbarrechtsbehelfs verwirklichen.   724

Beispiel: Da Widerspruch und Anfechtungsklage des Nachbarn gegen die dem Bauherrn erteilte Baugenehmigung nach § 212 a Abs. 1 BauGB keine aufschiebende Wirkung entfalten, darf der Bauherr trotz des Nachbarrechtsbehelfs zunächst weiterbauen.

Will der Dritte das Vorhaben vorläufig stoppen, so kann er   725

- bei der **Behörde** gemäß § 80 a Abs. 1 Nr. 2, 1. Halbs. VwGO die Aussetzung der Vollziehung gemäß § 80 Abs. 4 VwGO beantragen bzw.

- beim **Verwaltungsgericht** gemäß §§ 80 a Abs. 3, 80 Abs. 5 VwGO die Anordnung/Wiederherstellung der aufschiebenden Wirkung.

1. Zulässigkeit des Aussetzungsantrags

Antrag auf gerichtliche Aussetzung der Vollziehung
■ **Verwaltungsrechtsweg**
■ **Statthaftigkeit des Antrags** (§ 80 a Abs. 3 i.V.m. Abs. 1 Nr. 2, 1. Halbs., § 80 Abs. 5 VwGO)
■ **Antragsbefugnis** analog § 42 Abs. 2 VwGO
■ **Rechtsschutzbedürfnis** (str. ob zuvor Antrag bei der Behörde erforderlich)
■ **keine Frist**
■ **Antragsgegner** analog § 78 VwGO

Die **Zulässigkeit des Aussetzungsantrags** beim Gericht nach § 80 a Abs. 3 VwGO orientiert sich am Verfahren nach § 80 Abs. 5 VwGO:

a) Der Antrag ist **statthaft**, wenn   726

- sich der Antragsteller gegen die Vollziehung (Verwirklichung) eines **ihn belastenden, den Adressaten begünstigenden VA** wendet,

- der Antragsteller einen **Rechtsbehelf eingelegt** hat[807]

- und der Rechtsbehelf nach § 80 Abs. 2 VwGO **keine aufschiebende Wirkung** entfaltet.

> **Beachte:** Hat der Widerspruch bzw. die Anfechtungsklage des Dritten kraft Gesetzes aufschiebende Wirkung (§ 80 Abs. 1 VwGO), bedarf es keines gerichtlichen Verfahrens. Etwas anderes gilt nur dann, wenn der Adressat die aufschiebende Wirkung missachtet (s.u. Rdnr. 735).

b) Die **Antragsbefugnis** analog § 42 Abs. 2 VwGO setzt voraus, dass der Antragsteller geltend machen kann, in einem subjektiven Recht verletzt zu sein, d.h. dass der angefochtene VA gegen **drittschützende Vorschriften** verstößt.   727

Beispiele: Möglichkeit eines Verstoßes gegen die Festsetzungen im Bebauungsplan über die Art der baulichen Nutzung, gegen das Rücksichtnahmegebot in § 15 Abs. 1 S. 2 BauNVO bzw. als Bestandteil des Merkmals „einfügen" in § 34 Abs. 1 BauGB oder gegen die bauordnungsrechtliche Abstandsflächenregelung (s.o. Rdnr. 493).

---

807 Diese im Rahmen des § 80 Abs. 5 VwGO umstrittene Frage (s.o. Rdnr. 661) ist in § 80 a Abs. 1 VwGO ausdrücklich im positiven Sinne geregelt („Legt ein Dritter einen Rechtsbehelf ... ein").

728 **c)** Das **Rechtsschutzbedürfnis** für den Aussetzungsantrag ist nach h.M. **nicht von einem vorherigen Antrag** bei der Behörde nach § 80 a Abs. 1 Nr. 2 VwGO abhängig.[808] Der Verweis in § 80 a Abs. 3 S. 2 VwGO wird einschränkend interpretiert, da der Gesetzgeber eine Ausdehnung des § 80 Abs. 6 VwGO über den Bereich der Abgabenangelegenheiten nicht gewollt hat. Das gerichtliche Verfahren nach § 80 a Abs. 3 VwGO ist kein Rechtsmittelverfahren gegen eine behördliche Entscheidung, vielmehr trifft das Gericht eine eigene Ermessensentscheidung.

Die Gegenansicht versteht die Regelung als **Rechtsfolgenverweis**, sodass bei VAen mit Doppelwirkung generell vor Anrufung des VG eine behördliche Entscheidung nach § 80 a Abs. 1 VwGO zu beantragen sei.[809] In der Praxis hat die Streitfrage keine große Bedeutung, da bei Verwirklichung der Baugenehmigung jedenfalls die „Vollstreckung" droht, sodass das VG nach § 80 a Abs. 3 S. 2 i.V.m. § 80 Abs. 6 S. 2 Nr. 2 VwGO in jedem Fall unmittelbar angerufen werden kann.[810]

2. Begründetheit des Aussetzungsantrags

729 Der Antrag ist **begründet**, wenn aufgrund einer **umfassenden Güter- und Interessenabwägung** davon auszugehen ist, dass das Aussetzungsinteresse des Dritten das Vollzugsinteresse des Adressaten überwiegt. Dies richtet sich in erster Linie nach den **Erfolgsaussichten des Nachbarrechtsbefehls** und ist der Fall, wenn die angefochtene Genehmigung offensichtlich rechtswidrig ist, wobei allerdings bei einem Drittrechtsbehelf hinzukommen muss, dass sich die Rechtswidrigkeit gerade aus einem **Verstoß gegen nachbarschützende Vorschriften** ergibt.[811]

Im Rahmen der gebotenen Abwägung kommt weder dem Genehmigungsinhaber noch dem anfechtenden Dritten eine bevorzugte verfahrensrechtliche Position zu. Vielmehr sind die widerstreitenden Beteiligteninteressen grds. als gleichrangig anzusehen.[812] Auch § 212 a Abs. 1 BauGB indiziert kein überwiegendes Verwirklichungsinteresse des Bauherrn, sondern verteilt lediglich die Verfahrenslast abweichend von § 80 Abs. 1 VwGO.[813]

a) Tenor

730 **aa)** Hat der Antrag des Dritten Erfolg, so ordnet das Gericht nach h.Rspr. – wie im Rahmen des § 80 Abs. 5 VwGO – die **aufschiebende Wirkung** des nachbarlichen Rechtsbehelfs an bzw. stellt im Fall des § 80 Abs. 2 S. 1 Nr. 4 VwGO die aufschiebende Wirkung wieder her.[814]

„Die aufschiebende Wirkung des Widerspruchs (der Klage) des Antragstellers gegen die dem Beigeladenen erteilte Baugenehmigung des … vom … wird angeordnet."

Nach der Gegenansicht ist entsprechend dem Wortlaut des § 80 a Abs. 1 Nr. 2, Abs. 3 VwGO auf **„Aussetzung der Vollziehung"** zu tenorieren.[815] Ein sachlicher Unterschied ergibt sich daraus nicht: Ebenso wie die Anordnung der aufschiebenden Wirkung soll die Aussetzung der Vollziehung die aufschiebende Wirkung nach § 80 Abs. 1 VwGO (also einen Baustopp) herbeiführen.

808 OVG Koblenz DÖV 2004, 167 f.; VGH Kassel NVwZ 1993, 491, 492; Kopp/Schenke VwGO § 80 a Rdnr. 21.
809 OVG Lüneburg NVwZ-RR 2011, 185; NVwZ-RR 2010, 552.
810 Vgl. OVG Lüneburg NVwZ-RR 2010, 140 und ausführlich AS-Skript VwGO (2011), Rdnr. 738 ff.
811 BVerfG NVwZ 2009, 240, 242; OVG NRW NWVBl. 2000, 314, 315; VGH Kassel NVwZ 2001, 105, 106.
812 BVerfG NVwZ 2009, 240, 242; BayVGH BayVBl. 2009, 402, 402.
813 OVG NRW BauR 2004, 204; a.A. OVG Lüneburg NVwZ 2007, 453; vgl. AS-Skript VwGO (2011) Rdnr. 741 ff.
814 OVG NRW ÖffBauR 2005, 84; OVG Lüneburg NVwZ 1994, 698; Mann/Blasche NWVBl. 2009, 77, 78.
815 HessVGH NVwZ 1993, 491, 492; VGH Mannheim NVwZ 1992, 187; Schoch VwGO § 80 a Rdnr. 50.

In der Sache geht es um die Reichweite des Verweises in § 80 a Abs. 3 S. 2 VwGO auf § 80 Abs. 5 VwGO. Einer Heranziehung des § 80 Abs. 5 VwGO (auch hinsichtlich des Tenors) bedarf es an sich nur, soweit § 80 a Abs. 3 S. 1 VwGO keine Regelung enthält, der hier aber § 80 Abs. 1 Nr. 2 VwGO („Aussetzung der Vollziehung") ausdrücklich in Bezug nimmt. Allerdings ist der Ausschluss der aufschiebenden Wirkung in § 80 Abs. 2 VwGO geregelt (z.B. § 80 Abs. 2 S. 1 Nr. 3 VwGO i.V.m. § 212 a Abs. 1 BauGB). In den Fällen des § 80 Abs. 2 VwGO wird die Vollziehung durch das VG aber nicht ausgesetzt, sondern es wird die aufschiebende Wirkung angeordnet bzw. wiederhergestellt. Dies sollte auch für den Tenor nach § 80 a Abs. 3 S. 1 VwGO gelten (a.A. aber gut vertretbar).[816]

bb) Die **Kostenentscheidung** hängt davon ab, ob der notwendig beizuladende Bauherr einen (erfolglosen) Antrag gestellt hat und daher gemäß §§ 154 Abs. 3, 159 S. 1 VwGO an den Kosten zu beteiligen ist (s.o. Rdnr. 722).   **731**

cc) Bleibt der Antrag **erfolglos**, lautet der Tenor: **732**

> *„Der Antrag wird abgelehnt.*
>
> *Der Antragsteller trägt die Kosten des Verfahrens einschließlich (bzw. mit Ausnahme) der außergerichtlichen Kosten des Beigeladenen."*

b) Gründe

Die Darstellung der Gründe folgt der üblichen Darstellung im Beschluss nach § 80 Abs. 5 VwGO (s.o. Rdnr. 701).   **733**

> *„Der Aussetzungsantrag des Antragstellers ist zulässig und begründet. Er ist als Antrag auf Anordnung der aufschiebenden Wirkung gemäß §§ 80 a Abs. 3, Abs. 1 Nr. 2, 1. Halbs., 80 Abs. 5 S. 1 VwGO statthaft. Die aufschiebende Wirkung des Widerspruchs (der Klage) des Antragstellers vom ... gegen die dem Beigeladenen vom Antragsgegner erteilte Baugenehmigung vom ... ist gemäß § 80 Abs. 2 S. 1 Nr. 3 VwGO, § 212 a Abs. 1 BauGB ausgeschlossen. Der Antrag ist auch im Übrigen zulässig. Zwar hat der Antragsteller nicht, wie dies § 80 a Abs. 3 S. 2 i.V.m. § 80 Abs. 6 VwGO grds. vorsieht, vor Anrufung des Gerichts bei der Behörde die Aussetzung der Vollziehung beantragt. Ob ein solcher Antrag erforderlich ist, wird in Rspr. und Lit. uneinheitlich beantwortet. Diese Frage kann hier jedoch dahinstehen, da der Beigeladene bereits mit den Bauarbeiten begonnen hat und somit die Vollstreckung droht, sodass ein vorheriges behördliches Verfahren jedenfalls gemäß § 80 a Abs. 3 S. 2 i.V.m. § 80 Abs. 6 S. 2 Nr. 2 VwGO entbehrlich ist.*
>
> *Der Antrag hat auch in der Sache Erfolg. Im Rahmen der nach §§ 80 a Abs. 3, 80 Abs. 5 VwGO gebotenen Interessenabwägung ist davon auszugehen, dass das Aussetzungsinteresse des Antragstellers gegenüber dem Vollzugsinteresse des Beigeladenen vorrangig ist. Denn die angefochtene Baugenehmigung wird sich im Hauptsacheverfahren voraussichtlich wegen Verstoßes gegen § 34 Abs. 1 BauGB i.V.m. dem baurechtlichen Gebot der Rücksichtnahme als rechtswidrig erweisen. ..."*

---

816 Vgl. Kopp/Schenke VwGO § 80 a Rdnr. 17.

III. Antrag auf Sicherungsmaßnahmen

734 Hat der Rechtsbehelf des Dritten aufschiebende Wirkung, so muss der begünstigte Adressat die Verwirklichung des VA **kraft Gesetzes** unterlassen.[817]

Beispiel: Nachbar N hat gegen die dem B erteilte immissionsschutzrechtliche Genehmigung für eine 90 m hohe Windkraftanlage Widerspruch erhoben, der gemäß § 80 Abs. 1 S. 2 VwGO aufschiebende Wirkung entfaltet. Dessen ungeachtet hat B mit der Errichtung der Anlage begonnen.

735 **Missachtet der Adressat die aufschiebende Wirkung,** so kann der Nachbar

- beim **Verwaltungsgericht** analog §§ 80 a Abs. 3, 80 Abs. 5 VwGO die **Feststellung** beantragen, dass sein Rechtsbehelf aufschiebende Wirkung entfaltet (wie beim faktischen Vollzug durch die Behörde, s.o. Rdnr. 662 ff.);[818]

  In der Regel ist ein solcher Antrag jedoch **nicht ausreichend**, weil die bloße Feststellung den Adressaten faktisch nicht daran hindert, sein Vorhaben fortzusetzen. In der Praxis kommt ein Feststellungsverfahren z.B. in Betracht, wenn die Vollziehung der Genehmigung droht und zweifelhaft ist, ob der Rechtsbehelf aufschiebende Wirkung entfaltet (z.B. bei möglicher Unzulässigkeit).[819]

- bei der **Behörde** gemäß § 80 a Abs. 1 Nr. 2, 2. Halbs. VwGO bzw. beim **Verwaltungsgericht** gemäß § 80 a Abs. 3 VwGO **Maßnahmen zur Sicherung der aufschiebenden Wirkung** beantragen.

736 § 80 a Abs. 1 Nr. 2, 2. Halbs. VwGO sieht Sicherungsmaßnahmen zwar nur als **Annex zur Aussetzungsentscheidung** vor (vgl. „und"). Nicht geregelt ist der Fall, dass der Dritte unabhängig von einer Aussetzungsentscheidung ein **behördliches Einschreiten** erstrebt, insbes. in Fällen, in denen sich der Begünstigte über die kraft Gesetzes nach § 80 Abs. 1 VwGO bestehende aufschiebende Wirkung hinwegsetzt.

Nach h.M. gilt in diesen Fällen **§ 80 a Abs. 1 Nr. 2, 2. Halbs. VwGO** (i.V.m. § 80 a Abs. 3 VwGO) **analog.** Durch die Untätigkeit der Behörde gegenüber dem den Suspensiveffekt missachtenden Adressaten ergibt sich für den Dritten dieselbe Situation wie im Fall der Aussetzung der Vollziehung, bei der § 80 a Abs. 1 Nr. 2 VwGO Sicherungsmaßnahmen ausdrücklich vorsieht.[820]

Die Gegenmeinung verweist darauf, dass Sicherungsmaßnahmen nach § 80 a Abs. 1 Nr. 2 VwGO nur als Nebenentscheidungen zur Aussetzung der Vollziehung ergehen können. Bei Missachtung der aufschiebenden Wirkung sei vorläufiger Rechtsschutz nach **§ 123 VwGO** zu gewähren. Dem Nachbarn gehe es weniger um die Vollziehbarkeit der Genehmigung als vielmehr um ein behördliches Einschreiten, das im Hauptsacheverfahren mit der Verpflichtungsklage zu erstreiten sei.[821] Dagegen spricht jedoch, dass es um die Vollziehung eines VA geht, die im Rahmen des § 80 a Abs. 1 Nr. 2 VwGO zu regeln ist.

1. Zulässigkeit des Antrags auf Sicherungsmaßnahmen

737 Die **Zulässigkeit des Antrags auf Sicherungsmaßnahmen** ist i.d.R. unproblematisch.

- **Statthaft** ist der Antrag gemäß § 80 a Abs. 3 i.V.m. Abs. 1 Nr. 2, 2. Halbs. VwGO, wenn der begünstigte Adressat die bestehende aufschiebende **Wirkung missachtet.**

- **Die Antragsbefugnis** analog § 42 Abs. 2 VwGO folgt aus dem subjektiven Recht des Dritten aus § 80 Abs. 1 VwGO.

---

817 HessVGH NVwZ-RR 2003, 345; VGH Mannheim NVwZ-RR 1991, 76, 77; Kopp/Schenke VwGO § 80 a Rdnr. 17 m.w.N; a.A. ThürOVG DVBl. 1993, 1372: nur bei entspr. behördlicher Anordnung.

818 OVG NRW DVBl. 2008, 1132; OVG Berlin DVBl. 2003, 342; Finkelnburg/Dombert/Külpmann Rdnr. 1085.

819 OVG NRW DVBl. 2008, 1132; Redeker/v.Oertzen VwGO § 80 a Rdnr. 4.

820 HessVGH NVwZ-RR 2003, 345, 346; OVG RP DVBl. 1994, 809, 810; Kopp/Schenke VwGO § 80 a Rdnr. 17 a.

821 Battis/Krautzberger/Löhr BauGB § 31 Rdnr. 99.

■ Das **Rechtsschutzbedürfnis** für einen gerichtlichen Antrag besteht nach h.Rspr. unabhängig von einem vorherigen Antrag bei der Behörde.[822] Wegen der andauernden Verwirklichung (Vollziehung) des VA ist der sofortige Antrag bei Gericht jedenfalls analog § 80 Abs. 6 S. 2 Nr. 2 VwGO zulässig.

> **Beachte:** Antragsgegner bleibt in jedem Fall die Behörde, auch wenn sich der Antragsteller gegen die faktische Vollziehung durch den Adressaten wehrt!

2. Begründetheit des Antrags auf Sicherungsmaßnahmen

Begründet ist der Antrag – wie beim faktischen Vollzug durch die Behörde (s.o. Rdnr. 662 ff.) – allein wegen der Missachtung der aufschiebenden Wirkung. Eine Interessenabwägung findet nicht statt.[823]   **738**

> *„Der Antrag des Antragstellers auf Stilllegung des Betriebs der vom Beigeladenen errichteten Anlage ist als Antrag auf Sicherungsmaßnahmen nach § 80 a Abs. 3 i.V.m. Abs. 1 Nr. 2, 2. Halbs. VwGO statthaft und auch ohne vorherigen behördlichen Antrag zulässig, da analog § 80 Abs. 6 S. 2 Nr. 2 VwGO die Verwirklichung und damit die Vollstreckung der vom Antragsteller angefochtenen Genehmigung droht.*
>
> *Der Antrag ist auch begründet, weil der Beigeladene durch den Weiterbetrieb der Anlage die aufschiebende Wirkung des Widerspruchs/der Klage des Antragstellers gegen die Genehmigung des Antragsgegners vom ... missachtet. ... Eine weitergehende Interessenabwägung findet nicht statt. Denn das Abwehrrecht des Antragstellers folgt unabhängig von der materiellen Rechtslage unmittelbar aus § 80 Abs. 1 VwGO. ...“*

3. Gerichtliche Entscheidung

Liegen die Voraussetzungen für Sicherungsmaßnahmen vor, so kann das Gericht nach § 80 a Abs. 3 VwGO „Maßnahmen" treffen, worunter die h.Rspr. analog § 113 Abs. 5 VwGO lediglich die **Verpflichtung der Behörde** versteht, gegenüber dem Adressaten die vom Gericht bezeichneten Maßnahmen anzuordnen.[824] Ein entsprechender Beschluss des VG ist analog § 172 VwGO vollstreckbar.[825]   **739**

Nach der Gegenansicht kann das Verwaltungsgericht **selbst Sicherungsmaßnahmen** anordnen, also z.B. die Bauarbeiten unmittelbar stilllegen.[826] Dagegen spricht jedoch, dass der antragstellende Nachbar anders als die Verwaltung in keiner unmittelbaren öffentlich-rechtlichen Beziehung zum begünstigten Adressaten steht. Dieser ist nicht Antragsgegner (sondern „nur" Beigeladener), sodass er durch eine gerichtliche Maßnahme nicht unmittelbar verpflichtet werden kann.

> *„Der Antragsgegner wird verpflichtet, die auf dem Grundstück des Beigeladenen (Gemarkung ... Flur ... Flurstück ...) errichtete Windkraftanlage vorläufig stillzulegen."*

Die **Kostenentscheidung** hängt davon ab, ob der notwendig beizuladende Adressat einen Antrag gestellt hat und daher gemäß §§ 154 Abs. 3, 159 S. 1 VwGO an den Kosten zu beteiligen ist (s.o. Rdnr. 722).   **740**

---

822 Was allerdings wie beim Aussetzungsantrag nach § 80 a Abs. 1 Nr. 2, 1. Halbs. VwGO umstritten ist (dazu oben Rdnr. 728); wie hier Kopp/Schenke VwGO § 80 a Rdnr. 21; a.A. Redeker/v.Oertzen VwGO § 80 a Rdnr. 5.

823 VGH Mannheim NVwZ-RR 1991, 176, 177; Kopp/Schenke VwGO § 80 a Rdnr. 17 a; a.A. ThürOVG DVBl. 1993, 1372; Große-Hündfeld in FS Gelzer (1991), S. 303, 306.

824 OVG Saarlouis DVBl. 1992, 1110; VGH Kassel DVBl. 1992, 780, 781; BayVGH NVwZ-RR 2010, 346.

825 OVG NRW NVwZ 1993, 383.

826 So OVG Greifswald LKV 2006, 130; Schoch VwGO § 80 a Rdnr. 55; Mann/Blasche NWVBl. 2009, 77, 79.

B. Belastender VA mit drittbegünstigender Wirkung

741 Während § 80 a Abs. 1 VwGO die Rechtsschutzmöglichkeiten bei Verwaltungsakten regelt, die den Adressaten begünstigen und den Dritten belasten, betrifft § 80 a Abs. 2 VwGO den vorläufigen Rechtsschutz bei Verwaltungsakten, die den **Adressaten belasten** und den **Dritten begünstigen**.

Beispiel: Bauherr B hat ohne die erforderliche Baugenehmigung und unter Verstoß gegen die Abstandsflächenregelung (Bauwich) ein Gartenhaus unmittelbar an die Grenze zum Nachbarn N errichtet. Die Baubehörde hat deshalb den Abriss des Gartenhauses verfügt. B hat gegen die Verfügung Widerspruch bzw. Klage erhoben.

I. Antrag auf Anordnung der sofortigen Vollziehung

742 Rechtsbehelfe des Adressaten gegen ihn belastende Verfügungen haben gemäß § 80 Abs. 1 VwGO grds. **aufschiebende Wirkung**.

Beispiel: Der Bauherr braucht wegen der aufschiebenden Wirkung seines Widerspruchs bzw. seiner Anfechtungsklage die Beseitigungsverfügung zunächst nicht zu befolgen (es sei denn, die Behörde hat gemäß § 80 Abs. 2 S. 1 Nr. 4 VwGO die sofortige Vollziehung angeordnet).

> **Beachte:** § 212 a Abs. 1 BauGB gilt nur für bauaufsichtliche Zulassungen, nicht für Bauordnungsverfügungen.

743 Will der Dritte (z.B. der Nachbar) erreichen, dass die ihn begünstigende Verfügung umgehend durchgesetzt wird, kann er bei der Behörde die Anordnung der **sofortigen Vollziehung** beantragen (§§ 80 a Abs. 2, 80 Abs. 2 S. 1 Nr. 4 VwGO). Wird der Antrag abgelehnt, so kann der Dritte versuchen, die Vollziehungsanordnung beim VG zu erwirken (§ 80 a Abs. 3 i.V.m. Abs. 2 VwGO).

744 Für die **gerichtliche Entscheidung** gelten entsprechende Kriterien wie im Fall des § 80 a Abs. 1 Nr. 1 VwGO: Der Antrag auf Anordnung der sofortigen Vollziehung ist auch im Rahmen des § 80 a Abs. 2 VwGO begründet, wenn das Vollziehungsinteresse (des Dritten) das Aussetzungsinteresse (des Adressaten) überwiegt.

Beispiel: Begehrt der Nachbar die Anordnung der sofortigen Vollziehung einer ihn begünstigenden Nutzungsuntersagung, muss er neben der Verletzung eigener Rechte geltend machen, dass ihm ein **Anspruch auf baubehördliches Einschreiten** zusteht und dass der Sofortvollzug der auch objektiv rechtmäßigen Verfügung in seinem überwiegenden Interesse geboten ist.[827]

> *„Der Antrag auf Anordnung der sofortigen Vollziehung der Verfügung des Antragsgegners vom ... ist gemäß § 80 a Abs. 3 i.V.m. § 80 a Abs. 2 VwGO statthaft und auch im Übrigen zulässig, aber unbegründet. ...*
>
> *Im Rahmen der gebotenen Abwägung lässt sich nicht feststellen, dass das Interesse des Antragstellers an der sofortigen Vollziehung der Beseitigungsverfügung vom ... gegenüber dem Aussetzungsinteresse des Beigeladenen vorrangig ist. Gegenstand der gerichtlichen Prüfung bei einem Antrag eines Dritten auf Gewährung vorläufigen Rechtsschutzes nach § 80 a Abs. 3 VwGO ist die Rechtmäßigkeit der baurechtlichen Verfügung, allerdings nur in den Grenzen der Antragsbefugnis und der Rechtsverletzung des Antragstellers. Begehrt ein Nachbar die Anordnung der sofortigen Vollziehbarkeit einer ihn begünstigenden Beseitigungsverfügung, muss er neben der Verletzung eigener Rechte geltend machen, dass ihm ein Anspruch auf behördliches Einschreiten zusteht und dass der Sofortvollzug der objektiv rechtmäßigen Verfügung in seinem überwiegenden Interesse geboten ist.*

---

827 VGH Mannheim NVwZ-RR 2003, 27; OVG Lüneburg NVwZ 2007, 478, 479.

Diese Voraussetzungen sind hier nicht erfüllt. Der von einem rechtswidrigen Vorhaben betroffene Nachbar hat i.d.R. keinen Anspruch auf Einschreiten, sondern das Einschreiten steht im Ermessen der Behörde. Das Ermessen kann zwar reduziert sein, wenn eine unmittelbare Gefahr für hochrangige Rechtsgüter droht oder sonstige unzumutbare Beeinträchtigungen abzuwehren sind. Derartige Gesichtspunkte sind hier nicht ersichtlich ..."

II. Antrag auf Aussetzung der Vollziehung

Den Fall, dass der Widerspruch des Adressaten beim belastenden VA mit drittbegünstigender Wirkung **keine aufschiebende Wirkung** entfaltet (z.B. weil die Behörde von sich aus die sofortige Vollziehung gemäß § 80 Abs. 2 S. 1 Nr. 4 VwGO angeordnet hat), hat der Gesetzgeber – anders als beim drittbelastenden VA (§ 80 a Abs. 1 Nr. 2 VwGO) – in § 80 a Abs. 2 VwGO nicht besonders geregelt. Gleichwohl ist anerkannt, dass der Adressat hier, wie bei allen belastenden VAen, gemäß § 80 Abs. 4 VwGO die **Aussetzung der Vollziehung** auch bei der Behörde beantragen kann, da die Regelungen des § 80 VwGO durch § 80 a VwGO **nicht verdrängt**, sondern **nur ergänzt** werden.[828]

745

■ Gibt die Behörde dem Aussetzungsantrag des Adressaten nach § 80 Abs. 4 VwGO statt, so lebt die **aufschiebende Wirkung** seines Rechtsbehelfs wieder auf. Der Dritte hat allerdings die Möglichkeit, beim Verwaltungsgericht einen **Antrag auf** (erneute) **Anordnung der sofortigen Vollziehung** (§ 80 a Abs. 3 i.V.m. Abs. 2 VwGO) zu stellen, um die Vollziehbarkeit des VA zu erreichen.

746

Andere gehen von einer **Aufhebung der Aussetzungsentscheidung** aus. Dagegen spricht jedoch, dass sich die Aufhebungsbefugnis des Gerichts nach § 80 a Abs. 3 VwGO nur auf Entscheidungen nach § 80 a Abs. 1 u. 2 VwGO erstreckt und die Aussetzung der Vollziehung in § 80 a Abs. 2 VwGO gerade nicht geregelt ist (sondern über einen Rückgriff auf § 80 Abs. 4 VwGO erfolgt).

■ Wird der Aussetzungsantrag von der Behörde abgelehnt, kann der Adressat nach § 80 Abs. 5 VwGO beim Verwaltungsgericht die **Wiederherstellung der aufschiebenden Wirkung** seines Widerspruchs bzw. seiner Klage beantragen.

747

Damit lassen sich im Rahmen des § 80 a Abs. 3 VwGO **zusammenfassend** folgende Anträge unterscheiden:

Anträge nach § 80 a Abs. 3 VwGO
■ **Anordnung der sofortigen Vollziehung**
■ auf Antrag des **Adressaten** (§ 80 a Abs. 1 Nr. 1 VwGO)
■ auf Antrag des **Dritten** (§ 80 a Abs. 2 VwGO)
■ **Aussetzung der Vollziehung**
■ auf Antrag des **Dritten** (§ 80 a Abs. 1 Nr. 2, 1. Halbs. VwGO)
■ auf Antrag des **Adressaten** (§ 80 Abs. 4 VwGO, in § 80 a VwGO nicht geregelt)
■ **Sicherungsmaßnahmen**
■ auf Antrag des **Dritten** (§ 80 a Abs. 1 Nr. 2, 2. Halbs. VwGO).

---

828 Vgl. OVG NRW NWVBl. 2000, 25; Kopp/Schenke VwGO § 80 a Rdnr. 16; a.A. Posser/Wolff VwGO § 80 a Rdnr. 30: § 80 a Abs. 1 Nr. 2 VwGO analog.

4. Abschnitt: Die einstweilige Anordnung nach § 123 VwGO

748   Geht es nicht um die Vollziehung eines belastenden VA, so richtet sich vorläufiger Rechtsschutz nach § 123 VwGO. Dabei unterscheidet das Gesetz zwischen der **Sicherungsanordnung** (§ 123 Abs. 1 S. 1 VwGO) und der **Regelungsanordnung** (§ 123 Abs. 1 S. 2 VwGO).

Beide Arten der einstweiligen Anordnung sind wegen der unbestimmten Gesetzesfassung **nicht eindeutig** voneinander abgrenzbar. Teilweise wird daher, insb. auch wegen der gleichen Rechtsfolgen, auf eine Differenzierung verzichtet.[829] Die Gegenansicht fordert wegen des Wortlauts des § 123 Abs. 1 VwGO eine eindeutige Abgrenzung,[830] die von Ihnen auch in der Examensklausur erwartet wird:

- Geht es dem Antragsteller um die Sicherung einer vorhandenen Rechtsposition **(status quo)**, so greift die **Sicherungsanordnung** ein;

- will der Antragsteller dagegen seinen Rechtskreis erweitern, so kann die einstweilige Anordnung nur als **Regelungsanordnung** ergehen.

749   Die **Abgrenzung** von Sicherungsanordnung und Regelungsanordnung findet sich üblicherweise zu Beginn der Sachprüfung. Allerdings wird teilweise die Abgrenzung auch schon im Rahmen der Statthaftigkeit vorgenommen.[831] Dagegen spricht jedoch, dass eine Form der einstweiligen Anordnung in jedem Fall gegeben ist, wenn § 123 VwGO einschlägig ist. Im Übrigen hängen von der Abgrenzung der Anordnungsanspruch und der Anordnungsgrund ab, was für die Zuordnung zur Begründetheit spricht.

Anders als im Zivilrecht ist im Verwaltungsprozess eine besondere **Leistungsanordnung** nicht anerkannt, da man diese ohne Weiteres als Unterfall der Regelungsanordnung ansehen kann.[832] Ebenso enthält die VwGO keine Regelung über den Arrest (§§ 916 ff. ZPO). Anordnungen, die auf die Sicherung von Geldforderungen gerichtet sind und damit der Sache nach einem (dinglichen) Arrest entsprechen, ergehen nach § 123 Abs. 1 S. 1 VwGO.[833]

A. Zulässigkeit des Antrags nach § 123 Abs. 1 VwGO

Zulässigkeit eines Antrags nach § 123 VwGO
■ **Verwaltungsrechtsweg** (Spezialzuweisung oder § 40 Abs. 1 S. 1 VwGO)
■ **Statthaftigkeit des Antrags** (§ 123 Abs. 5 VwGO)
■ **Antragsbefugnis** analog § 42 Abs. 2 VwGO
■ **Allgemeines Rechtsschutzbedürfnis**
■ **keine Frist**
■ **Antragsgegner** analog § 78 VwGO bzw. Rechtsträger

750   Im Rahmen der Zulässigkeit des Antrags ergeben sich **i.d.R. keine Probleme**. Da der Verwaltungsrechtsweg meist unproblematisch nach § 40 Abs. 1 S. 1 VwGO oder aufgrund einer Spezialzuweisung (insb. § 54 BeamtStG) eröffnet ist, ist im Entscheidungsentwurf i.d.R. nur kurz auf die **Statthaftigkeit**, ggf. auf Antragsbefugnis und Rechtsschutzbedürfnis einzugehen.

---

829   Vgl. z.B. BayVGH NVwZ 2001, 828, 829.

830   Schoch VwGO § 123 Rdnr. 50 m.w.N.

831   Schoch Jura 2002, 318, 321.

832   Anders Pietzner/Ronellenfitsch § 59 Rdnr. 3 u. 31.

833   VGH Mannheim DÖV 1988, 976.

I. Statthaftigkeit

Als Auffangtatbestand greift § 123 VwGO nur ein, wenn keiner der Fälle der §§ 80, 80 a VwGO vorliegt (§ 123 Abs. 5 VwGO), also wenn es nicht um die Vollziehung eines belastenden VA geht, d.h. bei **Verpflichtungs-, Leistungs- und Feststellungsbegehren**.[834]

751

Beispiele, in denen Anträge nach § 123 VwGO statthaft sind:

- **Erteilung begünstigender VAe**, z.B. einer Genehmigung, Erlaubnis oder Zulassung (Baugenehmigung, Gaststättenerlaubnis, Zulassung zum Studium oder zur Prüfung);

- **Leistungsansprüche** auf Geld oder sonstiges Verwaltungshandeln;

- **Abwehr von Maßnahmen ohne VA-Qualität** (z.B. Umsetzung im Beamtenrecht);

- **Unterlassung von VAen** (z.B. Verhinderung der Ernennung eines Konkurrenten im Beamtenrecht) und von sonstigem Verwaltungshandeln (z.B. Unterlassung von Immissionen oder ehrbeeinträchtigender hoheitlicher Äußerungen);

- Streitigkeiten im **verwaltungsrechtlichen Organstreit**, insb. im Rahmen des sog. Kommunalverfassungsstreits (z.B. Wirksamkeit eines Beschlusses des Gemeinderats).

II. Antragsbefugnis

Für die Antragsbefugnis gilt **§ 42 Abs. 2 VwGO analog**. Wie die Klage in der Hauptsache setzt auch die einstweilige Anordnung voraus, dass der Antragsteller geltend macht, in einem subjektiven Recht verletzt zu sein.[835] Denn vorläufigen Rechtsschutz kann nur derjenige in Anspruch nehmen, der auch ein Hauptsacheverfahren zulässigerweise einleiten kann.

752

Beispiel: Wird ein Anspruch geltend gemacht, ist daher entscheidend, ob die streitentscheidende Norm subjektiv-rechtlichen Charakter hat.

III. Allgemeines Rechtsschutzbedürfnis

Der Antragsteller muss sich grds. zunächst erfolglos mit einem **Antrag** an die zuständige Behörde gewandt haben, es sei denn, die Sache ist besonders eilig.[836] Anders als im Rahmen des § 80 Abs. 5 VwGO (dazu oben Rdnr. 661) muss jedoch noch **kein Rechtsbehelf in der Hauptsache** (Widerspruch bzw. Klage) erhoben sein.[837] Allerdings darf das Hauptsacheverfahren **nicht offensichtlich unzulässig**, z.B. nicht verfristet sein.[838]

753

Beispiel: Wenn die Ablehnung einer Erlaubnis bestandskräftig ist, entfällt auch das Rechtsschutzbedürfnis für die einstweilige Anordnung. Ebenso besteht im Rahmen des § 123 VwGO kein Rechtsschutzbedürfnis für einen Fortsetzungsfeststellungsantrag nach Erledigung.[839]

Begehrt der Antragsteller **vorbeugenden vorläufigen Rechtsschutz**, um eine künftige Verwaltungsmaßnahme abzuwehren, so ist – wie bei der vorbeugenden Unterlassungsklage (vgl. oben Rdnr. 473) – ein **qualifiziertes Rechtsschutzbedürfnis** erforderlich. Soll z.B. der Erlass eines VA verhindert werden, so ist der Antrag nach § 123 VwGO nur zulässig, wenn ein Abwarten unzumutbar ist.[840]

754

Beispiel: Im beamtenrechtlichen Konkurrentenstreit will der unterlegene Bewerber die Ernennung des Konkurrenten verhindern. Da die einmal vollzogene Ernennung nach den beamtenrechtlichen Vorschriften nicht mehr rückgängig gemacht werden kann und daher vollendete Tatsachen drohen, ist ein Antrag nach § 123 VwGO zulässig (s.o. Rdnr. 631 f.).

---

834 Kopp/Schenke VwGO § 123 Rdnr. 4.

835 Vgl. z.B. OVG NRW NWVBl. 2008, 354; OVG Koblenz NVwZ 2002, 1528.

836 OVG NRW NVwZ 2001, 1427; Kopp/Schenke VwGO § 123 Rdnr. 22.

837 Kopp/Schenke VwGO § 123 Rdnr. 22.

838 Gatz ZAP 2002, 879, 879 f.

839 BVerwG NVwZ 1995, 586, 587.

840 Vgl. z.B. OVG Schleswig NVwZ 1994, 918; VGH Mannheim NVwZ 1994, 801, 802.

B. Begründetheit des Antrags nach § 123 VwGO

I. Anordnungsanspruch und Anordnungsgrund

755 Der Antrag auf Erlass einer einstweiligen Anordnung ist begründet, wenn die tatsächlichen Umstände, die den **Anordnungsanspruch und Anordnungsgrund** begründen, **glaubhaft** gemacht sind (§ 123 Abs. 3 VwGO i.V.m. § 920 Abs. 2 ZPO).

> **Beachte:** Zu Beginn der Subsumtion muss stets auf die „Glaubhaftmachung" abgestellt werden, auch wenn sich dies auf Dauer im Text nicht durchhalten lässt.

■ Der **Anordnungsanspruch** ist identisch mit dem in der Hauptsache geltend zu machenden materiell-rechtlichen Anspruch; allerdings genügt im Anordnungsverfahren – anders als im Klageverfahren – die bloße Glaubhaftmachung.[841]

Das gilt für die Sicherungsanordnung wie für die Regelungsanordnung. Bei der Sicherungsanordnung geht es um ein Recht des Antragstellers (§ 123 Abs. 1 S. 1 VwGO), also um einen Anspruch. Die Regelungsanordnung setzt ein streitiges Rechtsverhältnis voraus (§ 123 Abs. 1 S. 2 VwGO). Wie im Rahmen des § 43 VwGO können Gegenstand der Regelungsanordnung auch einzelne sich aus dem Rechtsverhältnis ergebende Rechte und Pflichten sein, insbes. also das Bestehen eines Anspruchs.

■ Der **Anordnungsgrund** betrifft die Dringlichkeit der begehrten Maßnahme. Hierbei erfolgt nach h.M. eine umfassende Güter- und Interessenabwägung, bei der u.a. zu berücksichtigen sind: die Bedeutung und Dringlichkeit des geltend gemachten Anspruchs, die Zumutbarkeit, eine Entscheidung in der Hauptsache abzuwarten, das Maß einer eventuellen Gefährdung sowie Schwere und ggf. Irreparabilität der drohenden Schäden.[842]

II. Keine Vorwegnahme der Hauptsache

756 Die einstweilige Anordnung dient grds. nur der vorläufigen Sicherung oder Regelung des Anspruchs, nicht dagegen der endgültigen Befriedigung des geltend gemachten Anspruchs. Eine **Vorwegnahme der Hauptsache** ist daher grds. **unzulässig**.[843]

Beispiele: Keine einstweilige Anordnung auf Erteilung einer Aufenthaltserlaubnis,[844] einer (vorläufigen) Baugenehmigung[845] oder eines Jagdscheins.[846]

757 Ausnahmsweise kann wegen Art. 19 Abs. 4 GG (**Effektivität des Rechtsschutzes**) eine Vorwegnahme der Hauptsache erforderlich sein, wenn das Recht des Antragstellers sonst **vereitelt** würde oder wenn ihm aus sonstigen Gründen eine bloß vorläufige Regelung **nicht zumutbar** ist, z.B. weil er Nachteile erleidet, die bei einem Obsiegen in der Hauptsache nicht mehr ausgeglichen werden können.[847]

Bedeutung hat dies vor allem für **zeitgebundene Veranstaltungen** (z.B. Zulassung zu einem Volksfest nach § 70 GewO). Hier muss das Vorwegnahmegebot i.d.R. hinter den Erfordernissen eines effektiven Rechtsschutzes zurücktreten. Allein die Möglichkeit der Kontrolle der Verwaltungsentscheidung durch Fortsetzungsfeststellungsklage (§ 113 Abs. 1 S. 4 VwGO) oder im Rahmen eines Schadensersatzprozesses (z.B. nach Art. 34 GG, § 839 BGB) reicht für einen effektiven Rechtsschutz i.S.d. Art. 19 Abs. 4 GG nicht aus.[848] In diesen Fällen wird der Antrag auf Erlass einer einstweiligen Anordnung i.d.R. Erfolg haben, wenn glaubhaft gemacht ist, dass ein Anordnungsanspruch besteht und das Abwarten des Hauptsacheverfahrens unzumutbar ist.

---

841 Vgl. BVerfG NVwZ 2008, 880.

842 BVerfG DVBl. 1996, 1367, 1368; Kopp/Schenke VwGO § 123 Rdnr. 6

843 Kopp/Schenke VwGO § 123 Rdnr. 13.

844 VGH Kassel NVwZ-RR 1993, 213, 214.

845 HessVGH NVwZ-RR 2003, 814; Maaß NVwZ 2004, 572, 573 f.; Ortloff NVwZ 2005, 1381, 1384.

846 VGH Mannheim NVwZ 2004, 630.

847 BVerfG DVBl. 1989, 36, 37; BVerwG NJW 2000, 160, 161 f.; Kopp/Schenke VwGO § 123 Rdnr. 14 m.w.N.

848 BVerfG NJW 2002, 3691, 3692.

Deshalb sind nach h.Rspr. auch **feststellende einstweilige Anordnungen** möglich,[849] z.B. dass ein bestimmtes Vorhaben vorläufig zulässig ist (und keiner Erlaubnis bedarf). Da das Gericht nur eine vorläufige Feststellung trifft, besteht nicht die Gefahr einer Vorwegnahme der Hauptsache.   **758**

Nach der Gegenansicht ist die Feststellung stets etwas Definitives und deswegen dem Hauptsacheverfahren vorbehalten. Außerdem habe eine feststellende einstweilige Anordnung keinen vollstreckungsfähigen Inhalt.[850] Diese Bedenken müssen jedoch zurückstehen, wenn Art. 19 Abs. 4 GG effektiven Rechtsschutz durch eine vorläufige Feststellung fordert.

III. Nicht mehr als in der Hauptsache

Des Weiteren darf durch die einstweilige Anordnung **nicht mehr** gewährt werden, als durch die Klage in der Hauptsache erreicht werden könnte.[851] Das ist an sich eine Selbstverständlichkeit, aber insbes. problematisch, wenn in der Hauptsache lediglich ein **Bescheidungsurteil** in Betracht kommt (§ 113 Abs. 5 S. 2 VwGO). Nach teilweise vertretener Ansicht ist der Erlass einer einstweiligen Anordnung in diesen Fällen nur möglich, wenn eine **Ermessensreduzierung auf Null** eingreift.[852] Überwiegend wird jedoch die Auffassung vertreten, dass bei (offenen) Ermessensentscheidungen nach § 123 VwGO ausnahmsweise eine über das Hauptsacheurteil (Bescheidung) hinausgehende (vorläufige) **Verpflichtung der Behörde** erfolgen kann. Wollte man den Erlass einer einstweiligen Anordnung, durch die (nur) ein Anspruch auf (Neu-)Bescheidung gesichert werden soll, nicht für zulässig erachten, entstünde eine **Rechtsschutzlücke**, die mit der durch Art. 19 Abs. 4 GG garantierten **Effektivität des Rechtsschutzes** nicht vereinbar wäre.[853]   **759**

Der Inhaltsbeschränkung der einstweiligen Anordnung wird in diesen Fällen dadurch Rechnung getragen, dass lediglich eine **vorläufige Regelung** getroffen wird, sodass der Antragsteller nur vorläufig ein Mehr erhält. Unterliegt er im Hauptsacheverfahren oder führt die Neubescheidung wiederum zu einem negativen Ergebnis, so verliert er die zunächst innegehabte Position.[854]   **760**

Lässt sich das Ergebnis einer Bescheidung nicht im Voraus beurteilen, kann die Behörde im Wege der Regelungsanordnung auch verpflichtet werden, unter Beachtung der Rechtsauffassung des Gerichts, erneut über den Vornahmeantrag zu entscheiden.[855]

C. Die gerichtliche Entscheidung im Verfahren nach § 123 VwGO

I. Zuständigkeit

Für den Erlass einer einstweiligen Anordnung ist nach § 123 Abs. 2 VwGO das Gericht der Hauptsache **zuständig**. Das ist zunächst das Gericht 1. Instanz, also in der Regel das VG, im Berufungsverfahren das OVG. Mit Beendigung des Berufungsverfahrens, auch in einem späteren Revisionsverfahren, ist wegen § 123 Abs. 2 S. 2 VwGO wieder das VG zuständig.[856]   **761**

Im Verfahren nach § 80 Abs. 5 VwGO ist dagegen das BVerwG als Revisionsgericht auch für das Aussetzungsverfahren zuständig, da in § 80 Abs. 5 VwGO eine dem § 123 Abs. 2 S. 2 VwGO vergleichbare Bestimmung fehlt. In diesem Verfahren ist das BVerwG dann – ausnahmsweise – auch zur eigenen Tatsachenermittlung befugt.

---

849 OVG Hamburg NJW 1987, 1215, 1216; Mann/Blasche NWVBl. 2009, 77, 81.

850 OVG Koblenz DVBl. 1986, 1215.

851 Schoch VwGO § 123 Rdnr. 140 m.w.N.

852 Vgl. Redeker/v.Oertzen § 123 Rdnr. 8; im Ergebnis auch OVG NRW DVBl. 2008, 1454.

853 OVG NRW NWVBl. 2006, 302, 303; NJW 1988, 89; Kopp/Schenke VwGO § 123 Rdnr. 14.

854 Kopp/Schenke VwGO § 123 Rdnr. 12.

855 Finkelnburg/Dombert/Külpmann Rdnr. 214.

856 Kopp/Schenke VwGO § 123 Rdnr. 19.

II. Verfahren

762 Für das **Verfahren** verweist **§ 123 Abs. 3 VwGO** weitgehend auf die Vorschriften der **ZPO** über Arrest und einstweilige Verfügung.

Obwohl dort § 927 ZPO (Abänderungsverfahren) nicht genannt ist, bejaht die h.M. auch im Rahmen des § 123 VwGO eine Abänderungsmöglichkeit. Unterschiedlich sind die Begründungsansätze: Während überwiegend § 80 Abs. 7 VwGO analog herangezogen wird (sodass auch eine Änderung von Amts wegen möglich ist),[857] nehmen andere ein Redaktionsversehen an und greifen analog auf § 927 ZPO zurück (der zwingend einen Antrag voraussetzt).[858]

III. Entscheidungsentwurf

763 Nach § 123 Abs. 4 VwGO entscheidet das Gericht stets durch **Beschluss**, und zwar – anders als im Zivilprozess, § 922 ZPO – auch dann, wenn (ausnahmsweise) eine mündliche Verhandlung stattgefunden hat (§ 101 Abs. 3 VwGO). In **dringenden Fällen** kann der Vorsitzende allein entscheiden (§§ 123 Abs. 2 S. 3, 80 Abs. 8 VwGO).

■ Im **Tenor** sollte die Vorläufigkeit der Entscheidung zum Ausdruck kommen („im Wege der einstweiligen Anordnung", „vorläufig" o.Ä.).

> *„Der Antragsgegner wird (im Wege einstweiliger Anordnung) verpflichtet, ...*
>
> *Dem Antragsgegner wird vorläufig untersagt, ..."*

■ Die **Kostenentscheidung** richtet sich nach den §§ 154 ff. VwGO. Bei erfolglosem Antrag trägt nach § 154 Abs. 1 VwGO der Antragsteller die Kosten des Verfahrens, bei erfolgreichem Antrag der Antragsgegner, bei teilweise erfolgreichem Antrag erfolgt eine Kostenverteilung nach § 155 Abs. 1 VwGO

■ Einer **Vollstreckbarkeitsentscheidung** bedarf es, wie bei allen Beschlüssen, nicht (vgl. auch § 123 Abs. 3 VwGO, 929 Abs. 1 ZPO).

■ Üblicherweise wird in dem Beschluss zugleich der **Streitwert** festgesetzt (vgl. §§ 53 Abs. 2 Nr. 1, 52 GKG), in der Examensklausur beachten Sie hierzu den Bearbeitungsvermerk. Zumeist ist die Streitwertfestsetzung erlassen.

Der Streitwert beträgt i.d.R. 1/2 des für das Hauptsacheverfahren anzunehmenden Streitwerts. Wird die Hauptsache ganz oder zum Teil vorweggenommen, kann der Streitwert bis zur Höhe des Streitwerts in der Hauptsache angehoben werden (vgl. Nr. 1.5 des Streitwertkatalogs).[859]

■ In den **Gründen** folgt nach Darstellung des Sachverhalts (unter I.) die rechtliche Würdigung (unter II.) ausgehend vom Anordnungsanspruch und Anordnungsgrund.

Beispiel: Beamtenrechtliche Konkurrentenklage

> *„Der Antrag auf Erlass einer einstweiligen Anordnung ist zulässig und begründet.*
>
> *Der Antrag ist gemäß § 123 VwGO statthaft, da kein Fall der §§ 80 und 80 a VwGO vorliegt (§ 123 Abs. 5 VwGO). Es geht nicht um die Vollziehung eines belastenden Verwaltungsakts, der Antragsteller will vielmehr die Ernennung des Beigeladenen, also bereits den Erlass eines Verwaltungsaktes verhindern. Bei einem solchen Unterlassungsbegehren kann vorläufiger Rechtsschutz nur nach § 123 VwGO gewährt werden.*

---

857 OVG Hamburg NVwZ-RR 2009, 543; Kamp NWVBl. 2005, 248, 250; Kopp/Schenke § 123 Rdnr. 35.

858 HessVGH DVBl. 1996, 1319, 1320; OVG NRW NWVBl. 1990, 319; Brühl JuS 1995, 916, 921.

859 Streitwertkatalog abgedruck im Kopp/Schenke VwGO Anh § 164 Rdnr. 14

Dem Antragsteller steht auch das erforderliche Rechtsschutzbedürfnis zu. Bei der Abwehr einer künftigen Verwaltungsmaßnahme ist zwar ein qualifiziertes Rechtsschutzbedürfnis erforderlich, das nur dann zu bejahen ist, wenn dem Antragsteller ein Abwarten unzumutbar ist. Das ist insbes. anzunehmen, wenn die später eintretende aufschiebende Wirkung eines Rechtsbehelfs nach § 80 Abs. 1 VwGO für seinen Rechtsschutz unzureichend ist. Davon ist hier auszugehen, da die einmal erfolgte beamtenrechtliche Ernennung grds. nicht mehr rückgängig gemacht werden kann. Da ein Amt nur zusammen mit der Einweisung in eine besetzbare Planstelle verliehen werden darf (...), stünde die Planstelle nach Ernennung des Beigeladenen nicht mehr zur Verfügung.

Der Antrag ist auch begründet. Dem Antragsteller ist Rechtsschutz durch Erlass einer Sicherungsanordnung zu gewähren, da durch die Veränderung des bestehenden Zustandes die Verwirklichung eines Rechts des Antragstellers vereitelt würde (§ 123 Abs. 1 S. 1 VwGO). Der Antragsteller hat die tatsächlichen Voraussetzungen für einen Anordnungsanspruch und einen Anordnungsgrund glaubhaft gemacht.

Dem Antragsteller dürfte ein Unterlassungsanspruch gegen die Ernennung des Beigeladenen gemäß Art. 33 Abs. 2 GG zustehen. Die Vorschrift eröffnet jedem Deutschen nach Eignung, Befähigung und fachlicher Leistung gleichen Zugang zu jedem öffentlichen Amte. Der Beamte hat zwar keinen Anspruch auf Beförderung, da diese allein dem öffentlichen Interesse an einem leistungsfähigen Beamtenstand dient und nicht etwa in Wahrnehmung der Fürsorgepflicht des Dienstherrn erfolgt. Anerkannt ist jedoch, dass der Beamte einen Anspruch darauf hat, dass über seine Bewerbung fehlerfrei entschieden wird, insb. dass das Verfahren, vor allem die Ausübung des Auswahlermessens, ordnungsgemäß durchgeführt wird (sog. Bewerbungsverfahrensanspruch). Es spricht vieles dafür, dass die vom Antragsgegner getroffene Auswahlentscheidung rechtswidrig ist. Denn ...

Der Antragsteller hat ferner einen Anordnungsgrund glaubhaft gemacht. Durch die Ernennung des Beigeladenen würde die Verwirklichung des Anspruchs des Antragstellers auf ordnungsgemäße Bewerberauswahl vereitelt. ...

Dem Erlass der einstweiligen Anordnung steht auch das Verbot der Vorwegnahme der Hauptsache nicht entgegen. Eine Ausnahme von diesem Grundsatz gilt wegen der Rechtsschutzgarantie des Art. 19 Abs. 4 S. 1 GG, wenn dem Antragsteller schwere, unzumutbare und anders nicht abwendbare Nachteile drohen. Diese Voraussetzung ist hier erfüllt. Denn ...“

Rechtsbehelf gegen den Beschluss nach § 123 VwGO ist die Beschwerde gem. § 146 VwGO in der Frist des § 147 Abs. 1 VwGO (zwei Wochen nach Bekanntgabe) mit Begründungspflicht nach § 146 Abs. 4 VwGO (innerhalb eines Monats nach Bekanntgabe). Hierauf ist in der Rechtsbehelfsbelehrung hinzuweisen.

Hinsichtlich der **Streitwertfestsetzung** greift die besondere Beschwerde gemäß § 68 Abs. 1 GKG ein, die innerhalb von sechs Monaten zu erheben ist, nachdem die Entscheidung in der Hauptsache Rechtskraft erlangt oder das Verfahren sich anderweitig erledigt hat (§§ 68 Abs. 1 S. 3, 63 Abs. 3 S. 2 GKG).

IV. Zwischenentscheidungen

764   Das Verwaltungsgericht kann eine vorläufige Entscheidung über den Antrag auf Erlass einer einstweiligen Anordnung auch im Wege einer **Zwischenentscheidung** (sog. **Hängeschluss**) treffen. Dies ist zwar gesetzlich nicht ausdrücklich geregelt, die Befugnis des Gerichts wird von Rspr. und Lit. jedoch aus Art. 19 Abs. 4 GG hergeleitet, wenn eine Zwischenentscheidung erforderlich ist, um effektiven Rechtsschutz zu gewährleisten.[860]

765   Durch die Zwischenentscheidung kann z.B. die Zeit überbrückt werden, die der Antragsgegner zur Stellungnahme benötigt. Auch kann die Zeit vom Gericht genutzt werden, um eine besonders schwierige Sach- und Rechtslage sorgfältig zu prüfen. Im Fall besonderer Dringlichkeit kann die Zwischenentscheidung auch vom Vorsitzenden allein getroffen werden (§§ 123 Abs. 2 S. 3, 80 Abs. 8 VwGO).

Beispiele: Droht im beamtenrechtlichen Konkurrentenstreit kurzfristig die Ernennung des Mitbewerbers, so kann das Gericht vorläufig die Aushändigung der Ernennungsurkunde untersagen, wenn sich die Behörde nicht freiwillig verpflichtet, keine vollendeten Tatsachen zu schaffen. Ebenso kann ein Unterlassungsanspruch, z.B. in Bezug auf ehrenrührige Äußerungen, bis zur endgültigen Entscheidung über den Anordnungsantrag durch Zwischenentscheidung gesichert werden, um irreparable Schäden zu verhindern.

766   Die Zwischenentscheidung trifft eine Regelung nur für den Zeitraum zwischen dem Eingang des Antrags auf Gewährung vorläufigen Rechtsschutzes bei Gericht und der gerichtlichen Entscheidung über den Eilantrag. Hängebeschlüsse enthalten deshalb auch **keine Kostenentscheidung**.[861] Diese bleibt der endgültigen Entscheidung vorbehalten.

> *„Dem Antragsgegner wird vorläufig bis zur endgültigen Entscheidung der Kammer über den Antrag des Antragstellers vom … untersagt, …*
>
> *Die Kostenentscheidung bleibt der endgültigen Entscheidung vorbehalten."*

767   Ob eine Zwischenentscheidung erforderlich ist, ist im Wege einer **Interessenabwägung** zu ermitteln.[862] Sie kann notwendig sein, wenn sonst die Gewährung effektiven Rechtsschutzes vereitelt würde. Dagegen besteht für eine Zwischenentscheidung i.d.R. kein Anlass, wenn der Antragsteller selbst das Gericht durch eine späte Antragstellung ohne Not unter Zeitdruck setzt.[863]

768   Die Zwischenentscheidung ist **keine prozessleitende Verfügung** i.S.d. § 146 Abs. 2 VwGO, sondern nach § 146 Abs. 1 VwGO mit der **Beschwerde** angreifbar.[864] Das OVG ist auf die Prüfung des Hängebeschlusses beschränkt und darf der Endentscheidung nicht vorgreifen.[865]

---

860   OVG NRW NWVBl. 2009, 224; SächsOVG NVwZ 2004, 1134.

861   Mann/Blasche NWVBl. 2009, 33, 37.

862   OVG NRW NWVBl. 2009, 224 zu Zwischenentscheidungen im Aussetzungsverfahren nach § 80 Abs. 5 VwGO; allgemein Finkelnburg/Dombert/Külpmann Rdnr. 296 ff.

863   VG Wiesbaden NVwZ-RR 2004, 651; Finkelnburg/Dombert/Külpmann Rdnr. 918.

864   OVG NRW NWVBl. 2009, 224; OVG Berlin NVwZ-RR 2007, 719; OVG Hamburg NVwZ 2004, 113.

865   Finkelnburg/Dombert/Külpmann Rdnr. 919 m.w.N.

Stichwortverzeichnis

Die Zahlen verweisen auf die Randnummern.